Die Gestaltung der Spitzenorganisation in der großen Familienunternehmung

Europäische Hochschulschriften

European University Studies
Publications Universitaires Européennes

Reihe V
Volks- und Betriebswirtschaft

Series V Série V
Economics and Management
Sciences économiques

Vol./Band 1668

PETER LANG
Bern · Berlin · Frankfurt a.M. · New York · Paris · Wien

Veit Wagner

Die Gestaltung der Spitzenorganisation in der großen Familienunternehmung

PETER LANG
Bern · Berlin · Frankfurt a.M. · New York · Paris · Wien

Die Deutsche Bibliothek – CIP-Einheitsaufnahme

Wagner, Veit:
Die Gestaltung der Spitzenorganisation in der großen Familienunternehmung / Veit Wagner. - Bern ; Berlin ; Frankfurt a.M. ; New York ; Paris ; Wien : Lang, 1994
(Europäische Hochschulschriften : Reihe 5, Volks- und Betriebswirtschaft ; Bd. 1668)
Zugl.: Freiburg (Schweiz), Univ., Diss.
ISBN 3-906753-40-9
NE: Europäische Hochschulschriften / 05

Abdruck der von der Wirtschafts- und Sozialwissenschaftlichen Fakultät der Universität Freiburg/Schweiz genehmigten Dissertation.

Geleitwort

Der Verfasser hat sich mit Akribie einem Thema zugewendet, das bisher in der deutschsprachigen Betriebswirtschaftslehre vernachlässigt wurde. Dies ist umso erstaunlicher, wenn man bedenkt, welche nicht unerhebliche Rolle grosse Familienunternehmungen als Arbeitgeber einnehmen. Ausserdem kommt der Organisation des Zusammenwirkens der Spitzenorgane in diesem Unternehmungstypus für die langfristige Existenzsicherung eine besondere Bedeutung zu.

Die vorliegende Dissertation hat die Aufmerksamkeit eines speziellen Leserkreises verdient, weil sie in den nachfolgend darzustellenden Aspekten als besondere Leistung betrachtet werden darf:

1. Mit der grossen Familienunternehmung (GFU) wurde ein Unternehmungstypus untersucht, dem in marktwirtschaftlich verfassten Volkswirtschaften eine erhebliche Bedeutung zukommt. Die in der traditionellen Betriebswirtschaftslehre häufig vorgenommene Einteilung in Familien- und Publikumsunternehmungen reicht nicht aus, um die Besonderheiten des Typus GFU angemessen zu analysieren. Der Verfasser hat Beiträge zu einem objektgerechten Analyseinstrumentarium geliefert.

2. Die bisherigen Spezialstudien zur Thematik "Spitzenorganisation" beschränken sich im deutschsprachigen Raum üblicherweise auf einzelne Spitzenorgane (z.B. Aufsichtsrat und Vorstand getrennt) oder auf die Gestaltung des Verhältnisses zwischen den Geschäftsleitungs- und Überwachungsgremien. Dagegen wurden in der Dissertation von Veit Wagner auf der Grundlage des neuen Schweizer Aktienrechts sämtliche obligatorischen und fakultativen Spitzenorgane in die Gestaltungsüberlegungen einbezogen. Nützlicherweise umfasst die Wagnersche Analyse auch das in der GFU besonders wichtige Verhältnis der Geschäftsführung zur Repräsentanz der Anteilseigner.

3. Als besondere Leistung werte ich die Entwicklung eines Bezugsrahmens zur Gestaltung der GFU-Spitzenorganisation. Damit wird einem Eigentümer-Unternehmer ein Analyseinstrumentarium in die Hand gegeben, um unter Abwägung bestimmter Bedingungen (Einflussgrössen) sowie durch den Einsatz bestimmter Organisationsinstrumente eine ef-

fiziente Spitzenorganisation zu gestalten, die ihrerseits eine wesentliche Voraussetzung für die Kontinuitätssicherung der GFU schaffen kann. Bescheidenerweise nimmt der Autor nicht für sich in Anspruch, mit dem von ihm konzipierten Bezugsrahmen das Kontinuitätsproblem in seiner ganzen Breite erfassen zu können. Es sei ihm jedoch bescheinigt, dass er zumindest alle wichtigen Führungs- und Organisationsfragen auf dem von ihm angestrebten Detaillierungsniveau berücksichtigt hat. In die Konstruktion des Bezugsrahmens sind zahlreiche Erkenntnisse eingeflossen:

a) Bezüglich der wichtigen Bezugsrahmensvariablen "Effizienz" ist der Versuch gelungen, die Ergebnisse der organisatorischen Effizienzforschung auf die vorliegende Thematik zu übertragen und durch ausgewählte Zusatzkriterien eine spezielle Konstellation von spitzenorganisatorischen Effizienzkriterien zu entwickeln.

b) Hinsichtlich der Kontextfaktoren hat Veit Wagner die Aufgabe gemeistert, die Erkenntnisse der umfangreichen organisatorischen Einflussgrössenforschung auf die spitzenorganisatorische Gestaltungssituation der GFU zu übertragen und wiederum einige Besonderheiten herauszuarbeiten.

c) Im Rahmen der Aktionsparameter hat Herr Dr. Wagner nicht nur die verschiedenen strukturellen und prozessualen Gestaltungsmöglichkeiten aufgezeigt, sondern auch erste Gestaltungsrichtungen inhaltlich konkretisiert. Er ist an dieser Stelle sogar über das engere organisatorische Instrumentarium hinausgegangen und hat auch personal- und informationswirtschaftliche Aspekte der Gesamtthematik behandelt.

4. Als eine weitere besondere Leistung darf vermerkt werden, dass es dem Verfasser der vorliegenden Abhandlung gelungen ist, eigene empirische Explorationen in das sehr sensitive Feld der GFU durchzuführen. Allein das Gewinnen des Vertrauens der hochrangigen Gesprächspartner, die üblicherweise eher der Verschwiegenheit als der Publizitätssucht zuneigen, darf als eine besondere Leistung gewürdigt werden. Die Gespräche wurden mit dem notwendigen Einfühlungsvermögen geführt. Die Untersuchungsmethodik hat einen eher qualitativen Charakter. Dieser ist dem Untersuchungsgegenstand sowie dem bisher erreichten Erkenntnisstand angemessen. Hier ist nicht der Ort, um auf

die zahlreichen erhellenden empirischen Einzelbefunde hinzuweisen. Gesamthaft kann jedoch festgestellt werden, dass es Herrn Wagner gelungen ist, eine empirische Untersuchung durchzuführen, die auf einem Bezugsrahmen basiert und zu dessen inhaltlicher Konkretisierung wertvolle Beiträge leistet.

Bern, im Juli 1994

Prof. Dr. Norbert Thom
Universität Bern

Vorwort

Aus meiner Sicht als Verfasser stellt das Vorwort zur vorliegenden Arbeit vielmehr das Schlusswort dar, denn damit wird das Unternehmen Dissertation abgeschlossen. Im Gegensatz zur nachfolgend untersuchten Familienunternehmung, die vom Ansatz her auf Dauer ausgelegt ist, weist das Unternehmen Dissertation eher Projektcharakter auf. Dennoch bleibt zu hoffen, dass über den Schlusspunkt hinaus die Diskussion zum behandelten Thema in der Theorie und Praxis ihre Fortsetzung erfährt.

An dieser Stelle möchte ich mich besonders bei meinem Betreuer, Herrn Prof. Dr. Norbert Thom, für seine Unterstützung und Fairness bedanken. Professor Thom gewährte mir einen grossen Freiraum, gab vielerlei Anregungen und nahm sich trotz starker Beanspruchung Zeit für meine Anliegen. Mein Dank geht ebenso an Herrn Prof. Dr. Ernst-Bernd Blümle für die Übernahme des Korreferates.

Ein spezieller Dank gilt den zehn Unternehmern, die mir im Rahmen der empirischen Studie Rede und Antwort gestanden haben. Die Gespräche haben nicht nur zu einer Belebung der Arbeit, sondern für mich auch zu einer persönlichen Bereicherung geführt.

Nicht zuletzt richtet sich mein herzlicher Dank an die Familie, an Freunde sowie an weitere Personen, die in unterschiedlicher Art und Weise zum Gelingen dieser Arbeit beigetragen haben.

Muri, im Juli 1994 — Veit Wagner

INHALTSVERZEICHNIS

ABKÜRZUNGSVERZEICHNIS

Abb.	Abbildung
Abs.	Absatz
Art.	Artikel
Aufl.	Auflage
Bd.	Band
BfK	Bundesamt für Konjunkturfragen
BfS	Bundesamt für Statistik
bspw.	beispielsweise
BWL	Betriebswirtschaftslehre
bzw.	beziehungsweise
CEO	Chief Executive Officer
COB	Chairman of the Board
d.h.	das heisst
Dies.	Dieselben
Diss.	Dissertation
DBW	Die Betriebswirtschaft
etc.	et cetera
EU	Eigentümer-Unternehmer
f.	folgende Seite
FBR	Family Business Review
ff.	fortfolgende Seite
FN	Fussnote
GDI	Gottlieb Duttweiler Institut
GFU	Grosse Familienunternehmung(en)
GV-...	Generalversammlungs-...
HdWW	Handwörterbuch der Wirtschaftswissenschaft
Hrsg.	Herausgeber
HSG	Hochschule St. Gallen
HWB	Handwörterbuch der Betriebswirtschaft
HWInt	Handwörterbuch Export und Internationale Unternehmung
HWO	Handwörterbuch der Organisation
IO	Industrielle Organisation
i.S.	im Sinne
i.w.S.	im weiteren Sinne

Jg.	Jahrgang
KMU	Klein- und Mittelunternehmung(en)
No.	Number
Nr.	Nummer
NZZ	Neue Zürcher Zeitung
OE	Organisationsentwicklung
OR	Obligationenrecht
PE	Personalentwicklung
PS	Partizipationsschein(e)
RS-...	Revisionsstellen-...
S.	Seite
SAG	Schweizerische Aktiengesellschaft
SE	Societas Europaea
SEP	Strategische Erfolgsposition
SFr.	Schweizer Franken
SGO	Schweizerische Gesellschaft für Organisation
SHZ	Schweizer Handelszeitung
Sp.	Spalte
stv.	stellvertretend(er)
Tab.	Tabelle
u.a.	und andere
u.U.	unter Umständen
v.a.	vor allem
vgl.	vergleiche
Vol.	Volume
VR-...	Verwaltungsrats-...
WiSt	Wirtschaftswissenschaftliches Studium
ZfbF	Zeitschrift für betriebswirtschaftliche Forschung
ZfB	Zeitschrift für Betriebswirtschaft
ZfU	Zentrum für Unternehmungsführung
ZFO	Zeitschrift Führung + Organisation
ZGB	Zivilgesetzbuch
z.T.	zum Teil

ABBILDUNGSVERZEICHNIS

Seite

TABELLENVERZEICHNIS

Seite

ANHANGVERZEICHNIS

1 EINLEITUNG

1.1 Ausgangslage und Problemstellung

In einer Zeit des Wandels und der Diskontinuitäten stellen Stichworte wie Integration der Märkte, zunehmender internationaler Wettbewerb, technischer Fortschritt, Takeovers und eine sich rasch steigernde Dynamik und Komplexität der gesellschaftlichen und wirtschaftlichen Entwicklung[1] für jede einzelne Unternehmung eine gewaltige Herausforderung dar, die sich in der Sicherung der Unternehmungskontinuität[2] als strategische Managementaufgabe niederschlägt.

Die Notwendigkeit der flexiblen Anpassung an veränderte Rahmenbedingungen macht auch vor den Toren der Familienunternehmung nicht halt. Im Gegenteil: vor dem Hintergrund obgenannter Entwicklungen werden viele Familienunternehmungen durch Nachfolgeprobleme zusätzlich strapaziert. ALBACH/FREUND kommen nach einer 1986 abgeschlossenen repräsentativen Umfrage bei Mittel- und Grossunternehmungen zum Schluss, dass die Familienunternehmung insgesamt gesehen grössere Schwierigkeiten mit der Kontinuitätssicherung hat als die Nichtfamilienunternehmung. Ein wesentlicher Grund hierfür ist die ungenügende Nachfolgeregelung bzw. -planung. So scheitert jede zweite Familienunternehmung im Bemühen, den Führungsnachwuchs aus der Familie zu stellen, daran, dass kein Nachfolger vorhanden ist, der hierzu bereit oder qualifiziert wäre[3]. Das Kontinuitätsproblem wird in dem von GOEHLER konstruierten (idealtypischen) Lebenszyklus der Familienunternehmung veranschaulicht (vgl. Abb. 1). Der Autor zeigt in seiner Arbeit, dass sich gerade bei grossen[4] Familienunternehmungen das Stadium des fortgeschrittenen Marktlebenszyklus als kritische Phase der Unternehmungsentwicklung erweist[5]. "Das Zusammentreffen der rapiden Zunahme der Wettbewerbsdynamik mit dem schlechten Zustand [der] Unternehmenskonstitution[6]

1 Vgl. Umsystem der Unternehmung, Kapitel 3.3.1.

2 Zum Begriff der Unternehmungskontinuität vgl. Kapitel 3.2.2.

3 Vgl. ALBACH H./FREUND W. (1989), S. 258.

4 Zur Grösseneinteilung von Unternehmungen vgl. Kapitel 2.1.2.

5 Vgl. GOEHLER A.W. (1993), S. 251 ff.

6 Zum Begriff der Unternehmungskonstitution als Teilaspekt des Unternehmungserfolgs vgl. Kapitel 3.2.2.2.

Abb. 1: Der Lebenszyklus der Familienunternehmung[7]

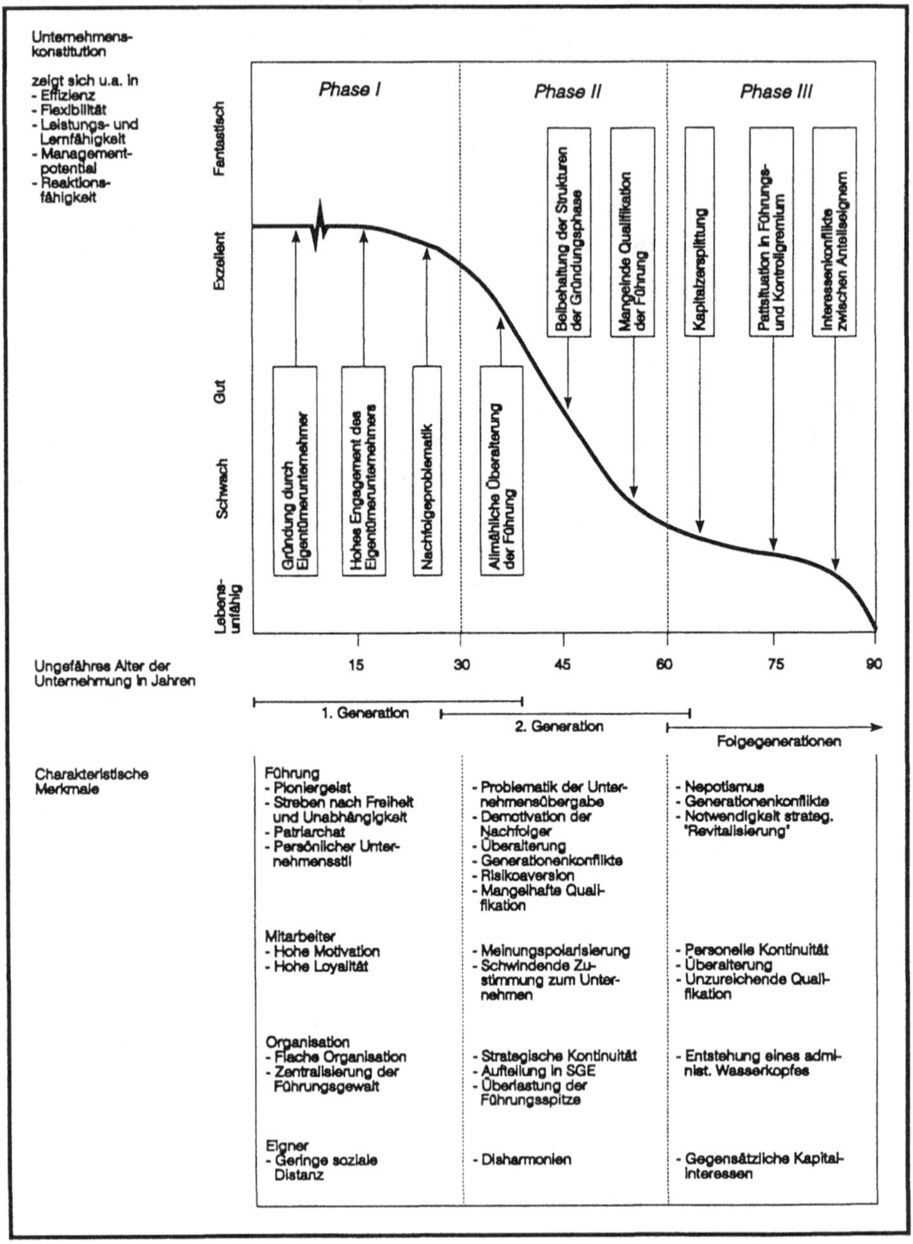

[7] Vgl. GOEHLER A.W. (1993), S. 84.

kann als Erklärung dafür herangezogen werden, warum Familiengesellschaften in der Reifephase des Marktes besonders krisenanfällig sind"[8].

Die Frage der Unternehmungskontinuität, im Zuge des Generationswechsels v.a. die zentralen Fragen der Führungsnachfolge und der Übertragung des Eigentums, stellt sich grössenunabhängig in jeder Familienunternehmung. Die Familienunternehmung steht in ihrer Entwicklung im Spannungsfeld zwischen dem personenbezogenen Kleinbetrieb (weitgehende Einheit von Eigentum und Leitung) und der sich selbst tragenden Organisation der grossen 'Société Anonyme' (weitgehende Trennung von Eigentum und Leitung). Sehr deutlich manifestiert sich dieser Konflikt bei schnell gewachsenen, bereits grossen Gründerunternehmungen, deren Führung stark auf die Person des geschäftsführenden Gründers abgestellt ist. Beispiele aus der Praxis - zu denken ist hier typischerweise an Nachkriegsunternehmungen, die inzwischen beachtliche Grössenordnungen erreicht haben und nun im ersten Generationswechsel stecken[9] - zeigen, dass grosse Familienunternehmungen mit einer personalen Führungsstruktur sowohl im Normalfall der natürlichen Generationsfolge als auch besonders im Risikofall des plötzlichen Ausscheidens des Unternehmers mit ganz erheblichen Kontinuitätsproblemen konfrontiert sein können, die im Extremfall zum Niedergang der Unternehmung und/oder gezwungenermassen zum Verkauf der Familienanteile führen können. Kontinuitätsprobleme müssen jedoch nicht immer mit einem Generationswechsel korrelieren, sondern können auch, wie bspw. im Falle von Losinger[10] zu beobachten war, während einer Generation auftreten. Unternehmungskontinuitätsgefährdende Konflikte zwischen Familienmitgliedern sind nicht auf den Vater-Sohn-Konflikt (bspw. Denner) beschränkt. Konfliktpotentiale existieren auch innerhalb einer Generation wie etwa zwischen Geschwistern (bspw. Steinfels), Cousins (bspw. Bühler) oder gar

8 GOEHLER A.W. (1993), S. 314.

9 Es wird geschätzt, dass allein in Deutschland bis Ende dieses Jahrzehnts bei nahezu 700'000 Unternehmungen eine Nachfolgeregelung ansteht. Es handelt sich zu rund 90 Prozent um Familienunternehmungen, wobei der mittelständische Charakter vorherrscht. Vgl. SCHWAIGER W. (1992), S. 1. "Aufgrund der Altersstruktur der Schweizer Unternehmer, wonach 50 Prozent über 50 Jahre alt sind, wird sich noch mancher Geschäftsinhaber in den nächsten zehn bis fünfzehn Jahren mit Problemen der Nachfolge auseinandersetzen müssen", BÜRGI A./BRÄUTIGAM D./GANZ J./HASLER U. (1993), S. 4.

10 Vgl. LOSINGER V. (1992).

zwischen Ehepartnern (bspw. Mövenpick). Oft können auch mehrere Konfliktherde ausgemacht werden (bspw. Lindt & Sprüngli). Die Auszahlung der Mitaktionäre als konfliktlösendes oder -vorbeugendes Mittel mit dem Ziel der Erhaltung oder Wiederherstellung der Einheit von Kapital und Führung verläuft in manchen Fällen erfolgreich (bspw. Kambly), in anderen Fällen zeitigt die Auszahlung verhängnisvolle Wirkung (bspw. Jacobs Suchard). Zudem steigt im allgemeinen das Konfliktpotential im Laufe der Generationen bei einer immer grösser werdenden Nachkommenschaft, auch wenn in Einzelfällen mit einem jeweils grossen Aktionariat (bspw. Maus Frères, Tages-Anzeiger-Verlag, Oscar Weber) das Gegenteil beobachtet werden kann[11]. Trotz der unterschiedlichen Ausgangslagen machen die genannten Beispiele deutlich, dass die Vermeidung von Konflikten hauptsächlich von der Kompromissbereitschaft der Erben abhängt, insbesondere dann, wenn vom Familienunternehmer nicht die erforderlichen Vorkehrungen getroffen worden sind. Die Beispiele weisen darauf hin, dass die besondere Kontinuitätsproblematik einer immer grösser werdenden Familienunternehmung stark vereinfacht auf zwei, teilweise sich überschneidende Kernpunkte reduziert werden kann: zum einen die Eigentumsverhältnisse und die damit zusammenhängenden Folgeerscheinungen (eigentumsbedingte Kontinuitätsprobleme), zum anderen das Unternehmungswachstum bzw. die Unternehmungsgrösse und die damit zusammenhängenden erhöhten Anforderungen an die Unternehmungsführung (entwicklungsbedingte Kontinuitätsprobleme)[12]. FINK/ZIMMERMANN stellen die Frage, "[...] ob nicht ein stetig wachsendes Familienunternehmen irgendwann an eine Grenze stossen wird, die zu überschreiten nur dann sinnvoll ist, wenn sich das Unternehmen von seiner Familie 'emanzipiert'"[13]. Als Folge dieses Emanzipationsprozesses, der 'Entfamiliarisierung'[14], entsteht die 'Unternehmung an sich'[15].

11 Vgl. die Ausführungen zu den genannten Beispielen bei RUBNER U. (1992), S. 62 ff.

12 Vgl. BECHTLE C. (1983), S. 83 ff.

13 FINK M./ZIMMERMANN N. (1989), S. 14.

14 Vgl. WAHL M. (1981), S. 18.

15 Zur 'Unternehmung an sich' vgl. Kapitel 3.4.1.2.1.

Welches Instrumentarium steht dem Eigentümer-Unternehmer (EU)[16] einer grossen Familienunternehmung (GFU)[17] zur Verfügung, um günstige Bedingungen für die Kontinuitätssicherung seiner Unternehmung herbeizuführen? Zu denken ist nicht nur an eigentumsbezogene Massnahmen wie bspw. das Abfassen von Aktionärsbindungsverträgen, sondern auch an führungsbezogene Massnahmen, die für die weitere Unternehmungsentwicklung von grundlegender Bedeutung sind. WEIBEL bemerkte schon vor vielen Jahren, "[...] dass sich die Probleme der Familienunternehmen in erster Linie aus der jeweiligen Ausgestaltung und Form der Verbindung von Eigentum und Geschäftsführung, aus der Intensität der Verknüpfung aller betrieblichen Vorgänge an familienmässige Tatbestände und Geschehnisse sowie der organisatorischen Regelung dieser Zusammenhänge ergeben"[18]. Hierbei zeugt die zweckmässige Ausgestaltung der Unternehmungsverfassung, insbesondere der Verfassung der Führung und Überwachung (Spitzenverfassung)[19], zu Lebzeiten des EU von grosser Tragweite, denn dadurch können der konstitutive Rahmen für die nachfolgende(n) Generation(en) und speziell bei der GFU die organisatorischen Voraussetzungen für den Übergang der Führung durch die starke Unternehmerpersönlichkeit zur Führung durch ein starkes und überwachtes Führungsgremium geschaffen werden. Ausgehend von der wachsenden Familienunternehmung, die sich zur Grossunternehmung hin entwickelt und nur als professionell geführte 'Unternehmung an sich' über Generationen hinweg überleben kann, stellt sich aus der Sicht des EU für die Zukunft der GFU das Gestaltungsproblem einer effizienten[20] Spitzenorganisation[21]. Konkret geht es für die Zeit spätestens nach dem Ausscheiden des EU um die Regelung der Arbeits- und Verteilungsbeziehungen in und zwischen den vorhandenen oder neu zu schaffenden Spitzenorganen einschliesslich des Beziehungsverhältnisses zu den Familienaktionären. Die Kontinuität der GFU ist ohne eine effiziente Spitzenorganisation stark gefährdet.

16 Zur Person EU vgl. insbesondere Kapitel 3.3.3.

17 Zur Definition der GFU vgl. Kapitel 2.1.2.3.

18 WEIBEL J. (1964), S. 24.

19 Zur Abgrenzung der Verfassungsbegriffe vgl. Kapitel 2.2.1.

20 Zur Effizienz vgl. Kapitel 3.2.

21 Zum Begriff der Spitzenorganisation vgl. Kapitel 2.2.1.4.

Die Kontinuität der Familienunternehmung beinhaltet nicht nur eine betriebs- und volkswirtschaftliche, sondern auch eine gesellschaftspolitische Komponente. Denn Familienunternehmungen bilden nach wie vor das Rückgrat einer marktwirtschaftlichen Ordnung und spielen eine elementare Rolle für die Funktionsfähigkeit eines derartigen Wirtschaftssystems[22]. Im Rahmen eines solchen Systems verliert die Forderung nach Kontinuität der unternehmerischen Funktion v.a. dann ihre Gültigkeit, wenn als Ausfluss des Wettbewerbsprinzips die betreffende Familienunternehmung auf den Beschaffungs- und Absatzmärkten nicht bestehen kann und ihre Auflösung volkswirtschaftlich gesehen vorteilhaft erscheint; die Familienunternehmung muss sich wie jede andere Unternehmung auch immer wieder durch Leistung neu legitimieren. Vielmehr soll einzel- und gesamtwirtschaftlicher Schaden abgewendet werden, indem beim EU das Problembewusstsein und die Bereitschaft zur Bewältigung vorhersehbarer und vermeidbarer Diskontinuitäten gestärkt wird. "Die Nachfolge entwickelt sich in den seltensten Fällen gleichsam von selbst. Sie muss gestaltet werden"[23]. Dazu gehört die rechtzeitige Schaffung angemessener spitzenorganisatorischer Rahmenbedingungen durch den EU, die das Überleben der Familienunternehmung über den Generationswechsel hinaus ermöglichen.

1.2 Allgemeine Literaturübersicht

Die Familienunternehmung findet als Forschungsobjekt trotz ihrer volkswirtschaftlichen und gesellschaftspolitischen Bedeutung in der wissenschaftlichen Literatur zwar breite, doch keine tiefgehende Berücksichtigung. Volkswirtschafts-, Betriebswirtschaftslehre, Soziologie oder Psychologie befassen sich nur am Rande mit der Familienunternehmung. In der juristischen Literatur werden hin und wieder gesellschafts-, steuer- und erbrechtliche Aspekte bei Familiengesellschaften aufgegriffen.

Die der Familienunternehmung gewidmete betriebswirtschaftliche Literatur setzt sich wohl mit Fragen der Führung(snachfolge), die allgemein als wichtigster Kontinuitätsfaktor angesehen wird, auseinander, doch werden Fragen zur Spitzenorganisation nur im weiteren Zusammenhang aufge-

22 Zur Bedeutung der Familienunternehmung vgl. Kapitel 2.1.3.

23 SCHMIDHEINY S. (1988), S. 3.

griffen. Bspw. spricht BERTSCH[24] die Organisation der Führungsspitze an, beschränkt sich aber auf den Vergleich der direktorialen mit der kollegialen Führung. LÖWE[25] beschäftigt sich mit Führungsproblemen der industriellen kleinen und mittleren Unternehmung und unterscheidet unternehmungspolitisch-grundsätzliche, führungskonzeptionelle und führungspersonelle Entscheidungen zur langfristigen Zukunftssicherung. Dabei geht er nur beiläufig im Rahmen des Grundsatzes der Selbstkontrolle der Führung auf die Bildung eines dem Aufsichtsrat vergleichbaren Beirates ein. BECHTLE[26] diskutiert das mit Entscheidungsbefugnissen ausgestattete Aufsichtsgremium im Zusammenhang mit Massnahmen zur Sicherstellung der Teilnahme- und Leistungsmotivation der Führungsnachfolger, während VON SCHULTZENDORFF[27] sein Hauptaugenmerk auf die Rolle des Fremdmanagers richtet. KÖNIG[28] untersucht die Vor- und Nachteile der Rechtsform der (deutschen) Aktiengesellschaft für die Familienunternehmung und analysiert dabei die Effizienz der Unternehmungsverfassung bezüglich ihrer durch die vorgeschriebene Trennung von Eigentum und Verfügungsgewalt entstehenden Transaktionskosten, die die Durchsetzung von Property Rights (Mitsprache-, Kontroll-, Leitungs- und Entnahmerechte) einschränken. Gestaltungsfragen der Unternehmungsspitze werden jedoch nicht vertieft behandelt. Gleiches gilt für GOEHLER[29], der am Beispiel der deutschen Brauwirtschaft den Erfolg grosser Familienunternehmungen untersucht. Die Spitzenorganisation wird zum Schluss im Zusammenhang mit der Verbesserung der Unternehmungskonstitution durch strukturelle Anpassungsmassnahmen nur insoweit gestreift, als nebst der Aufgabe des Alleineigentums zur Schaffung einer wettbewerbsgerechten Kapitalstruktur die Kanalisierung des Familieneinflusses durch Beschränkung der Kontrollmöglichkeiten (Bestellung eines familienfremden Kontrollgremiums) sowie die Sicherung angemessener Führungsqualifikation durch die Anwendung eines 'wohlverstandenen' Leistungsprinzips (statt Nepotismus) vorgeschlagen wird.

24 Vgl. BERTSCH R. (1970).
25 Vgl. LÖWE C. (1979).
26 Vgl. BECHTLE C. (1983).
27 Vgl. SCHULTZENDORFF VON D. (1984).
28 Vgl. KÖNIG D. (1986).
29 Vgl. GOEHLER A.W. (1993).

Die von KÖNIG aufgegriffene Property Rights Theory zählt zusammen mit dem Transaktionskostenansatz und der Agency Theory zu den neoinstitutionalistischen Ansätzen, die nebst der liberalen Theorie der kapitalistischen Unternehmungsverfassung, der Koalitionstheorie, dem machttheoretischen Ansatz, dem ethisch-institutionellen Ansatz sowie dem unsicherheitstheoretischen Ansatz als die wichtigsten Begründungsansätze zur Unternehmungsverfassung angesehen werden können[30]. Die Unternehmungsverfassung kann also von verschiedenen Blickwinkeln her betrachtet werden. Die Literatur zur Unternehmungssverfassung war in Deutschland bislang v.a. von Beiträgen zur gesetzlichen Mitbestimmung geprägt[31]. Die Intensität der wissenschaftlichen Auseinandersetzung mit der (umfassenden) Organisation der Unternehmungsspitze ist gering eingedenk der Tatsache, dass es sich hierbei um die Organisation des Macht- und Entscheidungszentrums einer Unternehmung handelt[32]. Die Diskussion um die Gestaltung der Spitzenorganisation hat in den letzten Jahren jedoch eine Ausweitung erfahren und ist in der Schweiz im Zusammenhang mit der Aktienrechtsrevision[33] und in Europa im Zusammenhang mit der Societas Europaea und der 5. EG-Richtlinie, mit der eine Angleichung des Aktienrechts im EG-Raum angestrebt wird, in Wissenschaft und Praxis anhand nationaler Verfassungssysteme (zum Beispiel Deutschland: Vorstands-/Aufsichtsratssystem, USA: Boardsystem)[34] international in Bewegung geraten. Neuere Arbeiten zu diesem Themenbereich, wie etwa von BLEICHER[35], BILAND[36], JASCHKE[37], DIETRICH[38], GLAUS[39], SPRÜNGLI[40] oder WARD[41] haben zwar weitreichen-

30 Vgl. GERUM E. (1992), Sp. 2484 ff.

31 Vgl. Übersicht über empirische Untersuchungen zur Unternehmungsverfassung in THEISSEN M.R. (1987), S. 137 ff.

32 Vgl. GERUM E. (1991), S. 719 ff. Nebst theorieimmanenten Gründen und dem Selbstverständnis der beteiligten Disziplinen nennt GERUM für das Forschungsdefizit auf diesem Gebiet auch einen herrschaftssoziologischen Grund: "Die Mitglieder des Top-Managements grosser Unternehmungen haben kein Interesse, ihr Wissen um die Organisation der Macht mit Dritten zu teilen; auch mögen sie eine Entzauberung ihrer Welt befürchten", ebenda, S. 721.

33 Vgl. Kapitel 2.2.2.

34 Vgl. Kapitel 3.4.1.2.2.

35 Vgl. BLEICHER K. (1987) und BLEICHER K./LEBERL D./PAUL H. (1989).

36 Vgl. BILAND T.A. (1989).

37 Vgl. JASCHKE T. (1989).

38 Vgl. DIETRICH M. (1990).

de Gestaltungsfragen zum Gegenstand, doch wird die spitzenverfassungsmässige Regelung der Familienunternehmung, speziell der GFU, nur am Rande berücksichtigt.

Diese kleine Übersicht soll zeigen, dass zu Teilaspekten der Familienunternehmung Fachliteratur existiert, dass aber der Stand der Theoriebildung sowohl in allgemeiner Hinsicht (es gibt noch keine 'Theorie der Familienunternehmung') als auch in spezieller Hinsicht (bezüglich des Themas dieser Arbeit) nicht befriedigen kann. Zudem konzentrieren sich die meisten Arbeiten auf die kleine und mittlere Unternehmung (Mittelstandsforschung[42]) und übersehen "[...], dass ein Teil der Probleme von Familiengesellschaften nicht etwas Familienunternehmenstypisches, sondern etwas Unternehmensgrössentypisches ist"[43]. Auch die quantitative und qualitative empirische Forschung wird der Bedeutung der (grossen) Familienunternehmung nicht gerecht. Die häufig beigezogenen Aussagen von Praktikern[44] beruhen zwar auf wertvoller persönlicher Erfahrung, können jedoch ohne weitergehende empirische Absicherung nicht verallgemeinert werden. Insgesamt kann jedoch eine Zunahme der auf die Familienunternehmung ausgerichteten Forschungstätigkeit registriert werden[45].

Hinsichtlich des Themas der Kontinuitätssicherung der GFU durch Gestaltung einer effizienten Spitzenorganisation kann vereinfachend zusammengefasst werden, dass diejenige betriebswirtschaftliche Literatur, die vorrangig die Familienunternehmung zum Gegenstand hat, nicht speziell und umfassend auf die Spitzenorganisation eingeht, und dass diejenige betriebswirtschaftliche Literatur, die vorrangig die Unternehmungsverfassung zum Gegenstand hat, den Besonderheiten der (grossen)

39 Vgl. GLAUS B.U. (1990).

40 Vgl. SPRÜNGLI L.R. (1991).

41 Vgl. WARD J.L. (1991).

42 Der Grossteil der Untersuchungen kommt aus dem Institut für Mittelstandsforschung in Bonn.

43 SCHULTZENDORFF VON D. (1984), S. 451.

44 Vgl. bspw. SCHEID J.M. (1985) oder GOTTLIEB DUTTWEILER INSTITUT (1990).

45 Bspw. existiert am 'Institute for Management Development' (IMD) in Lausanne seit 1990 ein Lehrstuhl speziell für Familienunternehmungen. Zur zunehmenden Forschungsaktivität speziell in den USA vgl. die Übersicht bei HOLLANDER B.S./ELMAN N.S. (1988), S. 145 ff.

Familienunternehmung, die im einzelnen noch aufgeführt werden, nicht gebührend Rechnung trägt.

1.3 Zielsetzung und methodisches Vorgehen

Hauptziel der vorliegenden Arbeit ist zum Erkenntnisfortschritt in der Betriebswirtschaftslehre beizutragen,

- indem das Wissen um die Kontinuitätsproblematik der (grossen) Familienunternehmung unter besonderer Berücksichtigung der Ausgestaltung der Spitzenorganisation erweitert wird (theoretisches Wissenschaftsziel[46]) und
- indem eine Konzeption zur Anwendung kontinuitätssichernder Mittel entwickelt wird, d.h., dass Massnahmenvorschläge zur Kontinuitätssicherung, speziell zur Gestaltung einer effizienten Spitzenorganisation einschliesslich ihres Verhältnisses zu der Familie bzw. den Gesellschaftern in der Struktur und den Prozessen gegenseitiger Zusammenarbeit erarbeitet werden, die als Ansatzpunkte für die organisatorische Regelung der Führungsnachfolge und das unabhängige Weiterbestehen der GFU als 'Unternehmung an sich' verstanden werden sollen (pragmatisches Wissenschaftsziel[47]).

Zur Erreichung dieser Ziele soll ein konzeptioneller Bezugsrahmen[48] konstruiert werden, der als Begriffs- und Hypothesenschema auf die Beschreibung und Erklärung der GFU-Spitzenorganisation ausgerichtet ist. Die Analyse vorhandener Fachliteratur inklusive bisheriger empirischer Untersuchungen über die Familienunternehmung und Unternehmungsverfassung soll die Aufstellung von Beziehungshypothesen der festgelegten konzeptionellen Grössen, ihrer Variablen sowie die daraus entstehenden Bedingungen für die Lösung des Gestaltungsproblems unterstützen und die Forschungsfragestellung präzisieren helfen. Der Konzeptionsrahmen soll sodann nicht nur als Grundlage für die durchzuführende explorative Studie dienen, sondern durch die Ergebnisse eben dieser im Sinne eines gestaltungsorientierten Bezugsrahmens angereichert werden. Der Bezugsrahmen beinhaltet:

46 Vgl. KOSIOL E. (1978), S. 135 ff.

47 Vgl. vorherige FN.

48 Vgl. GROCHLA E. (1978), 61 ff.

"- Bestimmte (verallgemeinerte) praktische *Problemstellungen*;
- *Zielgrössen* (als *mittelbar* disponibel betrachtete Grössen), auf die das Gestaltungshandeln ausgerichtet ist [abhängige Variablen];
- *Aktionsparameter* (als *unmittelbar* disponibel betrachtete Grössen), deren sich der Organisator bedienen kann, um Gestaltungsziele zu erreichen [unabhängige Variablen];
- *Bedingungen* (als *nicht disponibel* betrachtete Einflussgrössen), die die Wirkungszusammenhänge zwischen den organisatorischen Aktionsparametern und den organisatorischen Gestaltungszielen beeinflussen;
- *Behauptungen über gestaltungsrelevante Zusammenhänge* zwischen den im Bezugsrahmen enthaltenen Grössen und damit vor allem über die Wirkungen des Einsatzes bestimmter Aktionsparameter unter bestimmten Bedingungen"[49].

Darauf aufbauend kann dem pragmatischen Wissenschaftsziel nachgegangen und der Versuch unternommen werden, Entscheidungshilfen und Ansätze zur Lösung der strukturellen und prozessualen Gestaltungsaufgabe abzuleiten. Es liegt auf der Hand, dass innerhalb einer Dissertation die vollumfängliche Erforschung aller Komponenten des Bezugsrahmens und aller zwischen den Komponenten bestehenden Beziehungen nicht möglich ist. Ausserdem - der betriebswirtschaftlichen Orientierung dieser Arbeit zufolge - beschränken sich die rechtlichen Betrachtungen zu diesem Thema auf einige grundlegende Aspekte in der schweizerischen Rechtsprechung.

Ausgehend von der formulierten Zielsetzung wird das der Arbeit zugrunde liegende praktisch-normative Wissenschaftsverständnis[50] deutlich. Im Sinne der Einteilung GROCHLAS wird schwerpunktmässig eine sachlich-analytische Forschungsstrategie verfolgt, d.h. die Forschungsinteressen "[...] richten sich auf die Durchleuchtung komplexer Zusammenhänge und auf die Erarbeitung von Handlungsgrundlagen, die lediglich durch Plausibilitätsüberlegungen und eventuelle, empirisch festgestellte Teilzusammenhänge gestützt werden"[51]. Im Vordergrund steht somit die Orientierung an der Informativität und weniger an dem Bestätigungsgrad (empirische Forschungsstrategie) oder an einer strengen entscheidungstechnischen Verwendbarkeit (formal-analytische Forschungsstrategie) des ge-

49 GROCHLA E. (1982), S. 14.

50 Vgl. HEINEN E. (1978), S. 221.

51 GROCHLA E. (1978), S. 72.

danklichen Bezugsrahmens[52]. Das Ziel der empirischen Studie liegt hier deshalb nicht in der fundierten Bestätigung (Berücksichtigung des 'Begründungszusammenhangs'[53]) des Bezugsrahmens, sondern in der Erfassung unterschiedlicher Gesichtspunkte (Berücksichtigung des 'Entdeckungszusammenhangs'[54]) der Kontinuitätsproblematik in der GFU. Daraus sollen plausible Schlussfolgerungen für die Gestaltung der Spitzenorganisation der GFU gezogen werden.

Bevor mit der Konstruktion des Bezugsrahmens begonnen wird, werden im nächsten Kapitel die dazu erforderlichen Grundlagen geschaffen. Nach dem Hauptteil (Kapitel 3) erfolgt die Darstellung der wichtigsten Ergebnisse der empirischen Studie. Abschliessend werden Empfehlungen für die Gestaltung der GFU-Spitzenorganisation aufgeführt und ein Ausblick auf Theorie und Praxis gegeben. Abb. 2 zeigt den Aufbau der Arbeit im Überblick.

52 Vgl. GROCHLA E. (1978), S. 66 ff.

53 Vgl. ULRICH P./HILL W. (1976a), S. 306 und (1976b), S. 345 ff.

54 Vgl. ULRICH P./HILL W. (1976a), S. 306 ff.

Abb. 2: Aufbau der Arbeit

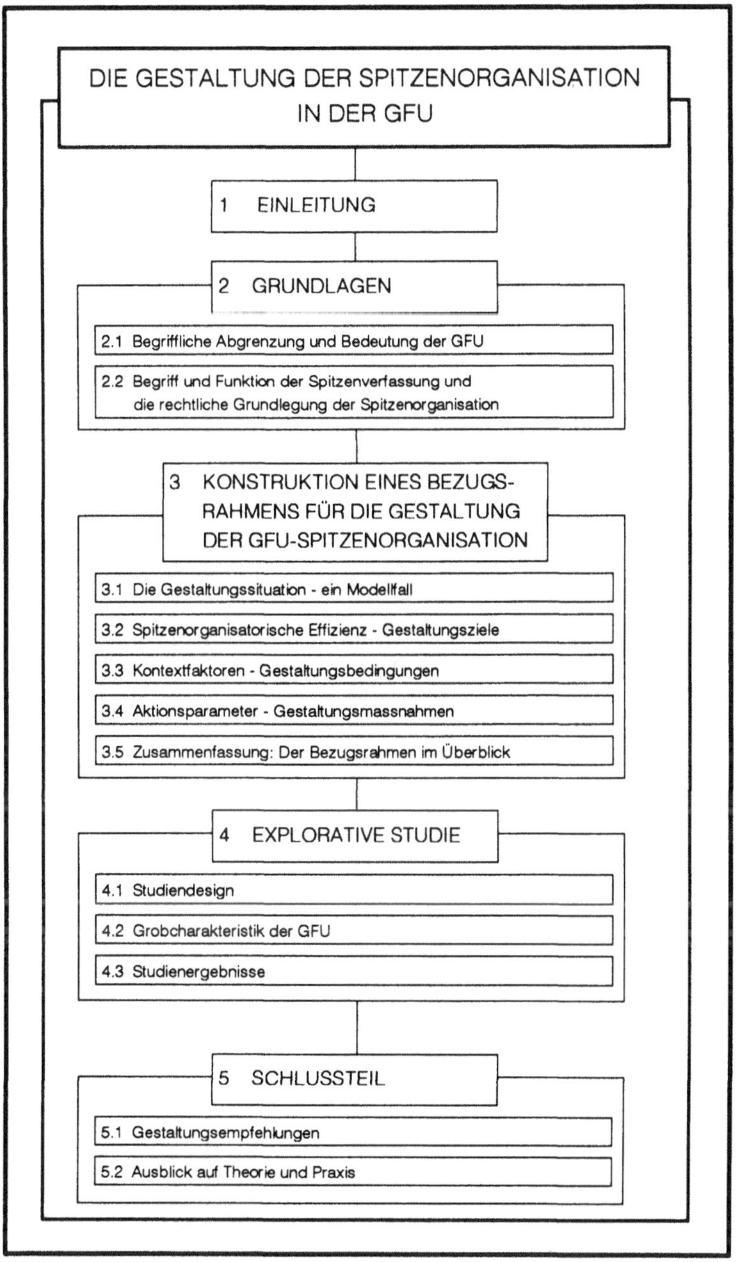

2 GRUNDLAGEN

Im folgenden werden grundlegende Aspekte zum Erfahrungs- und Erkenntnisobjekt der vorliegenden Arbeit untersucht. Unter besonderer Berücksichtigung der Wesensmerkmale einer Familienunternehmung und der Unternehmungsgrösse als Abgrenzungsmerkmal wird in einem ersten Teil (Kapitel 2.1) der Typus GFU definiert. Anschliessend wird der wirtschafts- und gesellschaftspolitische Stellenwert der GFU kritisch beleuchtet. In einem zweiten Teil (Kapitel 2.2) werden zu Beginn Inhalt und Funktionen von Unternehmungsverfassungen aufgezeigt sowie die Spitzenverfassung bzw. -organisation als Teilkomplex der Unternehmungsverfassung abgegrenzt. Am Schluss des Grundlagenteils erfolgt die Darstellung der wichtigsten Anforderungen an die Spitzenorganisation der Schweizer AG gemäss neuem Aktienrecht.

2.1 Begriffliche Abgrenzung und Bedeutung der GFU

2.1.1 Das Wesen der Familienunternehmung

Die Literatur zum Themenbereich Familienunternehmung setzt sich eingehend mit dem Begriff der Familienunternehmung auseinander. Deshalb wird auf eine Wiederholung dieser Diskussionen verzichtet und auf die entsprechende Literatur verwiesen[1]. Hier werden lediglich die wichtigsten Wesensmerkmale der Familienunternehmung genannt, die dann zur Umschreibung des Typus GFU Verwendung finden.

2.1.1.1 Familie und Unternehmung

Der Begriff der Familienunternehmung ist weder im Gesetz[2] definiert, noch ist in der betriebswirtschaftlichen Literatur eine einhellige Begriffs-

1 Vgl. bspw. HENGSTMANN W. (1935), S. 11 ff.; BERTSCH R. (1970), S. 1 ff.; LÖWE C. (1979), S. 17 ff.; BECHTLE C. (1983), S. 14 ff.; SCHULTZENDORFF VON D. (1984), S. 3 ff.

2 In der Schweiz wird in der aktienrechtlichen Fachliteratur zwar oft von der Familiengesellschaft oder privaten Gesellschaft gesprochen, doch sind dies lediglich Typus- und nicht Rechtsbegriffe. Vgl. Merkmale der privaten Aktiengesellschaft bspw. bei GREYERZ VON C. (1978), S. 58. Vgl. auch Abschnitt über den Begriff der Familienunternehmung in der deutschen und schweizerischen Rechtssprechung bei BECHTLE C. (1983), S. 17 ff.

bestimmung auszumachen. Die hohe Zahl an Definitionen ergibt sich aus der Vielfalt der Erscheinungsformen der Familienunternehmung. Trotz dieser Vielfalt weisen Familienunternehmungen nach LANDSBERG ein gemeinsames Merkmal auf: "These organizations exist on the boundaries of two qualitatively different social institutions - the family and the business. Each institution defines social relations in terms of a unique set of values, norms and principles; each has its own distinct rules of conduct"[3]. Bei der Familienunternehmung bestehen zwischen Familie und Unternehmung als zwei getrennte Institutionen mit grundsätzlich verschiedenen Zielsystemen vielfältige personelle, finanzielle und soziokulturelle Verknüpfungen. Begründer und augenscheinlichster Exponent dieser 'Schnittmenge' ist der Familienunternehmer, der EU, der als Mitglied beider Systeme die Schnittstelle zwischen Unternehmung und Familie verkörpert (vgl. Abb. 3). Der EU bewegt sich in einem potentiellen Konfliktbereich, der durch das Aufeinandertreffen der eher persönlich-emotional geprägten Familie mit der eher sachlich-rational geprägten Unternehmung entsteht. Während in einer Familie für die Nachkommen das Prinzip der Gleichbehandlung gilt, unterliegen die Nachfolger in der Unternehmung dem Prinzip der ungleichen Behandlung (der qualifizierteste Nachfolger sollte zum Zuge kommen). Der EU ist Dreh- und Angelpunkt der vielfältigen Wechselbeziehungen zwischen Familie und Unternehmung und ist auf eine möglichst gute Abstimmung der beiden unterschiedlichen Norm- und Wertesysteme bedacht. Er steht vor der anspruchsvollen Doppelaufgabe, sowohl die Lebensfähigkeit der Unternehmung zu sichern als auch für das Wohl der Familie zu sorgen[4]. Über den EU können sich familiäre Aspekte bis auf die Unternehmungskultur niederschlagen, indem der EU die Unternehmungsphilosophie und -politik festlegt und damit Verhaltensweisen, Motivation und Klima in der Unternehmung massgeblich prägt. Umgekehrt kann sich die Unternehmungskultur auch auf die 'Familienkultur' auswirken. In diesem Zusammenhang sprechen SWAROVSKI/ KLUGHARDT von der 'Ganzheitlichkeit der interpersonellen Beziehungen'[5], die als wesentliches Kennzeichen der Familienunternehmung im Vergleich zur Nicht-Familienunternehmung zu einer höheren Unternehmungsverbundenheit (Wir-Gefühl) und einem ganzheitlichen Engagement

3 LANDSBERG I.S. (1983), S. 40.
4 Vgl. WOHLGEMUTH A.C. (1993), S. 109.
5 Vgl. SWAROVSKI D./KLUGHARDT B.A. (1989), S. 83.

des Mitarbeiters führen kann (besonders bei kleineren und mittleren Unternehmungen oder in der Aufbauphase).

Abb. 3: Familie und Unternehmung

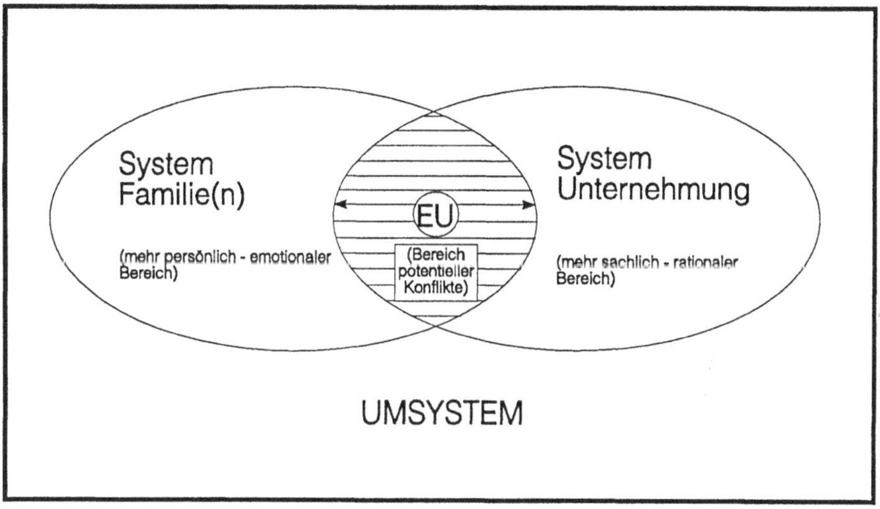

Familie und Unternehmung können also gesehen werden "[...] as subsystems of a meta-system in which boundary conditions are overly diffuse and permeable, resulting in a high degree of mutual influence"[6]. Nach WHITESIDE/BROWN ist die Familienunternehmung als Ganzes mehr als die Überlappung zweier Kreise bzw. mehr als die Summe der Einzelsysteme Familie und Unternehmung. Die Beschränkung auf den 'dual systems approach' hätte drei konzeptionelle Fehler zur Folge: "(1) a stereotyping of subsystem functioning, (2) inconsistent and inadequate analysis of interpersonal dynamics, and (3) exaggerated notions of subsystem boundaries and an underanalysis of whole system characteristics"[7]. Alternativ schlagen sie vor, die Familienunternehmung als 'single entity' aufzufassen. "While the dual systems approach focuses on the overlap of two systems, a single entity approach focuses on describing the new organization created by the integration of parts. [...] the family firm organization can be described as having both task and emotional characteristics and

6 KEPNER E. (1983), hier S. 57.

7 WHITESIDE M.F./BROWN F.H. (1991), S. 384.

as evolving a distinct organizational style and structure"[8]. Die Verbindung von Familie und Unternehmung zur Worteinheit hebt den Begriff Familienunternehmung zur umfassenderen Denkeinheit: "Der Begriff 'Familienunternehmung' ist weitergefasst: er ist kein Rechtsbegriff, sondern ein soziologischer Begriff, der die Verbindung von Unternehmen und Familie unter betriebswirtschaftlichen, volkswirtschaftlichen und soziologischen Gesichtspunkten kennzeichnet und somit auch die sozialen Beziehungen innerhalb einer Familie berücksichtigt"[9]. Die sozialen Beziehungen innerhalb der Familie sowie zwischen Familie und Unternehmung sind für die Entwicklung der Familienunternehmung oft kennzeichnend und ausschlaggebend. Chancen und Gefahren der Familienunternehmung werden zu einem grossen Teil geprägt von der Struktur und den Wandlungsprozessen in der Familie. "The family firm is now recognized as a highly complex entity involved in a system composed of three major parts - the family, the business, and the marketplace. Events in one part of the system [...] are likely to have ramifications for other parts"[10].

Der Begriff der Familie soll hier nicht auf die Kernfamilie beschränkt, sondern im weiteren Sinne verstanden werden. VOIGT[11] spricht vom Familienclan als erweiterten Familienbereich, der nebst den Blutsverwandten auch angeheiratete, verschwägerte oder adoptierte Verwandtschaftsteile umfasst (im Sinne von Art. 20/21 ZGB). Bewusst wird ein weiter Familienbegriff gewählt, denn auch Personen in der Verwandtschaft, die nicht zur Kernfamilie bzw. zum Aktionärskreis zählen, können erheblichen indirekten Einfluss ausüben. Hinter der Familienunternehmung können ein oder mehrere Familienstämme stehen. Die einzelnen Mitglieder der Familie können in ganz unterschiedlicher Weise mit der Unternehmung verbunden sein. Das Spektrum reicht vom völligen Desinteresse bis hin zur aktiven Funktion als Gesellschafter, Verwaltungsrat und/oder leitender Tätigkeit. Dass der Familie darüber hinaus eine kulturelle Rolle zukommt, zukommen kann oder soll, unterstreicht REINHART:

> "Im Gegensatz zum Wirtschaftsunternehmen ist die Familie nicht durch Zweckrationalität definiert, sondern durch Werte. Wenn die Familie nicht nur als biologische Reproduktionsanstalt

8 WHITESIDE M.F./BROWN F.H. (1991), S. 391 und S. 393 f.

9 KÖNIG D. (1986), S. 25.

10 WARD J.L. (1987), S. XVI.

11 Vgl. VOIGT J.F. (1990), S. 21 f.

verstanden werden soll, dann ist die 'alte Familie' mehr als eine Generationenkette, ihr Wert liegt in der Kontinuität und Gemeinsamkeit der Generationen. Die Familie hat damit so etwas wie eine Wertgeschichte. Insofern ist Familie eine kulturelle Grösse, während das Wirtschaftsunternehmen seine Kultur, seine Philiosophie, seine corporate identity erst sekundär als 'Mittel zum Zweck' definiert. Keine Familie bleibt zusammen, nur um das Vermögen zu vermehren, sondern um Kontinuität zu zeigen. [...] Die Familie als Institution garantiert das, was wir als personale Identität bezeichnen. Die Rede von einer 'alten Familie' besagt nicht mehr, als dass dieser Prozess erfahren wird als über Generationen lebendige Weitergabe von Werten und als deren beständige Transformation"[12].

Letztlich ist der Grad der (gegenseitigen) Identifikation zwischen Familie und Unternehmung wesensbestimmend für das symbiotische Gebilde Familienunternehmung. Die Kultur der Familienunternehmung ergibt sich also aus dem Wirkungsgefüge der eigenständigen Subsysteme Eigentümerfamilie(n) und Unternehmung. Nebst der Familie als Trägergemeinschaft und der Unternehmung als Gegenstand der Familiengesellschaft nennt GOEHLER als weitere Bestimmungsfaktoren der Kultur in der Familienunternehmung das Eigentum an der Unternehmung als rechtlicher, die Kontrolle der Unternehmung als regulierender und die Unternehmungsführung als gestaltender Bestimmungsfaktor (vgl. Abb. 4)[13].

2.1.1.2 Diskussion von Wesensmerkmalen

In der Literatur wird die Diskussion, wann bei einer Unternehmung von einer Familienunternehmung gesprochen werden kann, v.a. anhand von zwei Merkmalen geführt, nämlich den Eigentumsverhältnissen sowie der Art und dem Ausmass des Familieneinflusses auf die Unternehmung(sführung). Bei der Gegenüberstellung älterer und neuerer Definitionsansätze fällt eine zunehmend weitere Auffassung bezüglich beider Merkmale auf. Dies mag zum einen damit zusammenhängen, dass der Begriff der Familienunternehmung lange Zeit und teilweise auch heute noch mit dem Bild eines Kleinbetriebs oder mittelständischen[14] Betriebs, dessen Kapital und Führung in der Hand einer Familie bzw. eines EU liegen, verbunden war oder noch ist. Unternehmungen, die diesen strengen Kriterien nicht

12 REINHART A. (1990), S. 4.

13 Vgl. GOEHLER A.W. (1993), S. 36 ff.

14 Vgl. Kapitel 2.1.2.3.

Abb. 4: Die Kultur der Familienunternehmung[15]

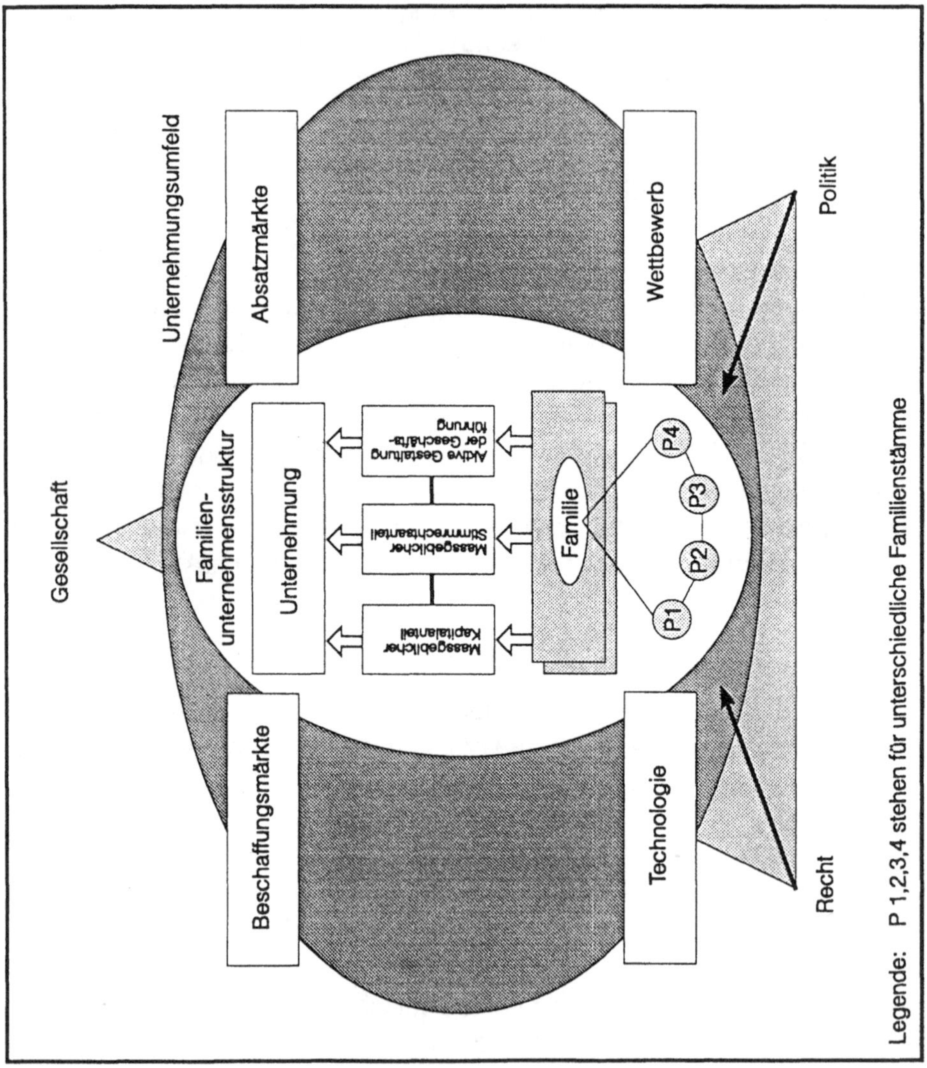

15 Vgl. GOEHLER A.W. (1993), S. 50.

genügen (bspw. Mehrfamilienunternehmungen, börsenkotierte Familien-Aktiengesellschaften, Venture-Unternehmungen, Unternehmungen ab einer bestimmten Grössenordnung, Unternehmungen mit Fremdmanagement), passen nicht in das traditionelle Bild der Familienunternehmung. In Verbindung mit diesem Bild werden nebst der Vereinigung von Kapital und Leitung in einer Person häufig weitere Merkmale genannt, bspw.:[16]

- Unternehmerpersönlichkeit, der die Unternehmungskultur nachhaltig prägt;
- erwerbswirtschaftliche Führung;
- Produktkompetenz;
- Innovationskraft;
- kurze Entscheidungswege;
- überschaubare Verhältnisse;
- informelle, offene Kommunikationsstrukturen;
- Fähigkeit zur Variation in der Leistungserstellung, Flexibilität in der Reaktion auf Kundenwünsche und Marktchancen, enger Kundenkontakt;
- räumlich begrenzte Tätigkeit;
- begrenzte Finanzierungskraft;
- soziale Verantwortung gegenüber den Mitarbeitern, persönliches Verhältnis zwischen Eigentümern und Mitarbeitern;
- Freiraum für persönliche Initiativen des Mitarbeiters;
- Fehlen der für Grossunternehmungen typischen Stabs- und Fachabteilungen.

Eine erweiterte Auffassung kommt in der Definition von VON SCHULTZENDORFF zum Ausdruck:

> "1. Die für den Einfluss auf die Unternehmung massgeblichen Kapital- oder Stimmrechtsanteile befinden sich in den Händen einer Familie oder einzelner Familien.
> 2. Die Familie bzw. Familien verfügen über die Möglichkeit der [massgeblichen] Einflussnahme auf die Willensbildung und -durchsetzung der Unternehmung. Dies geschieht entweder durch die Ausübung einer Führungstätigkeit im Familienunternehmen oder durch die Wahrnehmung von Entscheidungs- und Kontrollrechten. (Es ergibt sich dabei aus dem Wesen der Familie, dass die sie bestimmenden Werte - und auch die Familenunternehmung ist ein solcher, wenn auch

16 Vgl. unter vielen PLEITNER H.J. (1991), S. 7 ff.

überwiegend materieller Art - an die nachfolgenden Generationen weitergegeben werden.)"[17].

Nach dieser Definition kann die Familienunternehmung in Abhängigkeit von der Ausprägung der beiden Hauptmerkmale in unterschiedlicher Form in Erscheinung treten. Sie hat damit keinen dichotomischen Charakter[18]. Die Höhe der Kapitalbeteiligung und der Stimmrechte kann disparitätisch geregelt sein. Eine Unternehmung mit mehreren Familien, deren Stimmrechte jeweils unter einer massgeblichen Mehrheit liegen, also eine Unternehmung mit Aktien im Streubesitz, zählt demnach zu den Nicht-Familienunternehmungen. Auch nach einem Going Public kann der massgebliche Familieneinfluss und damit der Charakter einer Familienunternehmung weitgehend erhalten werden (bspw. durch die Ausgabe stimmrechtsloser Vorzugsaktien). Entgegen dem traditionellen Bild der Familienunternehmung ist gemäss dieser Definition die Unternehmungsleitung durch ein Familienmitglied keine Bedingung mehr. Auch bei Fremdmanagement bleibt dem Eigentümer mit qualifizierter Mehrheit die originäre Macht und damit die Möglichkeit der Einflussnahme erhalten (bspw. durch die Ausübung einer Überwachungsfunktion).

Der Begriff der Familienunternehmung wird in der obigen Definition unabhängig von der Grösse (Klein-, Mittel-, Grossbetrieb)[19], Art (bspw. landwirtschaftliche, industrielle Betriebe, Handels- oder Dienstleistungsbetriebe) und Rechtsform der Unternehmung bestimmt. Diese Definition trägt den unterschiedlichsten Erscheinungsformen der Familienunternehmung Rechnung und zeigt gleichzeitig die Grenzen zur Nicht-Familienunternehmung auf. Da im weiteren Verlauf der Arbeit etliche Aspekte die Familienunternehmung schlechthin, d.h. unterschiedlichster Ausprägung betreffen, erscheint die Begriffsbestimmung von VON SCHULTZENDORFF als Grundlage geeignet. Darauf aufbauend kann der Typus GFU unter Berücksichtigung des Abgrenzungsmerkmals 'Unternehmungsgrösse' präzisiert werden.

17 SCHULTZENDORFF VON D. (1984), S. 7.

18 Vgl. BECHTLE C. (1983), S. 31 f.

19 Vgl. Kapitel 2.1.2.

2.1.1.3 Das 'Amplitudengesetz'

In den beiden letzten Abschnitten wurde versucht, durch die Umschreibung des Verhältnisses zwischen Familie und Unternehmung sowie durch die Festlegung einer Definition der Familienunternehmung dem Wesen der Familienunternehmung näherzukommen. Dabei wurde ein weiter Begriff der Familienunternehmung gewählt, der zwar eine klare Abgrenzung von Familien- und Nichtfamilienunternehmung erlaubt, doch gleichzeitig einen breiten Ausprägungsraum der Familienunternehmung zulässt. Die Ausfüllung dieses Raums durch eine nähere Charakterisierung der Familienunternehmung anhand von Einzelmerkmalen, die an ein bestimmtes Bild der Familienunternehmung gebunden sind, birgt die Gefahr in sich, entgegengesetzte Merkmalsausprägungen auszuschliessen bzw. entgegengesetzte reale Erscheinungsformen der Familienunternehmung zu leugnen. Bspw. kann das häufig genannte Merkmal 'gutes Betriebsklima' in der Praxis durchaus auch nicht zutreffen, etwa dann, wenn der EU einen stark autoritären Führungsstil ausübt oder wenn sich Streit in der Familie auf die Firma überträgt. In der Familienunternehmung kann das Betriebsklima ausgesprochen gut, aber auch ausgesprochen schlecht sein. Verallgemeinert heisst das, dass die Streubreite der Merkmalsausprägungen bei der Familienunternehmung sehr gross sein kann. Einen möglichen Erklärungsansatz dafür liefert WOHLGEMUTH: "[...] die Stärke der Familienunternehmung entsteht durch die Synergien zwischen Familie und Unternehmung. Produktivität, Kreativität und Verantwortungsbewusstsein stehen im Zentrum; Chancen und Risiken sind hier fokussiert"[20].

VOIGT erachtet die grosse Streubreite der Merkmalsausprägungen bei Familienunternehmungen als deren zentrale Charakteristik und spricht vom 'Amplitudengesetz': "Familienunternehmen haben generell und tendenziell grössere Amplituden, grössere Schwingungsweiten als Nicht-Familienunternehmen in dem, was möglich ist. Familienunternehmen sind tendenziell entweder besonders erfolgreich oder besonders erfolglos im Vergleich zu Nicht-Familienunternehmen"[21]. Das 'Amplitudengesetz' be-

[20] WOHLGEMUTH A.C. (1993), S. 108.

[21] VOIGT J.F. (1990), S. 14 f. "Dieses 'Amplitudengesetz' ist kein naturwissenschaftliches Gesetz im Sinne strenger Determination und Kausalität, sondern ein induktiver Schluss aus der Beobachtung von Familienunternehmen und Nicht-Familienunternehmen", ebenda, S. 15.

zieht sich v.a. auf folgende Punkte der Familienunternehmung (jeweils im Vergleich zur Nicht-Familienunternehmung):[22]

- Nachfolgeregelungen: sie gelingen entweder hervorragend oder nur mangelhaft;
- Motivation: die Mitarbeiter sind entweder hoch motiviert oder frustriert;
- Investitionen: entweder wird mit veralteten Anlagen oder mit Hochtechnologie produziert;
- Effizienz: entweder wird besonders effizient oder besonders ertragsschwach gewirtschaftet (Kostenführerschaft versus Ausgabenfreude);
- Ausschüttungen: die Ausgaben an die Gesellschafter, also Bezüge und Dividenden, sind entweder gering oder sehr gross ('Melkkuh');
- Fremdmanagement: Fremdmanager in Familienunternehmungen sind je nach der ihnen zuerkannten Stellung entweder hochqualifizierte Persönlichkeiten oder unfähige Führungskräfte, sie haben entweder weitreichende Kompetenzen oder sind in ihrem Handlungsspielraum stark eingeschränkt und sie werden entweder über- oder unterdurchschnittlich bezahlt; die Fluktuation an der Unternehmungsspitze ist entweder sehr hoch oder sehr klein;
- Lebenszyklus: Familienunternehmungen sind im Aufschwung und in der Pionierphase tendenziell erfolgreicher und in der kritischen Phase des Abschwungs tendenziell gefährdeter als Nicht-Familienunternehmungen;
- Darüber hinaus weisen Familienunternehmungen in der Regel ein Defizit an inhaltlichen Strategien und an externer Kontrolle auf.

Die oben aufgeführten Thesen können hier nicht bewiesen werden. Das 'Amplitudengesetz' sollte nicht überbewertet, sondern lediglich als plausibler Erklärungsansatz für die Charakteristik und für scheinbar widersprüchliche Diagnosen der Familienunternehmung angesehen werden. Wenn ALBACH/FREUND einerseits von der 'sterbenden Familiengesellschaft'[23] sprechen und andererseits Jahr für Jahr viele neue Familienunternehmungen entstehen und viele - auch grosse - Familienunternehmungen über Generationen hinweg erfolgreich existieren[24], so sagt das

22 Vgl. im folgenden VOIGT J.F. (1990), S. 15 f. und S. 58 ff.

23 Vgl. ALBACH H./FREUND W. (1989), S. 264 ff.

24 In der Schweiz hat trotz der steigenden Tendenz von Firmenzusammenschlüssen die Anzahl der KMU zwischen 1975 und 1985 um 9,1% zugenommen (dagegen Grossunternehmungen nur um 3%), vgl. NEUHAUS H. (1991), S. 3. Erwäh-

'Amplitudengesetz' nichts anderes aus, als dass manche Familienunternehmungen die potentiellen Vorteile der Institution Familienunternehmung nutzen während andere diese Vorteile nicht umsetzen und früher oder später scheitern. "Einzelne Familienunternehmen sterben in der Tat. Das Familienunternehmen als Institution stirbt jedoch nicht. Einzelne Menschen sterben, aber die Menschheit stirbt nicht"[25].

2.1.2 Die Unternehmungsgrösse als Abgrenzungsmerkmal des Typus GFU

2.1.2.1 Die Problematik der Grössenbestimmung

Während die Familienunternehmung ein allgemein bekannter und in der Fachliteratur vieldiskutierter Begriff ist, existiert nach Literaturkenntnis des Verfassers keine spezielle Begriffsbestimmung der GFU, obwohl dieser Typus seit geraumer Zeit existiert (bspw. Krupp, Haniel). Dies mag v.a. damit zusammenhängen, dass die GFU erst in den vergangenen ein bis zwei Jahrzehnten grössere Verbreitung gefunden hat und deshalb einen relativ 'neuen' Typus der Familienunternehmung darstellt, der bislang nur am Rande Gegenstand wissenschaftlicher Untersuchungen war[26]. Stellvertretend seien hier die vielen Gründerunternehmungen der Nachkriegszeit genannt, die heute beträchtliche Grössen erreicht haben und gewissermassen den Prototyp der GFU darstellen. Es liegt auf der Hand, die GFU zu umschreiben als eine Familienunternehmung, die sich durch das Attribut 'gross' auszeichnet. Sodann gilt es im weiteren den Begriff der Unternehmungsgrösse zu untersuchen und den Bezug zur GFU herzustellen.

Die Betriebs-/Unternehmungsgrösse findet sowohl bei diversen betriebs- als auch volkswirtschaftlichen[27] Fragestellungen Beachtung. In der BWL wird die Betriebs-/Unternehmungsgrösse insbesondere als Problem der Produktions- und Kostentheorie (Fragen der optimalen Betriebsgrösse,

nenswert ist hier jedoch auch, dass 80% aller KMU das 11. Jahr nach ihrer Gründung nicht überstehen und dass 61% bereits nach dem fünften Jahr aufgeben, vgl. CLASEN J.P. (1991), S. 21.

25 VOIGT J.F. (1990), S. 18.

26 Eine Ausnahme bildet die Arbeit von GOEHLER A.W. (1993). In seiner Arbeit wird die GFU jedoch nicht explizit definiert.

27 Bspw. Konzentrationsproblematik, vgl. Kapitel 2.1.3.3.

Kostenverläufe bei multipler und mutativer Betriebsgrössenvariation) aufgefasst[28]. Hier interessiert die Betriebs-/Unternehmungsgrösse jedoch als beschreibendes Merkmal zur Typologisierung[29] von Betrieben und Unternehmungen bzw. zur Abgrenzung der GFU.

Der Unternehmungsbegriff soll dem Betriebsbegriff übergeordnet werden[30], d.h. die GFU kann als Unternehmung mehrere Betriebe umfassen (bspw. ein Konzern mit mehreren Tochtergesellschaften und Niederlassungen). Wird die GFU als komplex strukturiertes sozio-technisches System mit starken Verknüpfungen zu ihrem Umgebungssystem verstanden, so ist die Feststellung der Unternehmungsgrösse aus dieser Sicht die Grössenbestimmung eines Systems, das Ausdehnungen in mehreren Dimensionen aufweist: Mitarbeiterzahl, Umsatz, Fertigungskapazitäten, Vermögenswerte, Organisationsstruktur, technische Grössen, Wertschöpfung, Marktanteil, Führungsstil, Eigentumsverhältnisse u.a.m. Die Grösse einer Unternehmung umfasst dann die Gesamtheit ihrer zu messenden Ausdehnungen in allen zugehörigen Dimensionen[31].

Die Problematik der Grössenbestimmung liegt nun in der Unmöglichkeit einen Massstab festzulegen, der sämtliche Grössendimensionen der Unternehmung erfasst und die Ziehung eindeutiger Klassengrenzen zulässt. Aufgrund der vielfältigen Erscheinungsformen von Unternehmungen und der nach sich ziehenden Impraktikabilität einer Kombination aller Massstäbe[32], ist fallbezogen die Auswahl geeigneter quantitativer und/oder qualitativer Merkmale notwendig. Die Unternehmungsgrösse als Ausmass der effektiven oder potentiellen Leistungsfähigkeit bezeichnet dann "[...] nicht mehr einen komplexen Sachverhalt, sondern ist lediglich ein Synonym für die quantitative Ausprägung der benutzten Masseinheit"[33], d.h. die Unternehmungsgrösse erfährt Gleichsetzung mit den zur Beschreibung der Grösse herangezogenen Merkmalen. Die Schwierigkeit besteht in der Entwicklung eines einheitlichen Grössenmasses, das den

28 Vgl. BUSSE VON COLBE W. (1964), S. 13 ff.; BUSSE VON COLBE W. (1974), Sp. 571 ff.; WÖHE G. (1981), S. 523 ff.; LÜCKE W. (1967), S. 9 ff.

29 Vgl. WÖHE G. (1981), S. 14 ff. und S. 1189 f.

30 Vgl. BUSSE VON COLBE W. (1974), Sp. 567.

31 Vgl. BLOECH J. (1977), S. 556 f.

32 Vgl. bspw. BUSSE VON COLBE W. (1964), S. 29 ff.; MATSCHUCK H.-J. (1975), S. 591 f.; BERGER K.-H. (1968), S. 32 ff.; LÜCKE W. (1967), S. 21 f.

33 BUSSE VON COLBE W. (1964), S. 32.

unternehmungsindividuellen Besonderheiten gerecht wird und als repräsentativ für die Unternehmungsgrösse angesehen werden kann. Die Entscheidung[34], welches Grössenmerkmal oder welche Merkmalskombination für eine Untersuchung benützt wird, richtet sich weitgehend nach dem Erkenntnisziel sowie der Verfügbarkeit und Quantifizierbarkeit des erforderlichen Datenmaterials.

2.1.2.2 Diskussion von Grössenmerkmalen

Eine allgemeingültige Einteilung der Grössenklassen existiert nicht. Die Grössenklassen sind als idealtypische Vergleichsgrössen anzusehen, d.h. die untersuchten Probleme ändern sich nicht abrupt nach Überschreitung der jeweiligen Ober- und Untergrenzen. Üblicherweise wird eine klassifikatorische Einteilung in klein, mittel und gross vorgenommen, wobei vielfach die kleinen und mittleren Unternehmungen als Einheit (mittelständische, gewerbliche Unternehmung; KMU)[35] angesehen werden.

Die quantitative Abgrenzung[36] von Unternehmungsgrössen setzt ihre Messung voraus. Jahresumsatz und Beschäftigtenzahl werden am häufigsten als quantitative Abgrenzungsmerkmale verwendet. In der Literatur ist eine Reihe von Vorschlägen zur Grösseneinteilung auszumachen[37], die vereinzelt auch Branchenbereinigungen beinhalten[38]. An dieser Stelle wäre es verfehlt, näher auf die quantitativen Einteilungsvorschläge einzugehen und die Literatur mit einer weiteren Variante bereichern zu wollen. Im Mittelpunkt der Überlegungen steht die Themenstellung der Arbeit, die davon ausgeht, dass sich (selbstverständlich) auch in der KMU Gestaltungsfragen zur Spitzenorganisation stellen, dass sich in jenen Fällen die

[34] Vgl. Kriterien zur Auswahl unternehmungsgrössenrelevanter Merkmale bei PFOHL H.-Chr./KELLERWESSEL P. (1982), S. 13 ff.

[35] Vgl. zur Abgrenzung von 'mittelständisch' und 'gewerblich' PLEITNER H. J. (1981), S. 17 ff.

[36] Vgl. zur Problematik der quantitativen Abgrenzung von Unternehmungsgrössen BUSSE VON COLBE W. (1974), Sp. 567 ff.; BUSSE VON COLBE W. (1964), S. 31 ff.; Schriften des Instituts für Mittelstandsforschung in Bonn.

[37] Vgl. Überblick zu Grösseneinteilungsvorschlägen in der Literatur bei PLEITNER H. J. (1981), S. 24 f.

[38] Vgl. Beispiel einer branchenbezogenen Festlegung von Klassengrenzen bei den Grössenmerkmalen 'Anzahl der Beschäftigte' und 'Umsatz' bei PFOHL H.-Chr./ KELLERWESSEL P. (1982), S. 20 und KAHLE E. (1992), Sp. 1409.

Unternehmungsspitze jedoch in der Regel nur aus einer Person (dem EU) zusammensetzt und dass erst ab einer gewissen hier gemeinhin als 'gross' bezeichneten Grössenordnung - oft in Verbindung mit einem Generationswechsel - umfangreichere Gestaltungsfragen entstehen: es geht dann nicht nur um den Ersatz des bisherigen EU durch einen Nachfolger, sondern um die grundsätzliche Neugestaltung der Spitzenorganisation. Dieser Zusammenhang lässt sich mittels einer quantitativen Abgrenzung nur grob erfassen. Es sind dann lediglich Tendenzaussagen möglich, in dem Sinne, dass mit steigender Unternehmungsgrösse die Gestaltungsproblematik tendenziell zunimmt.

Als Grundlage soll hier gelten, dass die GFU mindestens 500 Mitarbeiter zählt[39]. Für die Eignung der Beschäftigtenzahl als Hauptmerkmal zur quantitativen Grössenabgrenzung der GFU sprechen insbesondere folgende Gründe:

- Die Personalausstattung ist eines der wichtigsten Faktoren der wirtschaftlichen Entwicklung einer Familienunternehmung[40] und steht in einem engeren Zusammenhang mit der Spitzenorganisation, dem engeren Untersuchungsobjekt dieser Arbeit, als der Umsatz[41].
- Der Beschäftigungsmassstab unterliegt keinen zeitlichen Verzerrungen[42] und lässt am ehesten Vergleiche und evolutionäre Betrachtungen über einen längeren Zeitraum hinweg zu[43].
- Im Hinblick auf die explorative Studie ist anzunehmen, dass sich Familienunternehmungen eher über die Mitarbeiterzahl als über den Umsatz

39 Diese Einteilung ist in der Literatur häufig anzutreffen und entspricht in der Schweiz ausserdem der Einteilung amtlicher Statistiken, die fast ausschliesslich auf die Beschäftigtenzahl als Grössenmassstab abstellen. GOEHLER trifft in seiner Dissertation über grosse Familienunternehmungen eine ähnliche Abgrenzung, indem er für das Beispiel der deutschen Brauwirtschaft (Grossbetriebe) mindestens 100 Mio DM Jahresumsatz oder mehr als 500 Mitarbeiter voraussetzt. Vgl. GOEHLER A.W. (1993), S. 9.

40 Vgl. LÖWE C. (1979) S. 29.

41 Es ist anzunehmen, dass bspw. eine Industrieunternehmung, die mit viel Personal den gleichen Umsatz tätigt wie eine Handelsunternehmung mit weniger Personal, vor grösseren Gestaltungsproblemen der Spitzenorganisation steht als die Handelsunternehmung. Der Umsatz ist für die vorliegende Themenstellung weniger aussagekräftig. Insofern relativiert sich hier die Notwendigkeit einer differenzierten Grösseneinteilung nach Branchen.

42 Vgl. LÖWE C. (1979), S. 30.

43 Vgl. POHL H. (1978), S. 6.

äussern[44]. Hinzu kommt, dass dieser Massstab sowohl in der Wissenschaft als auch in der Praxis üblicherweise Verwendung findet[45].

Der Vorteil der quantitativen Merkmale ist in ihrer Operationalität zu sehen[46]. Der Nachteil liegt darin, dass sich mit zahlenmässigen Klassengrenzen kein direkter Bezug zum Wesen der GFU herstellen lässt. Zudem ergibt sich das Problem der Anwendung auf Unternehmungen verschiedener Branchen, da die grosse Differenziertheit hinsichtlich Kapital-, Arbeitsintensität und Umsatz eine einheitliche Abgrenzung scheitern lässt[47]. Quantitative Merkmale sind deshalb nur als Hilfsgrössen der Zuordnung anzusehen. Sie sind in qualitativen Ursachen begründet, sodass der qualitativen Umschreibung ein höherer Stellenwert zukommt[48]. Dadurch soll versucht werden, den Typus GFU als Zustand zu begreifen.

Gestützt auf die Sichtung der betriebswirtschaftlichen Literatur zur Betriebsgrössenproblematik stellen PFOHL/KELLERWESSEL die beiden Gruppen der Klein-/Mittelbetriebe und Grossbetriebe anhand ausgewählter qualitativer Merkmale, die den Bereichen Unternehmungsführung, Organisation, Absatz, Produktion, Forschung und Entwicklung, Beschaffung, Finanzierung und Personal zugeordnet werden, gegenüber[49]. Grundsätzlich kann die GFU dem Betriebstyp 'Grossbetrieb' zugeteilt werden. Im Bereich Unternehmensführung sehen die beiden Autoren unter anderem Fremdmanager als Charakteristikum. Dies muss bei der GFU nicht zutreffen, da oft EU die Leitung noch innehaben. Im Bereich Finanzierung widerspricht der "in der Regel breit gestreute Besitz"[50] dem Wesen der Familienunternehmung. Auch hinsichtlich dem Bereich Organisation ist für die GFU eine "personenunabhängig an den sachlichen Gegebenheiten orientierte komplexe Organisationsstruktur"[51] nicht immer zutreffend,

44 Diese Annahme geht zurück auf BECHTLE C. (1983), S. 28 und hat sich in der hier eigens durchgeführten explorativen Studie bestätigt (vgl. Kapitel 4).

45 Vgl. PLEITNER H. J. (1981), S. 22 f.

46 Vgl. BUSSE VON COLBE W. (1974), Sp. 567.

47 Vgl. LANZ T. (1978), S. 27.

48 Vgl. LANZ T. (1978), S. 29 und S. 31; GANTZEL K.-J. (1962), S. 263 ff.

49 Aufgrund der umfangreichen Gegenüberstellung wird hier auf eine vollständige Wiedergabe verzichtet, vgl. deshalb PFOHL H.-Chr./KELLERWESSEL P. (1982), S. 26 ff.

50 PFOHL H.-Chr./KELLERWESSEL P. (1982), S. 31.

51 PFOHL H.-Chr./KELLERWESSEL P.(1982), S. 29.

denn oft ist noch ein "auf den Unternehmer ausgerichtetes Einliniensystem"[52] auszumachen. Bereits AMONN ("Der Unterschied zwischen Grossbetrieb und Kleinbetrieb ist nicht quantitativer Natur, sondern 'qualitativer' oder organisatorischer Art. [...] Betriebe, bei welchen [...] die Leitung zu einer selbständigen Funktion geworden ist, die also so gross sind, dass 'leitende' und 'ausführende' Tätigkeit nicht mehr miteinander vereinigt sein können, sind 'Grossbetriebe'"[53]) hat 1926 Klein- und Grossbetriebe anhand ihrer Organisation unterschieden. Nach DRUCKER "[...] ist die Struktur des Managements, vor allem der obersten Ränge, das einzige zuverlässige Kriterium der Grösse. Ein Unternehmen ist so gross wie die Struktur des von ihm benötigten Managements"[54]. Als Charakteristikum der grossen bzw. sehr grossen Unternehmung sieht er die Organisation der Unternehmungsleitung und der allgemeinen Bestimmung der Unternehmungspolitik auf Gruppenbasis[55]. Diesem Charakteristikum kommt für die GFU Sollfunktion zu, denn in vielen Fällen steht nach wie vor der EU als 'Alleinherrscher' an der Spitze. Aufbauend auf den Gedanken, die Leitungsstruktur als Ausdruck der Unternehmungsgrösse zu nehmen, hat BERGER untersucht, wie sich die Leitungsstruktur von Unternehmungen mit ihrer Grössenausweitung verändert. Er bildet eine komparativ-statische Reihe von 5 organisatorischen Strukturklassen (Kleinbetriebe - Bereich der Spezialisierung, Mittelbetriebe - Bereich der Delegierung, Mittelgrossbetriebe - Bereich der Funktionalisierung, Grossbetriebe - Bereich der Dezentralisierung, Mammutbetriebe - Bereich der Verschachtelung), die jeweils durch eine grundlegende Änderung des Führungsstils gekennzeichnet und noch in drei Unterklassen aufgeteilt sind[56]. Zwar mag die Überlegung von BERGER - "Der grobe Trend der Wachstumswirkung auf die Leitungsstruktur geht von der Spezialisierung über die Delegierung, Funktionalisierung und die Dezentralisierung bis zum Verzicht auf die direkte Führung zugunsten indirekter Lenkung"[57] - in den Grundzügen

52 Vgl. letzte FN.

53 AMONN A. (1926), S. 51.

54 DRUCKER P. (1956), S. 281.

55 Vgl. DRUCKER P. (1956), S. 283 f.

56 Aufgrund der umfangreichen Gegenüberstellung wird hier auf eine Wiedergabe verzichtet, vgl. deshalb BERGER K.-H. (1968), S. 102 ff.

57 BERGER K.-H. (1968), S. 160.

auch für die GFU plausibel sein, doch lässt sich auch hier die GFU keinem Grössenbereich vorbehaltlos zuordnen.

2.1.2.3 Festlegung einer Definition der GFU

Die bisherigen Ausführungen zur Unternehmungsgrösse haben gezeigt, dass die GFU nicht ohne Einschränkungen den in der BWL gebräuchlichen Grössenklassen zugeteilt werden kann. Dies hängt zum einen damit zusammen, dass es im betriebswirtschaftlichen Schrifttum weder über den Begriff noch über die Messung der Unternehmungsgrösse und ihrer Veränderungen einheitliche Auffassungen gibt. Die einzelnen Auffassungen sind zweckorientiert und auf spezielle betriebliche Teilprobleme ausgelegt[58]. Zum anderen ist Untersuchungsobjekt in der BWL im allgemeinen entweder die kleine und mittlere Unternehmung mit Familienmanagement oder v.a. die grosse Publikumsunternehmung mit Fremdmanagement, sodass die in der Literatur bekannten Einteilungen nach qualitativen Merkmalen auf diese Schwerpunkte ausgerichtet sind. Indem die GFU Elemente beider obgenannten Typen in sich vereint, nimmt sie eine Zwischenstellung ein und erschwert die klare Zuordnung. Auch KÖNIG ist in ihrer Untersuchung über die mittelgrosse Familienunternehmung auf eine ähnliche Problematik gestossen und trifft folgende Abgrenzung: "Das Adjektiv 'mittelgross' soll zum Ausdruck bringen, dass die betrachteten Unternehmungen im Sinne einer quantitativen Definition den gegenwärtigen Literaturmeinungen als Grossunternehmen zu bezeichnen sind, wobei [...] die Grenzen nicht verbindlich gezogen werden können, während unter qualitativen Gesichtspunkten der mittelständische Charakter im Sinne der Definition von Lanz[59] besteht"[60]. Bezüglich der quantitativen Um-

58 Vgl. BERGER K.-H. (1968), S. 41.

59 "- Es handelt sich um ein erwerbswirtschaftliches Unternehmen. - Die Geschäftsführung ist auf einen oder wenige Unternehmer begrenzt; Teil der Führungsspitze kann auch ein Nichtunternehmer sein. - Die Unternehmerfunktion hängt mit der Kapitalgeberfunktion zusammen; die Nähe beider Funktionen hängt von der Grössenordnung ab, ohne aber völlig getrennt zu sein. - Die Fremdkapitalaufnahme ist soweit möglich, als damit kein direkter Einfluss auf die Unternehmungsführung ausgeübt werden kann. - Mit zunehmender Grössenordnung tritt die Frage der Haftung in den Vordergrund; die Unternehmung sucht nach Möglichkeiten der Risikobeschränkung. - Die steuerlichen Aspekte spielen bei der Formwahl eine wichtige Rolle; der personale Charakter ermöglicht eine günstige Gestaltung. - Die Unternehmung ist weder eine Minderunternehmung, die nicht

schreibung der GFU kann die Festlegung von KÖNIG voll übernommen werden. Ferner ergibt sich der Ansatzpunkt, die GFU in qualitativer Hinsicht von der mittelständischen Unternehmung abzugrenzen. Letztere wird als Teil der umfassenderen Gruppe der Familienunternehmungen angesehen. Ihr werden im Sinne der quantitativen Abgrenzung kleine und mittlere Unternehmungen zugerechnet. Die vorhandenen Definitionsansätze lassen sich im Kern auf GANTZEL zurückführen, der als (qualitative) Grundmerkmale die zentrale Stellung der Unternehmerpersönlichkeit und das personale Wirtschaftsprinzip hervorhebt[61]. "Der Mittelstandsbetrieb reicht also so weit, wie Kapital und Leitung in einer Hand liegen"[62]. Hier schliesst sich der Kreis zu Kapitel 2.1.1.2, denn das Selbstverständnis der mittelständischen Unternehmung entspricht weitgehend der traditionellen Vorstellung einer Familienunternehmung, d.h. die meisten mittelständischen Unternehmungen sind Familienunternehmungen, aber nicht jede Familienunternehmung ist mittelständisch. Die GFU unterscheidet sich dann dadurch, dass sie mittelständischen Charakter haben kann, aber nicht haben muss. Im Gegensatz dazu wird die Möglichkeit des mittelständischen Charakters bei sog. Grossunternehmungen (bspw. im Sinne von PFOHL/KELLERWESSEL[63]) grundsätzlich ausgeschlossen. Die Vereinigung oder Trennung von Eigentum und Leitung ist kein zweckmässiges Abgrenzungskriterium der GFU, da bei der GFU beide Varianten, insbesondere auch Zwischenvarianten, möglich sind. Dies unterstreicht die Tauglichkeit der Definition von VON SCHULTZENDORFF[64]

in der Lage ist, einzige und ausreichende Erwerbsquelle des Unternehmers darzustellen, noch eine Grossunternehmung; ihre obere Grenze liegt in der Überschaubarkeit der wesentlichen Unternehmensvorgänge durch den bzw. die Unternehmer. - Die Unternehmung hat aufgrund ihrer Unabhängigkeit eine ausgeprägte Elastizität und ist auf kontinuierliche Entwicklung ausgerichtet. - Die Zuordnung zum Mittelstand hängt nicht vom starken Hervortreten eines einzigen oder weniger Merkmale ab, sondern ist aus dem Gesamtbild der Kriterien zu ermitteln. - Die Unternehmung ist nicht an einzelne Wirtschaftszweige oder Betriebsformen gebunden; bezüglich der Wahlentscheidung für eine Rechtsform bestehen keine gesetzlich zwingenden Vorschriften", LANZ T. (1978), S. 31 f.

60 KÖNIG D. (1986), S. 24.

61 Vgl. GANTZEL K.-J. (1962), S. 279 ff.; Zur Abgrenzung der mittelständischen Unternehmung vgl. bspw. auch HINDERER M. (1984), S. 7 ff. und DÖRLER K. (1988), S. 4 ff.

62 GANTZEL K.-J. (1962), S. 266.

63 Vgl. Kapitel 2.1.2.2.

64 Vgl. Kapitel 2.1.1.2.

für das Selbstverständnis der Familienunternehmung im allgemeinen und der GFU im speziellen. Den unterschiedlichsten Gestaltungsformen der Spitzenorganisation einer GFU wird dabei Rechnung getragen. Ausserdem wird der 'normalen' Entwicklung von der Eigentümer- zur Managerunternehmung[65] im Zuge fortschreitenden Wachstums und den damit einhergehenden (spitzen)organisatorischen Veränderungen nicht widersprochen. Letztlich ist die GFU nicht eine Unternehmung sui generis, sondern eine Entwicklungsstufe einer Unternehmung.

Basierend auf den Ausführungen zu den Begriffen der Familienunternehmung und der Unternehmungsgrösse soll nun der Begriff der GFU der thematischen Zielsetzung dieser Arbeit entsprechend festgelegt werden. Die GFU ist ein spezieller Typus der Familienunternehmung, der sich durch folgende Hauptmerkmale charakterisieren lässt:

- Die GFU ist eine erwerbswirtschaftliche Unternehmung, die im Sinne einer quantitativen Definition gemäss den gegenwärtigen Literaturmeinungen als 'gross' bezeichnet wird, wobei die Grenzen nicht verbindlich gezogen werden können (Festlegung hier: mindestens 500 Beschäftigte).
- Die für den Einfluss auf die GFU massgeblichen Kapital- oder Stimmrechtsanteile befinden sich in den Händen einer Familie oder einzelner Familien.
- Die Familie bzw. Familienaktionäre verfügen über die Möglichkeit der massgeblichen Einflussnahme auf die Willensbildung und -durchsetzung der Unternehmung. Dies geschieht durch die Ausübung einer Führungstätigkeit und/oder durch die Wahrnehmung von Entscheidungs- und Kontrollrechten. Die Familie bzw. Familien beabsichtigen, die Unabhängigkeit und Kontinuität der Unternehmung zu sichern und ihre Einflussmöglichkeiten auf das Unternehmungsgeschehen zu erhalten.

65 Vgl. MATHIS F. (1990), S. 21. Nach CHMIELEWICZ bedeutet die Managerleitung im Vergleich zum Eigentümer-Unternehmer unter anderem die Trennung von Eigentum und Leitung, die Trennung von Vermögensvererbung und Vererbung von Leitungspositionen, den Einbau von Qualifikationsbarrieren und damit eine faktische Professionalisierung der Leitung, die Verschiebung der Chance/ Risiko-Struktur (hohes Arbeitsplatz- aber dafür kein Kapitalverlustrisiko des Managers), die Bildung einer treuhänderischen Principal/Agent-Beziehung (Missbrauchsmöglichkeiten des Managers bzw. Überwachungskosten des Eigentümers) und einen nicht eindeutig feststellbaren Einfluss auf die Gewinnhöhe; vgl. CHMIELEWICZ K. (1992), Sp. 2472 f.

- Die bisherige Entwicklung der GFU ist durch den Kapital- und Arbeitseinsatz von Familienangehörigen massgeblich getragen und geprägt worden. Meist hat der Gründer oder eine ihm nachfolgende Unternehmerpersönlichkeit in der Unternehmungskultur, -philosophie, und -politik deutliche Spuren hinterlassen, die sich parallel zur Weiterentwicklung der Unternehmung nur schwer verwischen lassen. Ein solch markanter, meist von einer klaren Vision geleiteter EU ist deshalb mehr als ein jederzeit auswechselbarer Funktionsträger.
- Die Ausgestaltung der Unternehmungsspitze kann sehr unterschiedlich sein und reicht von der (personellen) Identität bis zur weitgehenden Trennung von Eigentum und Leitung bzw. von Überwachung und Führung. In dieser Bandbreite widerspiegelt sich das Spannungsfeld der Gestaltungsproblematik der GFU-Spitzenorganisation. Die GFU bewegt sich damit zwischen dem mittelständischen Betrieb mit einer dominierenden Unternehmerpersönlichkeit an der Spitze und der grossen Publikumsgesellschaft mit einem mehrköpfigen Verwaltungsrat und stark besetzter Geschäftsleitung (professionelle Manager).
- Die GFU ist weder auf eine bestimmte Rechtsform (in der Schweiz überwiegend AG) noch Wirtschaftszweig (in der Schweiz gilt für Banken und Sparkassen eine andere Gesetzgebung[66]) beschränkt. Es handelt sich bei ihr in der Regel um einen Konzern mit Geschäftsaktivitäten im In- und Ausland.

Mit den obigen Abgrenzungen ist der Typus GFU nun im groben umschrieben. Eine abschliessende Charakterisierung der GFU ist hier weder möglich noch erforderlich. Es geht an dieser Stelle lediglich darum, den Rahmen des Bildes GFU abzustecken; durch die weiteren Ausführungen im Fortlauf der Arbeit wird das Bild der GFU allmählich verfeinert.

2.1.3 Der Stellenwert der GFU

2.1.3.1 Versuch einer zahlenmässigen Betrachtung

Der Grossteil der Familienunternehmungen setzt sich aus kleinen und mittleren Unternehmungen (KMU) zusammen, doch befindet sich gut ein

66 Vgl. Bundesgesetz über die Banken und Sparkassen Art. 3 Abs. 2a und Bankenverordnung Art. 8, wonach die personelle Trennung von Verwaltungsrat und Geschäftsführung zwingend ist.

Drittel der 500 weltgrössten Unternehmungen in den Händen jeweils einer oder weniger Familien[67]. In der Schweiz wird keinerlei amtliche Statistik über die zahlenmässige Verbreitung von Familienunternehmungen geführt. Vorhandene nichtamtliche Angaben beruhen auf Schätzungen und sind meist auf einzelne Branchen und/oder Grössenklassen beschränkt. Trotzdem soll hier versucht werden, zumindest eine grobe Vorstellung über den zahlenmässigen und daran anschliessend über den wirtschafts- und gesellschaftspolitischen Stellenwert der Familienunternehmung bzw. der GFU zu gewinnen.

Wird die Verbreitung der Familienunternehmung nach der Rechtsform untersucht, so lässt sich vorderhand feststellen, dass die AG die in der Schweiz am weitesten verbreitete Rechtsform darstellt und für (Familien)unternehmungen unterschiedlichster Grösse in Frage kommt. 1991 hielten über 47% aller Unternehmungen die Rechtsform der AG, was im Vergleich zu 1979 einen anteilsmässigen Zuwachs von 6,1% bedeutet (Vgl. Tab. 1). Mangels einer eigentlichen Unternehmungsstatistik existieren keine genauen Angaben über den Anteil der Familienunternehmungen am Gesamtbestand der AGs. Laut wenig abgestützten Schätzungen dürften rund ein Viertel der AGs Familienunternehmungen sein[68]. Insgesamt ergibt sich für 1991 ein geschätzter Bestand von 175'000 Familienunternehmungen. Bei Ausklammerung der 'Sonstigen' macht dies einen Gesamtanteil von knapp 60% aus. Gegenüber 1979 hat der Bestand an Familienunternehmungen um rund 37% zugenommen. Sollte sich die Entwicklung der vergangenen Jahre fortsetzen, so ist bald jede vierte Familienunternehmung eine AG.

Nur rund ein Drittel aller AGs beschäftigt mehr als eine Person. Viele Einmann-AGs sind Domizil-, Immobilien-, Holding-, Vermögensverwaltungs- oder Konzernuntergesellschaften mit niedrigem Kapital. Die schweizerische Aktienrechtswirklichkeit ist durch zwei gegenläufige Tendenzen gekennzeichnet, einerseits durch einen Zuwachs an Kleingesellschaften und andererseits durch das Entstehen von Grossgesellschaften[69]. Rund vier Fünftel der AGs kann dem tertiären Sektor zugeordnet

67 Vgl. ZUMBUSCH J. (1992), S. 52.

68 Vgl. STAEHELIN T. (1992), S. 37.

69 Vgl. SCHWEIZERISCHER BUNDESRAT (1983), S. 3 ff.

werden[70]. Nach Auskunft des BfS existierten 1991 375 Unternehmungen mit mehr als 500 Inland-Vollbeschäftigten[71]. Davon entfallen 313 auf die AG, 3 auf die Kollektivgesellschaft, 2 auf die Kommanditgesellschaft und der Rest auf 'Sonstige' (40 Genossenschaften, 10 Vereine, 7 Stiftungen). Damit wird deutlich, dass die GFU in der Schweiz fast ausnahmslos in der Rechtsform der AG vorzufinden ist. Über den Anteil der GFU an grossen AGs gibt es wiederum keine stichfesten Angaben.

Tab. 1: Anzahl Familienunternehmungen nach Rechtsformen in der Schweiz (1979 und 1991)[72]

Rechtsform	Gesellschaften insgesamt				Anteil Familienunternehmungen (Schätzung)			
	absolut		relativ %		absolut		relativ %	
	1979	1991	1979	1991	1979	1991	1979	1991
Einzelfirma	85'668	113'469	34,1	32,3	85'668	113'469	66,9	64,5
Kollektivges.	10'696	15'789	4,3	4,5	10'161	14'999	7,9	8,5
Kommanditges.	3'503	3'341	1,4	1,0	3'326	3'160	2,6	1,8
GmbH	3'050	2'769	1,2	0,8	2'897	2'630	2,3	1,5
AG	103'690	166'430	41,3	47,4	25'923	41'607	20,3	23,7
Sonstige *	44'234	49'078	17,7	14,0	___	___	___	___
Insgesamt	250'841	350'876	100,00	100,00	127'975	175'865	100,00	100,00

* Sonstige: Genossenschaften (1991: 13'967), Institute (168), Vereine (3'065) Stiftungen (22'362), und Filialen (9'516)

70 1987 entfielen 22% der AGs auf den sekundären und 77,7% auf den tertiären Sektor, vgl. BfS (1988), S. 12. Es wird hier angenommen, dass sich seither das Verhältnis 1:4 nur unwesentlich verändert hat.

71 Gemäss schriftlicher Auskunft des BfS vom 5.10.93, Sektion Unternehmen und Beschäftigte (Herr Fetter). Öffentliche Unternehmungen sind hier nicht berücksichtigt. Basis bildet die (ausserordentliche) Betriebszählung per 30.9.91. Diese 375 Unternehmungen beschäftigten am Stichtag im Inland 509'403 Mitarbeiter.

72 BfS (1990), S. 93 und S. 96 sowie BfS (1993), S. 126. Die Anzahl AG für 1991 geht zurück auf eine telefonische Auskunft des Eidgenössischen Handelsregisteramts vom 01.10.1993 (Herr Lehmann), da das BfS seit 1991 keine eigene AG-Statistik mehr erstellt. Die geschätzten Anteile Familienunternehmungen gehen zurück auf die Überlegungen von BECHTLE C. (1983), S. 39 und STAEHELIN T. (1992), S. 37. Demnach wird angenommen, dass 100% der Einzelfirmen, 95% der Kollektivgesellschaften, 95% der Kommanditgesellschaften, 95% der GmbH und 25% der AG Familienunternehmungen sind.

Untersucht man unabhängig von der Rechtsform die Unternehmungsgrössenstruktur nach Beschäftigten, so zeigt sich, dass 1991 (letzte Betriebszählung) 99,8% aller Unternehmungen in der Schweiz kleiner oder mittlerer Grösse waren (vgl. Tab. 2). Geht man davon aus, dass es sich bei den kleinen und mittleren Unternehmungen zum überwiegenden Teil um Familienunternehmungen handelt und diese 1991 fast drei Viertel der Arbeitsplätze gestellt und damit massgeblich zur wirtschaftlichen Wertschöpfung beigetragen haben, so wird der zentrale volkswirtschaftliche Stellenwert der Familienunternehmung evident. Dabei ist die GFU als Teil der grossen Unternehmungen noch nicht einmal berücksichtigt.

Tab. 2: Anzahl Unternehmungen und Beschäftigte in der Schweiz (1991)[73]

nach Anzahl Beschäftigten	Unternehmungen		Beschäftigte	
	absolut	relativ %	absolut	relativ %
klein (1 - 49)	274'252	97,27	1'275'584	43,81
mittel (50 - 499)	7'203	2,55	879'747	30,22
gross (> 500)	502	0,18	756'023	25,97
Insgesamt	281'957	100,00	2'911'354	100,00

Seit 1970 veröffentlicht die SHZ jährlich eine nach Umsatz geordnete Liste der grössten Schweizer Unternehmungen. Trotz ihrer Unvollständigkeit aufgrund mangelnder Offenheit vieler Unternehmungen kann diese Publikation mittlerweile als die umfangreichste Zusammenstellung der wichtigsten Eckdaten und Ergebnisse der Schweizer Industrie-, Handels- und Dienstleistungsfirmen, Banken und Versicherungen angesehen werden. Insgesamt werden rund 2'000 Unternehmungen erfasst. Aus der Analyse der diversen Ranglisten, insbesondere der Liste der grössten Familienunternehmungen[74], können für das Jahr 1992 folgende Punkte festgehalten werden:[75]

73 Telefonische Auskunft des BfS vom 12.10.1993, Sektion Unternehmen und Beschäftigte (Herr Althaus). In diesen Zahlen sind auch die öffentlichen Unternehmen enthalten. Basis bildet die (ausserordentliche) Betriebszählung per 30.09. 1991.

74 Vgl. SHZ (1993), S. 123 - 128. Zwar sind die Listen nach Umsatz geordnet, doch wird unter anderem auch die Anzahl Mitarbeiter bekanntgegeben.

75 Es geht hier nicht um die Wiedergabe absoluter Werte, die in sich unvollständig und vielleicht sogar ungenau sind, sondern um die Erfassung von Verhältnissen

- Unter den 500 grössten Unternehmungen rangieren 166 (33,2%) Familienunternehmungen, unter den ersten 100 sind 39 (39%), unter den ersten 50 sind 18 (36%) und unter den ersten 10 sind 4 (40%) Familienunternehmungen auszumachen, d.h. mehr als ein Drittel der grössten Schweizer Unternehmungen kann der Kategorie Familienunternehmung zugeordnet werden.
- Von den für 1992 erfassten 190 Familienunternehmungen weisen 31 weniger als 500 Beschäftigte auf (in zwei Fällen keine Angaben). Somit kann für die Schweiz von einem Bestand von mindestens 150 bis 160 GFU ausgegangen werden. Die 157 gelisteten GFU beschäftigen im In- und Ausland 633'694 Mitarbeiter. Das ergibt eine durchschnittliche GFU-Grösse von rund 4000 Mitarbeitern.
- Interessant wären die beiden Listen der 50 grössten Arbeitgeber im In- und Ausland[76], doch sind diese (nach Ansicht des Verfassers) eher unsorgfältig[77] erstellt worden. Unter Berücksichtigung der Listen vorangehender Jahre können jedoch folgende Aussagen getroffen werden: Die 50 grössten Schweizer Arbeitgeber im Ausland beschäftigen deutlich mehr Personen als die 50 grössten Arbeitgeber im Inland. Während unter den 50 grössten Schweizer Arbeitgebern im Ausland rund zur Hälfte Familienunternehmungen figurieren, ist der Anteil der Familienunternehmungen an den 50 grössten inländischen Arbeitgebern wesentlich kleiner[78]. Dies zeigt das besonders starke internationale Engagement der Schweizer GFU.

und Merkmalen, die zu einer näheren Kennzeichnung der Schweizer GFU und ihrer Bedeutung beitragen.

76 Vgl. SHZ (1993), S. 132 f.

77 Bspw. wurde bei der Liste der grössten Schweizer Arbeitgeber im Ausland vergessen, die Metro International AG (ca. 90'000 Beschäftigte) aufzuführen. Vgl. SHZ (1993), S. 132.

78 Die Unterschiede zwischen den Jahreslisten sind beträchtlich. Für 1989 ergibt sich folgender Zusammenhang: Während unter den 50 grössten Arbeitgebern in der Schweiz nur knapp zu einem Drittel Familienunternehmungen figurieren und diese rund 16% beschäftigen (in Bezug auf die Summe der von den 50 grössten Arbeitgebern Beschäftigten im Inland), figurieren unter den 50 grössten Schweizer Arbeitgebern im Ausland gut zur Hälfte Familienunternehmungen, die rund 36% beschäftigen (in Bezug auf die Summe der von den 50 grössten Arbeitgebern Beschäftigten im Ausland). Während die 50 grössten Schweizer Arbeitgeber im Ausland mehr als doppelt soviele Personen wie die 50 grössten Arbeitgeber im Inland beschäftigen, beschäftigen davon die unter den 50 grössten Ar-

- Die erfassten Familienunternehmungen sind mehrheitlich nach wie vor zu 100% im Eigentum einer Familie oder gar eines Alleinaktionärs oder -aktionärin.
- Familienunternehmungen nehmen in vielen Branchen Spitzenpositionen ein. So befinden sich unter den grössten Familienunternehmungen nicht weniger als 15 Welthandelsfirmen. Doch bspw. auch in den Branchen Detailhandel, Automobilhandel, Baustoffe, Befestigungstechnik, Bau, Büroorganisation/-bedarf, Bekleidungsindustrie, Pharma, Verlagswesen, Gastgewerbe, Maschinenindustrie, Elektronik oder Spedition sind Familienunternehmungen an vorderster Stelle auszumachen[79].
- Auch Schweizer GFU sind in den letzten Jahren von Übernahmen nicht verschont geblieben (bspw. Jacobs Suchard, Willi Studer AG, Scheller Handels AG, Cementia Holding, Teile der Volkart Holding, Imholz, Züblin, Mövenpick).
- Von den 50 grössten Familienunternehmungen sind 44%, von den ersten 100 sind 33% und von den ersten 170 sind 25% an einer Börse in der Schweiz kotiert[80]. Damit nimmt der Anteil börsenkotierter GFU mit steigender Unternehmungsgrösse zu.

2.1.3.2 Wirtschafts- und gesellschaftspolitische Bedeutung

Über die wirtschafts- und gesellschaftspolitische Bedeutung der Familienunternehmung ist schon viel geschrieben worden[81]. Grundlegung bilden die Prinzipien der (sozialen) Marktwirtschaft, die als Wirtschaftsordnung westlicher Prägung die Kernelemente Privatautonomie ('Freiheit'), Privateigentum, Wettbewerb und Sozialpflichtigkeit des Eigentums bestmöglich zu verbinden versucht. Aufgabe des Staates sollte sein, die Marktwirtschaft durch eine geeignete Wirtschaftspolitik (Ordnungs-, Sozial- und Prozesspolitik) aufrechtzuerhalten und damit die Rahmenbedingungen zu schaffen, innerhalb derer sich die Einzelunternehmungen bewegen können. Vor diesem Hintergrund ergibt sich die wirtschafts- und gesellschaftspolitische Bedeutung der Familienunternehmung aus ihrer im Vor-

beitgebern rangierenden Familienunternehmungen im Ausland gut fünfmal soviele Personen wie im Inland. Vgl. SHZ (1990), S. 65 - 68.

79 Vgl. die verschiedenen Branchenlisten in SHZ (1993), S. 52 ff.

80 Diese Angaben beziehen sich auf das Jahr 1989.

81 Vgl. bspw. BERTSCH R. (1970), S. 25 ff., LÖWE C. (1979), S. 27 ff und BECHTLE C. (1983), S. 46 ff.

kapitel untersuchten zahlenmässigen Verbreitung und den folgenden von ihr wahrgenommenen Funktionen[82]:

- gesellschaftliche Ordnungsfunktion
- Wettbewerbsfunktion
- regionale Ordnungsfunktion
- Bedarfsfunktion (Markterschliessungsfunktion)
- Förderung der Wohlfahrt (Sozialfunktion)
- Beiträge zur Ausbildung am Arbeitsplatz und zum technischen Fortschritt (Innovationsfunktion).

BECHTLE bemerkt zu diesen Funktionen, dass sie sich nicht nur auf die kleine und mittlere Familienunternehmung beziehen, sondern sich oftmals auch auf grosse Familienunternehmungen übertragen lassen, sofern sich diese durch das Vorhandensein eines EU und durch kurze Entscheidungswege infolge einer geringen Zahl von Entscheidungsinstanzen auszeichnen. Nun unterscheidet sich jedoch die GFU definitionsgemäss von anderen Familienunternehmungen unter anderem dadurch, dass die Verbindung von Eigentum und aktiver Unternehmungsführung möglich, aber nicht notwendig ist. In der eigentlichen unternehmerischen Aufgabe kann kein wesentlicher Unterschied zwischen dem EU und dem beauftragten Unternehmer (Fremdmanager) festgestellt werden. Auch im Falle der Trennung von Eigentum und Management dürfte die persönliche Bindung des unternehmerisch genutzten Privateigentums erhalten bleiben. Die Familie trägt nach wie vor das Kapitalrisiko und kann auch ohne Einsitz in der Geschäftsführung ihren Einfluss geltend machen.

2.1.3.3 Soziale Verantwortung, Konzentrationstendenzen und die Forderung nach Kontinuität der GFU

Während Artikel 22ter der Schweizer Bundesverfassung lediglich das Eigentum gewährleistet, geht Paragraph 14 des Deutschen Grundgesetzes weiter: "Das Eigentum und das Erbrecht werden gewährleistet. Inhalt und Schranken werden durch die Gesetze bestimmt. Eigentum verpflichtet. Sein Gebrauch soll zugleich dem Wohle der Allgemeinheit dienen". Mit zunehmender Grösse einer Unternehmung steigt auch die soziale Ver-

82 Vgl. BECHTLE C. (1983), S. 54 ff.

antwortung[83] derselben. Von ULRICH wird die Grossunternehmung als quasi-öffentliche Institution angesehen[84]. Diesbezüglich soll hier keine Diskussion eröffnet werden, denn eine ideologisch-normativ geführte Auseinandersetzung ist nicht Sinn und Zweck der vorliegenden Arbeit; ausgehend von der Privatunternehmung in der sozialen Marktwirtschaft soll im folgenden funktional argumentiert und die Wirtschaftsordnung selbst nicht in Frage gestellt werden. In jedem Fall trägt der EU für seine Unternehmung die umfassende und nicht delegierbare Führungsverantwortung, darin eingeschlossen die Verantwortung für die Umweltbeziehungen der Unternehmung[85]. Im übrigen hat die Diskussion um die soziale Verantwortung des Unternehmers bzw. der Unternehmung und die damit zusammenhängende Mitbestimmungsproblematik zwar nicht an Brisanz verloren, doch ist in den letzten Jahren eine Verlagerung der Diskussion hin zu ökologischen Fragen feststellbar. Deshalb steht heute im Mittelpunkt öffentlicher Auseinandersetzungen um Grossunternehmungen je länger desto mehr auch deren ökologische Verantwortung. Umweltgerechtes Verhalten oder dessen Perzeption ist zu einem wichtigen strategischen Erfolgsfaktor geworden[86].

Die Frage der sozialen Verantwortung der Unternehmung ist letztlich eine Frage des Umgangs mit Macht, die sich aus dem Privateigentum an Produktionsmitteln ableitet. Aus wettbewerbspolitischer Sicht interessiert in der sozialen Marktwirtschaft speziell die Marktmacht der Grossunternehmung. Der Wettbewerb ist zentrales Organisationsinstrument der Wirtschaftsordnung und gewährleistet durch die Dezentralisation des einzelwirtschaftlichen Planungsprozesses

> "[...] eine an den eigenen Wert- und Zielvorstellungen orientierte Entscheidungsfindung der Marktteilnehmer, welche durch den Marktpreismechanismus koordiniert wird. [...] So wie das Privateigentum an Produktionsmitteln eine Voraussetzung der Wettbewerbsordnung ist, so ist die Wettbewerbsordnung eine Voraussetzung dafür, dass das Privateigentum an Produktionsmitteln nicht zu wirtschaftlichen und sozialen Missständen führt.

83 Vgl. Überblick über verschiedene Modelle zur sozialen Verantwortung der Unternehmung bei WEITZIG J.K. (1979), S. 61 ff.

84 Vgl. ULRICH P. (1977). ULRICH geht davon aus, dass sich eine Unternehmung ab einer gewissen Grösse nicht nur über das Eigentum, sondern auch gesellschaftlich legitimieren muss.

85 Vgl. THOM N. (1990), hier S. 9 und S. 12.

86 Vgl. BARMAN J.P. (1992), S. 417.

> Das Privateigentum an Produktionsmitteln bedarf der Kontrolle durch die Konkurrenz. Damit der Wettbewerbsprozess die vom Gesamtsystem angestrebten ökonomischen und sozialen Wirkungen hervorbringen kann, bedarf es der Sicherung eines 'wirksamen Wettbewerbs', der die Entstehung freiheitsbedrohender Machtkonzentrationen verhindert"[87].

Ein funktionierender Wettbewerb erfordert also mehrere Anbieter und Nachfrager. Eine Vielzahl unabhängiger Unternehmungen, auch unterschiedlicher Grössenordnung, tragen zu ausgewogenen Machtverhältnissen bei und garantieren den Freiheitsgehalt der Wirtschaftsverfassung. Aufgrund des hohen Anteils der Familienunternehmungen (v.a. kleine und mittlere) am Gesamtbestand der Unternehmungen wird die elementare Bedeutung der Familienunternehmung für die Funktionsfähigkeit des marktwirtschaftlichen Wirtschaftssystems deutlich. Die Unternehmungsgrösse ist dann "[...] insofern von Bedeutung, als mit steigender Unternehmungsgrösse die Gefahr von Funktionsstörungen infolge der Marktmacht und der nachlassenden Elastizität von Grossunternehmen, insbesondere auf oligopolistischen und teilmonopolistischen Märkten wächst"[88]. In der Schweiz hat die Konzentration im internationalen Vergleich noch kein aufsehenerregendes Mass angenommen. In vielen Branchen ist die oligopoloide Marktstruktur erreicht worden, womit die Konzentration zum Stillstand gekommen ist[89]. In der schweizerischen Branchenkonzentration sind drei Tendenzen auszumachen:

- Die dominierende Konzentrationstendenz nach dem Zweiten Weltkrieg von kleineren Unternehmungen zu grösseren aufgrund technischer und betriebswirtschaftlicher Faktoren und
- seit den sechziger Jahren die Tendenz zur Vergrösserung der Unternehmungen aufgrund machtpolitischer und internationaler (Internationalisierung der Märkte) Faktoren[90].

87 LÖWE C. (1979), S. 49.

88 BUSSE VON COLBE W. (1974), Sp. 571.

89 Vgl. BfK (1979), S. 37: "Die Konzentrationstendenz wird vielmehr schon beim Erreichen der oligopolen Phase oder beim Polypol gestoppt. Die endogenen Kräfte der Oligopole, die exogenen Kräfte in der ganzen Volkswirtschaft und die internationale Konkurrenz machen eine Monopolbildung höchst unwahrscheinlich."

90 Vgl. BfK (1979), S. 59 ff.

- Seit den achtziger Jahren setzt sich der Konzentrationsprozess aufgrund vermehrter Unternehmungszusammenschlüsse fort (bspw. Bankenkonzentration).

Der Anteil der international tätigen Grossunternehmungen nimmt mit der Zeit zu. Die strukturelle Konfiguration in der Schweiz ist deshalb durch eine grosse Anzahl an kleineren Unternehmungen auf der einen Seite sowie durch eine kleine Anzahl an Grossunternehmungen auf der anderen Seite geprägt. Die zukünftige Entwicklung im Industrie- und Dienstleistungssektor ist durch zwei Richtungen gekennzeichnet:

- Die Entwicklung zur spezialisierten, hochqualifizierten und beweglichen kleineren Unternehmung, die vorwiegend inländisch tätig ist, und
- die Entwicklung zur kapital- und forschungsintensiven Grossunternehmung, die international tätig ist[91].

Die Schweiz ist gegenüber Europa und Europa ist gegenüber den USA bisher eher unterkonzentriert. Aus internationalen Wettbewerbsgründen ist die Unternehmenskonzentration volkswirtschaftlich gesehen nicht zum vornherein abzulehnen[92]. Die zunehmende Öffnung der Märkte fördert die nationale Konzentration, damit die Unternehmungen international wettbewerbsfähig bleiben. In der Diskussion um die Unternehmungskonzentration kann deshalb unter der Zielsetzung einer optimalen Wettbewerbsintensität (die Marktleistung ist eine Funktion der Wettbewerbsintensität) 'klein' und 'gross' nicht mit 'gut' und 'schlecht' gleichgesetzt werden, v.a. dann nicht, wenn die internationale Wettbewerbssituation in die Betrachtung miteinbezogen wird.

Wie weiter oben gezeigt werden konnte[93], ist die Schweizer GFU stark international engagiert. Inwiefern die GFU auch in Zukunft ihren bedeutenden volkswirtschaftlichen Beitrag wird leisten können, hängt daher zu einem grossen Teil von der Frage ab, wie sie ihre Unabhängigkeit nicht nur auf dem kleinen inländischen Markt, sondern auch auf dem Weltmarkt wird behaupten können. Mit der Forderung nach Sicherung der Kontinuität der GFU soll keiner Gigantomanie Beihilfe geleistet werden. Die Forderung erfährt eben nicht nur aus der Sicht der Eigentümerfamilie(n), sondern gerade aus wirtschafts- und gesellschaftspolitischer Sicht

91 Vgl. BfK (1979), S. 61 ff.

92 Vgl. BfK (1979), die Seiten 8, 12, 65 und 73 f.

93 Vgl. Kapitel 2.1.3.1.

Berechtigung. Die Legitimation der dieser Arbeit zugrunde liegenden Kontinuitätsforderung basiert deshalb in erster Linie auf den vom Umsystem der GFU nachgefragten Leistungen und nicht nur auf kapitalorientierten Anteilseignerinteressen. Die Lebens- und Entwicklungsfähigkeit der GFU manifestiert sich sodann in der Nutzenstiftung für alle relevanten Anspruchsgruppen.

2.2 Begriff und Funktion der Spitzenverfassung und die rechtliche Grundlegung der Spitzenorganisation

2.2.1 Die Spitzenverfassung im Rahmen der Unternehmungsverfassung

2.2.1.1 Begriff und Inhalt der Unternehmungsverfassung

Der Begriff der Unternehmungsverfassung entstammt der juristischen Diskussion um den postulierten Wandel vom Gesellschafts- zu einem Unternehmungsrecht[94]. Der Verfassungsbegriff kann im deskriptiven Sinne (Beschreibung der Verfassungsrealität, der Verfasstheit einer Institution; 'Istordnung'), im präskriptiven Sinne (normatives Aussagesystem zur Regelung der Aufgaben- und Kooperationsbeziehungen zwischen unterschiedlichen Bezugsgruppen; 'Sollordnung') oder im rechtlichen Sinne (Beschränkung des normativen Aussagesystems auf gesetzliche Vorschriften) interpretiert werden, wobei in der wirtschaftswissenschaftlichen Verfassungsdiskussion der präskriptive Aspekt, also die massgebende Wirkung der Verfassung als System normativer Sätze, im Vordergrund steht[95]. Umstritten ist der inhaltliche Umfang der Unternehmungsverfassung. Die Auffassungen reichen von der erwähnten Begrenzung auf Rechtsregelungen bis hin zur Unternehmungsverfassung als "[...] Kombination aller derjenigen rechtlichen und organisatorischen Regelungen [...], die die systembezogenen Tatbestände - erwerbswirtschaftliches Prinzip,

94 Vgl. GERUM E. (1992), Sp. 2480 und TSCHÄNI R. (1979), S. 23: "Unternehmensverfassung heisst demnach Wandel des Gesellschaftsrechts vom ökonomisch konzipierten Organisationsrecht zum ordnungspolitisch-sozialen Integrationsrecht". Vgl. auch Kapitel 2.1.3.3.

95 Vgl. WUNDERER R. (1981), S. 405 f. und BOHR K./DRUKARCZYK J./DRUMM H.-J./SCHERRER G. (1981), S. 11 f. Vgl. letzteren Beitrag als Übersicht zu Problemen und Forschungsansätzen in der Theorie der Unternehmungsverfassung.

Prinzip der Alleinbestimmung, Prinzip der Autonomie - für die am Unternehmen Beteiligten inhaltlich ausfüllen"[96]. Allgemein gesehen wird mit der Verfassung die formale Rahmenordnung einer Sozialinstitution festgelegt. Regelungsgegenstände der Verfassung sind dann die Grundrechte und -pflichten der Systemmitglieder, die Zwecksetzung, Struktur und Kompetenzen der Entscheidungsorgane sowie die Systemziele[97]. Verfassungen beinhalten damit eine individuale und eine institutionale Komponente[98] und sind stets zielgerichtet. So gesehen können "Verfassungstatbestände als konsistenz-schaffende, konstituierende Rahmenregelungen für institutionalisierte soziale Systeme [...] auf den Ebenen des Staates, der Unternehmung - [...] als selbständiger Erzeugungsbetrieb verstanden [...] - und des Betriebes - im Sinne einer abgrenzbaren lokalen Stätte unselbständigen Handelns innerhalb einer Unternehmung - angewendet werden. Staats-, Unternehmungs- und Betriebsverfassung weisen formal den gleichen Regelungscharakter, jedoch nach Regelungsziel und -objekt unterschiedliche Inhalte und eine unterschiedliche Tiefe und Dichte der Regelung auf"[99]. Der Parallelisierung von Staats- und Unternehmungsverfassung sind insofern Grenzen gesetzt, als die Unternehmungs- im Gegensatz zur Staatsverfassung keine einheitliche Kodifikation aufweist, an übergeordnete (gesetzliche) Normen gebunden ist und inhaltlich verschiedene Grundsätze enthalten kann. Die Abgrenzung zur Betriebsverfassung ergibt sich aus der Beschränkung der Betriebsverfassung auf den organisatorischen Teilbereich Betrieb, d.h. die Betriebsverfassung macht lediglich einen Teil der Unternehmungsverfassung aus[100].

Die Unternehmungsverfassung umfasst also die Gesamtheit der konstitutiven und auf Dauer angelegten Struktur- und Prozessregelungen, durch

96 ALBACH H. (1981), S. 55.

97 Vgl. CHMIELEWICZ K. (1986), S. 5 f.

98 Vgl. BROSE P. (1985), S. 189.

99 BLEICHER K./LEBERL D./PAUL H. (1989), S. 21.

100 Vgl. CHMIELEWICZ K. (1980), Sp. 370. CHMIELEWICZ geht auf das umstrittene begriffliche Verhältnis zwischen Betriebs- und Unternehmungsverfassung ein und spricht von der Betriebsverfassung als dem Oberbegriff. Die Unternehmungsverfassung beschäftigt sich sowohl mit Betriebsrats- als auch Aufsichtsrats- und Vorstandsproblemen der Unternehmung, aber nicht mit Verfassungsfragen der öffentlichen Verwaltung oder der privaten Haushaltung, vgl. ebenda, Sp. 371. In der vorliegenden Arbeit wird die Betriebsverfassung dagegen als Teilaspekt der Unternehmungsverfassung angesehen.

die Verhaltensweisen einer Unternehmung und ihrer Mitglieder sowohl untereinander als auch gegenüber relevanten Dritten zielgerichtet gestaltet werden. Anders als bei der Staatsverfassung existiert keine geschlossen kodifizierte Unternehmungsverfassung. Die Regelungen der Unternehmungsverfassung verteilen sich auf verschiedene Ebenen: gesetzliche Regelungen (Verfassung, Gesetze, Rechtsverordnungen) sowie Gerichtspraxis, vertragliche Regelungen (über- und einzelbetriebliche Verträge) und faktische Regelungen (bspw. Trennung von Eigentum und Leitung, Regime der Manager), die am wenigsten länderspezifisch sind[101]. Die Unternehmungsverfassung ist kein homogenes Gebilde. Ungeachtet gleicher gesetzlicher Regelungsgrundlage kann die tatsächliche Ausprägung der einzelnen Verfassungen aufgrund der Vorprägung (bspw. Grösse, Eigentumsverhältnisse, Tradition, Internationalisierungsgrad, Branche der Unternehmung) unterschiedlich ausfallen[102]. Damit kann bei der Unternehmungsverfassung eine extern vorverfasste und eine intern gestaltbare Rahmennorm unterschieden werden. Die externe Rahmennorm leitet sich in allgemeiner Hinsicht aus dem Rechtssystem, in das die Unternehmung eingebettet ist, und in spezieller Hinsicht aus getroffenen Grundsatzentscheidungen wie Rechtsform und Standort ab. Dadurch wird die Unternehmung nach Massgabe der Gesetzgebung institutionell und in ihrem Handlungsspielraum konstituiert. Darüber hinaus obliegt es der Unternehmung bzw. ihren Entscheidungsträgern in ihrem Autonomiebereich ergänzende und konkretisierte aussergesetzliche Regelungen zu treffen, wobei das Ausmass des zwingenden Rechts die internen Gestaltungsmöglichkeiten eingrenzt. WITTE nennt diese unternehmungsindividuelle und eher prozessorientierte Verfassungskomponente Selbstverfassung der Unternehmung[103]. BILAND[104] spricht in dem Zusammenhang von der äusseren und inneren Verfasstheit einer Unternehmung und BLEICHER/LEBERL/PAUL trennen die formelle Unternehmungsverfassung als die in der Gesetzgebung schriftlich verankerte Summe von Rechtsnormen von der materiellen Unternehmungsverfassung als "[...] die faktische, also auch gesetzlich nicht im einzelnen (vor)geschriebene,

101 Vgl. CHMIELEWICZ K. (1986), S. 6 f.

102 Vgl. EICHELBERGER D. (1989), S. 17 ff.

103 Vgl. WITTE E. (1978), S. 337.

104 Vgl. BILAND T.A. (1989), S. 6.

rechtliche Grundordnung"[105]. Im Falle der schriftlichen Formalisierung werden die Regelungen in den Statuten, Reglementen, Geschäftsordnungen oder anderen leitlinienhaften Dokumenten festgehalten[106].

Die Einstufung einer Frage als Verfassungsproblem bzw. die Abgrenzung des Gegenstandsbereichs der Unternehmungsverfassung ist stets normativ und Zeichen der intersubjektiven Wichtigkeit dieser Frage. Aus dem hier vorgelegten Verfassungsbegriff geht klar hervor, dass der Gegenstandsbereich der Unternehmungsverfassung nicht auf die im deutschsprachigen Raum lange Zeit im Vordergrund stehende Mitbestimmungsfrage reduziert werden soll. Des weiteren soll mit der Unternehmungsverfassung nicht nur der gesetzliche Rahmen, sondern die grundlegende Funktionssicherung des sozio-technischen Systems Unternehmung berücksichtigt werden. Letzterer Aspekt findet im angelsächsischen Begriffspendant zur Unternehmungsverfassung seinen Ausdruck: "Corporate Governance ensures that long-term strategic objectives and plans are established and that the proper management structure (organization, systems and people) is in place to achieve those objectives, while at the same time making sure that the structure functions to maintain the corporation's integrity, reputation, and responsibility to its various constituencies"[107].

2.2.1.2 Funktionen der Unternehmungsverfassung

Sinn und Bedeutung einer Verfassung ergeben sich aus den von der Verfassung nach Möglichkeit zu erfüllenden Aufgaben. Die Rechtswissenschaft geht nach heutigem Verfassungsverständnis von fünf Verfassungsfunktionen, die im Kern auch für die Unternehmungsverfassung Gültigkeit haben und insofern eine Übertragung zulassen, aus[108]:

- Ordnungsfunktion;

105 BLEICHER K./LEBERL D./PAUL H. (1989), S. 20.

106 Vgl. Kapitel 2.2.2.4.

107 VANCE S.C. (1983), S. 7.

108 Vgl. JAAG T. (1991), S. 23. Der diesen fünf Funktionen zugrundegelegte Verfassungstyp ist "[...] die normative Verfassung westlicher Prägung, die Verfassung des pluralistischen Staates also, die - regelmässig in geschriebener Form - die grundlegenden Normen enthält, auf Dauer angelegt ist, rechtliche Wirkungen entfalten will und auch zu entfalten vermag", vgl. ebenda, S. 23.

- Machtkontrollfunktion;
- Organisationsfunktion;
- Integrationsfunktion;
- Orientierungsfunktion.

Die Ordnungsfunktion ist zu verstehen als die Kanalisierung von Auseinandersetzungen zwischen den unternehmungstragenden Kräften (Anteilseigner, Unternehmungsleitung, Belegschaft). "Nicht das Teilende, sondern das Verbindende bildet die Gestaltungsabsicht. Die Einheit [der Unternehmung] wird nur insoweit als realisierbar eingeschätzt, als es gelingt, die Vielzahl der Interessen, Bestrebungen und Verhaltensweisen zu einem einheitlichen Handeln und Wirken zusammenzuführen"[109]. Die durch die Verfassung geschaffene Grundordnung soll den Konflikt weder vermeiden noch verdrängen, sondern einen geordneten Ablauf ermöglichen und damit zur Stabilität des Systems Unternehmung beitragen. Die Erfüllung der Ordnungsfunktion bedingt eine Beständigkeit der Verfassung ohne starr zu sein, d.h. es muss ein Gleichgewicht zwischen Stabilität und Flexibilität gefunden werden[110].

Die Regelung der Machtverteilung stellt besonders bei Grossunternehmungen eine wichtige Aufgabe der Verfassung dar. Hierbei handelt es sich um die Kontrolle der Aussenmacht der Unternehmung gegenüber Dritten (bpsw. Wettbewerb, Kunden, Lieferanten) und um die Machtbeziehungen zwischen den Unternehmungsmitgliedern bzw. um die Verteilung der Innenmacht durch die Schaffung von Kompetenzen und Legitimationen für Organe und Personen[111]. In enger Verbindung mit der Machtkontrollfunktion steht die Organisationsfunktion, die durch die instrumentalen Verfassungsnormen weitestgehend erfüllt wird.

Über die identitätsprägende Rolle der Unternehmungsverfassung und das vermittelte Gefühl der Gemeinsamkeit wird ein Auseinanderdriften der unternehmungstragenden Kräfte zu verhindern versucht und ein möglichst effizientes Handeln aller Beteiligten beabsichtigt. Diese Integrationsfunktion wird dadurch erfüllt, dass die Verfassung sachliche und gruppenpolitische Kompromisse ermöglicht und die hierfür erforderlichen proze-

[109] WITTE E. (1978), S. 332.
[110] Vgl. JAAG T. (1991), S. 23.
[111] Vgl. CHMIELEWICZ K. (1980), Sp. 371 f.

duralen Regelungen zur Verfügung stellt. Pattsituationen innerhalb oder zwischen Organen müssen dabei verhindert werden[112].

Indem die Verfassung Leitvorstellungen und Zielsetzungen vorgibt, dient sie auch als Orientierungshilfe bei Entscheidungen der einzelnen Mitarbeiter auf verschiedenen Führungsstufen. Der Gesamtzusammenhang zwischen Unternehmungsverfassung und Unternehmungsführung kann folgendermassen umrissen werden:

> "Die Unternehmungsverfassung gehört als expliziter Rahmen neben der impliziten Unternehmungsphilosophie zum konstitutiven Grundbestand jeder originären Unternehmungspolitik, die wiederum als normative Gestaltungsdimension der strategischen und operativen Unternehmungsführung den Weg weist. Verfassung, Philosophie und Politik der Unternehmung kanalisieren das Verhalten ihrer Mitglieder, indem sie mit unterschiedlichem Ansatz eine erstrebte Richtung definieren, in der sich aus der Vergangenheit heraus die Unternehmungsentwicklung in die Zukunft hinein vollziehen soll. Strategische und operative Führung konkretisieren diesen Entwicklungspfad mit gestaltenden und lenkenden Konzepten und Massnahmen, indem sie Potentiale aufbauen, erhalten und abbauen"[113].

Die von der Verfassung ausgehenden Willensimpulse schlagen sich direkt oder indirekt auf Entscheidungen im gesamten Führungsprozess nieder.

Gesamthaft betrachtet dient die Unternehmungsverfassung ordnungspolitischen, regelungs- und steuerungstechnischen Zwecken[114]. Die Verfassungsregelungen sollen in Form der zielgerichteten Verhaltenssteuerung der Unternehmungsmitglieder zur Systemkonsistenz beitragen und das Überleben der Unternehmung auf den Märkten sichern helfen, d.h. im Idealfall zeitigt die Unternehmungsverfassung kontinuitätsfördernde Wirkung. Allerdings darf von der Verfassung selbst nicht zuviel erwartet werden[115]. Ihr eigentlicher Wert liegt in der konstitutiven Grundlegung der Führung. Im Falle von Divergenzen zwischen Verfassungsanspruch und -wirklichkeit ist eine Fortschreibung der Verfassung erforderlich, um den Verfassungsausgleich herbeizuführen. Ziel ist die Übereinstimmung von faktischen und formalen Verfassungsregelungen.

112 Vgl. WITTE E. (1978), S. 332 sowie JAAG T. (1991), S. 23.

113 BLEICHER K./LEBERL D./PAUL H. (1989), S. 19.

114 Vgl. BROSE P. (1985), S. 189.

115 Vgl. JAAG T. (1991), S. 23.

2.2.1.3 Die Spitzenverfassung als Teilkomplex der Unternehmungsverfassung

CHMIELEWICZ unterscheidet die Markt-, Finanz- und Organisationsverfassung als im Prinzip gleichrangige Teilgebiete der Unternehmungsverfassung. Durch den Einbezug von konstitutiven und langfristigen Grundsatzfragen zum Markt- und Finanzbereich der Unternehmung geht er über das traditionelle Kerngebiet der Unternehmungsverfassung, nämlich der Organisationsverfassung, hinaus und hebt damit die Unternehmungsverfassung zur funktionsübergreifenden Querschnittslehre empor. Mit der konsequenten Abstimmung von Organisations-, Markt- und Finanzverfassung sollen Strukturfehler, die sich bei einer einseitigen Ausrichtung auf die Organisationsverfassung ergeben können, vermieden werden[116].

Die Organisationsverfassung einer Unternehmung regelt in Anlehnung an WILD[117]:

- die institutionelle Eingliederung, Zusammensetzung und Zusammenwirken der wichtigsten Organe;
- Legitimation und Entstehung, Aufgaben, Kompetenzen und Verantwortung der Organe und ihrer Mitglieder;
- Vollzug der Willensbildung und -durchsetzung;
- Rechte und Pflichten der Systemmitglieder;
- und das Aussenverhältnis der Unternehmung.

Im Rahmen der Organisationsverfassung umfasst die Spitzenverfassung die institutionelle Ausgestaltung der Spitzenorgane und ihrer Arbeitsbeziehungen: "Das Verhältnis der Vertretung des Gesellschafters in der Hauptversammlung zur 'Verwaltung', das heisst bei einstufiger Spitzenführung zum Verwaltungsrat oder Board of Directors und bei zweistufiger Spitzenführung zum Aufsichtsrat und zum Vorstand, in der Struktur und den Prozessen gegenseitiger Zusammenarbeit wird zum Gegenstand der Gestaltung"[118].

Als problematische Regelungsbereiche der Spitzenverfassung und damit gleichzeitig als wesentliche Unterscheidungsmerkmale von Spitzenver-

116 Auf die Markt- und Finanzverfassung und auf deren Abhängigkeiten und Wechselwirkungen zur Organisationsverfassung soll an dieser Stelle nicht näher eingegangen werden, vgl. dazu CHMIELEWICZ K. (1986), S. 8 ff.

117 Vgl. WILD J. (1971), S. 60.

118 BLEICHER K. (1987), S. 7.

fassungen sehen BLEICHER/LEBERL/PAUL die Regelungsdichte, den Monismus oder Pluralismus der Berücksichtigung von Interessen relevanter Bezugsgruppen, die Ein- oder Mehrstufigkeit von Geschäftsführung und Überwachung sowie das Kollegial- oder Direktorialprinzip in den Spitzenorganen[119].

2.2.1.4 Abgrenzung der Spitzenorganisation

Verfassung und Organisation einer Unternehmung bilden zwei sich überschneidende Problembereiche (vgl. Abb. 5)[120]. Während die Regelung von Aussenmacht-Beziehungen und die Grundprinzipien der Rechnungslegung fest dem Verfassungsbereich zugerechnet werden, zählen zum Organisationsbereich hierarchiebezogene Probleme bzw. die Regelung der Innenmacht-Beziehungen. "Die Unternehmungsverfassung regelt Grundtatbestände der Verkoppelung der Unternehmung mit ihrer Umwelt. Als Teilkomplex sind Aufgaben, Kompetenzen und Verantwortung der Unternehmungsspitze für die Sicherung der langfristigen Überlebensfähigkeit der Unternehmung mit den Forderungen und Unterstützungen relevanter Umweltsegmente in Übereinstimmung zu bringen. Dies ist die engere Aufgabe der Spitzenverfassung"[121].

Im Überschneidungsbereich von Verfassung und Organisation, der 'Verfassungsorganisation', liegen Probleme der organisatorischen Ausgestaltung unternehmungsverfassungsrechtlicher Gremien, der sog. Spitzenorgane. Dieser Gestaltungsbereich soll Spitzenorganisation der Unternehmung heissen. Institutional gesehen umreisst die Spitzenorganisation das gesamte organisierte Gebilde 'Spitzenorganisation'. In der vorliegenden Arbeit wird der Organisationsbegriff nebst diesem institutionalen Verständnis vor allem im instrumentalen Sinne verstanden, d.h. die Organisation wird als Mittel zur Gestaltung der Arbeits- und Verteilungsbeziehungen in und zwischen den Spitzenorganen verwendet (die Spitzenorganisation als System von auf Dauer festgelegten Struktur- und Prozess-

[119] Vgl. BLEICHER K./LEBERL D./PAUL H. (1989), S. 24 ff. Vgl. auch Kapitel 3.4.1, in dem alternative Modelle der Spitzenorganisation unter anderem anhand dieser Merkmale diskutiert werden.

[120] Vgl. CHMIELEWICZ K. (1980), hier Sp. 371 f. und BROSE P. (1985), S. 189 f.

[121] BLEICHER K. (1985), S. 222.

regelungen zur effizienten Erfüllung der Spitzenfunktionen[122])[123]. Aus funktionaler Sicht kann die Spitzenorganisation als Ordnungsmuster zur Komplexitätsbewältigung begriffen werden[124].

Abb. 5: Abgrenzung der Spitzenorganisation[125]

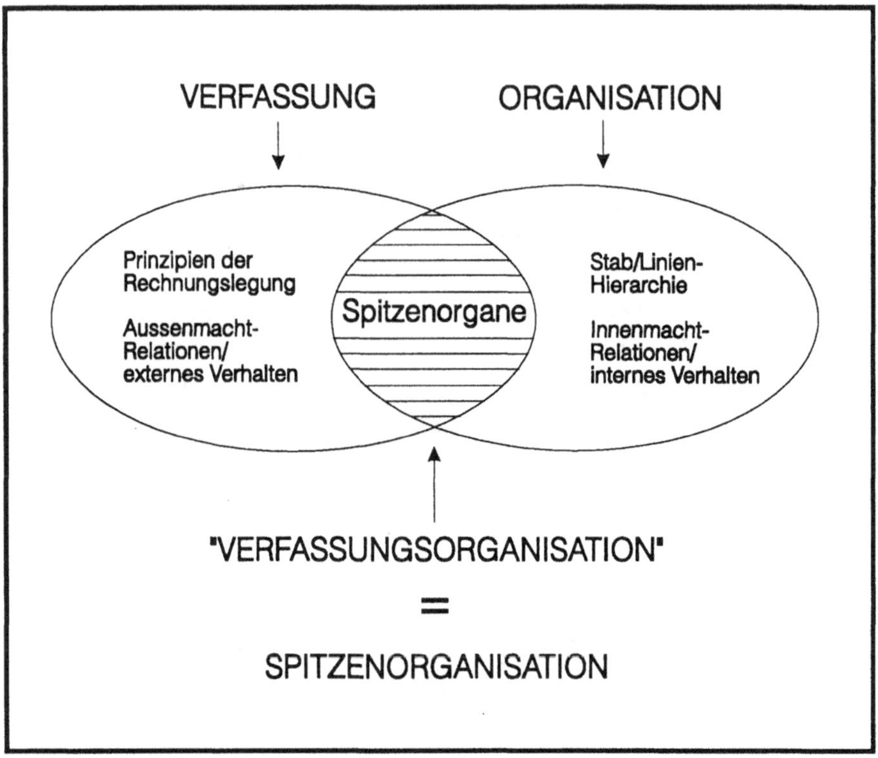

Zu den Spitzenorganen einer Unternehmung zählen nicht nur die obersten Führungs-, Überwachungs- und gegebenenfalls auch Beratungsorgane, sondern auch die Aktionärsversammlung. Die Spitzenorganisation ist also nicht auf die Gestaltung des Verhältnisses zwischen den Führungs- und Überwachungsorganen beschränkt, sondern umfasst auch

122 Zu den Spitzenfunktionen vgl. Kapitel 3.4.1.1.

123 Zum institutionalen und instrumentalen Organisationsbegriff vgl. GROCHLA E. (1982), S. 1 ff.

124 Vgl. GOMEZ P./ZIMMERMANN T. (1992), S. 16 ff.

125 In Anlehnung an CHMIELEWICZ K. (1980), Sp. 372 und BROSE P. (1985), S. 190.

das Beziehungsverhältnis zur Repräsentanz der Anteilseigner. Letzteres Beziehungsverhältnis bzw. die Aktionärsversammlung selbst soll hier im Gegensatz zu anderen Arbeiten[126] zum Thema Spitzenorganisation bewusst Berücksichtigung finden, da gerade in diesem Bereich aufgrund der in der Regel engen oder im Vergleich zu grossen Publikumsunternehmungen zumindest engeren Verbindung von Eigentum und Leitung familienunternehmungsspezifische Probleme vermutet werden können. Gegenüber der sog. Führungsorganisation[127] lässt sich die Spitzenorganisation dergestalt abgrenzen, als sie sich auf die oberste Überwachungs- und Führungsebene beschränkt, d.h. die Organisation der Teilbereichsleitungen sowie aller weiteren nachgelagerten Hierarchiestufen nicht erfasst, und in jedem Fall die Organisation des Willensbildungszentrums der Aktionäre miteinbezieht.

2.2.2 Anforderungen an die Spitzenorganisation der Schweizer AG gemäss neuem Aktienrecht

Die GFU wird rechtlich gesehen in einer oder mehreren Gesellschaften, in der Schweiz[128] fast ausschliesslich in der Rechtsform der AG, organisiert. Deshalb könnte statt von der GFU von der grossen Familien-AG gesprochen werden. Sofern nicht speziell rechtliche Fragen Gegenstand der Überlegungen sind, wird in der vorliegenden Arbeit jedoch bewusst der breitere Begriff GFU gewählt, um eine Überbetonung der gesellschaftsrechtlichen Perspektive zu vermeiden; GFU-spezifische Probleme sind zu einem grossen Teil rechtsformunabhängig. Die GFU bezeichnet demnach primär eine ökonomische Einheit mit Geschäftsaktivitäten im In- und in der Regel auch im Ausland. Dagegen setzt sich rechtlich gesehen das Phänomen GFU aus einer Muttergesellschaft (oft Holdingkonstruktion) mit mehreren in- und ausländischen Tochtergesellschaften zusammen. "Die Einheit muss deshalb durch Konzernbildung über die nationalen

126 Bspw. BLEICHER K./LEBERL D./PAUL H. (1989), S. 23. In ihrer Arbeit wird die spitzenorganisatorische Regelung der Aktionärsversammlung und das Beziehungsverhältnis zu den anderen Spitzenorganen ausdrücklich ausgeklammert und 'lediglich' die Führungs- und Überwachungsorgane sowie deren Verhältnis untereinander problematisiert.

127 Zum Begriff der Führungsorganisation vgl. SEIDEL E./JUNG R.H./REDEL W. (1988), S. 3 ff.

128 Vgl. Kapitel 2.1.3.1.

Grenzen hinweg zu stiften versucht werden. Eine Verfassung international tätiger Unternehmen im Sinne des Wortes existiert also typischerweise nicht"[129]. Im vorliegenden Fall ist die zentrale Leitungsmacht der GFU, also der Ort, an dem Entscheide getroffen werden, die die ganze Unternehmung betreffen, in der Schweiz angesiedelt, sodass sich die folgenden gesellschaftsrechtlichen Ausführungen auf einige grundlegende Aspekte des Schweizerischen Aktienrechts beschränken[130]. Im Vordergrund steht das neue Aktienrecht (in Kraft seit 1.7.92), insbesondere die dadurch hervorgerufenen Veränderungen, die spitzenorganisatorisch relevant sind. Weitergehende rechtliche Fragen werden im Fortlauf der Arbeit punktuell behandelt.[131]

2.2.2.1 Das neue Aktienrecht und seine Auswirkungen auf die Familien-AG

Die ursprünglich als Teilrevision begonnene Aktienrechtsreform hat sich über die Jahre hinweg zur Totalrevision entwickelt. Dabei wurden die bisher tragenden Prinzipien und die wichtigsten Grundsätze des Aktienrechts nicht tangiert oder vereinzelt sogar verstärkt. Eine summarische Auflistung der wichtigsten Neuerungen bietet sich anhand der der Revision zugrundeliegenden fünf Ziele[132] an:

- Erhöhung der Transparenz: Dieses Revisionsziel ist nur teilweise erreicht worden, da die Veröffentlichung der Jahres- und Konzernrechnung auf solche Gesellschaften beschränkt ist, die Anleihensobligationen ausstehend haben oder deren Aktien an einer Börse kotiert sind (Art. 697h OR). Dies heisst für diejenigen GFU, die diese Bedingungen nicht erfüllen, dass sie trotz ihrer bedeutenden Stellung in Wirtschaft und Gesellschaft weiterhin von einer Publizitätspflicht befreit sind[133].

[129] GERUM E. (1989), Sp. 2145.

[130] Gesellschaftsrechtliche Verfassungsprobleme von Tochtergesellschaften werden im folgenden nicht behandelt.

[131] Als umfassendes und praxisorientiertes Nachschlagwerk zum neuen Aktienrecht sei empfohlen BÖCKLI P. (1992a).

[132] Zu den Zielen der Aktienrechtsreform vgl. SCHWEIZERISCHER BUNDESRAT (1983), S. 23 ff.

[133] Zu den neuen Vorschriften bezüglich der Transparenzerhöhung vgl. ZÜND A. (1991), S. 552 ff. und BEHR G. (1992), S. 39.

- Verstärkung des Aktionärsschutzes: Die Aktionäre als Eigentümer der Gesellschaft sollen vor der Übermacht der Verwaltung, Minderheitsaktionäre speziell vor der Willkür der Mehrheit geschützt werden. Ihre Stellung ist gestärkt worden, bspw. durch den Bezugsrechtsschutz bei der allgemeinen und bedingten Kapitalerhöhung (Art. 652b und 653c OR), durch die Einführung der Sonderprüfung[134] (Art. 697a ff. OR), durch die Begrenzung der Bildung stiller Reserven und die Bekanntgabe deren Auflösung (Art. 669 und 663b Ziff.8 OR), durch präzisiertere Anfechtungsmöglichkeiten von Generalversammlungsbeschlüssen (Art. 706 und 706a OR) oder durch die Verbesserung der Mitwirkungsrechte (Art. 699 Abs.3 und Art. 702 Abs.3 OR) und Klagerechte[135]. Das besonders in Familiengesellschaften auftretende Problem, nämlich dass Minderheitsaktionäre bei Nichtausschüttung von Dividenden auf das Substanzwachstum unverkäuflicher bzw. vinkulierter Namenaktien beschränkt werden können, konnte indessen nicht gelöst werden[136].
- Verbesserung von Struktur und Funktion der Organe: Hierin, besonders bei den Bestimmungen über das Spitzenorgan Verwaltungsrat, lag einer der Schwerpunkte der Reform[137].
- Erleichterung der Kapitalbeschaffung: Neue Chancen bei der Kapitalbeschaffung werden durch die Vereinfachung der ordentlichen Kapitalerhöhung (Art. 650 und 652 ff. OR), die Einführung des genehmigten und des bedingten Kapitals (Art. 651 - 652h und Art. 653 ff. OR), die Regelung der Partizipationsscheine (Art. 656a ff. OR) sowie durch die Herabsetzung des Mindestnennwertes der Aktie auf 10 Fr. (Art. 622 Abs.4 OR) geschaffen[138].
- Verhinderung von Missbräuchen: Durch die Erhöhung des Mindestkapitals auf 100'000 Fr. (Art. 621 OR) und durch die Neuregelung der Sacheinlageordnung (Art. 628 ff. OR) soll der Missbrauchgefahr begegnet werden.

[134] Zum Institut der Sonderprüfung vgl. CASUTT A. (1991).

[135] Zur Aktionärsstellung im neuen Aktienrecht vgl. BEER DE A. (1992), S. 37 f.

[136] Vgl. NOBEL P. (1992), S. 33.

[137] Vgl. Kapitel 2.2.2.2.

[138] Zu den neuen Vorschriften bezüglich der Kapitalbeschaffung vgl. FORSTMOSER P. (1992), S. 37.

Die Gesamtbilanz der langwierigen Aktienrechtsrevision ist positiv[139]. Die wesentlichen Revisionsziele sind, von einzelnen Lücken wie bspw. bei der Publizitätsfrage abgesehen, erreicht worden. Auch wenn die Europakompatibilität des neuen Aktienrechts nur bedingt[140] gegeben ist, hat eine Annäherung an das EG-Niveau stattgefunden. Integrationspolitisch verbleibt ein weiterer Revisionsbedarf v.a. im Bereich von Rechnungslegung, Publizität und Prüfung[141]. Das hindert Unternehmungen jedoch nicht daran, bereits heute auf EG-Normen, die mit dem neuen Aktienrecht nicht kollidieren, umzustellen und damit durch Eigenhandlung die internationale Konvergenzentwicklung[142] voranzutreiben. Der durch das neue Aktienrecht ausgelöste Anpassungsbedarf für bestehende Gesellschaften ist gering. Trotz der mit den neuen Vorschriften einhergehenden geringen Verminderung der Gestaltungsfreiheit bleibt der weitgehend dispositive Charakter des Aktienrechts und damit die für die Gestaltung der unternehmungsindividuellen Verfassung erforderliche Privatautonomie erhalten. Das ist gerade deshalb wichtig, da ungeachtet der Heterogenität der Aktienrechtswirklichkeit der Schweiz an der Einheit des Aktienrechts (mit Ausnahme von Sondervorschriften für Grossgesellschaften bei Offenlegung, Konzernrechnung und Vinkulierung) festgehalten wurde[143]. Durch das Beharren auf der Einheit des Aktienrechts "[...] wurde die Möglichkeit verbaut, die Reform konsequent auf das effektiv zugrundegelegte Leitbild der Grossgesellschaft [d.h. Gesellschaften mit einem grossen Aktionärskreis, also kapitalbezogene Publikumsgesellschaften] auszulegen und für die ungezählten kleinen Gesellschaften [d.h. Gesellschaften mit einem begrenzten Aktionärskreis, also personenbezogene Familiengesellschaften] eine flexiblere Ordnung zu treffen und darin die gerade sie betreffenden Instrumente wie Aktionärsbindungsvertrag und statutarische Vorkaufsrechte zu regeln"[144]. Die AG bleibt damit der eigentliche Prototyp der kapitalbezogenen Gesellschaft und ist in ihrem Wesen für die Grossunternehmung prädestiniert, obwohl der Gesetzgeber ihre Verwendbar-

139 Vgl. VISCHER F. (1991), S. 525 ff.

140 Nicht europakompatibel sind bspw. die Wohnsitz- und Nationalitätsvorschriften (Art. 708 OR).

141 Vgl. BAUDENBACHER C. (1991), S. 608 ff.

142 Zur Konvergenzentwicklung vgl. Kapitel 3.4.1.2.3.

143 Vgl. SCHWEIZERISCHER BUNDESRAT (1983), S. 28. Vgl. auch FORSTMOSER P. (1984), S. 51 und S. 55 f.

144 NOBEL P. (1992), S. 33.

keit für kleinere Unternehmungen nicht ausschliesst. Nicht die Person des Gesellschafters, sondern die Kapitalbeteiligung steht im Vordergrund. Die unpersönliche, anonyme Ausgestaltung ('Société Anonyme') soll Gewähr dafür sein, dass die AG durch Mitgliederwechsel in ihrer Existenz nicht betroffen wird[145]. In dieses Bild der AG passt die GFU an und für sich nicht, denn sie hat meist eine kleinere Anzahl Aktionäre, die Gesellschafter stehen oft sehr wohl im Vordergrund und die Sicherung der Weiterexistenz ist eines ihrer Hauptprobleme. Bei Wiederaufnahme der Reformarbeiten dürfte, auch im Hinblick auf eine weitergehende Anpassung an das europäische Gesellschaftsrecht, die Zweiteilung des schweizerischen Aktienrechts in die Diskussion miteinbezogen werden.

Vorteilhafte Auswirkungen der Aktienrechtsrevision speziell auf die Familien-AG sieht STAEHELIN[146] im Bereich des Aktienkapitals (Herabsetzung des Mindestnennwertes der Aktie als möglicher Vorteil bei der Nachfolgeregelung), des Partizipationskapitals (Partizipationsscheine - wenngleich im neuen Aktienrecht strenger geregelt[147] - als mögliches Instrument zur Milderung der Divergenz von Kapital- und Führungsverantwortung bei Generationenwechseln), der Kapitalerhöhung (Zugang zu den neuen Formen der Kapitalerhöhung), der Führungs- bzw. Spitzenorganisation (Aufforderung zu ihrer Überprüfung v.a. aufgrund der Aufzählung unübertragbarer Aufgaben des Verwaltungsrates)[148], der Kontrollrechte der Aktionäre (Schutz der Minderheitsaktionäre), der Gleichbehandlung der Aktionäre durch den Verwaltungsrat (Gleichbehandlungsgrundsatz) sowie bei den revidierten Bestimmungen über den Erwerb eigener Aktien (Kauf der Aktien durch die Gesellschaft bspw. bei Nachfolgeregelungen). Weniger vorteilhaft können sich dagegen, besonders im Zusammenhang mit Nachfolgeregelungen, die eingeschränkte Verwendungsmöglichkeit von Stimmrechtsaktien[149] und die eingeschränkte Vinkulierung von Na-

[145] Vgl. MEIER-HAYOZ A./FORSTMOSER P. (1993), S. 264.

[146] Vgl. STAEHELIN T. (1991), S. 602 ff. und STAEHELIN T. (1992), S. 37.

[147] Vgl. MEIER-HAYOZ A./FORSTMOSER P. (1993), S. 310.

[148] Vgl. Kapitel 2.2.2.2.

[149] Die Möglichkeit der Schaffung neuer Stimmrechtsaktien wird dadurch eingeschränkt, dass künftig der Nennwert der übrigen Aktien nicht mehr als das Zehnfache des Nennwertes der Stimmrechtsaktien betragen darf; die Einführung von Stimmrechtsaktien wird gemäss Art. 704 OR dadurch erschwert, dass künftig mindestens zwei Drittel der vertretenen Stimmen und die absolute Mehrheit der Aktiennennwerte erforderlich ist; die Wirkung der Stimmrechtsaktien wird

menaktien (eine Ablehnung 'ohne Angabe von Gründen' ist nicht mehr möglich)[150] auswirken. Letzteres könnte dazu führen, dass bei weiterhin beabsichtigter restriktiver Vinkulierungspraxis die Familien-AG vermehrt zum Aktionärsbindungsvertrag greifen muss. Nach STAEHELIN ist die Aktienrechtsrevision gesamthaft betrachtet "[...] eine Chance und ein Anlass zugleich, die Unternehmungsverfassungen und insbesondere die Führungsstrukturen von Familienaktiengesellschaften den veränderten Anforderungen und Voraussetzungen für eine erfolgreiche Weiterexistenz anzupassen"[151].

Eine abschliessende Würdigung der Aktienrechtsrevision und Beurteilung ihrer materiellen Auswirkungen ist zum jetzigen Zeitpunkt verfrüht. Es bleibt abzuwarten, wie sich die neue Ordnung durch die Doktrin und vielleicht auch durch erste Gerichtsentscheide konkretisert.

2.2.2.2 Die unerlässliche und fakultative Spitzenorganisation

Die Organisation der AG wird im 3. Abschnitt des 26. Titels des OR geregelt. Die unerlässliche Spitzenorganisation ergibt sich aus den Vorschriften zu den drei obligatorischen Organen[152] Generalversammlung, Verwaltungsrat (vorher 'Verwaltung') und Revisionsstelle (vorher 'Kontrollstelle'). Fakultativ können statutarisch weitere Organe geschaffen werden, denen jedoch nur zusätzliche bzw. den gesetzlichen Organen nicht zwingend vorgeschriebene Aufgaben zugeordnet werden dürfen (vgl. Abb. 6). In ausserordentlichen Fällen kommt dem Sachwalter (Art. 725 Abs.4 OR) und den Liquidatoren (Art. 740 ff. OR) von Gesetzes wegen Organeigenschaft zu. Mit der Aktienrechtsrevision ist die bisherige Organisationstruk-

dadurch eingegrenzt, dass künftig für das Zustandekommen von qualifizierten Beschlüssen im Sinne von Art. 704 OR nicht nur zwei Drittel der vertretenen Stimmen, sondern auch kumulativ die absolute Mehrheit der vertretenen Aktiennennwerte erforderlich ist.

150 Zur Vinkulierung, speziell zu den Ablehnungsgründen vgl. BÖCKLI P. (1991), S. 583 ff.

151 STAEHELIN T. (1991), S. 606.

152 Organe sind Funktionsträger. Im aktienrechtlichen Verantwortlichkeitsrecht erfährt der formelle Organbegriff eine Ausweitung: "Organ ist - [...] - wer tatsächlich massgebend an der Bildung des Willens der AG teilnimmt, wer für die AG effektiv Entscheidungen treffen kann, unabhängig davon, ob ihm formell eine entsprechende Position eingeräumt ist", FORSTMOSER P./MEIER-HAYOZ A. (1983), S. 136. Zum Organbegriff vgl. auch GEHRIGER P.-O. (1979), S. 10 ff.

tur der AG beibehalten und die Organe sind in ihren Grundfunktionen gestärkt worden[153].

Der Aktionär übt seine Rechte in erster Linie in der Generalversammlung (Art. 698 - 706b OR) aus. Die Generalversammlung ist reines Innenorgan. Hier werden die konstituierenden Entscheide der AG gefällt. Gemäss Art. 698 Abs.2 OR zählen zu den unübertragbaren Befugnissen der Generalversammlung die Festsetzung und Änderung der Statuten, die Wahl der VR-Mitglieder und der Revisionstelle, die Genehmigung des Jahresberichts und der Konzernrechnung, die Genehmigung der Jahresrechnung sowie die Beschlussfassung über die Gewinnverwendung (insbesondere Festsetzung der Dividende und Tantieme), die Entlastung der VR-Mitglieder und die Beschlussfassung über Gegenstände, die der Generalversammlung durch das Gesetz oder die Statuten vorbehalten sind. Die Generalversammlung übt damit eine interne Gesetzgebungs-, Wahl-, Aufsichts- (Rechnungsabnahme und Dechargeerteilung) und zum Teil auch eine Verwaltungsfunktion (Entscheidung über Gewinnverwendung) aus[154]. Wichtige Änderungspunkte der Aktienrechtsrevision, die nur geringe Korrekturen im Rechte der Generalversammlung gebracht hat, sind die Erweiterung des Einberufungs- und Traktandierungsrechts (Art. 699 - 701 OR), die Beschlussfassung (Aufhebung der Quorumsbestimmungen und die Einführung eines Katalogs wichtiger Beschlüsse, für die zwei Drittel der vertretenen Stimmen und die absolute Mehrheit der vertretenen Aktiennennwerte erforderlich sind (Art. 704 OR)) und die Präzisierung des Rechts der Anfechtung und Nichtigkeit von GV-Beschlüssen (Art. 706 - 706b OR).

[153] Vgl. SCHWEIZERISCHER BUNDESRAT (1983), S. 2.
[154] Vgl. FORSTMOSER P./MEIER-HAYOZ A. (1983), S. 142 ff.

Abb. 6: Die Spitzenorganisation der AG gemäss neuem Aktienrecht (Art. 698 - 731a OR)

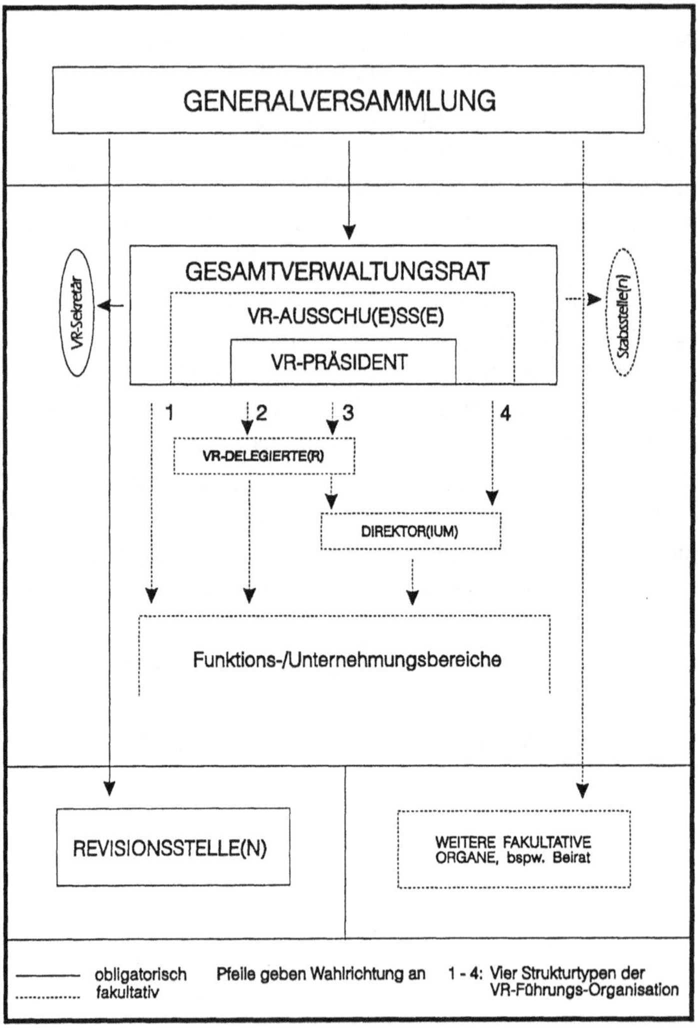

Das Kapitel über den Verwaltungsrat (Art. 707 - 726 OR) ist vollständig überarbeitet und neu gegliedert worden. Auch wenn grundsätzlich am bisherigen Verwaltungsratssystem mit seiner grossen Flexibilität in den Ausgestaltungsmöglichkeiten[155] festgehalten wurde, beinhaltet die neue Version materielle Veränderungen, die teilweise gewichtig sind. Im alten Recht wurden Organisation, Kompetenzen und Arbeitsweise des Verwaltungsrats kaum definiert, sondern lediglich ihre formalrechtliche Basis (Statuten, Reglemente) festgelegt[156]. Der Verwaltungsrat setzt sich aus einer oder mehreren natürlichen Personen zusammen, die Aktionäre sein und gewissen Nationalitäten- und Domizilvorschriften genügen müssen (Art. 708 OR). Vorgeschrieben ist die Bezeichnung eines Präsidenten und eines Sekretärs. Letzterer muss dem Verwaltungsrat nicht angehören (Art. 712 Abs.1 OR). Die Statuten können vorschreiben, dass der Präsident durch die Generalversammlung gewählt wird (Art. 712 OR). Die Beschlussfassung erfolgt nach dem Mehr der abgegebenen Stimmen, der Vorsitzende hat den Stichentscheid. Zirkulationsbeschlüsse, sofern nicht ein VR-Mitglied die mündliche Beratung verlangt, sind weiterhin möglich. Es ist in jedem Fall ein Protokoll zu führen (Art. 713 OR). Eine wesentliche Verbesserung erfährt das neue Aktienrecht durch die Umschreibung der Aufgaben des Verwaltungsrats. Grundsätzlich kann der Verwaltungsrat in allen Angelegenheiten Beschluss fassen, die nicht nach Gesetz oder Statuten der Generalversammlung zugeteilt sind (Art. 716 Abs.1 OR). Inskünftig zählen gemäss Art. 716a OR zu den unübertragbaren und unentziehbaren Aufgaben des Verwaltungsrats die Oberleitung der Gesellschaft und die Erteilung der nötigen Weisungen, die Festlegung der Organisation, die Ausgestaltung des Rechnungswesens, der Finanzkontrolle sowie der Finanzplanung, sofern diese für die Führung der Gesellschaft notwendig ist, die Ernennung und Abberufung der mit der Geschäftsführung und der Vertretung betrauten Personen, die Oberaufsicht über die mit der Geschäftsführung betrauten Personen, namentlich im Hinblick auf die Befolgung der Gesetze, Statuten und Reglemente und Weisungen, die Erstellung des Jahresberichts sowie die Vorbereitung der Generalversammlung und die Benachrichtigung des Richters im Falle der

155 Vgl. Kapitel 3.4.1.3.1.

156 Vgl. FORSTMOSER P./MEIER-HAYOZ A. (1983), S. 175.

Überschuldung[157]. Der Verwaltungsrat führt die Geschäfte der Gesellschaft, soweit er die Geschäftsführung nicht übertragen hat (Art. 716 Abs.2 OR). Damit ist die Geschäftsführung grundsätzlich dem Verwaltungsrat zugewiesen. Unter Berücksichtigung der unübertragbaren Aufgaben kann der Verwaltungsrat jedoch die Vorbereitung und die Ausführung seiner Beschlüsse oder die Überwachung von Geschäften an VR-Ausschüsse oder an einzelne VR-Mitglieder (Art. 716a Abs.2 OR), die Geschäftsführung nach Massgabe eines Organisationsreglements[158] und auf statutarischer Grundlage auch an Dritte übertragen (Art. 716b OR). Der Verwaltungsrat vertritt die Gesellschaft nach aussen. Er kann die Vertretung auch einem oder mehreren VR-Mitgliedern (sog. Delegierte) oder Dritten (sog. Direktoren) übertragen (Art. 718 Abs.2 OR). Der Verwaltungsrat ist ausserdem befugt, Prokuristen und andere Bevollmächtigte zu ernennen (Art. 721 OR). Als wichtige Neuregelung ist auch das ausgebaute Informationsrecht der VR-Mitglieder zu erwähnen, wonach jedes VR-Mitglied Anspruch auf Auskunft über alle Angelegenheiten der Gesellschaft hat (Art. 715a OR). Nebst der besseren Information der VR-Mitglieder ist gesamthaft betrachtet die explizite Aufzählung der Kernaufgaben des Verwaltungsrats, die nicht nur zu einer Klärung der Funktion des Verwaltungsrats beiträgt, sondern auch die Möglichkeiten der Delegation begrenzt, von herausragender Bedeutung. "Mit dieser Ordnung von Struktur und Funktion von Verwaltung und Geschäftsleitung geht eine Neuordnung und Klärung der Haftung einher: Bei materiell und formell gültiger Kompetenzdelegation tritt anstelle der Verantwortlichkeit für die Handlungen und Unterlassungen des Delegationsempfängers die Pflicht zur Sorgfalt bei dessen Auswahl, Unterrichtung und Überwachung (Art. 754 Abs.2)"[159]. Das Gesetz regelt damit auch die Wirkung der Delegation. "Delegation wirkt also [...] haftungsbefreiend mit dem Vorbehalt, dass die curae in eligendo, instruendo et custodiendo bestehen bleiben"[160]. Diese Auffassung entspricht der modernen Führungslehre, in der sich das Konzept der Führungsverantwortung gegenüber dem Konzept

157 "Es ist zu vermuten, dass die Liste von Art. 716a für die Zukunft die massgebliche Pflichtliste der Aufgaben des Verwaltungsrates darstellt, an deren Erfüllung die Verantwortlichkeit gemessen wird", NOBEL P. (1991), S. 533.

158 Vgl. Kapitel 2.2.2.4.

159 SCHWEIZERISCHER BUNDESRAT (1983), S. 25.

160 FORSTMOSER P. (1991), S. 539.

der Fremdverantwortung durchgesetzt hat[161]. Das neue Aktienrecht sieht die Delegation von Aufgaben durch den Verwaltungsrat nicht als Ausnahme oder als Schwäche, vielmehr wird dem Verwaltungsrat die Möglichkeit gegeben, sich durch eine zweckmässige Arbeitsteilung den Freiraum für die Wahrnehmung seiner Hauptaufgaben, allen voran die Oberleitung[162], zu schaffen[163]. Insgesamt ist die Stellung des Verwaltungsrats gestärkt worden, womit der bei Grossunternehmungen festzustellenden Gewichtsverlagerung vom Verwaltungsrat zur Geschäftsleitung Einhalt geboten werden kann[164]. Aus Sicht der Familien-AG ist der neue Katalog der unentziehbaren und nicht delegierbaren Aufgaben des Verwaltungsrats besonders zu begrüssen[165] und dürfte Anlass genug sein, um die bestehenden Führungsstrukturen zu überprüfen und gegebenenfalls anzupassen.

Nach neuem Aktienrecht wird die Revision unabhängiger gestaltet (Art. 727c OR) und es werden fachliche Anforderungen, insbesondere bei Publikums-, Mittel- und Grossgesellschaften, gestellt (Art. 727a und 727b OR). Damit wird die Laienrevision unterbunden[166]. In den Aufgabenbereich der Revisionsstelle fallen Prüfungs-, Berichterstattungs-, Erläuterungs- und Anzeigepflichten (Art. 728 ff. OR). Die Revisionstelle bleibt Abschlussprüferin und wird nicht zur Aufsichtsstelle über die Verwaltung, d.h. "[...] sie prüft nicht die Opportunität der Bilanzierung, sondern nur deren Legalität, nicht die Qualität der Finanzierung, sondern bloss die Gesetzeskonformität ihrer Darstellung"[167]. Die Prüfungsaufgabe beschränkt sich auf die formelle und limitiert auch materielle[168] Richtigkeit des Fi-

161 Vgl. THOM N. (1990), S. 8 ff.

162 Unter Oberleitung versteht der Bundesrat die "[...] Entwicklung der strategischen Ziele der Gesellschaft, Festlegung der Mittel, um diese Ziele zu erreichen und Kontrolle der Geschäftsführungsorgane im Hinblick auf die Verfolgung der festgelegten Ziele", SCHWEIZERISCHER BUNDESRAT (1983), S. 177 f.

163 Vgl. BÖCKLI P. (1992), S. 37.

164 Vgl. SCHORER P. (1983), S. 121.

165 "[...] dass es gerade bei Familien-AG und deren Verwaltungsräten heute noch in der Praxis diesbezüglich an einigem gebricht, und wohl selten wegen Nichtwollens, sondern oft wegen Nichtwissens", STAEHELIN T. (1992), S. 37.

166 Vgl. SCHULTZ G. (1991), S. 546 ff.

167 SCHWEIZERISCHER BUNDESRAT (1983), S.102.

168 Bspw. Prüfung des tatsächlichen Vorhandenseins der ausgewiesenen Aktiven oder Prüfung der Vollständigkeit der Passiven, vgl. MEIER-HAYOZ A./FORSTMOSER P. (1993), S. 320.

nanz- und Rechnungswesens und schliesst die Zweckmässigkeitsbeurteilung von Entscheidungen der Verwaltung aus. Die Statuten und die Generalversammlung können die Aufgaben der Revisionsstelle erweitern, jedoch dürfen ihr keine VR-Aufgaben übertragen werden (Art. 731 Abs.1 OR). Auch wenn damit die Geschäftsführung nicht zum eigentlichen Prüfungsbereich der Revision gehört, sollte die Revisionsstelle unseriöses Geschäftsgebaren rügen[169]. Der Generalversammlung bleibt es ausserdem vorbehalten, zur Prüfung der Geschäftsführung Sachverständige zu ernennen (Art. 731 Abs.2 OR).

Zusammenfassend kann festgehalten werden, dass das neue Aktienrecht keine grundsätzliche Neuordnung der Unternehmungsspitze provoziert. Im neuen Recht bedeutet 'neu' vielfach nicht neu im ursprünglichen Sinn, sondern kodifizierte Praxis. Die zwingenden Spitzenorgane Generalversammlung, Revisionsstelle und insbesondere Verwaltungsrat sind in ihren vom Gesetzgeber beabsichtigten Grundfunktionen gestärkt und der unternehmungsindividuelle Spielraum bei der Gestaltung der Spitzenorganisation ist nur unwesentlich eingeschränkt worden. Damit sind die 'rechtlichen Leitplanken' der organisatorischen Gestaltung nicht markant verrückt worden, vielmehr haben die 'Leitplanken' selbst eine Festigung erfahren. Für die einzelne Unternehmung stellt das neue Aktienrecht insofern eine Gelegenheit dar, um nicht nur ihre formellen Regelungen zur Spitzenorganisation, sondern auch die faktischen Arbeits- und Verteilungsbeziehungen in und zwischen den Spitzenorganen einer kritischen Überprüfung zu unterziehen. Dabei ist insbesondere zu untersuchen, ob der Verwaltungsrat seiner inskünftig geforderten aktiven Rolle gerecht wird.

2.2.2.3 Das rechtliche Verhältnis zwischen den Spitzenorganen

Der faktische Stellenwert der Spitzenorgane ist von unternehmungsindividuellen Gegebenheiten, v.a. von den Eigentumsverhältnissen, abhängig. So ist anzunehmen, dass der Generalversammlung und dem Verwaltungsrat in der Publikumsunternehmung mit breit gestreutem Aktienkapital eine andere Bedeutung beigemessen wird als bspw. in der kleinen Familienunternehmung mit personeller Identität der beiden Organe. Ge-

169 Vgl. VISCHER F. (1991), S. 528.

rade in grossen Publikumsgesellschaften ist häufig zu beobachten, dass die Verwaltung (Verwaltungsrat und/oder Geschäftsleitung) als massgebendes Organ die der Generalversammlung obliegenden Entscheidungen präjudiziert. Bevor im weiteren auf Funktion und Zusammenwirken der Spitzenorgane GFU-spezifisch eingegangen wird, ist das Verhältnis zwischen den Spitzenorganen aus rechtlicher Sicht zu prüfen.

Ausgangspunkt der Diskussion um das Verhältnis zwischen den Spitzenorganen ist Art. 698 Abs.1 OR, in dem die Generalversammlung als das oberste Organ der AG bezeichnet wird. Es stellt sich die Frage, inwieweit die Generalversammlung befugt ist, in den Kompetenzbereich anderer Spitzenorgane einzugreifen. Zur Abgrenzung von Generalversammlung und Verwaltungsrat sind in der Rechtslehre bislang verschiedene Auffassungen vertreten worden[170]:

- Nach der reinen Omnipotenztheorie, die eigentlich nie 'rein' vertreten wurde, kann die Generalversammlung in allen Gesellschaftsangelegenheiten entscheiden und damit auch dem Verwaltungsrat verbindliche Weisungen für die Geschäftsführung erteilen. Bei der eingeschränkten Omnipotenztheorie ist die Generalversammlung im Normalfall an die gesetzliche Kompetenzausscheidung gebunden, kann jedoch in Ausnahmefällen, bspw. beim Ausfall der Geschäftsführung, in den Kompetenzbereich des Verwaltungsrats eingreifen.
- Nach der Führerprinzip-Theorie, die der Omnipotenztheorie diametral entgegengesetzt ist und sich in der Schweiz nie hat etablieren können, hat der Verwaltungsrat alle Macht bzw. soll alle massgebenden Kompetenzen an sich ziehen.
- Nach der Paritätstheorie haben Generalversammlung und Verwaltungsrat ihre eigenen Zuständigkeitsbereiche, in die sich das jeweils andere Organ nicht einmischen darf. Die Einmischungsmöglichkeit der Generalversammlung in VR-Angelegenheiten liesse sich nicht mit einer effizienten Geschäftsführung vereinbaren und zöge zudem Verantwortlichkeitsprobleme nach sich. Als Vertreter dieser Theorie sehen FORSTMOSER/MEIER-HAYOZ die Generalversammlung lediglich im formellen, hierarchischen Sinne als oberstes Organ, also ordnen ihr die Kompetenz zu grundlegenden Entscheiden sowie die Bestellung und Abbe-

170 Vgl. im folgenden statt vieler BINDER A. (1988), S. 115 ff. und SCHMITT P. (1991), S. 40 ff.

rufung anderer Organe zu, während funktionell das Paritätsprinzip gilt[171]. Zwischen Paritäts- und eingeschränkter Omnipotenztheorie besteht insofern eine Gemeinsamkeit, als beide Theorien die Kompetenzen der Generalversammlung beschränken, damit die Stellung des Verwaltungsrats stärken und eine partielle Loslösung der Unternehmung von ihren Eigentümern bewirken. Der AG werden dadurch ansatzweise institutionelle Züge verliehen. Letztlich sind es v.a. terminologische Unterschiede, die die beiden Theorien voneinander trennen.

Trotz schwankender Praxis des Bundesgerichts in der Vergangenheit ist die Paritätstheorie in der Schweiz herrschende Ansicht[172]. Mit dem neuen Aktienrecht kann die Kontroverse zwischen den aufgezählten Theorien als weitgehend überholt betrachtet werden, denn mit der expliziten Festlegung der Aufgabenbereiche der obligatorischen Spitzenorgane Generalversammlung, Verwaltungsrat und Revisionsstelle (Art. 698 Abs.2, 716a, 728 OR) hat sich das Paritätsprinzip durchgesetzt[173]. Das neue Aktienrecht erteilt der reinen Omnipotenztheorie eine klare Absage. Mit der Aufzählung der unübertragbaren Aufgaben des Verwaltungsrats wird die Wahrnehmung dieser Aufgaben durch die Generalversammlung ausgeschlossen. Dennoch bleibt die Generalversammlung 'oberstes' Organ, "[...] nicht weil ihr alle Macht im Unternehmen zusteht oder zustehen soll, sondern weil sie die Grundsatzentscheide fällt, die anderen Organe wählt und über die Gewinnverwendung entscheidet. Sie verdient den Namen somit zu Recht"[174]. Das neue Aktienrecht stärkt die Spitzenorgane bei der Erfüllung ihrer wichtigsten Aufgaben und schafft mit der Abgrenzung der Kompetenzen klare Verantwortlichkeitsbereiche. Im Gegensatz zur herrschenden Ansicht verleitet jedoch der Blick in die Praxis zu der hier nicht weiter überprüfbaren Frage, ob die tatsächlichen Verhältnisse in vielen Unternehmungen nicht eher der Führerprinzip-Theorie entsprechen[175].

171 Vgl. FORSTMOSER P./MEIER-HAYOZ A. (1983), S. 138.

172 Vgl. GREYERZ VON C. (1982), S. 185 f.

173 Vgl. VISCHER F. (1991), S. 527.

174 SCHWEIZERISCHER BUNDESRAT (1983), S. 93.

175 Vgl. WOHLMANN H. (1968), S. 112.

2.2.2.4 Die formelle Konkretisierung der Spitzenorganisation

In der hierarchischen Ordnung der Vorschriften folgen dem Gesetz Statuten und Reglemente, die in den Schranken des Gesetzes autonom gestaltet werden können. Die von der Generalversammlung schriftlich festgelegten Statuten[176] bilden die Grundordnung der Gesellschaft, indem sie Firma, Sitz, Zweck, Kapital und Organisation regeln. Sowohl der Katalog des absolut notwendigen Statuteninhalts (Art. 626 OR) als auch der Katalog des bedingt notwendigen Inhalts (Art. 627/628 OR) wurden von der Aktienrechtsrevision unwesentlich berührt und lediglich an andere geänderte Bestimmungen angepasst. Neben der Konstitutions-, Individualisierungs-, Publizitäts-, Schutz- und Programmfunktion sieht VON GREYERZ als Hauptfunktion der Statuten "[...] die Organisation der Gesellschaft, also die Festlegung der Organe und die Verteilung der Kompetenzen, sowie die Regelung des Verfahrens für Beratung und Beschlussfassung"[177], doch wird in der Praxis von der Erweiterungsmöglichkeit der Statuten eher selten Gebrauch gemacht - die Statuten müssen im Gegensatz zu den Reglementen beim Handelsregister hinterlegt werden und sind damit öffentlich zugänglich -, so dass sich der Statuteninhalt in der Regel auf ein Minimum bzw. auf die Wiederholung oder Präzisierung der gesetzlichen Bestimmungen beschränkt[178].

Unter Reglement wird verstanden die "[...] (schriftliche) Zusammenfassung von Verhaltensmassregeln der internen Körperschaftsordnung, erlassen durch förmlichen Beschluss eines zuständigen Organes für jenen Bereich, der nicht schon durch Gesetz oder Statuten geordnet und den letzteren nicht zwingend vorbehalten ist"[179]. Die Festlegung der Organisation ist nach neuem Aktienrecht eine unübertragbare Aufgabe des Verwaltungsrats (Art. 716a Abs.1 Ziff.2 OR)[180]. Im Falle der Delegation der

176 Vgl. FORSTMOSER P./MEIER-HAYOZ A. (1983), S. 116 ff.

177 GREYERZ VON C. (1982), S. 100.

178 Vgl. BUCHMANN P. (1976), S. 65.

179 EIGENMANN E.J. (1952), S. 14. Gelegentlich wird zwischen einem (aufbauorganisatorischen) Organisations- und einem (ablauforganisatorischen) Geschäftsreglement unterschieden, vgl. ebenda, S. 15.

180 Nach STAEHELIN umfasst diese Aufgabe folgende zu bestimmende Elemente: Führungshierarchie (klare Unterstellungsverhältnisse), Zuweisung von Aufgaben und Kompetenzen (Funktionendiagramm), Informations- und Berichtssystem (MIS, Rapportwesen, Frühwarnsysteme etc.), Controlling, Investitionsprozedere, Personalpolitik, interne und externe Informationspolitik, Zusammenarbeit und

Geschäftsführung ist der Verwaltungsrat neuerdings dazu verpflichtet, ein Organisationsreglement zu erstellen. Dieses ordnet nach Art. 716b Abs.2 OR die Geschäftsführung, bestimmt die erforderlichen Stellen, deren Aufgaben und Kompetenzen[181] und regelt die Berichterstattung sowohl zwischen Geschäftsleitung und Verwaltungsrat als auch unter den einzelnen Direktoren und den VR-Mitgliedern. Weitere Inhalte des regelmässig zu überprüfenden Organisationsreglements können sein: die Beschlussfähigkeit und das Verfahren für die Beschlussfassung in den Organen[182], administrative Anordnungen (bspw. Bestellung von Organen, Einberufung von Sitzungen, Sitzungsrhythmus, Traktandierung, Protokollierung) und Bestimmungen, die einzelne Mitglieder betreffen (bspw. Geheimhaltung, Altersgrenze, Amtsdauer, Entschädigung, Zeichnungsberechtigung)[183]. Ausserdem bietet es sich hier an, die zustimmungspflichtigen Geschäfte aufzuführen, also jene Geschäfte, für die der Geschäftsleitung zwar die Initiative und die Ausführungsverantwortung übertragen wurde, für die sich aber der Verwaltungsrat die Genehmigung vorbehält. Mit dieser Neuregelung ist der Verwaltungsrat zur aktiven Gestaltungsarbeit aufgerufen und fortan gezwungen, sich seiner Organisationsverantwortung zu stellen, d.h. er muss klare organisatorische Entscheidungen treffen[184]. Zur besseren Durchsetzung dieser Aufgabe wird abgesehen von der Haftung bei Nichterfüllung einer zentralen Aufgabe in Art. 716b Abs.2 OR festgehalten, dass Aktionäre und Gesellschaftsgläubiger mit 'schutzwürdigem Interesse' sich vom Verwaltungsrat über die Organisation der Geschäftsführung schriftlich orientieren lassen können[185]. Der Verwaltungsrat und die

Querverbindungen innerhalb der Organisationsstruktur. Vgl. STAEHELIN T. (1992a), S. 14 f.

181 Es ist zu unterscheiden zwischen der Kompetenz zur Antragsstellung, zum Entscheid, zur Informierung bzw. Kenntnisnahme und zur Ausführung. Vgl. FORSTMOSER P. (1987), S. 318.

182 Der bundesrätliche Entwurf für das neue Aktienrecht enthielt einen neuen, aber schliesslich gestrichenen Artikel 714, der die Regelung des Verfahrens für Beratung, Beschlussfassung und Berichterstattung im Verwaltungsrat vorgeschrieben hätte. Der Bundesrat sprach in dem Zusammenhang von einer 'Geschäftsordnung'. Vgl. SCHWEIZERISCHER BUNDESRAT (1983), S. 98, S. 176 und S. 239.

183 Vgl. FORSTMOSER P. (1992a), S. 36 f. sowie die Checkliste für ein Organisationsreglement auf S. 45 ff.

184 Vgl. BÖCKLI P. (1992), S. 37.

185 Die ursprünglich vom Bundesrat noch weitergehendere Forderung, nämlich die Hinterlegung des Organisationsreglements beim Handelsregister (vgl.

anderen Organe sind befugt, für sich oder für ein untergeordnetes Organ weitere Reglemente aufzustellen, sofern diese mit den Statuten im Einklang stehen[186]. Im Falle der Delegation organschaftlicher Funktionen bedarf das Reglement jedoch einer statutarischen Basis[187].

Andere organisatorische Dokumente wie bspw. Organigramme, Geschäftsverteilungspläne[188], Funktionendiagramme oder Stellenbeschreibungen sind auch in Zukunft gesetzlich weder vorgeschrieben noch geregelt.

SCHWEIZERISCHER BUNDESRAT (1983), S. 99 und S. 181) fand in den Räten keine Mehrheit.

186 Vgl. FORSTMOSER P./MEIER-HAYOZ A. (1983), S. 120.

187 Vgl. FORSTMOSER P. (1992a), S. 29 ff.

188 Nach BLEICHER konkretisiert der Geschäftsverteilungsplan die Zusammensetzung der Spitzenorgane, ihre Aufgaben und Verantwortung und die Form ihrer Zusammenarbeit, während die Geschäftsordnung die satzungsmässigen und statutarischen Vorschriften für die Spitzenorgane in detaillierter Form verfahrensmässig weiter konkretisert, vgl. BLEICHER K. (1992), S. 33.

3 KONSTRUKTION EINES BEZUGSRAHMENS FÜR DIE GESTALTUNG DER GFU-SPITZENORGANISATION

Im zweiten Kapitel wurde der Unternehmungstypus GFU charakterisiert sowie wesentliche Aspekte einer Spitzenverfassung besprochen. Auf diesen Grundlagen aufbauend kann nun an der Entwicklung des eigentlichen Bezugsrahmens für die Gestaltung der GFU-Spitzenorganisation gearbeitet werden. Gestaltungsziel ist die Schaffung einer effizienten bzw. kontinuitätsfördernden Spitzenorganisation der GFU. Sodann erfolgt im Bezugsrahmen zuerst die Ableitung von Effizienzkriterien als abhängige Variablen (Kapitel 3.2), auf die die Gestaltungsmassnahmen als unabhängige Variablen (Kapitel 3.4) ausgerichtet sind. Bevor auf die Aktionsparameter eingegangen wird, werden die Kontextfaktoren, d.h. die Gestaltungsbedingungen bzw. intervenierenden Variablen (Kapitel 3.3) untersucht. Einleitend wird die Gestaltungssituation/-problematik zu veranschaulichen versucht.

3.1 Die Gestaltungssituation - ein Modellfall

Die Entwicklung vom Kleinbetrieb zur GFU ist denkbar entweder während der ersten Familiengeneration (sog. Gründerunternehmung), oder sukzessive während mehreren Generationen, oder nach mehreren Generationen während einer Generation. Bezüglich der Spitzenorganisation sind in allen drei Fällen diejenigen EU[1], die die Unternehmung zur GFU heranführen, grundsätzlich mit einer ähnlichen Gestaltungsproblematik konfrontiert. Demzufolge umfasst hier die Gestaltung der Spitzenorganisation die kritische Überprüfung der bereits vorhandenen Spitzenorganisation im Hinblick auf zukünftige Anforderungen sowie die Einleitung allenfalls erforderlicher Anpassungsmassnahmen. Zum besseren Verständnis sowie als Ausgangspunkt des zu konstruierenden Bezugsrahmens soll die typische Gestaltungssituation des EU anhand eines Modellfalls skizziert werden. Im Einleitungskapitel wurde erwähnt, dass bis Ende dieses Jahrhun-

1 Wenn in der vorliegenden Arbeit der Einfachheit halber vom 'Eigentümer-Unternehmer' (EU) und vom 'Nachfolger' gesprochen wird, so sind damit Frauen und Männer gleichermassen angesprochen. Denkbar wären im übrigen auch die Fälle, dass sich hinter EU Geschwister oder Partner verbergen.

derts eine sehr grosse Zahl an Nachkriegsunternehmungen - darunter auch GFU - von einem Generationenwechsel betroffen sein werden oder bereits betroffen sind. Bei den EU der Familienunternehmungen handelt es sich häufig um "[...] jene Männer und Frauen, die seit 1945 auf- und ausgebaut haben, oft aus kleinsten Verhältnissen heraus, teils mit genialischem Improvisationsvermögen, teils mit unbändigem Leistungswillen und auch unerbittlichen Ansprüchen an sich selbst und an ihre Mitarbeiter. Eine oft langjährige Alleinherrschaft, überlegenes Können und die Vormachtstellung des Seniors in der Familie sind Ursachen dafür, dass sich viele Familienunternehmen wegen und bei der Übergabe an Nachfolger in Schwierigkeiten bringen"[2]. Bei dem folgenden aufgeführten (fiktiven) Beispiel handelt es sich um eine solche Nachkriegsunternehmung[3]:

In den Nachkriegsjahren gründet der Unternehmer A. die 'XY AG', die in der Herstellung und Vertrieb von Konsumgütern tätig ist und innerhalb von drei Jahrzehnten zu einem international tätigen Konzern mit mehreren tausend Mitarbeitern heranwächst. Mittlerweile - die Gesellschaft befindet sich immer noch mehrheitlich in Familienbesitz - hat A. das 60. Lebensjahr überschritten, hat 'die Zügel immer noch fest in der Hand' und agiert von der in der Schweiz domizilierten Zentrale aus. Die Dominanz seiner Persönlichkeit widerspiegelt sich in der stark auf seine Person ausgerichteten Führungs- bzw. Entscheidungsstruktur. A. ist Vorsitzender der siebenköpfigen Geschäftsleitung und beschäftigt sich nach wie vor noch mit operativen Fragen. Daneben ist er VR-Präsident der vor einigen Jahren gegründeten Holding. Im Verwaltungsrat, der nur zweimal jährlich tagt, halten ausser ihm lediglich ein pensionierter Bankier und ein alter Studienfreund Einsitz. In der täglichen Arbeit zieht A. zwar seine engsten Stabsmitarbeiter zu Rate, doch die eigentlichen unternehmungspolitischen und strategischen Fragen entscheidet er praktisch im Alleingang. Zwei seiner drei Kinder haben vor kurzem ihre universitäre Ausbildung abgeschlossen und machen im Betrieb ihre ersten Gehversuche, das

2 SCHWAIGER W. (1992a), S. 1.

3 Dieses Beispiel wurde unter Änderung einzelner Daten konstruiert in Anlehnung an eine hier anonym gehaltene GFU, zu der der Verfasser persönlichen Zugang hatte. Insofern handelt es sich hier um ein fiktives Beispiel mit hohem Realitätsbezug. Weitere Einzelheiten der 'XY AG' sind hier irrevelant, denn an dieser Stelle geht es lediglich um die Darstellung der im allgemeinen für den EU typischen Gestaltungssituation.

dritte Kind zeigt der Firma gegenüber kein Interesse. Die Nachfolgefrage beschäftigt A. immer stärker. Bislang hatte er sich hierzu nur sporadisch Gedanken gemacht, jetzt drängt die Zeit. A. hat sich zum Ziel gesetzt, die gesunde und noch wachsende Unternehmung der nächsten Familiengeneration zu erhalten. Zu alternativen Nachfolgelösungen, wie bspw. Verkauf an Dritte oder Management Buyout, sieht er sich nicht veranlasst und schliesst sie vorderhand aus. A. ist sich bewusst, dass seine Nachfolge durch eines seiner Kinder kurz- und mittelfristig unrealistisch ist. Die Anforderungen an die Unternehmungsführung sind zu hoch geworden, als dass er es vertreten könnte, die Zukunft der Unternehmung in die (unerfahrenen) Hände einer Person zu legen. Ungeachtet einer in späteren Jahren eventuellen Qualifikation eines oder beider Kinder für eine Spitzenposition sieht sich A. zum jetzigen Zeitpunkt gezwungen, die Voraussetzungen für ein unabhängiges Weiterbestehen zu schaffen. Er sieht die Notwendigkeit des Übergangs von der uni- zur multipersonalen Führungs- und Überwachungsstruktur. Die komplexe Gesamtaufgabe der Unternehmungsspitze, die er bislang zumindest entscheidungsseitig weitgehend in personam wahrgenommen hat, bedarf nicht nur einer reglementarischen, sondern auch einer in Tat und Wahrheit vollzogenen Aufteilung und Zuweisung auf einzelne Spitzenorgane, die durch qualifizierte interne und/ oder externe Personen zu besetzen sind. A. sieht vor, einen aktiveren Verwaltungsrat zu bilden, der im Interesse von Familie und Unternehmung die Führung überwacht. Vor seinem endgültigen Ausscheiden gedenkt A. seine Tätigkeit allmählich auf eine präsidiale VR-Funktion zu reduzieren, um so den Abkoppelungsprozess der Unternehmung von ihrer Unternehmerpersönlichkeit A. zu initiieren.

Im vorliegenden Fall geht der EU vom Ziel aus, 'seine' Unternehmung auch inskünftig in Familienhand zu halten und ihr langfristiges Überleben zu sichern. Damit entscheidet er sich für eine auch weiterhin zu verfolgende unternehmungsorientierte Eignerstrategie[4]. Im Hinblick auf die nächste Generation beabsichtigt er, eine von seiner Person losgelöste Spitzenorganisation aufzubauen. Sein Gestaltungsproblem lässt sich verallgemeinert anhand von drei Teilfragen umschreiben:

4 Im Gegensatz zur Finanzorientierung, vgl. PÜMPIN C./PRITZL R. (1991), S. 45 ff.

- Anhand welcher Kriterien lässt sich eine effiziente Spitzenorganisation definieren bzw. welches sind die Gestaltungsziele? (Kapitel 3.2);
- Welche inner- und ausserbetrieblichen Bedingungen gilt es bei der Gestaltung zu beachten? (Kapitel 3.3);
- Welche Aktionsparameter stehen zur Verfügung und welche konkreten Massnahmen sollen ergriffen werden? (Kapitel 3.4).

Der im weiteren diskutierte Bezugsrahmen stellt einen Ansatz dar, wie der EU unter Einsatz bestimmter Gestaltungsmassnahmen und unter Berücksichtigung bestimmter Bedingungen eine effiziente Spitzenorganisation herbeiführen und damit eine wesentliche Voraussetzung für die Kontinuitätssicherung der GFU schaffen kann. Der auf die Spitzenorganisation konzentrierte Bezugsrahmen nimmt für sich jedoch nicht in Anspruch, das Nachfolge- bzw. Kontinuitätsproblem in seiner ganzen Breite zu erfassen[5]. Der EU wird hier absichtlich als Gestalter in den Vordergrund gestellt, denn nicht nur verfügt er über die hierzu erforderlichen Kompetenzen, sondern es ist aus seiner unternehmerischen Verantwortung heraus auch seine oberste Pflicht, sich dieser Aufgabe anzunehmen. Anstehende Entscheide in dieser Angelegenheit müssen von ihm gefällt und dann auch getragen werden. Dies schliesst nicht aus, dass der EU bei der praktischen Gestaltungsarbeit andere Personen wie bspw. Organisationsspezialisten oder externe Berater beizieht.

3.2 Spitzenorganisatorische Effizienz - Gestaltungsziele

Einleitend zur Effizienzanalyse werden mögliche Gestaltungsziele aufgezählt, Präzisierungsebenen der Effizienz unterschieden und das hier verwendete Effizienzkonstrukt vorgestellt. Auf dieser Basis werden anschliessend ausgewählte Kriterien zur Effizienzbeurteilung der GFU-Spitzenorganisation diskutiert.

3.2.1 Einleitende Bemerkungen zur Effizienzproblematik

Die Erfolgspotentiale einer Spitzenverfassung bzw. -organisation resultieren aus den von ihr nach Möglichkeit zu erfüllenden Funktionen (Ord-

5 Nebst den spitzenorganisatorischen Fragen berührt das Nachfolgeproblem auch steuer-, erb- und güterrechtliche sowie finanzielle Aspekte. Vgl. dazu umfassend bspw. BÜRGI A./BRÄUTIGAM D./GANZ J./HASLER U. (1993).

nungs-, Machtkontroll-, Organisations-, Integrations- und Orientierungsfunktion)[6]. Die Erfüllung dieser Funktionen trägt zur Erreichung der Unternehmungsziele und damit zur Steigerung der Gesamteffizienz bei (Instrumentalcharakter der Spitzenorganisation). Deshalb manifestiert sich eine effiziente Spitzenorganisation letztlich im Unternehmungserfolg. Ohne eine effiziente Spitzenorganisation ist eine wichtige, vielleicht sogar die zentrale Voraussetzung für den Unternehmungserfolg nicht gegeben.

Jede Unternehmung verfügt zu jedem Zeitpunkt ihres Bestehens, d.h. im Zeitraum zwischen Gründung und Liquidation, über eine Spitzenorganisation. Diese nimmt im Verlauf der Unternehmungsentwicklung normalerweise unterschiedliche Formen an. Im vorliegenden Bezugsrahmen wird von einer bestimmten, stark auf die Person des bisherigen EU ausgerichteten Spitzenorganisation ausgegangen (vgl. 'XY AG'). Im Falle des eingetretenen Unternehmungserfolgs kann unter den gegebenen Umständen von einer effizienten Spitzenorganisation gesprochen werden. Der Gestaltungsanlass hier geht in erster Linie auf das früher oder später stattfindende Ausscheiden des EU und auf die mittlerweile erlangte Unternehmungsgrösse zurück. Mit der Gestaltung der Spitzenorganisation in der GFU wird die (vorsorgliche) Anpassung der Spitzenorganisation an die zukünftigen Anforderungen nach dem Generationswechsel verfolgt. Es ist diese GFU-spezifische Situation, an der sich im weiteren die Suche nach Effizienzkriterien zur Beurteilung der Spitzenorganisation orientiert.

Das dem Bezugsrahmen zugrunde liegende Gestaltungsziel ist also die Schaffung einer effizienten Spitzenorganisation für die GFU. Mit der Realisierung einer effizienten Spitzenorganisation ist eine Reihe von möglichen Nutzenerwartungen bzw. Formalzielen verbunden[7]:

- Sicherung der Führungsnachfolge;
- Professionalisierung von Führung und Überwachung;
- Berücksichtigung der Interessen der Anteilseigner, Mitarbeiter sowie weiterer relevanter Bezugsgruppen;

6 Zu den einzelnen Funktionen vgl. Kapitel 2.2.1.2.

7 Der folgende Zielkatalog erhebt keinen Anspruch auf Vollständigkeit. Die aufgezählten, teilweise sich überschneidenden Ziele liessen sich in mehrere Unterziele aufteilen.

- Verbesserung der Zusammenarbeit innerhalb und zwischen den Spitzenorganen (kooperativer Führungsstil, Teamorientierung, Einhaltung der Kongruenz von Aufgaben, Kompetenzen und Verantwortung etc.);
- Förderung von Qualifizierungs- und Entwicklungsmöglichkeiten;
- Neutralisierung bzw. Versachlichung des Familieneinflusses, Konfliktminimierung;
- Beibehaltung der Handlungs-/Entscheidungsfähigkeit (kurze Entscheidungswege, Minimierung der Bürokratie, Dezentralisierung von Entscheidungen etc.);
- Aufrechterhaltung der unternehmerischen Innovationskraft;
- Vermeidung von Fehlbesetzungen;
- Steigerung der Unternehmungsattraktivität nach innen und nach aussen (bspw. gegenüber potentiellen Führungskräften).

Im vorliegenden Zusammenhang kennzeichnet Effizienz die Leistungswirksamkeit oder das Erfolgsniveau des spitzenorganisatorischen Gestaltungsprozesses und -ergebnisses im Hinblick auf die Formalzielsetzung der GFU[8]. Dabei sollen drei Präzisierungsebenen der Effizienz unterschieden werden:

1. Effizienz*dimensionen*: "Effizienzdimensionen stellen Aggregate effizienzdefinierender Sachverhalte dar, die in ihrer Gesamtheit das theo-

8 Zum hier verwendeten Effizienzbegriff vgl. GROCHLA E. (1978), S. 23 f. In Abgrenzung zur Effizienz kennzeichnet Effektivität "[...] hingegen nur die *grundsätzliche Eignung* einer Massnahme, einer Organisationsstruktur o.ä., ein angestrebtes Ziel oder Zielbündel zu erreichen", WELGE M.K./FESSMANN K.-D. (1980), Sp. 577. Eine hierzu zum Teil konträre Auffassung findet sich bei SCHOLZ C. (1992), Sp. 533. Dazu der Kommentar von NADIG: "Zwar differenziert [Scholz] in teilweiser Übereinstimmung mit den bisher zitierten Autoren "*Effektivität* (effectiveness) als Massgrösse für Zielerreichung (Output) und *Effizienz* (efficiency) als Massgrösse für Wirtschaftlichkeit (Output/ Input-Relation)." [...] Bei deren Gewichtung bezeichnet er hingegen in der gleichen Spalte Effektivität als Oberziel und Effizienz als mögliches Unterziel. Geht man hingegen davon aus, dass eine Unternehmung langfristig nur überleben kann, wenn sie wirtschaftlich arbeitet (ökonomisches Formalziel), so muss die Effizienz das Oberziel sein. Weiterhin umschreibt Scholz Effizienz als "doing things right" und Effektivität als "doing the right things". [...] Eine Unternehmung kann langfristig am Markt nur dann bestehen, wenn sie die richtigen Dinge (Sachziel, Effektivität), richtig macht (Formalziel, Effizienz). Die Wertung, die mit dem englischen Ausdruck verbunden ist, sollte [...] nicht auf die Begriffe Effektivität und Effizienz übertragen werden", NADIG P. (1993), S. 86, FN 44.

retische Konstrukt Effizienz repräsentieren"[9]. Gebräuchlich ist die Einteilung in ökonomisch-technische, individual-soziale, flexibilitätsorientierte und neuerdings auch ökologische Effizienz[10].

2. Effizienz*kriterien*: "Organisatorische Effizienzkriterien stehen [...] zwischen der Messebene (Indikatorenebene) und der Ebene verdichteter Effizienzgrössen (Dimensionsebene). Sie stellen in dieser Funktion ziel- und wertsystemgefärbte Effizienzsachverhalte dar [...]"[11]. Es gilt zu trennen zwischen den Effizienzkriterien "[...] mit denen die Massstäbe des Erfolgs geschaffen werden und den Ausprägungen (Effizienzgraden), die sich [...] bei der Bewertung [der Spitzenorganisation] unter Zugrundelegung der vorgegebenen Effizienzkriterien ermitteln lassen"[12].
3. Effizienz*indikatoren*: Hierbei handelt es sich um konkrete Merkmale zur Messung der Effizienzkriterien. "Organisatorische Effizienz ist folglich ein theoretisches Konstrukt, das erst über einen mehrstufigen Ableitungsprozess (Dimensionen, Kriterien, Indikatoren [...]) zum empirisch feststellbaren Sachverhalt wird"[13].

Die nachfolgende Effizienzdiskussion bewegt sich schwerpunktmässig auf der Ebene der Effizienzkriterien. Da die spitzenorganisatorische Effizienz die Wirkungen spitzenorganisatorischer Gestaltungsmassnahmen beurteilt bzw. bewertet, passt sich die Gliederung der hier ausgewählten Effizienzkriterien an die später in Kapitel 3.4 verfolgte Einteilung der Aktionsparameter (Gestaltung der spitzenorganisatorischen Rahmen- und Detailstruktur sowie des Gestaltungsprozesses) an. Die Unternehmungskontinuität wird übergeordnet als Oberkriterium aufgeführt. Abb. 7 zeigt das gewählte spitzenorganisatorische Effizienzkonstrukt im Überblick. Im Sinne der Relativierung des Konstrukts gilt es eine Reihe von Punkten zu beachten:

- Das Effizienzkonstrukt hat prinzipiell für alle (grossen) Familienunternehmungen Gültigkeit. Die Gewichtung des Konstrukts bzw. der Kriterien ist jedoch abhängig von den unternehmungsindividuellen Verhältnissen.

9 FESSMANN K.-D. (1980), S. 63.
10 Vgl. NADIG P. (1993), S. 87 f.
11 FESSMANN K.-D. (1980), S. 66.
12 GROCHLA E. (1978), S. 23.
13 THOM N. (1988), S. 333.

- Dem Effizienzkonstrukt liegt die zunächst leerformelhafte Bedingung zugrunde, dass die Spitzenorganisation rational und funktional sein soll.

Abb. 7: Das spitzenorganisatorische Effizienzkonstrukt

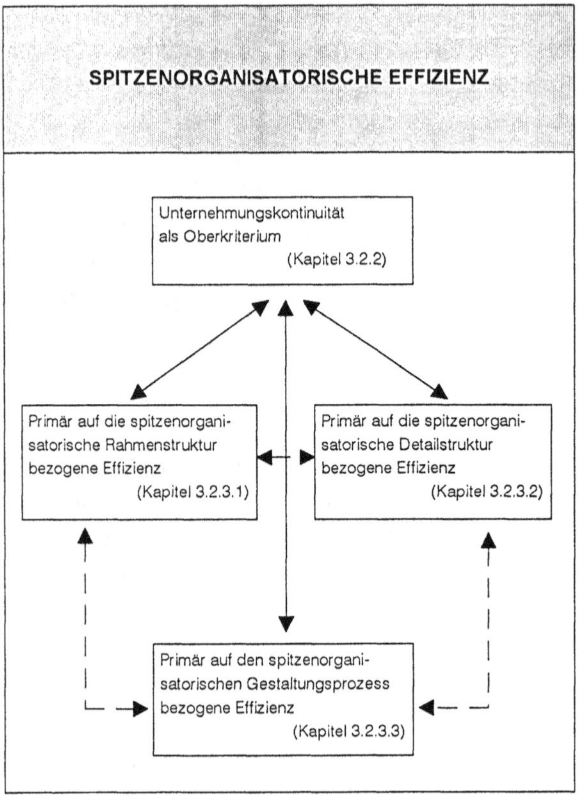

- Theoretisch gesehen ist der 'spitzenorganisatorische Effizienzraum' unendlich gross. Mit den aufgezählten Effizienzkriterien wird kein Anspruch auf eine vollumfängliche Repräsentanz der spitzenorganisatorischen Effizienz erhoben; dieser kann nur annäherungsweise begegnet werden.
- Bei der Auswahl der Kriterien wird nicht von einem bestimmten Effizienzansatz (bspw. dem Ziel- oder Systemansatz)[14], sondern von einer

14 Vgl. Übersicht über theoretische Effizienzansätze bei STAEHLE W.H./GRABATIN G. (1979), S. 89 ff., STAEHLE W.H. (1989), S. 411 ff., WELGE M.K./FESS-

der Komplexität der Aufgabenstellung Rechnung tragenden mehrdimensionalen Betrachtungsperspektive ausgegangen, was Überschneidungen nicht ausschliesst[15].

- Es wird von einer grundsätzlich langfristigen Betrachtungsperspektive ausgegangen, d.h. die aus der Planungsarbeit resultierenden spitzenorganisatorischen Regelungen sind auf Zusehen hin gültig. Die spitzenorganisatorische Planung ist dann effizient, wenn
  "a) nicht ad hoc disponiert, sondern langfristig und systematisch geplant wird,
  b) nicht (nur) reagiert wird, sondern organisatorische Probleme und Lösungsmöglichkeiten antizipiert und sie schliesslich
  c) nicht nur sporadisch, sondern permanent durchgeführt werden"[16].
- Zwischen den Effizienzkriterien bestehen Interdependenzen, so dass die einzelnen Kriterien nicht isoliert, sondern als Teilkriterien im Gesamtzusammenhang betrachtet und als Gesamtbegriff verstanden werden sollten. Im Falle von konkurrierenden Beziehungen zwischen den Effizienzkriterien ist die Festlegung von situationsadäquaten Prioritäten erforderlich, um zu Zielkompromissen zu gelangen.
- Trotz der gestaltungsorientierten Gliederung der Effizienzkriterien können diese aufgrund erwähnter Schwächen (im Resultat: unpräzise Effizienzmessung) nicht immer als praktikables Instrument zur Bewertung von Gestaltungsmassnahmen eingesetzt werden. Ihr 'Wert' liegt dann mehr in der qualitativen Beurteilungshilfe zur Effizienzabschätzung und im Beitrag zur Erhöhung der Transparenz des Gestaltungsproblems.
- "Neben allen *sachlich-logischen* Effizienzüberlegungen ist [...] immer auch eine "gute Portion" pragmatischen betriebswirtschaftlichen *Sachverstandes* und *Erfahrung* einzusetzen"[17]. Gerade beim EU stellt sich aber die Frage, ob er in Sachen Spitzenorganisation und Nachfolgeregelung über die nötige persönliche Erfahrung verfügt, ist er doch im Normalfall nur einmal im Leben mit seiner Nachfolge konfrontiert.
- Das meist auf die Gesamtorganisation bezogene Kriterium der 'Organisationsgesundheit' gilt sinngemäss auch für den Teilaspekt Spitzenorga-

MANN K.-D. (1980), Sp. 579 ff. und SCHOLZ C. (1992), Sp. 537 ff. Die diversen Effizienzansätze befassen sich mehrheitlich mit der Unternehmungsgesamteffizienz und nicht erklärtermassen mit der organisatorischen Effizienz.

15 Zum Problem der 'Ansatztreue' vgl. THOM N. (1980), S. 63 f.

16 GROCHLA E. (1977), S. 10.

17 NADIG P. (1993), S. 103.

nisation, d.h. eine effiziente Spitzenorganisation kann als 'gesund' bezeichnet werden. Es handelt sich dabei insbesondere um folgende Merkmale:

"- ein Zielsystem, das bis zur untersten Hierarchiestufe jedem Organisationsmitglied zur Orientierung dient [...];
- ein Belohnungssystem, das sowohl Produktivitätssteigerungen als auch die Bildung von entwicklungsfähigen Arbeitsgruppen und die Förderung der Mitarbeiter berücksichtigt [...];
- Entscheidungen, die von denjenigen getroffen werden, die am besten informiert sind, ohne Rücksicht auf deren Position in der Hierarchie;
- die sachliche Austragung von Konflikten [...];
- Kommunikationswege, die horizontal, vertikal und diagonal offen sind [...];
- ein Führungskonzept, das dafür sorgt, dass die Einzelperson ihre Eigenart und Ganzheit bewahren kann [...]"[18].

- Im übrigen wird die generelle Gesetzeskonformität (neues Aktienrecht!) der Gestaltungsmassnahmen vorausgesetzt. Diese Forderung beinhaltet auch die Konformität der faktischen Verhältnisse mit den Statuten, dem Organisationsreglement und anderen leitlinienhaften Dokumenten.

3.2.2 Unternehmungskontinuität als Oberkriterium

3.2.2.1 Das Selbstverständnis der GFU

Im Rahmen einer marktwirtschaftlichen Ordnung, von der hier ausgegangen wird, stellt die Wettbewerbsfähigkeit die wichtigste Existenzgrundlage einer Unternehmung dar. Die Weiterexistenz einer Unternehmung bedeutet Überleben auf den relevanten Märkten und bedingt die Erhaltung der Wettbewerbsfähigkeit. Auch die GFU ist den Marktkräften ausgesetzt und muss sich im Selektionsprozess durch eigene Leistung fortwährend neu behaupten. Die Unternehmungskontinuität[19], das Weiterbestehen der GFU im Zeitablauf, ist deshalb leistungsorientiert zu interpretieren. Diese Auffassung ist weiter als der in der juristischen Fachliteratur anzutreffende Begriff der Perpetuierung, worunter verstanden wird "[...] das Bemühen

18 THOM N. (1992), Sp. 1479.

19 Das Wort Kontinuität leitet sich ab aus dem Lateinischen und hat die Bedeutung von Stetigkeit, Fortdauer, lückenloser Zusammenhang.

der Eigentümer von Unternehmen, durch geeignete Wahl und Ausgestaltung der Rechtsform ihre Unternehmung nachfolgenden Generationen uneingeschränkt zu erhalten und zusätzlich über den eigenen Tod hinaus Einfluss auf die Geschäftspolitik der Nachfolger auszuüben"[20]. Während (gesellschaftsrechtliche) Perpetuierungsmassnahmen[21] auf die vorsorgliche Vermeidung bestandesgefährdender Entwicklungen ausgerichtet sind, löst sich der hier vertretene Kontinuitätsgedanke von der Beschränkung auf Bestandesschutzbemühungen (Besitzstandwahrung) und bezieht auch zusätzliche (betriebswirtschaftliche) Massnahmen zur Sicherung der Unternehmungszukunft mit ein. Demnach widerspiegelt die Unternehmungskontinuität die Gesamtheit all jener eigentums- und führungsbezogenen Massnahmen, die zum langfristigen Erfolg einer Unternehmung über Generationen hinweg beitragen.

Mit der Unternehmungskontinuität ist die Frage nach dem eigentlichen Zweck oder dem obersten Ziel der Unternehmung bzw. der GFU angesprochen. Die Unternehmungskontinuität wird hier als eine die unternehmungsindividuell unterschiedlichen Sach-, Formal- und Sozialziele überlagernde Zielkategorie aufgefasst[22]. Sie ist elementarer Bestandteil der Unternehmungsphilosophie und bildet als Wertvorstellung einen Orientierungsrahmen oder gar Entscheidungskriterium für die Festlegung von Zielvorstellungen nachgelagerter Zielebenen. Das Unternehmungsverständnis wirkt sich direkt oder indirekt über die Unternehmungspolitik sowie über die strategische und operative Planung auf nahezu sämtliche Entscheidungs- und Realisationsprozesse einer Unternehmung aus[23]. Der Klärung des Unternehmungsverständnisses kommt daher im Hinblick auf die Gestaltung der Spitzenorganisation der GFU grundlegende Bedeutung zu. Schliesslich sind die Spitzenorgane - auch die Familienaktionäre - dem Unternehmungszweck verpflichtet und ihre vornehmste Aufgabe liegt im jeweiligen Beitrag zur Zweckerfüllung.

Die Sicherung der Unternehmungskontinuität ist heutzutage kein selbstverständliches oberstes Unternehmungsziel. Allein das Wort Kontinuität scheint im Widerspruch zu einer durch beschleunigten Wandel gekenn-

20 PORTMANN R.A.M. (1983), S. 14 f.

21 Vgl. Kapitel 3.4.2.3.3.

22 Im Falle der Substanzaufzehrung erfordert die Unternehmungskontinuität den Nachschuss von Kapital.

23 Vgl. HAHN D. (1985), S. 13. Vgl. auch Kapitel 2.2.1.2 und 3.4.1.1.1.

zeichneten Epoche zu stehen. In den letzten Jahren ist das Unternehmungsverständnis nicht zuletzt aufgrund zahlreicher Akquisitionen Gegenstand von Diskussionen geworden. Insbesondere sog. Unfriendly Takeovers, die auf der Idee der Wertsteigerung beruhen und stark spekulativer Natur sind, haben Diskussionen provoziert, die auch wirtschaftsethische Grundfragen berühren. WUFFLI spricht in dem Zusammenhang von einem sich anbahnenden 'Wettbewerb der Unternehmensverständnisse'[24] zwischen dem in Mitteleuropa noch mehrheitlich vertretenen Ziel der Überlebensfähigkeit und dem in Nordamerika überwiegend verfolgten Ziel der Wertsteigerung. Es sprechen mehrere Gründe dafür, von der Kontinuitätssicherung als oberstem Ziel der GFU auszugehen. Zunächst lässt sich aus der Bedürfnis- und Motivationsstruktur der Gründer und später auch der Mitglieder der Eigentümerfamilie(n) der verständliche Wunsch ableiten, die aufgebaute Unternehmung der nächsten Generation zu erhalten und mit der Übertragung gleichzeitig eine finanzielle Absicherung zu ermöglichen[25]. Dieses Denken in Generationen ist bei Familienunternehmungen in der Regel stärker ausgeprägt als bei Publikumsunternehmungen mit vielen Aktionären, die primär Kapitalinteressen verfolgen und darüber hinaus einen viel geringeren immateriellen Bezug zur Unternehmung haben dürften[26]. Ausserdem steht die nicht an der Börse kotierte Familienunternehmung im Gegensatz zur Pulikumsunternehmung weniger unter kurzfristigem Erfolgsdruck und kann sich daher einfacher langfristig ausrichten. Im Gegensatz zum eher kurzfristig ausgelegten Wertsteigerungsdenken impliziert das Denken in Generationen eine langfristige Perspektive, die sich bei den Mitarbeitern bezüglich ihrer Motivation und Unternehmungsverbundenheit sowie bei unternehmungsexternen Interaktionspartnern, bspw. bei Kunden und Lieferanten bezüglich ihres Vertrauens in die Unternehmung, im Sinne eines Erfolgsfaktors günstig auswirken kann. Kontinuität heisst somit nicht nur Verpflichtung gegen-

24 WUFFLI P.A. (1988), S. 41.

25 Vgl. HAHN D. (1985), S. 15.

26 Natürlich kann, wie Beispiele aus der Praxis immer wieder zeigen, der Fall nicht ausgeschlossen werden, dass ein(e) Familienaktionär(in) persönliche Interessen hat, die sich weder mit einer aktiven Tätigkeit in der Firma noch mit der Anteilseignerfunktion vereinbaren lassen und dann zur Veräusserung der Anteile und zur gänzlichen Loslösung führen können. In dem Fall kann - je nach Käufer - der Verkauf der Anteile zur Unternehmungskontinuität beitragen und damit im Unternehmungsinteresse liegen.

über dem Kapital, sondern auf Dauer auch Verantwortung gegenüber den Mitarbeitern und - wie weiter oben gezeigt werden konnte[27] - gegenüber dem Umsystem der Unternehmung. So verstanden ist Kontinuität ein umfassenderer Begriff als das blosse Überleben, das als solches lediglich die Erhaltung der Unternehmung ohne explizite Berücksichtigung des Verhältnisses zu relevanten internen und externen Bezugsgruppen umfasst und deshalb als Ziel nicht ohne Zusatzinterpretation übernommen werden sollte: "So hat etwa ein Unternehmen (oder ein Unternehmensteil) nur so lange eine Überlebensberechtigung, als es tatsächlich Nutzen für seine Bezugsgruppen generiert. Sobald ersichtlich wird, dass die Nutzenschöpfung in Frage gestellt ist, muss auch die Zweckmässigkeit des Überlebens geprüft werden"[28]. Allein über das Konzept der Marktwertmaximierung kann es keine Interessenharmonisierung geben, denn die "[...] Marktwertmaximierung stellt nicht das Unternehmensziel dar, an dessen Verfolgung alle Gruppen gleichermassen interessiert sind"[29]. Die Kontinuitätssicherung als oberste Zielsetzung bzw. als Zweck kommt der wirtschafts- und gesellschaftspolitischen Bedeutung der GFU näher als die Wertsteigerung, die volkswirtschaftlich gesehen auf eine Kapitalmarktbetrachtung beschränkt ist[30]. Die GFU wird hier als ein Instrument interpretiert, dessen Erhaltung und Weiterentwicklung zur Zielerreichung der an ihr interessierten Gruppen dient[31]. Im Mittelpunkt des dieser Arbeit zugrunde gelegten Unternehmungsverständnisses, das durch den Begriff Kontinuität konzeptualisiert wird, steht damit weniger die Unternehmung selbst, als vielmehr die durch die Unternehmung tangierten Bezugsgrup-

27 Vgl. Kapitel 2.1.3.3.

28 PÜMPIN C. (1989), S. 260.

29 BALLWIESER W./SCHMIDT R.H. (1981), S. 675.

30 In der BWL wird von manchen Autoren zwischen Zweck und Ziel insofern ein Unterschied gemacht, als mit Zweck die Leistung der Unternehmung für das Umsystem und mit Zielen die von den Unternehmungsmitgliedern selbst formulierten Vorstellungen über anzustrebende Zustände oder Verhaltensweisen gemeint sind, vgl. STAEHLE W.H. (1989), S. 405 f. Von dieser Unterscheidung ausgehend könnte gesagt werden, dass der Begriff Kontinuität auch den Zweck der Unternehmung beinhaltet, während die Wertsteigerung eines unter mehreren Unternehmungszielen darstellt. Kontinuität ist hier als eher interessenpluralistisches Ziel zu betrachten. Kontinuität und Wertsteigerung schliessen sich gegenseitig nicht aus. MOHN fordert für die Sicherung der Unternehmungskontinuität den Rang eines elementaren Unternehmungsziels, vgl. MOHN R. (1991), S. 7.

31 Vgl. HAHN D. (1990), S. 6.

pen. Die GFU soll nicht aus dem ausschliesslichen Blickwinkel einer Interessengruppe gesehen werden, d.h. sowohl der Eigentümer- als auch der Manager- und Arbeitnehmerthese wird hier eine Absage erteilt. Die GFU wird unabhängig von der Gruppenzugehörigkeit des jeweiligen Leiters betrachtet (Leitungsthese). "Die Existenz und Leistungsfähigkeit der Unternehmung im Sinne der Institutionenthese ist Voraussetzung für die Erfüllung der Ansprüche aller Interessenten i.S. der Instrumentalthese. Die Unternehmung ist ein Bedarfsdeckungs- und Wertschöpfungssystem; sie kann aber nicht primär eine Selbstverwirklichungsanstalt für ihre Mitglieder sein"[32]. Die Sicherung der Kontinuität als oberste Zielsetzung ist Ausdruck eines Selbstverständnisses der Unternehmung, das auf der Berücksichtigung möglichst vieler relevanter Bezugsgruppen beruht. Diese Auffassung geht überein mit dem interaktionsorientierten Effizienzansatz, wonach "[...] eine Organisation dann effizient ist, wenn sie gesellschaftlich legitimierte Interessen solcher Gruppen zufriedenstellt, die Macht über die Organisation besitzen"[33].

Das grundlegende Erfolgskriterium für die Spitzenorganisation der GFU ist also letztlich der Beitrag zur Unternehmungskontinuität und damit zur Erhaltung der GFU als unabhängige Unternehmungseinheit. Sämtliche Gestaltungsmassnahmen, die mit der Spitzenorganisation in Zusammenhang stehen, sollten vor dem Hintergrund der Sicherung der Unternehmungskontinuität getroffen werden. Die Unternehmungskontinuität stellt im vorliegenden Bezugsrahmen das mittelbare bzw. übergeordnete Gestaltungsziel dar und wird hier demzufolge als Oberkriterium zur Effizienzabschätzung der GFU-Spitzenorganisation betrachtet. Durch die Schaffung einer effizienten Spitzenorganisation als unmittelbarem Gestaltungsziel kann ein wesentlicher Beitrag zur Unternehmungskontinuität der GFU geleistet werden. Die Betonung der Potentialität und nicht der De-

32 CHMIELEWICZ K. (1980), hier Sp. 374. Zu den verschiedenen Sichtweisen der Unternehmung - CHMIELEWICZ spricht hier von 'Thesen' - vgl. auch KRÜGER W. (1979), S. 328.

33 STAEHLE W.H./GRABATIN G. (1979), S. 96. Nach HAUSCHILDT ist das Streben nach Konsonanz mit den relevanten Bezugsgruppen der Umwelt und den Interaktionspartnern innerhalb der Organisation nebst dem Streben nach Gewinn, dem Streben nach Grösse oder Wachstum sowie dem Streben nach Wahrung oder Erreichung eines bestimmten (technischen) Leistungsprofils ein in der Realität massgeblich verfolgtes Unternehmungsziel, vgl. HAUSCHILDT J. (1980), Sp. 2424.

terminiertheit dieses Wirkungszusammenhangs ist für die Einschätzung des Bezugsrahmens bedeutsam und erklärt sich aus dem Umstand, dass die Sicherung der Kontinuität nicht nur von einer effizienten Spitzenorganisation, sondern auch von einer Vielzahl anderer Instrumenteneinsätze, die nicht alle organisierbar sind[34], abhängt (Zurechnungsproblem[35]). Der konkrete Beitrag der Spitzenorganisation zur Kontinuitätssicherung kann nicht isoliert werden, sodass Ersatzkriterien identifiziert werden müssen, die in einer vermuteten Mittel-Zweck-Beziehung zum übergeordneten Ziel Kontinuitätssicherung stehen[36].

Die effiziente Spitzenorganisation wird im vorliegenden Bezugsrahmen als ein mögliches, sogar zentrales Instrument zur Erreichung der Unternehmungskontinuität angesehen. Bevor die speziell auf dieses Zielerreichungsinstrument zugeschnittenen Ersatz- bzw. Effizienzkriterien besprochen werden, soll der Begriff Kontinuität genauer umschrieben werden.

3.2.2.2 Die Präzisierung der Kontinuität

Wie lässt sich nun der Begriff der Unternehmungskontinuität weiter präzisieren und welche Anzeichen weisen auf Kontinuität hin?

Zunächst soll der Erfolgsbegriff geklärt werden, denn letztlich ist der Unternehmungserfolg als Ausdruck und Bedingung der Unternehmungskon-

34 Vgl. KAPPLER E. (1990a), S. 12.

35 THOM nennt das Zurechnungsproblem als dritten Grund dafür, dass die direkte Ableitung von Effizienzkriterien aus den obersten Unternehmungszielen nicht sinnvoll sein kann. Die beiden anderen Gründe:
"1. Zielsysteme sind das (Zwischen-)Ergebnis eines politischen Aushandlungsprozesses. Die Machtverteilung in der Gruppe der einflussreichen Mitglieder der Unternehmungsführungs- und Kontrollorgane ändert sich im Zeitablauf und mit ihr die Struktur des Zielsystems. [...]
2. Angesichts der Tatsache, dass bei der Formulierung des obersten Zielsystems die Tendenz zu Quasi-Lösungen [...] besteht, d.h. zu nicht voll konsistenten und kompatiblen Kompromissen mit Interpretationsspielraum für alle Beteiligten, lassen sich kaum logisch einwandfrei begründbare Effizienzkriterien für Organisationsformen unmittelbar aus dem derart entstandenen Zielsystem ableiten."
THOM N. (1988), S. 332 f.

36 Vgl. HOFFMANN F. (1980), Sp. 2270. Die Bestimmung der Ersatz-/Effizienzkriterien wirft eine Reihe von Messproblemen (insbesondere das Operationalisierungsproblem) auf, vgl. WELGE M.K./FESSMANN K.D. (1980), Sp. 589 f. und SCHOLZ C. (1992), Sp. 546 ff.

tinuität die eigentliche Zielgrösse der Bestrebungen zur Zukunftssicherung der GFU. GOEHLER[37] wählt ein dreidimensionales Modell des Unternehmungserfolgs, das sich aus den Ebenen Erfolgswirklichkeit, Unternehmungskonstitution und Unternehmungsentwicklung zusammensetzt (vgl. Abb. 8).

Abb. 8: Das dreidimensionale Erfolgsmodell[38]

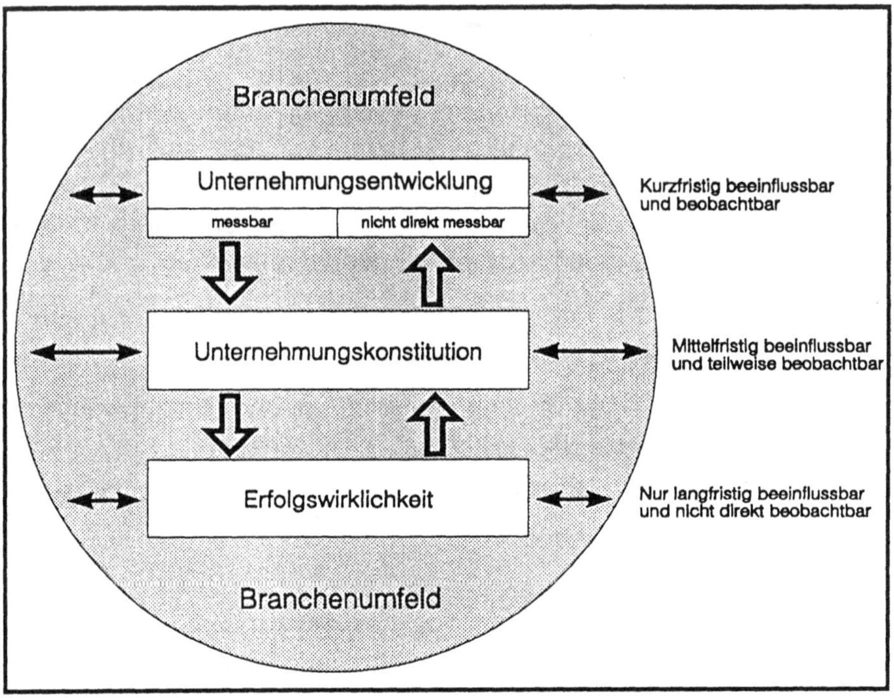

Die nicht direkt beobachtbare Erfolgswirklichkeit widerspiegelt die grundsätzliche Brauchbarkeit der individualspezifischen Realitätskonstruktion einer Unternehmung. Mit der Unternehmungskonstitution wird der Zustand der internen Strukturen erfasst, wobei im Erfolgsfall die Konstitution ausreicht, um den Anforderungen des Branchenumfeldes gerecht zu werden. Aus dem Zusammenspiel der Konstitution mit den Anforderungen

37 Vgl. im folgenden GOEHLER A.W. (1993), S. 10 ff.

38 Vgl. GOEHLER A.W. (1993), S. 12.

des Branchenumfeldes resultiert die Unternehmungsentwicklung, die entweder direkt messbar (bspw. Gewinn, Wachstum, Marktanteile) oder nicht direkt messbar (bspw. Absatzbeziehungen, Image, Mitarbeiterloyalität) ist. "Der Erfolg beruht somit auf der langfristig wirksamen Abstimmung der Unternehmenskonstitution auf die Anforderungen des sich verändernden Branchenumfeldes und kann durch eine kombinierte Analyse der Erfolgswirklichkeit, der Konstitution und der Entwicklung eines Unternehmens erschlossen werden"[39].

BECHTLE unterscheidet zwei Fortbestandsziele der Familienunternehmung[40]. Das erste besteht im Sinne von PÜMPIN[41] im Aufbau von strategischen Erfolgspositionen (sog. SEP), die der Unternehmung langfristige Erfolge und damit das Überleben gewährleisten sollen. Es handelt sich hierbei um den Aufbau besonderer Fähigkeiten der Unternehmung, bspw. die Beherrschung bestimmter Technologien oder die Entwicklung einer kundennahen Verkaufsorganisation, die im Wettbewerb mit anderen Unternehmungen von herausragender Bedeutung sind. Das zweite Ziel sieht BECHTLE in der Sicherung der Führungsnachfolge. Das erste Fortbestandsziel hat sowohl für die Familienunternehmung als auch für die Nicht-Familienunternehmung einen ähnlichen Stellenwert, da der Markt an die Unternehmungsführung beider grundsätzlich die gleichen Anforderungen stellt. Dagegen spielt die Sicherung der Führungsnachfolge in der Familienunternehmung eine entscheidende Rolle "[...], weil häufig das gesamte Unternehmensgeschehen während langer Jahre hindurch auf eine einzige Person, dem Unternehmer, ausgerichtet war. Sein Ausfall kann dazu führen,

- dass das Unternehmen aufgelöst wird,
- dass das Unternehmen an eine andere Unternehmung, beispielsweise an einen Grosskonzern, verkauft wird,
- dass eine unqualifizierte Unternehmungsführung infolge der Unfähigkeit, Erfolgspositionen zu erhalten und neue aufzubauen, das Unternehmen langsam zugrunde richtet"[42].

39 GOEHLER A.W. (1993), S. 13.
40 Vgl. BECHTLE C. (1983), S. 61 f.
41 Vgl. PÜMPIN C. (1986).
42 BECHTLE C. (1983), S. 62.

Ausgehend von diesen beiden Fortbestandszielen zeigt sich Kontinuität der Familienunternehmung einerseits im Vorhandensein von strategischen Erfolgspositionen, die die Leistungsfähigkeit und damit die Erfüllung von Erhaltungszielen (Kapital-, Substanz-, Ertragswerterhaltung)[43] gewährleisten sollen, und andererseits im Vorhandensein einer Nachfolgeregelung, die "[...] bedingt,

- dass für den geplanten Wechsel eine qualifizierte Unternehmungsführung beschafft und entwickelt wird,
- dass für den unerwarteten Ausfall der tätigen Geschäftsleitung eine ausreichende Zahl von fachlich geeigneten Mitarbeitern im Unternehmen tätig ist, die das Unternehmen zumindest übergangsweise weiterführen können,
- dass gewisse organisatorische sowie familien- und vermögensrechtliche Fragen rechtzeitig gelöst werden"[44].

Die Überlegungen von BECHTLE deuten an, dass die Zukunft der Familienunternehmung weitgehend von der Qualität der Führung und von der Kontinuität in der Führungsfunktion abhängt. Die Bedeutung der Führung als wichtigsten Sicherungsfaktor der Familienunternehmung zeigt sich auch darin, dass Führungsprobleme in der Rangfolge der Insolvenzursachen den vordersten Platz einnehmen[45]. Die fehlende Nachfolge kann zu falschen Entscheidungen führen. In der Führungsnachfolge steckt somit das grösste Gefahrenpotential für die Weiterexistenz der Familienunternehmung[46]. Die Übertragung dieser Aussagen auf Familienunternehmungen unterschiedlichster Grössenordnung erscheint plausibel. Während sich in den kleineren Betrieben das Nachfolgeproblem meist auf den Ersatz des bisherigen EU durch einen Nachfolger bezieht, ist bei der GFU oft schon der erste Generationenwechsel mit dem Übergang zu einer multipersonalen Führungs- und Überwachungsstruktur verbunden. Die zu bewältigenden Führungs- und Überwachungsaufgaben sind ganz einfach zu komplex geworden, als dass es verantwortbar wäre, sie einer einzigen

43 Vgl. KUPSCH P. (1983), S. 12.

44 BECHTLE C. (1983), S. 62.

45 Diese Rangfolge der Insolvenzursachen bezieht sich auf eine Untersuchung des Instituts für Mittelstandsforschung, vgl. LÖWE C. (1979), S. 66 ff.

46 Umgekehrt könnte für eine existenzbedrohte Familienunternehmung im personellen Wechsel der Führungsspitze das grösste Chancenpotential gesehen werden.

Person anzuvertrauen. Kontinuität der GFU bezüglich der Nachfolgeregelung heisst deshalb nicht Ersatz des EU durch einen geeigneten Nachfolger, sondern Ersatz durch eine effiziente Spitzenorganisation, die ihrerseits dann auch (im Sinne von PÜMPIN) als SEP angesehen werden kann.

ALBACH/FREUND betrachten die Nachfolgeregelung als Teilaspekt des Kontinuitätsproblems und schlagen einen ganzheitlichen Begriff der Unternehmungskontinuität vor. Sie unterscheiden die personelle, organisatorische, strategische und finanzielle Dimension der Kontinuität (vgl. Abb. 9). "Sicherung der Kontinuität bedeutet in diesem Modell die Aufrechterhaltung des Regelkreissystems, ohne in Widerspruch zu unternehmungspolitischen Leitlinien zu geraten. Der gesellschaftspolitische Bezug unternehmerischen Handelns geht hierbei in die unternehmungspolitischen Leitlinien ein. Sie repräsentieren Werthaltungen, die von einem Konsens zwischen den Eigentümern und Mitarbeitern des Unternehmens getragen werden und zudem mit zeitgemässen gesellschaftlichen Grundhaltungen verträglich sein müssen"[47]. An dieser Stelle kann nicht näher auf die von den beiden Autoren untersuchten Wechselwirkungen zwischen der Kontinuität in der Geschäftsführung, der strategischen Position, der finanziellen Stabilität und organisatorischen Massnahmen sowie auf den vermuteten Zusammenhang zwischen Kontinuität und Unternehmungserfolg eingegangen werden. Hervorzuheben bleibt hier jedoch, dass ALBACH/ FREUND analog zu BECHTLE der Sicherung der personellen Kontinuität v.a. bei Familienunternehmungen die grösste Bedeutung beimessen: "Der Wert einer Konzeption zur Sicherung der Unternehmungskontinuität muss daran gemessen werden, inwieweit sie langfristig, über personelle Wechsel in der Führung hinweg, zu einer kontinuierlichen Unternehmensentwicklung beiträgt"[48]. Die Nachfolgeregelung hat deshalb zur Aufgabe, sowohl für den Normalfall des geplanten Wechsels als auch für den Risikofall unvorhergesehener Ereignisse die Sicherung der Kontinuität in der Führungsfunktion zu gewährleisten[49].

47 ALBACH H./FREUND W. (1989), S. 28.
48 ALBACH H./FREUND W. (1989), S. 31.
49 Vgl. ALBACH H./FREUND W. (1989), S. 31.

Abb. 9: Das Regelkreissystem der Unternehmungskontinuität[50]

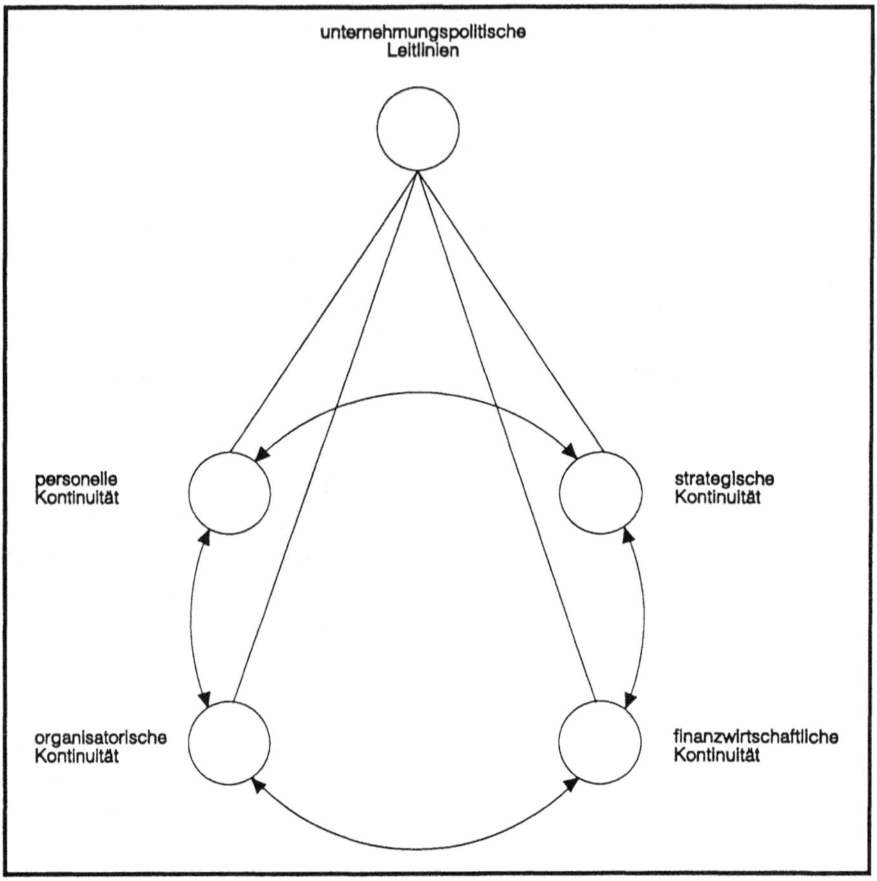

Nach KAPPLER wird das Regelkreissystem von ALBACH/FREUND der Ganzheitlichkeitsabsicht nicht gerecht, stattdessen trägt es zur Mystifizierung des Realen und zur Mythologisierung der Unternehmungskontinuität bei (Organisationsmythos)[51]. Seiner Ansicht nach beginnt Kontinuität mit der Organisation inhaltlich signifikanter Prozesse der Selbstreflexion:

50 Vgl. ALBACH H./FREUND W. (1989), S. 29.

51 Vgl. KAPPLER E. (1990), S. 204.

> "In dem Sinnmodell der zukunftsfähigen Organisation bilden Handlungsfähigkeit, Lernfähigkeit, die Fähigkeit zur Wahrnehmung und Berücksichtigung der Berechtigung der Interessen anderer sowie die ästhetische Fähigkeit, d.h. die Entfaltung aller Sinne zur Wahrnehmung der Befindlichkeit in Umwelten, ein Dimensionsbündel notwendiger Fähigkeiten. Leistungsbereitschaft, Kooperationsbereitschaft, die Bereitschaft zum Suchen und die Offenheit zum Finden zu organisieren spannen die Dimensionen der Bereitschaft und des Wollens auf. Bereits diese einfache Mehrdimensionalität - sie bildet nur wenige Dimensionen des Innen und kaum eine des Aussen sowie der Beziehungen zwischen der Unternehmung und ihrem inneren und äusseren Umfeld ab - hat zur Folge, dass weniger den vermeintlichen Gesetzmässigkeiten und ihren abstrakten Verallgemeinerungsmythen gefolgt, als vielmehr die Verallgemeinerung (d.h. die gemeinsame Einsicht in das zu Erkennende, zu Tuende oder zu Unterlassende) durch Vergegenwärtigung gesucht und gefunden werden muss, soll Kontinuität gelingen.
> Unternehmungskontinuität gelingt nicht im Versuch, die Zukunft zu übertölpeln, sondern erarbeitet sich die Bedingungen ihrer Möglichkeit in der Vergegenwärtigung der Gegenwart. Die Handlungsform solcher Vergegenwärtigung heisst Kommunikation. Kommunikationsentwicklung heisst deshalb der notwendige Organisationsprozess"[52].

Unternehmungskontinuität zeigt sich demnach v.a. im Vorhandensein einer Unternehmungskultur, "[...] in der der permanente Prozess der inneren und äusseren Veränderung von einem solche Veränderungen sensibel wahrnehmenden, nachempfindenden und gestaltenden Prozess begleitet wird"[53]. Die Problematik dieses kulturellen Aspekts manifestiert sich bei der Familienunternehmung insbesondere dann, wenn der EU als oberster Gestaltungsträger[54] notwendige Veränderungen nicht erkennt bzw. erkennen will oder die Bereitschaft zur Neugestaltung missen lässt. Vor dem Hintergrund der modernen Physik, die die Welt als chaotisch organisiert ansieht und sie nicht länger durch Gesetze zu erklären versucht (wie bspw. NEWTON), sondern lediglich Muster in das Chaos legt, ist "[...] die Organisationsform der Unternehmungskontinuität [...] der Tanz, der aus der Befreiung vermeintlicher Gesetzmässigkeiten folgt"[55]. Diese 'situativ-chaotische Kontinuitätstheorie' stellt die bisherigen Ausführungen

52 KAPPLER E. (1990), S. 200.
53 KAPPLER E. (1990), S. 195.
54 Vgl. Kapitel 3.4.3.2 und 3.4.3.3.
55 KAPPLER E. (1990), S. 205.

in einen grösseren Raum und verweist gleichzeitig auf die Grenzen der Organisierbarkeit der Unternehmungskontinuität.

Basierend auf den bisherigen Ausführungen ergibt sich, dass die Unternehmungskontinuität leistungsorientiert, interessenpluralistisch, mehrdimensional und nur beschränkt organisierbar ist. Bei der Familienunternehmung, grössenbedingt besonders bei der GFU, erfordert die personelle Kontinuitätsdimension erfahrungsgemäss die höchste Aufmerksamkeit. Nachfolgeprozesse sind unweigerlich mit Veränderungen verbunden. Kontinuität als dynamische Grösse verlangt deshalb nach Brüchen: "Die einzige Konstante der Unternehmenskontinuität heisst Wandel"[56]. Wandel (das 'fliessende Unternehmen'[57]), wiederum mehrdimensional und im Idealfall in stabilen Bahnen ('Prozess des geordneten Wandels'[58]) verlaufend, wird zum eigentlichen, jedoch wenig griffigen Indikator für Kontinuität. Kontinuität wird hier als oberstes Erfolgskriterium der GFU-Spitzenorganisation aufgefasst, d.h. eine gut funktionierende Spitzenorganisation hat - wenn auch nicht genau zurechenbar - kontinuitätsfördernde Wirkung. Die Funktionstüchtigkeit der Unternehmung bleibt aufrechterhalten und die Spitzenorganisation fördert die Erreichung der Unternehmungsziele. Kontinuität durch eine effiziente Spitzenorganisation zeigt sich bei der GFU in erster Linie in einer langfristig erfolgreichen Unternehmungsentwicklung über Generationswechsel bzw. über geplante und nicht geplante personelle Wechsel in den einzelnen Spitzenorganen hinweg. Damit erlaubt das Kriterium Kontinuität primär eine Ex-post-Effizienz-Beurteilung (Ergebniseffizienz) der Spitzenorganisation und liefert keine unmittelbaren Anhaltspunkte für eine aktive Vorsteuerung.

3.2.3 Ausgewählte spitzenorganisatorische Effizienzkriterien

Die hier getroffene Auswahl spitzenorganisatorischer Effizienzkriterien ist dreigeteilt. Der erste Teil bezieht sich auf die spitzenorganisatorische Rahmenstruktur, der zweite Teil konzentriert sich auf die einzelnen Spitzenorgane (Detailstruktur) und der letzte Teil ist auf das Projektmanagement ausgerichtet. Der Schwerpunkt der Bearbeitung liegt bei den strukturbezogenen Effizienzkriterien. Es wird sich zeigen, dass eine Reihe von

[56] KAPPLER E. (1990), S. 192.

[57] Vgl. PÜMPIN C. (1989), S. 269.

[58] Vgl. SOMMERLATTE T. (1988), S. 9.

Effizienzkriterien auf verschiedene Gestaltungsbereiche übertragen werden können und sich Überschneidungen ergeben. Trotz der fehlenden Trennschärfe wird an der gestaltungsorientierten Gliederung der ausgewählten Effizienzkriterien festgehalten.

3.2.3.1 Primär auf die spitzenorganisatorischen Rahmenstruktur bezogene Effizienz

Die im folgenden genannten Effizienzkriterien sind auf die Beurteilung der spitzenorganisatorischen Rahmenstruktur[59] ausgerichtet. Im Kern sind sie übernommen von THOM[60], der die Kriterien zur Effizienzabschätzung bzw. zur Auswahl von Rahmenstrukturen (Organisationsformen) für Unternehmungen konzipiert hat. Des weiteren werden Ergänzungen von NADIG[61] berücksichtigt. Insofern handelt es sich bei den hier aufgeführten Effizienzkriterien um eine themenspezifische Anpassung der von den beiden Autoren geleisteten Vorarbeiten[62].

Ökonomisch-technische Effizienzdimension:

1. *Zielorientierung der Spitzenorganisation:* Die spitzenorganisatorischen Regeln sind darauf ausgerichtet, dass die den Aktionsträgern, d.h. den Spitzenorganen bzw. deren Mitglieder, zugeteilten Aufgabenkomplexe zielbezogen gebildet werden. Dabei wird die angemessene Berücksichtigung aller zu erfüllenden Spitzenfunktionen (Führung, Überwachung, Beratung, Interessenausgleich)[63] vorausgesetzt.

[59] Die spitzenorganisatorische Rahmenstruktur umfasst die aufgabenteilige Gliederung der Unternehmungsspitze in Spitzenorgane sowie die Regelung der Koordination zwischen denselben, vgl. Kapitel 3.4.1.

[60] Vgl. THOM N. (1988), S. 333 ff.

[61] Vgl. NADIG P. (1993), S. 93 ff. Von NADIG werden hier insbesondere die Kriterien 3.3, 4.3 bis 4.7, 5.3 und 6 übernommen.

[62] Der Einfachheit halber wird bei der folgenden Aufzählung der Effizienzkriterien auf die exakte Kennzeichnung der Übernahmen von THOM und NADIG mittels Fussnoten verzichtet.

[63] Zu den vier Spitzenfunktionen vgl. Kapitel 3.4.1.1.

Unterkriterien:

1.1 Eindeutiger Zielbezug der Stellenaufgaben: Jede Stellenaufgabe (bezogen auf ein Spitzenorgan als Ganzes sowie auf einzelne Positionen innerhalb eines Spitzenorgans) lässt sich mit den Sach- und Formalzielen der GFU begründen;

1.2 Klarheit, Übereinstimmung und Einhaltung[64] von Aufgaben-, Kompetenz- und Verantwortungsabgrenzungen;

1.3 Sach-/problemnahe, zielbezogene und damit wirtschaftliche Aufgabenerfüllung: Durch die bewusste Zielorientierung soll der Gefahr entgegengewirkt werden, dass Aktionsträger systemzielfremden Aufgabenerfüllungsstandards Vorrang geben (Sicherung der Problemorientierung, Vermeidung von Zielverschiebungsprozessen).

2. *Förderung der Führbarkeit und Begrenzung des Koordinationsaufwandes:* Die spitzenorganisatorischen Regeln sind so festgelegt, dass durch die Gliederungstiefen und -breiten sowie durch allfällige Schnittstellen (Bindeglieder) zwischen den Spitzenorganen sowie zwischen den Spitzenorganen und den nachgelagerten Hierarchiestufen die zielbezogene Führbarkeit (Steuerbarkeit) der Unternehmung gefördert und der gesamte Koordinationsaufwand so gering wie möglich gehalten wird. Dabei wird von der Zweckmässigkeit ei-

64 Diesbezügliche Abweichungen können bspw. dann beobachtet werden, wenn der EU sich aus der aktiven Geschäftsführung offiziell zurückzieht und sich trotzdem weiterhin aufgrund seiner Stellung als Aktionär oder kraft seiner Persönlichkeit als 'back seat driver' in Belange einschaltet, über die er formal gar keine Kompetenzen mehr besitzt. Hierzu kann Mövenpick als Beispiel genannt werden: Ueli Prager, der Mitte 1990 aus dem Verwaltungsrat ausschied und bereits über ein Jahr zuvor die Konzernleitung seiner Frau übertragen hatte, machte seinen Einfluss bis in operative Bereiche hinein weiterhin geltend. Im Mai 1991 stellt der Verwaltungsrat der Mövenpick-Holding in corpore sein Mandat zur Verfügung. Offensichtlich haben über die angestrebte Trennung zwischen Eigentum und Führung, "[...] konkret über das Mitreden des Mehrheitsaktionärs bzw. die Autonomie der operativen Führung, in unüberbrückbarer Weise unterschiedliche Auffassungen geherrscht" (NZZ (1991), S. 33). Jutta Prager, die im Januar 1991 als Direktionspräsidentin zurücktrat, bemerkte hierzu, "[...] dass in einer nicht hundertprozentig klaren Aufgabenteilung viel Konfliktpotential liegen kann. [...] Wenn ich nochmals dort anfangen müsste, wo ich vor drei Jahren begonnen habe, würde ich sicher die in einem Familienunternehmen besonders komplexe Frage der Aufteilung von Aufgaben, Verantwortung und Kompetenzen noch sorgfältiger und verstärkt unter langfristigen Aspekten prüfen" (PRAGER J. (1991), S. 30 und S. 33).

ner Trennungsstruktur (institutionalisierte Trennung von Führung und Überwachung) für die GFU ausgegangen[65], wobei im Falle der personellen Trennung von Eigentum und Leitung die Spezialisierungsvorteile der Leitung durch professionelle Manager die Nachteile aus der Agentenbeziehung (agency costs), die durch die Überwachung der Manager sowie durch mögliche Opportunitätsverluste der Eigentümer entstehen, überwiegen sollten[66].

Unterkriterien:

2.1 Für den Koordinationsaufwand günstige Zahl vertikaler Ebenen (Hierarchiestufen);

2.2 die Zahl der einer Instanz unmittelbar unterstellten Aktionseinheiten ermöglicht deren zielbezogene Führung und hält den Koordinationsaufwand gering;

2.3 Anzahl, Art und Ebene der aufgabenabhängigen Schnittstellen mit anderen Bereichen und die eingesetzten Koordinationsinstrumente halten den Koordinationsaufwand niedrig.

3. *Schnelligkeit und Qualität der Informationsverarbeitungs- und Entscheidungsprozesse:* Die spitzenorganisatorischen Regeln schaffen die Voraussetzungen dafür, dass die Informationsverarbeitungs- und Entscheidungsprozesse in der für die Zielerreichung notwendigen Güte (Qualität, Problemlösungsumsicht) und Schnelligkeit (Terminsicherheit) vollzogen werden können.

Unterkriterien:

3.1. Eine für Zeitbedarf und Problemlösungsumsicht gleichermassen günstige Zahl von beteiligten Aktionseinheiten (Informationsverarbeitungs- und Entscheidungsstellen);

3.2 eindeutige Regeln für die Prioritätensetzung und die zielbezogene Konfliktlösung;

3.3 im Hinblick auf die Stellenaufgaben in quantitativer und qualitativer Hinsicht ausreichende Informationsbeschaffungsmöglichkeiten.

65 Vgl. Kapitel 3.4.1.3.3.

66 Vgl. BÜHNER R. (1984), S. 814.

Individual-soziale Effizienzdimension:

4. *Förderung der sozialen Effizienz:* Die Organisationsform der Unternehmungsspitze, insbesondere ihr bei der Aufgabenerfüllung vom Aktionsträger zu beachtender Ausschnitt, ist für die Mitglieder der Spitzenorgane durchschaubar (Transparenz der Spitzenorganisation), wirkt sich positiv auf die (Arbeits-)Zufriedenheit und Leistungsmotivation aus und bietet die Möglichkeit zur Entfaltung der Leistungspotentiale.

Unterkriterien:

4.1 Möglichst abschliessende Bearbeitung einer Aufgabe: die Aktionsträger sollen sich mit dem Endprodukt des Leistungserstellungsprozesses identifizieren und Bewertungen desselben auf sich beziehen können;

4.2 Eindeutigkeit der personellen Zuordnung: die Aktionsträger sollen keine konfligierenden Anweisungen von verschiedenen Instanzen erhalten;

4.3 eignungs- und neigungsgerechte Qualifizierungs- sowie stellenbezogene Entwicklungsmöglichkeiten für unternehmerisch denkende Fach- und Führungskräfte (persönliche Entfaltung);

4.4 breiter, abwechslungsreicher Aufgabeninhalt (keine extreme Funktionsspezialisierung);

4.5 die spitzenorganisatorischen Regelungen schöpfen das Selbstorganisationspotential der Spitzenorganmitglieder aus;

4.6 angemessener Handlungs-, Entscheidungs-, Partizipations- und zeitlicher Gestaltungsspielraum;

4.7 Sozialkontakte und -interaktionen bei der Aufgabenerfüllung (innerhalb und zwischen den Spitzenorganen sowie zwischen den Spitzenorganen und den nachgelagerten Hierarchiestufen).

4.8 Minimierung von Intra- und Intergruppenkonflikten.

Flexibilitätsorientierte Effizienzdimension:

5. *Anpassungsfähigkeit der Spitzenorganisation (Flexibilität)*: Die GFU hat durch ihre Spitzenorganisation (Organisationsstruktur) die Fähigkeit, auf quantitative und qualitative Änderungen der Anforderungen aus dem unternehmungsrelevanten Umsystem ('Marktnähe' der Spitzenorganisation) sowie aus der Unternehmung selbst schnell und

wirksam (anforderungsgerecht) zu reagieren. Die Reaktion sollte ohne grundlegende Organisationsänderungen und bei gleichzeitiger Gewährleistung der Aufgabenerfüllung im notwendigen Mindestumfang möglich sein.

Unterkriterien:

5.1 Minimierung der 'kritischen Zone mangelnder Anpassung der Spitzenorganisation an zukünftige Anforderungen' (vgl. Abb. 10);

5.2 Fähigkeit zur anforderungsgerechten, friktionsarmen Reaktion mit geringstmöglichem Leistungsverlust auf Umsystemänderungen;

5.3 optimaler Zentralisationsgrad hinsichtlich der Entscheidungen, die im Zusammenhang mit der vorgenannten Reaktion zu treffen sind;

5.4 innerbetriebliche Flexibilität, verstanden als die Fähigkeit, bei unvorhergesehenen Ereignissen (bspw. Ausfall des EU) den Leistungserstellungsprozess aufrechtzuerhalten.

Ökologische Effizienzdimension[67]:

6. *Förderung der ökologischen Effizienz*: Die (spitzen-)organisatorischen Regeln sind derart ausgestaltet, dass die Einhaltung interner und externer ökologischer Normen sowie ein unter ökologischen Gesichtspunkten sinnvoller Ressourceneinsatz beim Leistungserstellungs- und -verwertungsprozess sichergestellt sind.

Unterkriterien:

6.1 Existenz einer Organisationseinheit (Stab oder Instanz) mit ausreichenden fachlichen und/oder disziplinarischen Kompetenzen zur Wahrnehmung ökologisch orientierter Aufgaben (bspw. Umwelt-Audit);

6.2 eindeutige Regeln (genaue Zuweisung von Aufgaben, Kompetenzen und Verantwortung) zur Erreichung ökologischer Formalziele;

67 Die Aufführung einer eigenen ökologischen Effizienzdimension für die Spitzenorganisation mag zunächst als Übertreibung erscheinen, da die eigentlichen (physischen) Leistungserstellungs- und -verwertungsprozesse in der Regel auf einer niedrigeren Unternehmungsebene stattfinden. Dennoch soll v.a. aus zwei Gründen daran festgehalten werden:
- der Stellenwert ökologischer Formalziele gewinnt zunehmend an Bedeutung;
- letztlich fällt die ökologische Verantwortung auf die Unternehmungsspitze zurück (vgl. Kapitel 2.1.3.3).

Abb. 10: Entwicklungen von der uni- zur multipersonalen Führungs- und Überwachungsstruktur

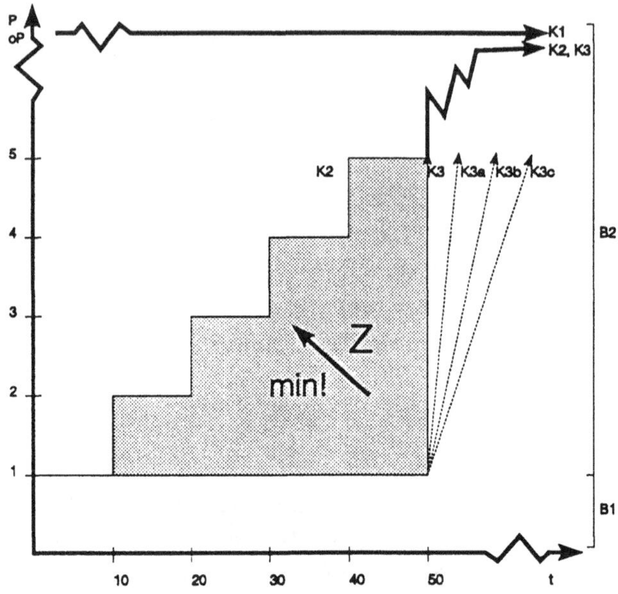

t = Anzahl Jahre bzw. Unternehmungswachstum/-grösse

p = Anzahl Personen in obersten Führungs- und Überwachungsgremien bzw. Ausmass der faktischen Multipersonalität in Führung und Überwachung

op = Optimales Ausmass der Multipersonalität

K1 = Grosse, professionelle Publikums-AG mit optimalem Ausmass der Multipersonalität

K2 = (Idealtypische) Entwicklung von der Eigentümer- zur Managerunternehmung (vorsorgliche, d.h. aktiv-antizipative Anpassung der Spitzenorganisation an zukünftige Anforderungen; eher undramatischer Führungswechsel)

K3 = Extremfälle einer langjährigen 'Alleinherrschaft' der EU mit plötzlicher Reorganisation der Unternehmungsspitze nach Ausscheiden des EU (vernachlässigte, d.h. passiv-reaktive Anpassung der Spitzenorganisation an zukünftige Anforderungen; eher dramatischer Generationswechsel)

Z = kritische Zone mangelnder Anpassung der Spitzenorganisation an zukünftige Anforderungen

B1 = Bereich unipersonaler Führungsstrukturen (keine Überwachung)

B2 = Bereich multipersonaler Führungs- und Überwachungsstrukturen

6.3 die Informationsverarbeitungsprozesse bei Produkt-, Beschaffungs-, Verfahrens-, Absatz- und Entsorgungsentscheidungen berücksichtigen ökologische Formalziele.

3.2.3.2 Primär auf die spitzenorganisatorische Detailstruktur bezogene Effizienz

Die im folgenden genannten Effizienzkriterien sind auf die Beurteilung der spitzenorganisatorischen Detailstruktur[68] ausgerichtet. Im Vordergrund steht die Frage nach der Effizienz des Verwaltungsrats. Des weiteren wird aber auch die Effizienz der Generalversammlung, der Revisionsstelle und der fakultativen Spitzenorgane untersucht. Grundsätzlich lassen sich die bisherigen Effizienzkriterien sinngemäss auf die Detailstruktur übertragen. Von ihrer jeweiligen Wiederholung wird jedoch abgesehen, denn es geht in den nächsten Kapiteln vorwiegend um die Hervorhebung organ- bzw. gremienspezifischer Effizienzkriterien. Ausserdem kann es zu Überlappungen zwischen den organspezifischen Kriterien kommen, so dass die Effizienz der spitzenorganisatorischen Detailstruktur weniger aus der nackten Summe der aufgezählten Kriterien als vielmehr aus dem Wechselspiel sich ergänzender und überschneidender Effizienzkriterien resultiert. Als relevante Kriterien der Gremieneffizienz gelten im allgemeinen die Qualität und Kosten der Aufgabenerfüllung, die Realisations- und Flexibilitätsvorsorge, die Mitarbeiterzufriedenheit sowie insbesondere die Entscheidungsqualität i.e.S., die Entscheidungsdurchsetzung und Aspekte der Personalentwicklung[69].

3.2.3.2.1 VR-spezifische Effizienzkriterien

Die Gliederung der VR-spezifischen Effizienzkriterien richtet sich nach der weiter hinten[70] verfolgten Einteilung der Aktionsparameter in die Gestaltungsbereiche 'VR-Funktionen', 'VR-Organisation', 'VR-Personal' und 'VR-Information'. Sodann werden 'funktions'-, 'organisations'-, 'personal'- und 'informations'bezogene Effizienzkriterien für den Verwaltungsrat unterschieden.

68 Zur Detailstruktur vgl. Kapitel 3.4.2.

69 Vgl. SEIDEL E. (1992), Sp. 715.

70 Vgl. Kapitel 3.4.2.1.

3.2.3.2.1.1 'Funktions'bezogene Effizienzkriterien

1. *Rollengerechte Positionierung* des Verwaltungsrats: Der dem Verwaltungsrat zugebilligte Stellenwert korrespondiert weitgehend mit dem von innen und aussen an den Verwaltungsrat gerichteten Bündel von Verhaltenserwartungen.

2. *Rollenflexibilität* des Verwaltungsrats: Die Fähigkeit des Verwaltungsrats, auf veränderte Bedingungen rechtzeitig und qualifiziert zu reagieren bzw. die Fähigkeit (des EU), den Verwaltungsrat auf zukünftige Anforderungen hin auszurichten.

3. *Hinreichende Aufgabenerfüllung* durch den Verwaltungsrat: Das Ausmass der Wahrnehmung und Erfüllung von Führungs-, Überwachungs-, Beratungs- und Interessenausgleichsaufgaben durch den Verwaltungsrat entspricht der anvisierten VR-Positionierung.

4. *Angemessene Einsatzintensität von VR-Führungsinstrumenten*: Der Verwaltungsrat nutzt das ihm zur Verfügung stehende Instrumentenpotential zu dem Grad, der zur zielorientierten Aufgabenerfüllung notwendig ist.

5. RYTZ stellt folgende Fragen zur Überprüfung der *VR-Leistungen*:
   "- Qualität der Beziehungen des VR zur Unternehmensleitung?
   - Vertrautheit des VR mit dem Unternehmen, seinen Märkten und seinen Produkten?
   - Beitrag des VR zur Unternehmensstrategie? [Vorhandensein strategischer Pläne?]
   - Beitrag des VR zu den drei wichtigsten technischen, finanziellen und Markt-Erfolgen der zwei letzten Jahre?
   - Beitrag des VR zur Überwindung der drei schlimmsten Krisensituationen der zwei letzten Jahre?
   - Unterstützung der Geschäftsleitung nach innen und nach aussen?
   - Information und Zusammenarbeit mit den Aktionären?
   - Wille und Fähigkeit zur selbstkritischen Überprüfung der eigenen Arbeit? Massstäbe für die eigene Leistung?"[71].

6. HALTER nennt sieben Ziele des für den Verwaltungsrat wichtigen Themenbereichs *Nachfolgesicherung*:
   "- Sicherung des Bestandes an Führungskräften

[71] RYTZ R. (1988), keine Seitenangabe.

- Erhaltung bestehender Qualifikationen der Führungskräfte
- Stärkung der Attraktivität der Firma für potentielle Mitarbeiter
- Verbesserung des Leistungs- und Team-Verhaltens[72]
- Förderung der beruflichen Beweglichkeit
- Erhöhung der Innovationskraft leitender Mitarbeiter
- Vermeidung von Fehlbesetzungen und Verminderung der Fluktuation"[73].

  Als Effizienzindikator kann die Beschäftigung des Verwaltungsrats mit der Nachfolgeplanung gewertet werden.

3.2.3.2.1.2 'Organisations'bezogene Effizienzkriterien

Die in Kapitel 3.2.3.1 aufgezählten Effizienzkriterien für die spitzenorganisatorische Rahmenstruktur lassen sich sinngemäss auf die VR-Organisation übertragen. Auf eine Wiederholung dieser Effizienzkriterien (bspw. Entscheidungsautonomie, -fähigkeit, -qualität, -dauer) wird hier verzichtet, stattdessen werden ergänzend ausgewählte Kriterien zur Aufbau- und Ablauforganisation des Verwaltungsrats aufgeführt:

1. *Unabhängigkeit der Überwachung*: Der gewählte Strukturtyp der VR-Führungsorganisation fördert die Unabhängigkeit der Überwachung.
2. *Ausgewogenheit der Machtverhältnisse*: Die unangemessene, überhöhte Machtkonzentration bei einer Einzelperson wird durch entsprechende organisatorische Regelungen vermieden bzw. soweit als möglich eingeschränkt (bspw. durch das Verhindern von Singularinstanzen, durch die Einschränkung der Personalunion von VR- und Führungspositionen, durch die angemessene 'Mischung' des Direktorial- und Kollegialitätsprinzips, durch die Stärkung der zweiten Führungsebene, durch eine nur noch strategisch wirkende Unternehmerpersönlichkeit (Delegation von operativen Aufgaben) und durch dezentrale Organisationsstrukturen auf Unternehmungsebene). Mit der Forderung nach ausgewogenen Machtverhältnissen innerhalb des Verwaltungsrats sowie zwischen Verwaltungsrat und umliegenden Stellen (insbe-

72 Unter 'Teamfähigkeit' versteht THOM die Fähigkeit, "[...] das Potential (Erfahrungen und Kenntnisse) jedes Gruppenmitgliedes auszuschöpfen, die Gruppenkonformität zu verhindern, Meinungsunterschiede offen auszutragen und gegenseitiges Vertrauen und Unterstützung zu sichern", THOM N. (1993), S. 52.

73 HALTER W. (1989), S. 50.

sondere Geschäftsleitung) ist eng verbunden - zur 'Entschärfung' des Nachfolgeproblems - die Austauschbarkeit der VR-Mitglieder (bspw. durch klare Stellvertretungsregelungen und durch Notfallpläne) und damit die Verringerung der Abhängigkeit von einer Spitzenführungskraft (EU!). Die Arbeitslast an der Unternehmungsspitze wird auf mehrere Personen aufgeteilt.

3. *Förderung der Gruppenkohäsion und -moral*: Die spitzenorganisatorischen Regelungen (bspw. VR-Grösse, informelle VR-Aktivitäten) begünstigen die Gruppendynamik und fördern die Gruppenkohäsion (Zusammenhalt bzw. Attraktivität des VR-Gremiums) und die Gruppenmoral (Übereinstimmung der Individual- und Gruppenziele)[74].
4. *Angemessenheit des Zeitaufwands*: Die spitzenorganisatorischen Regelungen begünstigen die anforderungsgerechte Aufgabenerfüllung in dem dazu erforderlichen Zeitaufwand (Zeitaufwand v.a. für die VR-Sitzungen, für die Vorbereitung und Nachbearbeitung der Sitzungen sowie für weitere formelle und informelle VR-Aktivitäten).
5. *Qualität des Kooperationsprozesses*: Die (ablauf)organisatorischen Regelungen begünstigen die Qualität des Kooperationsprozesses innerhalb des Verwaltungsrats sowie zwischen Verwaltungsrat und umliegenden Stellen.
6. *Abbau von Entwicklungsbarrieren*: Der Einsatz geeigneter OE-Massnahmen fördert den zielorientierten Entwicklungs- und Veränderungsprozess des Verwaltungsrats und seiner Mitglieder und führt zu einer insgesamt erhöhten Flexibilität.

3.2.3.2.1.3 'Personal'bezogene Effizienzkriterien

An Prozessgrössen personalwirtschaftlicher Massnahmen orientierte allgemeine Effizienzkriterien:

1. *Förderung der VR-Leistungen* (Outputaspekt): Die auf den Verwaltungsrat ausgerichteten personalwirtschaftlichen Massnahmen tragen zu Leistungszuwächsen und letztlich zur Erreichung anforderungsgerechter VR-Leistungen (Gesamtleistung und Einzelleistungen) bei.

74 Zur Gruppenkohäsion und -moral vgl. THOM N. (1980), S. 75 f.

2. *Verhältnismässigkeit der VR-Personalkosten* (Input-Output- bzw. Kosten-Nutzen-Verhältnis): Die durch personalwirtschaftliche Massnahmen entstehenden Personalkosten des Verwaltungsrats (bspw. VR-Entschädigung, Beschaffungs- und Weiterbildungskosten) sind im Verhältnis niedriger als der durch die Massnahmen entstehende Nutzen bzw. Leistungszuwachs.

An ausgewählten personalwirtschaftlichen Massnahmen orientierte Effizienzkriterien:

3. *VR-Belastbarkeit*: Die personelle Zusammensetzung des Verwaltungsrats ist dergestalt, dass der Verwaltungsrat - als Ganzes (Gesamtverwaltungsrat) sowie Teile davon (bspw. VR-Präsident, VR-Ausschüsse) - der zur zielorientierten Aufgabenerfüllung erforderlichen quantitativen und qualitativen Belastung standhält.

4. *Optimale Plazierung der Familienaktionäre*: Nicht die Aktionärseigenschaft, sondern die für alle VR-Kandidaten gleichermassen bedingte Erfüllung leistungsorientierter Selektionskriterien (bspw. Fachkompetenz, Führungserfahrung, Persönlichkeit, Teamfähigkeit) begründet die VR-Mitgliedschaft und die Einnahme einer bestimmten Position innerhalb des VR-Gremiums (hinreichende Qualifikation der VR-Mitglieder, Trennung von Vermögensvererbung und Vererbung von Leitungspositionen).

5. *Leistungsorientierung der VR-Entschädigung*: Die Entschädigung der einzelnen VR-Mitglieder richtet sich nach der individuell erbrachten Leistung.

6. *Umsichtigkeit der Personal-/Nachfolgeplanung*: Die gerade für die GFU wichtige Personal-/Nachfolgeplanung auf VR-Ebene (und besonders auch auf Führungsebene) bezieht alle relevanten personalwirtschaftlichen Funktionen mit ein: Personalbedarfsermittlung, -beschaffung, -entwicklung, -einsatz, -erhaltung und Leistungsstimulation, Personalfreistellung.

7. *Förderung eines guten VR-Klimas*: Die personalwirtschaftlichen Massnahmen, insbesondere der Einsatz nichtmonetärer Anreize, begünstigen das VR-Klima und wirken sich auf die (Arbeits-)Zufriedenheit, die Leistungsmotivation und das gegenseitige Vertrauen der VR-Mitglieder positiv aus.

8. *Förderung der Deckung von Fähigkeits- und Anforderungsprofilen*: Durch geeignete PE-Massnahmen werden allfällige Qualifikationsdefizite abgebaut.

3.2.3.2.1.4 'Informations'bezogene Effizienzkriterien

An Prozessgrössen informationswirtschaftlicher Massnahmen orientierte Effizienzkriterien:

1. *Qualität der Informationsversorgung* (Inputaspekt): Die auf den Verwaltungsrat ausgerichteten informationswirtschaftlichen Massnahmen fördern die aufgabenorientierte Informationsversorgung des Verwaltungsrats, insbesondere der externen VR-Mitglieder (Kongruenz von Informationsangebot, -bedarf und -nachfrage)[75].
2. *Qualität der Informationsverarbeitung* (Throughputaspekt): Die auf den Verwaltungsrat ausgerichteten informationswirtschaftlichen Massnahmen fördern die entscheidungsorientierte Informationsverarbeitung im Rahmen stattfindender VR-Prozesse.
3. *Qualität der VR-Führungsinstrumente* (Outputaspekt): Die auf den Verwaltungsrat ausgerichteten informationswirtschaftlichen Massnahmen fördern die Qualität der an unternehmungsinterne und/oder -externe Bezugsgruppen gerichteten VR-Führungsinstrumente.
4. *Verhältnismässigkeit der VR-Informationskosten* (Input-Output- bzw. Kosten-Nutzen-Verhältnis): Die durch informationswirtschaftliche Massnahmen entstehenden Informationskosten des Verwaltungsrats (bspw. Installation und Betreiben eines EDV-gestützten VR-Informationssystems) sind im Verhältnis niedriger als der durch die Mass-

75 "Vom [...] (objektiven) Informationsbedarf aus betriebswirtschaftlicher Sicht sind das subjekt- bzw. organisationsbezogene Angebot einerseits sowie die individuelle bzw. kollektive Nachfrage bezüglich unternehmungsbezogener bzw. gesamtwirtschaftlicher Daten und Dokumentationen andererseits zu unterscheiden. Während im theoretischen Idealfall Überwachungsinformationsbedarf, -angebot und -nachfrage deckungsgleich sind, bedingen die in mehrfacher Hinsicht rechtsform- wie interessentenspezifischen Unvollkommenheiten ebenso wie faktische Informationsasymetrien hinsichtlich der Quantität und Qualität überwachungsnotwendiger Daten in der Unternehmungsrealität diesbezügliche Abweichungen in sehr unterschiedlichem Ausmass", THEISSEN M.R. (1991), S. 923.

nahmen entstehende Nutzen bzw. Leistungszuwachs (bspw. verbesserte Überwachung aufgrund aktuellerer Daten).

An den Konkretisierungsebenen eines VR-Informationskonzeptes (Informationsphilosophie, -politik und -mix)[76] orientierte Effizienzkriterien:

5. *Angemessenheit der VR-Informationsphilosophie*[77]: Die herrschende VR-Informationsphilosophie fördert die Durchsetzung einer funktionsadäquaten VR-Informationspolitik.

Unterkriterien:

5.1 Grundhaltung (Vertrauensverhältnis, Ehrlichkeit, Offenheit für Neuerungen)
5.2 Organisation der VR-Information (Bedürfnisorientierung, Komplementarität von Bring- und Holprinzip, angemessene Regelungsdichte, Integration der Informationssysteme);
5.3 Weitere allgemeine Leitideen (Wissensdiffusion, Vermeidung von Informationsmonopolen und -asymmetrien, Gesamtüberblick ermöglichen, optimale Nutzung der VR-Zeit).

6. *Angemessenheit der VR-Informationspolitik*[78]: Die verfolgte VR-Informationspolitik ist konform mit der VR-Informationsphilosophie und fördert die Durchsetzung eines funktionsadäquaten VR-Informationsmix.

Unterkriterien:

6.1 Informationsangebot (Informations-Inhalte, -Form, -Zeit, -Bezug, -Menge);
6.2 Informationsrechte und -pflichten (Auskunfts- und Einsichtsrechte, Pflichten);
6.3 Informationsprozesse (Aktivitäts-Portfolio).

7. *Angemessenheit des VR-Informationsmix*[79]: Der realisierte VR-Informationsmix ist konform mit der vorgegebenen VR-Informationspolitik (und selbstverständlich auch mit der VR-Informationsphilosophie) und fördert die zielorientierte Aufgabenerfüllung des Verwaltungsrats.

[76] Zu dieser Einteilung vgl. Kapitel 3.4.2.1.5.

[77] Zur VR-Informationsphilosophie im einzelnen vgl. Kapitel 3.4.2.1.5.1.

[78] Zur VR-Informationspolitik im einzelnen vgl. Kapitel 3.4.2.1.5.2.

[79] Zum VR-Informationsmix im einzelnen vgl. Kapitel 3.4.2.1.5.3.

Unterkriterien:

7.1 Konkrete schriftliche VR-Informationen

7.2 Konkrete mündliche VR-Informationen

7.3 Konkrete Informationsversorgungsaktivitäten

Indikatoren für eine ineffiziente VR-Information wären bspw. die Unter- und Überinformation, die Zurückhaltung von (Hintergrund-)Information, das Verschweigen von bearbeiteten Alternativen, manipulierte, scheingenaue, beschönigte Information: also weder benutzerfreundliche, noch zeitgerechte, noch verlässliche Informationen[80].

Des weiteren wird das Vorhandensein qualifizierter Stabsabteilungen für den Verwaltungsrat vorausgesetzt (Entscheidungsvorbereitung und -unterstützung). Nicht zuletzt wird die effiziente Aufgabenerfüllung des Verwaltungsrats durch das Informationsverhalten des Managements, das gegebenenfalls an den VR-Sitzungen teilnimmt, beeinflusst.

3.2.3.2.2 GV-spezifische Effizienzkriterien

In Ergänzung zu den bisherigen Effizienzüberlegungen können speziell für die Generalversammlung der GFU folgende ausgewählte Effizienzkriterien genannt werden:

1. *Einhaltung des Paritätsprinzips*[81]: Das Verhältnis zwischen Generalversammlung und Verwaltungsrat und damit der Stellenwert bzw. das Rollenverständnis der Generalversammlung wird grundsätzlich durch das Paritätsprinzip bestimmt.

2. *Orientierung der Willensbildung am Unternehmungsinteresse*[82]: Die Interessen, Ziele und Beschlüsse der Generalversammlung bzw. der darin vertretenen Aktionärsmehrheit korrespondieren weitgehend mit dem Unternehmungsinteresse (Minimierung der Interessendiskrepanz zwischen den Eigentümern und der Unternehmung).

80 Vgl. DUBS R. (1993), S. 143.

81 Vgl. Kapitel 2.2.2.3.

82 "Familienaktionäre sind für das Unternehmen nur dann ein Element der Stärke, wenn sie eine einheitliche Willensbildung fördern, und wenn sie das Primat der Unternehmensinteressen vor den Interessen der Aktionäre akzeptieren und respektieren", SCHMIDHEINY S. (1988), S. 22.

3. *Beitrag zur Zukunftssicherung*: Durch das Treffen angemessener Grundsatzentscheidungen (bspw. Grundsätze der freiwilligen Selbstbeschränkung)[83] sowie durch die konsequente Einhaltung dieser Grundsätze seitens der Familienaktionäre leistet die Generalversammlung einen wichtigen Beitrag zur Zukunftssicherung der GFU (Rückhaltfunktion der Generalversammlung gegenüber dem Verwaltungsrat und der Aktionäre gegenüber allfälligen Repräsentanten in der Generalversammlung). Potentielle Konflikte zwischen den Familienaktionären werden antizipiert und Regelungen zu deren Lösung festgelegt (Minimierung der Interessendiskrepanz zwischen den Familienaktionären; Vorhandensein von Shared Values), d.h. Streitigkeiten zwischen den Aktionären werden in der Generalversammlung aufgefangen und wirken sich nicht negativ auf das Unternehmungsgeschehen aus.
4. *Unabhängigkeit der Gesamtleistung*: Die operative Funktionstüchtigkeit und letztlich die Gesamtleistung der Unternehmung ist abgesehen vom Finanzierungsbeitrag der Aktionäre weitgehend unabhängig von der Generalversammlung bzw. vom Einfluss und Wechsel einzelner Aktionäre. Die Unternehmung ist für den Erbfall gerüstet (bspw. Auszahlung bestimmter Erben).
5. *Entscheidungsfähigkeit*: Die Regelungen zur Beschlussfassung (Stimmrechte!) ermöglichen unabhängig von der Aktienverteilung (im Idealfall Übereinstimmung von Stimmen- und Kapitalmehrheit; möglichst geringe Aktienstreuung) die klare und schnelle Entscheidungsfindung in der Generalversammlung.
6. *Förderung des Vertrauens, der (offenen) Kommunikation und der Gruppenkohäsion*: Die formellen und informellen GV-Aktivitäten schaffen ein Vertrauensverhältnis, fördern die Kommunikation zwischen den Familienaktionären und tragen zu einer hohen Gruppenkohäsion bei.
7. *Hinreichende Qualifikation*: Mittels gezielter PE-Massnahmen oder mittels Beratung (bspw. durch den Verwaltungsrat oder durch externe Berater) werden allfällige Qualifikationsdefizite (bspw. finanzwirtschaftliche Kenntnisse) bei den entsprechenden Familienaktionären ausgeglichen.

[83] Vgl. Kapitel 3.4.2.2.2.

8. *Hinreichende Information*: vgl. sinngemäss die informationsbezogenen Effizienzkriterien für den Verwaltungsrat.

3.2.3.2.3 Weitere Effizienzkriterien für die Detailstruktur

Zum Abschluss der Effizienzdiskussion zur spitzenorganisatorischen Detailstruktur werden im folgenden - analog zur Gliederung des Kapitels 3.4.2.3 - ausgewählte Effizienzkriterien für die Revisionsstelle, für fakultative Spitzenorgane und für Unternehmungsstiftungen aufgeführt.

3.2.3.2.3.1 Effizienzkriterien für die Revisionsstelle

1. *Befähigung der Revisionsstelle*: Die Revisoren erfüllen die (neuerdings) gesetzlich vorgeschriebenen fachlichen Anforderungen (keine Laienrevision).
2. *Unabhängigkeit der Revisionsstelle*: Die Revisoren sind unabhängig vom Verwaltungsrat und von einem allfälligen Hauptaktionär. Ausserdem sind sie keine Arbeitnehmer der zu prüfenden Gesellschaft und führen keine Arbeiten aus, die mit dem Prüfungsauftrag unvereinbar sind.
3. *Hinreichende Aufgabenerfüllung*: Die Revisoren erfüllen die gesetzlich vorgeschriebene Prüfungs-, Berichterstattungs-, Erläuterungs- und Anzeigepflichten. Grundsätzlich betreibt die Revisionsstelle eine Legalitäts- und keine Opportunitätsprüfung.
4. *Anwesenheit bei Generalversammlungen*: Der Revisor ist an der Generalversammlung persönlich anwesend und steht den (Familien)aktionären - unter Wahrung der Geschäftsgeheimnisse - als qualifizierte Auskunftsperson zur Verfügung.

3.2.3.2.3.2 Effizienzkriterien für fakultative Spitzenorgane

Die Motive für die freiwillige Schaffung zusätzlicher Spitzenorgane (bspw. Beirat) sind vielfältig. Aufgrund bestehender Gestaltungsfreiheiten sind deshalb die möglichen Erscheinungsformen fakultativer Spitzenorgane ebenso vielfältig. Eine umfassende Effizienzbeurteilung der ganzen Bandbreite möglicher Ausgestaltungen ist deshalb im Rahmen dieser Arbeit ausgeschlossen. Im übrigen lässt sich die Mehrzahl der bislang aufgeführten Effizienzkriterien sinngemäss auf fakultative Spitzenorgane übertragen. Sodann werden im folgenden lediglich grundsätzliche Effizienzüberlegungen angestellt, die eng mit der Rechtfertigungs- bzw. Einführungsfrage fakultativer Spitzenorgane zusammenhängen:

1. *Notwendigkeit der Etablierung*: Die Funktionen des oder der neu zu schaffenden Spitzenorgane können durch die bestehenden (obligatorischen) Spitzenorgane oder durch andere Personen(-gruppen) nicht zufriedenstellend wahrgenommen werden.
2. *Zielorientierung der Etablierungsmotive*: Die Motive für die Schaffung eines oder mehrerer zusätzlicher Spitzenorgane lassen sich mit den Sach- und Formalzielen der Unternehmung begründen.
3. *Verfügbarkeit qualifizierter Funktionsträger*: Der Zugang zu qualifizierten Fachkräften und letztlich deren Verfügbarkeit ist die zentrale Voraussetzung für den Erfolg des zusätzlichen Spitzenorgans.
4. *Auswirkungen auf bestehende Spitzenorganisation*: Mit der Schaffung eines zusätzlichen Spitzenorgans sind keine negativen Konsequenzen für die Leistungswirksamkeit der vorhandenen Spitzenorganisation verbunden, vielmehr erhöht sich die Gesamteffizienz der Spitzenorganisation.
5. *Kosten-Nutzen-Verhältnis*: Der Nutzen des zusätzlich geschaffenen Spitzenorgans (bspw. der Markterfolg einer vom Experten-Beirat geförderten Produktentwicklung) überwiegt dessen Kosten (in der Hauptsache Vergütungen für die Beiratsmitglieder, im obigen Beispiel zudem Entwicklungskosten).

3.2.3.2.3.3 Effizienzkriterien für eine Stiftungslösung

Im Rahmen der strukturellen Effizienzproblematik seien zuletzt kurz die Unternehmungsstiftungen angesprochen. Aus spitzenorganisatorischer Sicht können Stiftungslösungen als Sonderfälle angesehen werden. Wie noch zu zeigen sein wird[84], gibt es eine Reihe unterschiedlicher Stiftungslösungen mit dementsprechend unterschiedlichen Konsequenzen für die Spitzenorganisation der GFU:

[84] Vgl. Kapitel 3.4.2.3.3.

1. *Grundsätzliche Eignung der Unternehmungsstiftung als Mittel zur Kontinuitätssicherung der GFU*: Aus der zielorientierten Abwägung der zu erwartenden Vor- und Nachteile[85] einer Stiftungslösung sollte ein klarer grundsätzlicher Eignungsvorteil resultieren, ansonsten von einer kaum mehr rückgängig zu machenden Stiftungslösung abgesehen werden sollte (Erhaltung der Flexibilität).
2. *Auswirkungen auf die Spitzenorganisation der GFU im Falle der Errichtung einer Unternehmungsstiftung*: Bei den bisher aufgeführten Effizienzkriterien wurde von der AG als geläufiger Rechtsform der GFU ausgegangen. Die genannten Effizienzkriterien sind jedoch im Kern rechtsformunabhängig, da sie primär auf betriebswirtschaftlichen Überlegungen zur Spitzenorganisation beruhen. Im Falle der Errichtung einer Unternehmungsstiftung sind deshalb unabhängig vom gewählten Stiftungstyp[86] die bisherigen Effizienzkriterien für die Spitzenorganisation der GFU sinngemäss weiterhin gültig, wobei die Stiftungslösung im Vergleich zur AG im wesentlichen zwei Modifikationen impliziert:
   - Stiftungen haben kein Pendant zur Generalversammlung (im Vordergrund steht der Stiftungszweck): es stellt sich die Frage nach der Angemessenheit des Stiftungszwecks;
   - Stiftungen unterstehen der staatlichen Aufsicht: es stellt sich die Frage nach der Eignung des Staats als Überwacher unternehmerischer Entscheide.

3.2.3.3 Primär auf den spitzenorganisatorischen Gestaltungsprozess bezogene Effizienz (projektbezogene Effizienzkriterien)

Abschliessend bezieht sich die Effizienzdiskussion auf den spitzenorganisatorischen Gestaltungsprozess. Es geht also um die Effizienz des Gestaltungsprojekts, die sich letztlich darin äussert, dass die dem Projekt zugrunde liegenden Ziele erreicht werden. Die zielorientierte Aufgabenerfüllung wird durch eine angemessene Projektorganisation und durch einen effizienten Projektablauf gefördert. Der Grossteil der weiter oben zur Effizienzbeurteilung der spitzenorganisatorischen Rahmen- und Detailstruktur gelisteten Kriterien kann sinngemäss auch zur projektbezogenen

[85] Vgl. Kapitel 3.4.2.3.3.

[86] Vgl. Kapitel 3.4.2.3.3.

Effizienzbeurteilung verwendet werden[87]. In Ergänzung dazu werden im folgenden ausgewählte projektbezogene Effizienzkriterien aufgeführt.

1. **Ausgewählte projektbezogene Effizienzkriterien im Bereich der ökonomisch-technischen Effizienzdimension:**
   Durch das Projektmanagement als prozessorientierte Führungskonzeption "[...] soll sichergestellt werden, dass die Projektaufgabe in der gewünschten Qualität zum erforderlichen bzw. vereinbarten Zeitpunkt und in einer günstigen Kosten-Nutzen-Relation erfüllt wird. Die ökonomischen und technischen Effizienzkriterien für das Projektmanagement sind folglich die Zeit-, Qualitäts- und Budgeteinhaltung; Teilinstrumente, wie beispielsweise die Netzplantechnik, Balkendiagramme, Projektstrukturpläne und Kostenkontrollen, können bei der Effizienzbemessung dienlich sein"[88]: [89]

1.1 *Vorliegen eines klaren Projektauftrages (Sachziel)*: Klare Vorgabe des Projektinhalts, der Projektziele, -termine, -kosten, -Mitarbeiter, -Einschränkungen etc.;

1.2 *Einhaltung vorgegebener Terminziele*: Der Projektbeginn erfolgt frühzeitig ('solange der EU noch fit ist'), Etappenziele werden eingehalten (bspw. die zeitliche Staffelung des sukzessiven Führungswechsels bzw. des sukzessiven Rückzugs des EU von bestimmten Ämtern: "Tritt zurück, solange es anderen noch leid tut!"[90]) und das Projektende wird fristgerecht erreicht (dieses Kriterium schliesst eine angemessene Projektdauer mit ein);

1.3 *Einhaltung vorgegebener Kostenziele*: Die Projektkosten (bspw. für externe Berater) bewegen sich im Rahmen vorgegebener Kostenbudgets;

1.4 *Einhaltung vorgegebener Qualitätsziele*: Es geht vor allem um die möglichst hohe Problemlösungsumsicht, -ausgewogenheit und -gründlichkeit.

[87] Vgl. insbesondere die Effizienzkriterien in den Kapiteln 3.2.3.1 und 3.2.3.2.1.

[88] THOM N. (1993), S. 46.

[89] Vgl. im folgenden GROCHLA E. (1982), S. 242 ff.

[90] WOHLGEMUTH A.C. (1993), S. 115.

2. **Ausgewählte projektbezogene Effizienzkriterien im Bereich der individual-sozialen Effizienzdimension:**
Bei der Entwicklung und Durchführung des Gestaltungsprojekts sollten die Bedürfnisse und Fähigkeiten sowohl der Projektmitarbeiter als auch der von den Gestaltungsmassnahmen betroffenen Personen(gruppen) Berücksichtigung finden:[91]

2.1 *Qualifikation der Projektgruppe*: Die fachliche und soziale Kompetenz der Projektmitarbeiter, insbesondere des Projektleiters, ist wichtige Voraussetzung für den Projekterfolg;

2.2 *Motivation der Projektgruppe*: Der Projektleiter und seine Mitarbeiter identifizieren sich mit dem Projekt und sind für die Durchführung des Projekts hoch motiviert und kooperationswillig;

2.3 *Vermeidung von übermässigem Stress*: Sowohl bei den Gestaltungsträgern (bspw. EU) als auch bei den Betroffenen (bspw. Nachfolger des EU) sollte übermässiger Stress (bspw. durch erheblichen Zeitdruck) vermieden werden;

2.4 *Mitwirkung der Betroffenen*: Durch die laufende Informierung und Anhörung der Betroffenen wird deren Kooperationsbereitschaft gefördert und durch ihre Mitwirkung kann die Qualität und Akzeptanz der Lösungskonzeption erhöht werden (speziell Nachfolgelösungen sollten dem freien Willen der Nachfolger und des Nachzufolgenden entspringen).

2.5 *Zufriedenheit* der Projektbeteiligten und -betroffenen mit dem Projektablauf und -ergebnis.

3. **Ausgewählte projektbezogene Effizienzkriterien im Bereich der flexibilitätsorientierten Effizienzdimension:**
Im laufenden Gestaltungsprojekt sollte auf Veränderungen der unternehmungsinternen und -externen Bedingungen[92] angemessen reagiert werden können:[93]

3.1 Bereithaltung von kurzfristig mobilisierbaren personellen und finanziellen Reserven (*Organizational Slack*);

3.2 Einsatz möglichst vielseitig verwendbarer *Gestaltungsträger*;

91 Die folgenden Kriterien gehen grösstenteils zurück auf GROCHLA E. (1982), S. 226 f. und S. 246.

92 Vgl. Kapitel 3.3.

93 Die folgenden Kriterien sind übernommen von GROCHLA E. (1982), S. 247.

3.3 Aufteilung des Projekts in sachlich und zeitlich voneinander relativ unabhängige *Teilprojekte*;

3.4 *Intensive Kommunikation* zwischen den Gestaltungsträgern einerseits und zwischen den Projektmitarbeitern und den von den Gestaltungsmassnahmen Betroffenen andererseits;

3.5 *Rollenflexibilität des EU*: Der EU als massgeblicher, vom Opportunitätsdenken geprägter Gestaltungs- und Entscheidungsträger ist dem Gestaltungsprozess gegenüber aufgeschlossen und fördert durch sein Verhalten die zielorientierte Problemlösung.

Da die spitzenorganisatorische Gestaltung im Normalfall mit Konflikten behaftet sein dürfte, ist auf ein angemessenes Konfliktmanagement zu achten. Darunter kann "[...] der *Versuch* verstanden werden, *im Gestaltungsprozess auftretende Konflikte zu kanalisieren, d.h. "produktive" [sachbezogene] Konflikte zu fördern, "negative" [personenbezogene] Konflikte zu vermeiden, Konfliktaustragungsprozesse zu steuern und dabei die über die Bewältigung von Streitpunkten hinausgehenden Nach- und Nebenwirkungen der Konfliktaustragung gering zu halten*"[94].

3.3 Kontextfaktoren - Gestaltungsbedingungen

Die Gestaltung der GFU-Spitzenorganisation erfolgt nicht im restriktions- und kontextlosen Raum, sondern ist unter Berücksichtigung situativer und unter Abschätzung potentieller Gestaltungsbedingungen vorzunehmen. Die Darstellung der Gestaltungsbedingungen drängt sich an dieser Stelle auf, da die Leistungswirksamkeit der in Kapitel 3.4 aufgeführten Gestaltungsmassnahmen bedingungsabhängig ist. In der organisationstheoretischen Einflussgrössenforschung wird bisweilen unterschieden zwischen unternehmungsexternen, lediglich strategisch-langfristig beeinflussbaren Umweltbedingungen und unternehmungsinternen, frei gewählten und in gewissem Masse veränderbaren Kontextfaktoren[95]. Diese Einteilung wird hier übernommen, wenn in Kapitel 3.3.1 gestaltungsrelevante Merkmale des Umsystems der GFU und in Kapitel 3.3.2 gestaltungsrelevante Merkmale der GFU und ihrer Mitglieder untersucht werden. Es geht im weiteren in erster Linie um die Identifizierung der wichtigsten Gestaltungsbe-

94 GROCHLA E. (1982), S. 40.

95 Vgl. WOLLNIK M. (1980), Sp. 595. Vgl. auch GROCHLA E. (1978), S. 18 ff.

dingungen - eine ausführliche Bedingungsanalyse würde den Rahmen dieser Arbeit sprengen - und nicht um die Herstellung deterministischer Beziehungen zwischen Kontext und Ausgestaltung der Spitzenorganisation. Erst im konkreten Gestaltungszusammenhang lässt sich die Bedeutung und damit die Art der Berücksichtigung der verschiedenen, meistens in Kombinationen auftretenden Bedingungen abschätzen (vgl. Kapitel 3.4). Der Persönlichkeit des EU wird aufgrund der zentralen Stellung und der tragenden Rolle des EU bei der Gestaltung der GFU-Spitzenorganisation ein eigenes Kapitel 3.3.3 eingeräumt.

3.3.1 Gestaltungsrelevante Merkmale des Umsystems der GFU

Die GFU bewegt sich auf internationalen Beschaffungs- und Absatzmärkten und befindet sich in einem ständigen, auf zirkulären Wirkungsbeziehungen[96] beruhenden Austauschprozess mit umliegenden in- und ausländischen Bezugsgruppen. Die Interaktionen mit den diversen Institutionen und Personen finden vor dem Hintergrund des die GFU umgebenden globalen Umsystems statt. Das System GFU und sein Umsystem bedingen sich gegenseitig "[...] und die Wechselwirkungen zwischen ihnen bilden die Grundeinheit des natürlichen Evolutionsprozesses"[97]. Aus dem Kontext der GFU heraus und unter Einbezug von Entwicklungstendenzen der Umsystemelemente lässt sich ein Grossteil des für die Zukunft einer Unternehmung bedeutsamen Chancen- und Gefahrenpotentials ermitteln. Gestaltungsbedingungen sind deshalb nicht ausschliesslich mit Gestaltungsrestriktionen gleichzusetzen und sollten immer auch unter dem Chancenaspekt betrachtet werden. Die Umsystemanalyse sollte Änderungen der Entscheidungssituation und die angepassten Entscheidungsspielräume der Aktionsträger sichtbar machen[98]. Es gehört sicherlich zu den wichtigsten und auch anspruchsvollsten unternehmerischen Aufgaben, die sich laufend verändernde Konstellation im Umsystem zu erkennen, die sich abspielenden Wirkungsmechanismen innerhalb und zwischen den Systemen zu begreifen sowie den entscheidungsrelevanten

96 Vgl. ULRICH H./PROBST G.J.B. (1988), S. 50 ff.

97 ULRICH H./PROBST G.J.B. (1988), S. 51.

98 Vgl. DÜLFER E. (1989), Sp. 2105 ff. und besonders das 'Filtermodell der Umweltberücksichtigung' auf Sp. 2108. Vgl. auch im gleichen Beitrag die verschiedenen Ansätze zur Umweltberücksichtigung auf Sp. 2099 ff.

Bezug zur eigenen Unternehmung und zum konkreten Gestaltungsproblem herzustellen.

Im folgenden wird die Vielzahl der externen Einflussgrössen in Form von Kategorien zu erfassen versucht und innerhalb der Kategorien sollen die für die Gestaltung der GFU-Spitzenorganisation relevanten Bedingungen bzw. Entwicklungen stichwortartig aufgeführt werden. In Anlehnung an KUBICEK/THOM wird nachfolgend zwischen generellen Bedingungen (Rahmenbedingungen) und aufgabenspezifischen Bedingungen des Umsystems unterschieden[99]. Bedingungscharakter haben dabei nicht nur die einzelnen Komponenten des Umsystems, sondern auch die zur Beschreibung des Umsystems gelegentlich herangezogenen formalen Dimensionen *Ungewissheit* (unvollkommene Information v.a. bezüglich des zukünftigen Verhaltens der Umsystemelemente), *Komplexität* (Anzahl und Verschiedenartigkeit von Elementen) und *Dynamik* (Häufigkeit, Stärke und Regelmässigkeit von Veränderungen)[100].

Zu den *generellen Bedingungen des Umsystems* (macro environment) der GFU können gezählt werden[101]:

- Die *ökonomische* Komponente: insbesondere die Konjunkturlage und -entwicklung als allgemeinste Bedingung, der Strukturwandel (Produktionsverlagerungen im Sinne einer internationalen Arbeitsteilung), die Internationalisierung der Märkte (Pazifikbecken, Europäischer Binnenmarkt, Osteuropa, China, Nord-/Südamerika) und die Entwicklung der relevanten Teilmärkte (quantitatives und qualitatives Wachstum, Wettbewerbssituation, Lebenszyklen, Marktdynamik, Konzentrationstendenzen und das damit verbundene Aufkommen von Takeovers).
- Die *technologische* Komponente: der technische und technologische Fortschritt, insbesondere die rasante Entwicklung der Informations-/ Kommunikationstechnologie.

99 Zu dieser Unterscheidung und zu den im weiteren aufgeführten Komponenten des Umsystems vgl. KUBICEK H./THOM N. (1976), Sp. 3985 ff. Unter anderem unterscheiden die Autoren auch noch 'potentiell relevante' und 'faktisch relevante' Bedingungen sowie 'direkte' und 'indirekte' Umweltbeziehungen, vgl. ebenda, Sp. 3985 ff.

100 Zu diesen drei Dimensionen des Umsystems vgl. KUBICEK H./THOM N. (1976), Sp. 3994 ff.

101 Mit der folgenden Aufzählung wird kein Anspruch auf Vollständigkeit erhoben.

- Die *rechtlich-politische* Komponente: die Rechts-/Wirtschaftsordnung, insbesondere Vorschriften und politisch bedingte Entwicklungen des Gesellschaftsrechts (nationale Reformbestrebungen sowie internationale Bestrebungen wie bspw. die Schaffung einer Europäischen Aktiengesellschaft) sowie herrschende politische Verhältnisse und Veränderungen wie bspw. der Zusammenbruch des Ostblocks oder der allfällige Beitritt der Schweiz zur Europäischen Union.
- Die *sozio-kulturelle* Komponente: die Gesellschaftsstruktur und das gesellschaftliche Werte- und Normensystem (insbesondere das Sozialprofil der Führungseliten, in der Schweiz gerade auch die durch die verschiedenen Sprach-/Kulturzonen bedingten Mentalitätsunterschiede), Traditionen, (Aus-) Bildungssystem, demographische Veränderungen (Bevölkerungswachstum, Völkerwanderung), (neue) Werthaltungen[102] (bspw. zunehmender Hedonismus, veränderte Bedeutung der Religion), Emanzipationsbewegungen (bspw. Minderheiten, Frauen, Konsumenten, Arbeitnehmer, Aktionäre, 'Öffentlichkeit') sowie Einfluss der 'Medienkultur'. Es "[...] kann angenommen werden, dass die interne Ausgestaltung des Leitungssystems weitgehend abhängig von Einflüssen der nationalen Umkultur des Stammhauses einer internationalen Unternehmung unter Modifikation durch die nationalen Umkulturen in den Gastländern, in denen Tochtergesellschaften tätig sind, erfolgt"[103].
- Die *physische* Komponente: die dem Aktionsraum der GFU inhärenten geographischen und infrastrukturellen Verhältnisse.
- Die *ökologische* Komponente: Umweltbewusstsein und -auflagen, die natürliche Umwelt als Ausgangs- und Grenzpunkt des wirtschaftlichen Tuns[104]. Im Problem der Erhaltung oder Wiederherstellung des ökologischen Gleichgewichts manifestiert sich deutlich das Ineinandergreifen der obgenannten Komponenten[105].

Nicht nur die GFU, sondern auch ihr aufgabenspezifisches Umsystem ist den Rahmenbedingungen ausgesetzt. Zum *aufgabenspezifischen Umsystem* (task environment) der GFU zählen diejenigen Komponenten bzw.

102 Zum sog. Wertewandel vgl. bspw. THOM N. (Hrsg.) (1989) S. 43 ff. oder CAPRA F. (1986).

103 BLEICHER K. (1989), Sp. 1298.

104 Vgl. dazu den Beitrag von DYLLICK T. (1992), S. 391 ff.

105 Auf diese Interdependenzen kann hier nicht näher eingegangen werden.

Institutionen oder Personen, zu denen direkte oder indirekte Interaktionsbeziehungen bestehen oder bestehen könnten[106]:

- Die *beschaffungsseitige* Komponente: Fremdkapitalgeber (die Eigenkapitalgeber bzw. Familienaktionäre sind Teil der Spitzenorganisation und zählen deshalb hier nicht zum Umsystem, dagegen nehmen (externe) Publikumsaktionäre eine heikle Zwischenstellung ein, während die stimmrechtslosen Partizipanten klar zum Umsystem zählen), (potentielle) Lieferanten von Arbeitsleistungen (hier v.a. Führungskräfte, externe Verwaltungsräte, Treuhänder, Berater, Anwälte, Stabsmitarbeiter) und weitere Lieferanten sowie dazwischengeschaltete Mittler (bspw. VR-Vermittlungsfirma oder Aktienbörse).
- Die *absatzseitige* Komponente: (potentielle) Kunden, breite Öffentlichkeit, Opinion Leaders sowie dazwischengeschaltete Mittler (bspw. PR-Agentur).
- Die *wettbewerbspolitische* Komponente: (potentielle) Konkurrenten, Kooperationspartner und Übernahmekandidaten.
- Die *'machtpolitische'* Komponente: Staatliche Institutionen, Medien, Verbände (insbesondere Gewerkschaften), religiöse, ethnische und andere Interessengruppen.

Das heutige Umsystem der GFU stellt sich als besonders dynamisch, hochkomplex und unsicher dar. Die Veränderungen im Umsystem sind teilweise tiefgreifend. Der Megatrend zum neuen Jahrtausend liegt in der immer schneller voranschreitenden Globalisierung in allen Lebensbereichen[107]. Mit dem Phänomen der Globalisierung geht ein immer härter werdender Überlebenskampf auf den zunehmend internationalisierten Märkten einher. In vielen Märkten nimmt der Verdrängungswettbewerb zu. Ohne hier eine unternehmungsindividuelle Differenzierung bezüglich der Folgewirkungen vornehmen zu können, lässt sich aus dem Entwicklungszustand des Umsystems die allgemeine Schlussfolgerung ableiten, dass die Anforderungen an die Unternehmungsführung noch nie so hoch waren wie heute und dass diese auch weiterhin steigen dürften. Die GFU ist gezwungen, sich dem 'innovatorischen Wettbewerb'[108] zu stellen.

106 Mit der folgenden Aufzählung wird kein Anspruch auf Vollständigkeit erhoben.

107 Vgl. KRULIS-RANDA J.S. (1990), S. 74 f. KRULIS-RANDA versteht unter Globalisierung den "[...] Prozess der Angleichung verschiedener Teile zu einer integrierten Gesamtheit", ebenda, S. 74.

108 Vgl. THOM N. (1993), S. 6.

Sie muss sich selbst dynamisieren[109], um der 'raplexity'[110](rapid complexity) ex ante begegnen zu können. Im vorliegenden Zusammenhang verlangen die neuen und erhöhten Anforderungen insbesondere nach einer Überprüfung des bisherigen Aufgabenfeldes der Spitzenorgane. Eine strategische Unternehmungsführung mit klaren Zielsetzungen wird unumgänglich. Und, wie zu zeigen sein wird[111], dürfte ein passives und vergangenheitsorientiertes Verhalten des Verwaltungsrats den veränderten Bedingungen nicht mehr gerecht werden. Der Verwaltungsrat muss sich mit den Entwicklungen und der Tragweite (der 'Ganzheitlichkeit') der Veränderungen im Umsystem intensiv auseinandersetzen und Anpassungsmassnahmen oder, soweit möglich, im Sinne der Selbstbestimmung der Unternehmung die Möglichkeiten zur Beeinflussung der Umsystemelemente sorgfältig abwägen. Konsequenterweise muss er sich in Kooperation mit den Eigentümern und dem Management aktiv an der Gestaltung der Unternehmungszukunft beteiligen.

3.3.2 Gestaltungsrelevante Merkmale der GFU

Die Ziele und Aufgaben der Spitzenorganisation sowie die zur Aufgabenerfüllung notwendigen Massnahmen ergeben sich aus den Bedürfnissen und Bedingungen der konkreten Unternehmungssituation. Dazu zählen nebst den soeben genannten Bedingungen des Umsystems v.a. die systemimmanenten Merkmale der Unternehmung selbst. Diese unternehmungsinternen Gestaltungsbedingungen wurden oder werden teilweise an anderer Stelle in dieser Arbeit angesprochen. Die folgende Aufzählung bezweckt die Zusammenfassung der wichtigsten bei der Gestaltung der Spitzenorganisation zu beachtenden Merkmale des sozio-technischen Systems GFU. Es handelt sich sowohl um betriebliche als auch um per-

109 Vgl. dazu das Buch von PÜMPIN C. (1989). "Je turbulenter die Umwelt- und Marktentwicklung, desto rascher muss sich das Unternehmen anpassen. Hier liegt der Hauptgrund für die zunehmende Bedeutung der Unternehmensdynamik: Nur dynamische Unternehmen sind in der Lage, die sich bietenden Chancen so auszuschöpfen, dass der Nutzen für die Bezugsgruppen um ein Mehrfaches zunimmt", ebenda, S. 28.

110 Vgl. THOMASSEN A. (1992), S. 3.

111 Vgl. dazu das Kapitel 3.4, insbesondere 3.4.2.1. Aus den Anforderungen ergeben sich die Aufgaben der Spitzenorgane und aus den Aufgaben lassen sich die erforderlichen organisatorischen, personellen und informatorischen Massnahmen ableiten.

sonelle Bedingungsgrössen. Der Einfluss dieser Grössen auf die Spitzenorganisation sollte nicht isoliert betrachtet werden. Aufgrund der Vielzahl möglicher Merkmalsausprägungen und den vielfältigen Interdependenzen zwischen den Einzelbedingungen innerhalb des System und zwischen System und Umsystem können die äusserst komplizierten Wirkungszusammenhänge zwischen den Merkmalsausprägungen, den Einzelbedingungen und den Ausgestaltungsformen der Spitzenorganisation im Rahmen dieser Arbeit nicht näher untersucht werden. Auch wenn die unternehmungsinternen Bedingungen im Vergleich zu den externen Bedingungen leichter veränderbar oder beeinflussbar sein mögen, stellt sich auch hier aufgrund der Vernetztheit innerhalb des Systems GFU die Frage nach den nicht immer abschätzbaren Folgewirkungen.

- *Rechtsform*: Wie im Grundlagenteil dargelegt wurde, ist die AG die geläufige Rechtsform der GFU bzw. derjenigen in der Schweiz domizilierten Gesellschaft der GFU, in der die oberste Leitungsmacht konzentriert ist und die deshalb für die Spitzenorganisation relevant ist. Die Rechtsform der Tochtergesellschaften im In- und Ausland ist hier aufgrund der Beherrschungsverhältnisse sekundär. Die Bestimmungen des (neuen) Aktienrechts, insbesondere der Abschnitt über die Organisation der AG, bilden den formalen Gestaltungsrahmen innerhalb dessen Grenzen die Spitzenorganisation der GFU mit einer relativ grossen Gestaltungsautonomie angegangen werden kann. Mit den obligatorischen Organen Generalversammlung, Verwaltungsrat und Revisionsstelle und den dazugehörigen zwingenden Vorschriften (bspw. die unübertragbaren VR-Aufgaben) wird die Grund- und zugleich Mindeststruktur der Unternehmungsspitze vorgegeben.
- *Eigentumsverhältnisse*: Diese widerspiegeln sich in der Zusammensetzung der Generalversammlung und sind hier insofern von fundamentaler Bedeutung, als grundlegende Änderungen in der Spitzenorganisation sowie das Funktionieren der Spitzenorganisation an sich stark von den Zielvorstellungen und vom Wohlwollen der Familienaktionäre, insbesondere eines Mehrheitsaktionärs, abhängen. Die Stimmrechtsanteile sind dabei wichtiger als die Kapitalanteile. Es kann auch sein, dass Familienaktionäre einen Anspruch auf Einsitz in anderen Spitzenorganen geltend machen. Ausserdem bestimmen die Eigentumsverhältnisse zusammen mit den Publizitätsvorschriften das Ausmass der öffentlichen Rechenschaftspflicht. Von Bedeutung können auch die Inhalte allfällig

vorhandener Aktionärsbindungsverträge sein. Spezielle Bestimmungsfaktoren der Spitzenorganisation gehen von Mitarbeiterbeteiligungsformen[112] aus, die mit Mitbestimmungsrechten gekoppelt sind.

- *Unternehmungsgrösse und Familienkonstellation*: Es kann angenommen werden, dass mit dem Wachstum der Unternehmung und damit mit zunehmender Unternehmungsgrösse die Anforderungen an die Spitzenorganisation steigen. Im Einleitungskapitel wurde die thesenhafte Frage formuliert, ob vor dem Hintergrund der mit der bisherigen Unternehmungsentwicklung eng verbundenen Unternehmerpersönlichkeit und eines sich abzeichnenden Generationenwechsels das Heranwachsen der Familienunternehmung an eine als 'gross' bezeichnete Grössenordnung nicht die vorsorgliche Ablösung allenfalls gegebener personaler Führungsstrukturen, also die Reduzierung der Abhängigkeit von einer dominanten Unternehmerpersönlichkeit, erfordert. Nicht nur die beiden Merkmale für sich, sondern gerade die Kombination der Unternehmungsgrösse bzw. die sich daraus ableitenden hohen Anforderungen an die Unternehmungsführung mit der Familienkonstellation, d.h. Generationenfolge bzw. (fragwürdige) Verfügbarkeit eines qualifizierten Unternehmernachwuchses sowie Eigenschaften und Verhalten der potentiellen Nachfolger (bspw. Streitigkeiten zwischen den Familienaktionären), haben auf die bestehende oder zu gestaltende Spitzenorganisation einen kapitalen Einfluss.
- *Unternehmungskultur, -strategien und -ziele*: Die über viele Jahre hinweg entstandene (und nicht von einem Tag auf den anderen abänderbare) Unternehmungskultur[113], insbesondere Verhaltensweisen und Eigenschaften der obersten Führungskräfte (zur Persönlichkeit des EU vgl. speziell Kapitel 3.3.3), kann auf die Gestaltung der Spitzenorganisation prägende Wirkung zeitigen. Notwendige Änderungen (der organisatorische Wandel) der bestehenden Spitzenorganisation können zu 'kulturellen Widerständen' bei den betroffenen Personen führen; die Mitarbeiter einer Unternehmung sind keine frei disponible Masse. Von Bedeutung sind deshalb auch vorhandene Traditionen, das Unterneh-

[112] Vgl. bspw. das 'partnerschaftliche Modell' bei Bertelsmann, MOHN R. (1986), S. 145 ff. und MOHN R. (1991), S. 7.

[113] Die Unternehmungskultur umfasst "[...] die Gesamtheit von Normen, Wertvorstellungen und Denkhaltungen, die das Verhalten der Mitarbeiter aller Stufen und somit das Erscheinungsbild eines Unternehmens prägen", PÜMPIN C./KOBI J.-M./WÜTHRICH H.A. (1985), S. 8.

mungsleitbild, Unternehmungsziele und -strategien, die Organisationsphilosophie und -struktur, die eingesetzten Führungssysteme und -grundsätze, der bislang praktizierte Führungs- und Kommunikationsstil. Es stellt sich speziell auch die Frage nach dem Autonomiegrad sowie den Fähigkeiten und Motivationen des vorhandenen (Fremd-?)Managements.

- *Branchenzugehörigkeit*: Je nach den Eigenheiten der Branche und dem darin von der Unternehmung angebotenen Leistungsprogramm sowie den dazu erforderlichen Technologien ergeben sich bestimmte fachliche und personelle Anforderungen an die Unternehmungsspitze. Wie im letzten Kapitel bemerkt wurde, ist die GFU der Globalisierung des internationalen Wettbewerbs ausgesetzt. Das Ausmass der Globalisierung, der Globalisierungsgrad, variiert von Branche zu Branche und übt dementsprechend einen unterschiedlichen Einfluss auf die Spitzenorganisation aus[114].
- *Internationalisierungs-/Dezentralisierungsgrad*: Je mehr die Unternehmung auf verschiedene in- und ausländische Standorte verstreut liegt, desto dichter wird das Umfeld der Unternehmung und desto höher sind die Anforderungen an deren Führung (steigender Koordinationsbedarf). Mit zunehmender Internationalisierung sinkt die Überschaubarkeit der Unternehmung und das Informationsproblem nimmt zu[115].
- *Entwicklungsstadium der Unternehmung/Unternehmungssituation*: In jungen Spitzentechnologie-Unternehmungen dürften sich andere Anforderungen an die Spitzenorganisation ergeben als in der Reifephase sich befindende Unternehmungen mit stark überwachungsorientierten Ver-

[114] LEHMANN/REINERS gehen aus von der Unterscheidung zwischen globalen Branchen (hoher Globalisierungsgrad mit grossem Zwang zur Standardisierung der unternehmerischen Aktivitäten, bspw. die Flugzeugindustrie) und multinationalen Branchen (niedriger Globalisierungsgrad mit einem grossen Zwang zur Differenzierung der unternehmerischen Aktivitäten, bspw. die Nahrungsmittelindustrie) und stellen fest, dass die zentrale Leitungsorganisation im Extremfall einer rein multinationalen Unternehmung eher regionenorientiert, im anderen Extremfall einer rein globalen Unternehmung eher produkt- oder funktionsorientiert und im praktisch häufigsten Fall von Mischformen (globale Standardisierung und nationale Differenzierung) mehrdimensional strukturiert sein sollte. Allerdings deckt sich der von den Autoren verwendete Begriff der Leitungsorganisation nicht mit dem der vorliegenden Arbeit zugrunde gelegten Begriff der Spitzenorganisation, da sich die Leitungsorganisation auf den (institutionellen) Aspekt der Führung beschränkt. Vgl. LEHMANN R./REINERS H. (1991), S. 412 ff.

[115] Vgl. DIETRICH M. (1990), S. 272.

waltungsräten[116]. Nebst dem Alter kann auch der Geschäftsgang und die finanzielle Lage von Bedeutung sein. In Krisenzeiten steht die Spitzenorganisation vor ganz anderen Herausforderungen als in florierenden Zeiten.

3.3.3 Gestaltungsrelevante Merkmale des EU

In seiner Kritik zur Einflussgrössenforschung macht WOLLNIK unter anderem auf die Wichtigkeit der Berücksichtigung von Merkmalen der die organisatorische Gestaltung durchführenden Personen aufmerksam. Es zeigt sich immer wieder, dass gerade Persönlichkeitsfaktoren (bspw. Werte, Einstellungen, Wissen, Erfahrungen, Interessen) der Führungskräfte und Organisatoren einen entscheidenden Einfluss auf die tatsächlichen organisatorischen Ausgestaltungsformen haben können[117]. Dieser Aspekt gewinnt besonders in Familienunternehmungen mit einem (geschäftsführenden) Mehrheitsaktionär, dem EU, an zusätzlicher Bedeutung, denn nicht nur ist die Gestaltung der Spitzenorganisation die vielleicht wichtigste persönliche Aufgabe des EU (der EU als Gestaltungsträger), der EU muss dann auch kraft seiner Stellung über grundlegende Änderungen in der Spitzenorganisation selbst befinden (der EU als Entscheidungsträger). Der EU als oberster Gestaltungs- und Entscheidungsträger stellt somit den eigentlichen Engpassfaktor sowohl bezüglich der Ausgestaltung der GFU-Spitzenorganisation als auch bezüglich der Gestaltung des organisatorischen Gestaltungsprozesses dar. Die Abhängigkeit von seiner Person erstreckt sich auf den gesamten organisatorischen Gestaltungsprozess[118]. Das beginnt mit dem Wahrnehmungsvermögen des EU bzw. mit dem Erkennen eines spitzenorganisatorischen Handlungsbedarfs - "Familienunternehmen erreichen häufig eine Wachstumsschwelle, die grundlegende Veränderungen in der Führungsorganisation, der Arbeitsorganisation, in der Finanzausstattung erfordert. Diese Wachstumsschwellen rechtzeitig zu erkennen und Vorsorge zu treffen ist für einen Familienunternehmer, der über mehrere Jahrzente hinweg das Unternehmen entwickelt hat, nicht einfach, häufig nur von aussen analy-

116 Vgl. BLEICHER K./LEBERL D./PAUL H. (1989), S. 214 f.

117 Vgl. WOLLNIK M. (1980), Sp. 611.

118 Zu den Phasen des organisatorischen Gestaltungsprozesses vgl. Kapitel 3.4.3.2. sowie Abb. 20.

sierbar"[119] - und endet mit seiner überzeugten Unterstützung und Einhaltung der beschlossenen Spitzenorganisation (bspw. könnte es früher oder später zu Problemen führen, wenn der alternde EU sich zwar auf eine überwachende Präsidialfunktion im Verwaltungsrat zurückzieht und sich dann aber trotzdem über formelle Aufgaben- und Kompetenzabgrenzungen hinwegsetzt und in das Tagesgeschäft einmischt[120]). "Die kognitiven Erfahrungen und die affektiven Einstellungen von Entscheidungsträgern im Rahmen des ungeschriebenen Werte- und Normensystems [...] entscheiden letztlich darüber, aufgrund welcher Perzeptionen und Präferenzen ein bestimmtes Leitungssystem gestaltet wird, wie es seine Lenkungsmassnahmen vollzieht und nach welchen Gesetzmässigkeiten es sich anpassend weiterentwickelt"[121]. Solange der EU nicht fähig oder willens ist, die Konsequenzen aus objektiven Notwendigkeiten zu ziehen - widersprüchlicherweise zeigen viele EU diesbezüglich nicht die sie ansonsten auszeichnende Weitsicht - kann der von ihm subjektiv erlebte Wunsch nach Unternehmungskontinuität allmählich oder im Falle seines unerwarteten Ausscheidens auch sehr schnell zum Grunde nachfolgender Diskontinuitäten werden.

Zusammenfassend können zumindest folgende Eigenschaften und Verhaltensweisen des EU als gestaltungsrelevant angesehen werden (die einzelnen Punkte sind jeweils in Bezug zu setzen zur bestehenden und zur anvisierten Spitzenorganisation):[122]

- *Wahrnehmungsvermögen* (das Erkennen der Unternehmungssituation);
- *individuelle Zielvorstellungen* (Visionen, Leitgedanken und konkrete Ziele basierend auf einer bestimmten Motivations- und Bedürfnisstruktur) und Philosophien (allgemeine Wertvorstellungen, Pflichtgefühl, Gewohnheiten und Traditionsbewusstsein, Management- und besonders

119 MÜLLER H. (1992), S. 1.

120 WITTE spricht in dem Zusammenhang vom 'realisierten System der Einflusskräfte' vgl. WITTE E. (1978), S. 337. "Aus der verfassungsrechtlichen Legitimation, dem faktischen Einflusspotential und dem realisierten Einflussprozess ergibt sich als Resultante die Einflusswirkung", ebenda, S. 338.

121 BLEICHER K. (1989), Sp. 1302.

122 Vgl. im folgenden die Aufzählung innovationsrelevanter Eigenschaften und Verhaltensweisen von Betriebsmitgliedern bei THOM N. (1980), S. 356 ff. Je nach Eigentümer- bzw. Familienkonstellation beziehen sich die folgenden Ausführungen nicht nur auf den EU, sondern auch auf weitere Aktionäre oder Familienmitglieder.

die Organisationsphilosophie; Führungsstil); von Bedeutung ist in dem Zusammenhang besonders auch die vom EU beabsichtigte Erbschaftsregelung bezüglich seiner Kapitalanteile;

- *Machtgrundlagen* (Anteile am Aktienkapital und an den Stimmrechten sowie die sonstige Stellung in der Unternehmung; Macht durch Legitimation, Belohnung, Zwang, Identifikation, Sachkenntnis und Information[123]);
- *Führungswissen und -erfahrung* (Aus- und Weiterbildung, betriebswirtschaftlich-organisatorische Fachkenntnisse, durch Erfahrung erworbenes Wissen - auch ausserhalb der eigenen Unternehmung wie bspw. durch externe VR-Mandate);
- *Teamfähigkeit* (Fähigkeit und Bereitschaft zur Gruppenarbeit, Kompromissbereitschaft, Kommunikationsfähigkeit, Konfliktkapazität und Konfliktaustragungsfähigkeit, Einfühlungsvermögen und Partizipationsfähigkeit);
- *Fähigkeitsbarrieren* (insbesondere die Fähigkeit, die Spitzenorganisation kritisch, d.h. sachlich und nicht 'egozentrisch' zu beurteilen und aus objektivierten Wahrnehmungen heraus folgerichtig zu handeln), *Willensbarrieren* (insbesondere die Bereitschaft, erforderliche Änderungen in der Spitzenorganisation zu initiieren, an neuen Lösungen konstruktiv mitzuarbeiten und getroffene Entscheidungen in all ihren Konsequenzen auch persönlich mitzutragen), *Risikobarrieren* (insbesondere die Furcht vor Machtverlust und das Misstrauen gegenüber potentiellen Nachfolgern);
- *Rollenflexibilität, Rücktrittsbereitschaft* (insbesondere die Flexibilität, sich frühzeitig von der Geschäftsführung zu lösen, um sich auf übergeordnete Aufgaben zu konzentrieren oder ganz aus der Unternehmung zurückzuziehen).

Je nach Ausprägung der obgenannten Merkmale und je nach Hervorhebung einzelner Merkmale lassen sich verschiedene *Unternehmer-Typologien* bilden[124]. Speziell in Bezug auf den Nachfolgeprozess unterscheidet SCHWAIGER vier Typen:

[123] Zu dieser auf FRENCH/RAVEN zurückgehenden Machttypologie vgl. SCHNEIDER H.-D. (1977), S. 17 ff.

[124] Vgl. bspw. die verschiedenen Unternehmertypen bei LÖWE C. (1979), S. 91 ff.

"- Der 'Monarch' regiert ein Reich, das er gegründet oder nach seinem Willen geformt hat; die Herrschaft darüber möchte er möglichst lange behalten. Er hält nichts von anderen Modellen der Unternehmensführung und einen ordentlichen Nachfolgeprozess für überflüssig. Als Nachfolger benennt er, wenn überhaupt, eine erkennbar schlechtere Alternative als sich selbst.
- Der 'General' tritt scheinbar bereitwillig zurück, leidet unter Machtverlust und kehrt bei nächster Gelegenheit wieder, um sein 'Vermächtnis' zu bewahren, am liebsten durch unerbetene Beratung des Nachfolgers, in dessen Fähigkeiten er nur geringes Vertrauen setzt und der nicht durch einen zügigen Übergabeprozess aufgebaut wurde.
- Der 'Botschafter' plant die Ablösung lange im voraus, möchte dem Nachfolger beratend zur Seite stehen, drängt sich aber nicht auf. Er hält Kontakt zu den Mitarbeitern und bleibt öffentlichkeitsorientiert, was es dem Nachfolger erschweren kann, selbst Profil zu gewinnen; ein paar Privilegien und etwas Einfluss möchte er schon behalten.
- Der 'Gouverneur' hat für den Erfolg lang und hart gekämpft, gute Ergebnisse nie als alleinige Eigenleistung dargestellt. Er gibt nicht eine Machtposition auf, sondern ein Mandat, den Nachfolger hat er bereits zwei Jahre zuvor fixiert. Er will kein persönliches Nachspiel im Unternehmen, wird sich aber Bitten um Rat oder Hilfe nicht verweigern"[125].

Wenngleich bezüglich der Nachfolgeproblematik aus theoretischer Sicht eher der 'Botschafter' und besonders der 'Gouverneur' zu favorisieren wären, ist es müssig über die Vorteilhaftigkeit eines bestimmten Unternehmertyps zu urteilen, solange nicht die unternehmungsspezifische Ausgangssituation miteinbezogen wird. Jede Unternehmungssituation ist durch eine andere Konstellation verschiedener Merkmale gekennzeichnet, sodass Verallgemeinerungen hier unangebracht wären. Eines haben die Unternehmungen bzw. die Unternehmer jedoch in jedem Fall gemeinsam: sie sind mit Wandel konfrontiert, mit Wandel im Umsystem, mit Wandel in der Unternehmung und mit Wandel des EU selbst (spätestens bei seinem Ausscheiden). "Wie Unternehmen auf den Wandel reagieren, hängt von der Fähigkeit ihrer Entscheidungsträger ab, die Dynamik und die Anforderungen des Wandels zu erkennen und ihr Verhalten darauf

[125] SCHWAIGER W. (1992), S.1.

einzustellen"[126]. Nichts ist so stet wie der Wandel. Der EU tut deshalb gut daran, den Wandel in all seinen Facetten zu antizipieren, die Bereitschaft zur Durchführung erforderlicher Anpassungen aufzubringen (aufgeschlossene Haltung) und die folgerichtigen Gestaltungsmassnahmen (vgl. Kapitel 3.4) einzuleiten. Indem sich der EU vor dem Wandel nicht verschliesst, entledigt er sich seines gestaltungsrestriktiven Charakters und hebt sich als Promotor des Wandels womöglich zum wichtigsten spitzenorganisatorischen Aktionsparameter empor.

3.4 Aktionsparameter - Gestaltungsmassnahmen

Nach der in den letzten Kapiteln erfolgten Aufführung von Ziel- und Bedingungsgrössen werden nun verschiedene Massnahmemöglichkeiten zur Gestaltung der Spitzenorganisation besprochen. Zum einen geht es um die Gestaltung des organisatorischen Gestaltungsprozesses (Kapitel 3.4.3). Zum anderen geht es um die Gestaltung der Organisationsstruktur, wobei zwischen der Rahmenstruktur (Kapitel 3.4.1) und der Detailstruktur (Kapitel 3.4.2) unterschieden wird[127]. Der Untersuchungsschwerpunkt liegt im folgenden klar bei der strukturellen Gestaltungsaufgabe. Während mit der Rahmenstruktur die grundlegende Organisationsstruktur der GFU-Spitze festgelegt wird, ist Gegenstand der Detailstruktur die konkrete Ausgestaltung und Abgrenzung der einzelnen Spitzenorgane.

126 SOMMERLATTE T. (1988), S. 75. SOMMERLATTE unterscheidet vier Typen von Unternehmern, die das Spektrum von gruppenorientiert (zitiertes Beispiel: Heinz Nixdorf) bis monomanisch (zitiertes Beispiel: Max Grundig) und von bewahrend-defensiv (zitiertes Beispiel: Bodo Liebe) bis initiativ-wandelorientiert (zitiertes Beispiel: Dieter von Sanden) abdecken, vgl. ebenda, S. 75 ff. Nach SOMMERLATTE kann Wandel am ehesten durch ein gruppenorientiertes und initiativ-wandelorientiertes Unternehmerverhalten verstanden und bewältigt werden, vgl. ebenda, S. 88 f.

127 Vgl. grundlegend zur originären Aufgabe (strukturelle Gestaltungsaufgabe, die sich sowohl auf die Aufbau- als auch Ablauforganisation bezieht) und zur derivativen Aufgabe (prozessuale Gestaltungsaufgabe, die sich auf den organisatorischen Gestaltungsprozess bezieht) der organisatorischen Gestaltung sowie zur Rahmen- und Detailstruktur GROCHLA E. (1982), S. 8 ff.

3.4.1 Gestaltung der spitzenorganisatorischen Rahmenstruktur

Die Gestaltung der spitzenorganisatorischen Rahmenstruktur umfasst in erster Linie die Gliederung der Unternehmungsspitze in Teilbereiche (Spitzenorgane) und die Aufteilung der obersten Unternehmungsaufgaben (Spitzenfunktionen) auf diese Teilbereiche sowie des weiteren die Regelung der Koordination zwischen denselben[128]. Das Aktienrecht gibt das Grundgerüst der Rahmenstruktur vor[129], sodass im folgenden - GFU-spezifisch - die wesentlichen Gestaltungsvarianten innerhalb des über die gesetzlichen Vorschriften hinaus verbleibenden Gestaltungsspielraums diskutiert werden (Kapitel 3.4.1.3). Dazu werden zuerst die wichtigsten Spitzenfunktionen isoliert (Kapitel 3.4.1.1), bevor eine Gegenüberstellung alternativer Modelle der Spitzenorganisation erfolgt (Kapitel 3.4.1.2).

3.4.1.1 Bestimmung der wichtigsten Spitzenfunktionen

3.4.1.1.1 Führungs- und Überwachungsfunktion

Ursprünglichste und wichtigste Aufgabe der Unternehmungsspitze[130] ist die Führung des gesamten sozio-technischen Systems Unternehmung. Damit eng verbunden ist v.a. im Falle der faktischen Trennung von Eigentum und Verfügungsgewalt bzw. im Falle der Delegation der Geschäftsführung an ein (Fremd)management die Überwachung der Geschäftsführung durch die Anteilseigner oder durch ein oder mehrere von den Anteilseignern hierfür eingesetzte Spitzenorgane. Dies hat auch Geltung für die GFU, in der Eigentum und Leitung häufig noch zusammenfallen. Führung und Überwachung können allgemein als die zwei zentralen Funktionsbereiche der Unternehmungsspitze angesehen werden[131].

Führung[132] - verstanden als Prozess der Willensbildung und Willensdurchsetzung in den Phasen der Planung, Steuerung und Kontrolle - fin-

[128] Vgl. eingehend zu den organisatorischen Aktionsparametern (Arbeitsteilung, Koordination, Konfiguration) zur Gestaltung der Rahmenstruktur GROCHLA E. (1982), S. 90 und S. 96 ff.

[129] Vgl. Kapitel 2.2.2.2.

[130] Unternehmungsspitze ist hier nicht gleichzusetzen mit Führungsspitze (oberstes Management), sondern umfasst alle Spitzenorgane.

[131] Vgl. BLEICHER K. (1987), S. 8.

[132] Vgl. HAHN D. (1990), S. 33 f.

det auf allen Unternehmungsebenen statt. Im vorliegenden Zusammenhang interessieren die Führungsaufgaben, die von der obersten Führungsebene bzw. von den Spitzenorganen wahrzunehmen sind. Dabei bestehen aus betriebswirtschaftlicher und rechtlicher Sicht unterschiedliche Auffassungen bezüglich des Zuweisungsgehalts der Führungsaufgabe: "Während aus ökonomischer Sicht der strategische Planungsprozess zur Sicherung der Lebens- und Entwicklungsfähigkeit der Unternehmung (ökonomische und humane Potentialplanung, Organisationsstruktur- und Managementsystemplanung) im Mittelpunkt der Führungsaufgabe der Führungsspitze steht, ist dies unter juristischen Aspekten die Regelung der rechtsverbindlichen Vertretung der Gesellschaft nach aussen (Aussenverhältnis), sowie die der Beziehungen (Rechte und Pflichten) zwischen den einzelnen Gesellschaftsorganen (Innenverhältnis)"[133]. Betriebswirtschaftlich gesehen umfassen die von den Spitzenorganen wahrzunehmenden Führungsaufgaben im wesentlichen die Festlegung der Unternehmungskultur, -philosophie und -politik sowie die strategische Planung (vgl. Abb. 11). Die (Geschäfts)führung wird im folgenden sowohl im personal-institutionalen Sinne, d.h. die mit der Führung beauftragten Personen bzw. das (die) Führungsorgan(e), als auch im funktional-prozessualen Sinne, d.h. die (dispositive[134]) Führungstätigkeit selbst, verstanden.

Mit der Überwachungsfunktion ist hier nicht direkt die Kontrollphase im Führungsprozess angesprochen, vielmehr handelt es sich um die Überwachung der Geschäftsführung selbst. Ein oder mehrere Überwachungsorgane überwachen als Überwachungsträger das Überwachungsobjekt Geschäftsführung anhand rechtlicher und betriebswirtschaftlicher Überwachungsnormen (-regeln) auf ihre Ordnungs- und Zweckmässigkeit (Überwachungsurteil) hin[135]. Als originäre Aufgaben der Überwachung können die Beobachtungsfunktion (Information über das Überwachungsobjekt), Sicherungsfunktion (Überprüfung der Handlungsalternativen; Steuerung, Prävention, Warnung, Unterstützung) und Entlastungsfunktion

133 BLEICHER K./LEBERL D./PAUL H. (1989), S. 38 f.

134 Vgl. GUTENBERG E. (1983), S. 3.

135 Nach LÜCK sind Überwachungsobjekt, -norm, -träger und -urteil die vier (unabhängigen) Merkmalskategorien der Überwachung, vgl. LÜCK W. (1983), S. 1105.

Abb. 11: Einordnung von Unternehmungsphilosophie, -politik und -kultur in den Führungs- und Durchführungsprozess in der Familienunternehmung[136]

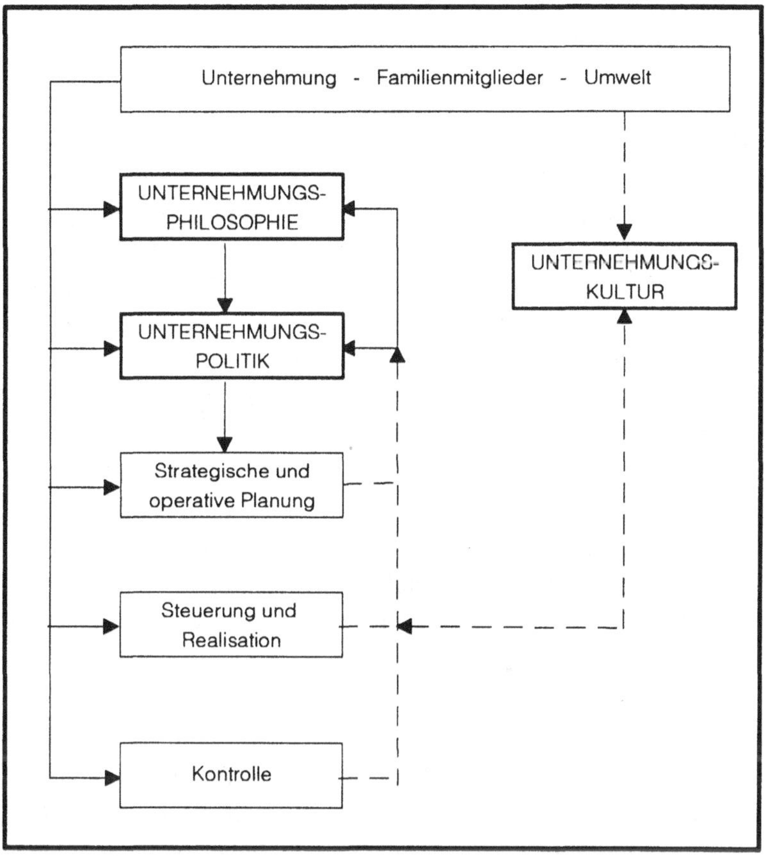

(Bestätigung) aufgeführt werden[137]. Ein lediglich vergangenheitsorientierter Überwachungsbegriff ist für die vorliegende Arbeit zu eng[138]. Deshalb

136 Vgl. HAHN D. (1985), S. 14.

137 Vgl. THEISSEN M.R. (1987), S. 30 ff.

138 Vgl. als Beispiel eines vergangenheitsorientierten Überwachungsbegriffs BAETGE J. (1984), S. 162: "Die Überwachung stellt die dritte Phase aller betrieblichen Prozesse dar, denn sie schliesst sich an die Planung und Realisation an". Vgl. Überblick zu ausgewählten Definitionsansätzen der Überwachung bei GLAUS B.U. (1990), S. 28 ff.; allen Definitionsansätzen ist das Grundelement des Soll-Ist-Vergleiches gemeinsam.

wird Überwachung hier mit THEISSEN als führungsbezogene Funktion aufgefasst, "[...] die sowohl durch unternehmungsführungsinterne als auch unternehmungsführungsexterne Überwachungsträger in Form von Aufsicht, Kontrolle und Prüfung zur zielentsprechenden Gestaltung der Unternehmungsführung durchgeführt wird"[139]. Die Teilfunktion Aufsicht bezieht sich auf die Zielsetzungs- und Planungsphase, die Kontrolle auf die Entscheidungs- und Realisationsphase und die Prüfung (=Revision) auf die Kontrollphase des zu begleitenden Unternehmungsführungsprozesses[140]. Die Überwachung beschränkt sich damit nicht auf eine vergangenheitsorientierte Betrachtung, sondern erstreckt sich als Oberbegriff auf alle Führungsphasen und schliesst eine dynamische Prozesskontrolle mit ein. Diese Auffassung kommt auch bei BLEICHER/LEBERL/PAUL zum Ausdruck: "Aus ökonomischer Sicht entspricht der Forderung nach einer permanenten Planung die Forderung nach einer permanenten Kontrolle. [...] Die nach wie vor steigende Veränderungsrate der Umwelt hat der reinen Strukturüberwachung inzwischen das meiste von ihrem Aussagewert als Parameter wirtschaftlicher Effizienz genommen. [...] Prozessbegleitende Kontrollen sind damit aus ökonomischer Sicht essentielle Voraussetzungen für eine effektive Erfüllung der Überwachungsaufgabe der Führungsspitze."[141]. Folglich unterscheiden die Autoren neben der personalen und formalen Dimension der Überwachung die sachliche Dimension, die sich aus zeitlicher Perspektive in die ex ante-, laufende und ex post-Überwachung gliedert[142].

In der Praxis ist die Vermengung von Überwachung mit Beratung und/ oder Führungspartizipation häufig verbreitet. Auch wenn diese Aufgabenbereiche sich zum Teil überschneiden mögen, fordert THEISSEN in funktioneller Hinsicht ihre strikte Trennung[143]. Dies schliesst jedoch nicht aus, dass Überwachungsträger nebst der Überwachung auch beratend und je

139 THEISSEN M.R. (1987), S. 13.

140 Vgl. THEISSEN M.R. (1987), S. 14 ff.

141 BLEICHER K./LEBERL D./PAUL H. (1989), S. 40.

142 GLAUS sieht in der Einteilung von BLEICHER/LEBERL/PAUL im Vergleich zu anderen Überwachungskonzeptionen den wesentlichen Vorteil "[...] ihrer besonderen Aussagefähigkeit für die Gestaltungsproblematik in der Praxis bei der Umsetzung rechtlicher Normen in konkrete Massnahmen und Strukturen", vgl. GLAUS B.U. (1990), S. 39.

143 Vgl. THEISSEN M.R. (1987), S. 19 ff.

nach Rechtsgrundlage auch führungspartizipativ wirken können oder sollen.

3.4.1.1.2 Beratungsfunktion

Die Beratung soll hier als eigener wichtiger Funktionsbereich der Unternehmungsspitze angesehen werden, auch wenn in der Rechtsliteratur die Beratungsfunktion nicht als körperschaftliche Funktion, sondern als blosse Hilfsfunktion qualifiziert wird[144]. Die steigenden Anforderungen an die Unternehmungsführung ziehen einen steigenden Beratungsbedarf der Träger von Führungsaufgaben nach sich. Die Beratungsfunktion findet daher zunehmende Beachtung und auch Eingang in die Diskussion um die anforderungsgerechte und zukünftige Rolle des Überwachungsträgers, wobei Beratung in dem Zusammenhang oft als Verbindung von Führung und Überwachung aufgefasst wird[145]. Zwecks Abgrenzung von den anderen Funktionen kann Beratung "[...] als die Abgabe und Erörterung von Einschätzungen, Empfehlungen und Prognosen durch sachverständige Personen im Hinblick auf die Vorbereitung und Fundierung zukünftiger Entscheidungen des Ratsuchenden definiert werden"[146]. Formal gesehen werden dem Ratgeber keinerlei Entscheidungskompetenzen des Ratsuchenden übertragen[147]. Die Beratung ist zwar hauptsächlich auf die Führungsebene ausgerichtet, doch auch auf Überwachungsebene kann sich Beratungsbedarf ergeben. Ausserdem, und das kann gerade bei der GFU einen hohen Stellenwert einnehmen, können auch (Familien)aktionäre Ratsuchende sein.

3.4.1.1.3 Interessenausgleichsfunktion

Die Unternehmungsspitze als Bindeglied zwischen Unternehmung und Umwelt sieht sich nicht nur mit den Interessen der Aktionäre und Arbeitnehmer konfrontiert, sondern stösst auch auf Interessen relevanter externer Bezugsgruppen (bspw. Gläubiger, Staat, Öffentlichkeit, Umweltorganisationen). Zum einen obliegt der Unternehmungsspitze eine gesetzlich

144 Vgl. REIFF F. (1988), S. 131 f.

145 Vgl. BILAND T.A. (1989), S. 182 ff.

146 THEISSEN M.R. (1987), S. 20.

147 Vgl. REIFF F. (1988), S. 55 f.

verankerte Schutzfunktion[148], also der Schutz der internen und externen Bezugsgruppen vor missbräuchlichen Handlungen, zum anderen muss sie sich darüber hinaus auch mit deren allfällig weitergehenden Interessen auseinandersetzen. Konkret stellt sich die Aufgabe, die unterschiedlichen Interessen der Stockholder und Stakeholder wahrzunehmen, abzuwägen und unter Berücksichtigung des Unternehmungsinteresses[149] auszugleichen. Dieser Interessenausgleichsfunktion[150] gebührt bei Grossunternehmungen aufgrund ihrer bedeutenden Stellung in Wirtschaft und Gesellschaft besondere Beachtung. Zur Lösung des Konflikts zwischen den Aktionärsinteressen und den Ansprüchen anderer relevanter Interessengruppen kann zwischen dem institutionalistischen Ansatz (Kooptation relevanter Interessengruppen bzw. deren Vertreter in das Führungs-/Überwachungsorgan; pluralistische Zusammensetzung als Spiegelbild der unternehmungsrelevanten Umwelt) und dem reduktionistischen Ansatz (jedes Überwachungs-/Führungsmitglied vollzieht den Interessenausgleich für sich selbst; monistische Zusammensetzung, d.h. nur Interessenvertreter der Kapitalgeber) unterschieden werden[151]. Die Interessenausgleichsfunktion beschränkt sich somit ausdrücklich nicht auf die Frage der Mitbestimmung der Arbeitnehmer, sondern bezieht die Interessen sämtlicher relevanter Bezugsgruppen mit ein.

148 Vgl. SPRÜNGLI L.R. (1991), S. 16.

149 "Die heute wohl herrschende Lehre versteht das Unternehmungsinteresse deshalb als Summe und Ausgleich aller an der Unternehmung bestehenden Interessen: Alle an der Unternehmung bestehenden Interessen sind zu berücksichtigen und abzuwägen. Das langfristige Wohlergehen der Unternehmung ist danach zwar zentrale Richtschnur, nicht aber einziges Element der Interessenabwägung.", BINDER A. (1988), S. 67 f.

150 SPRÜNGLI spricht von der Interessenwahrungsfunktion, vgl. SPRÜNGLI L.R. (1991), S. 16; BLEICHER/LEBERL/PAUL sprechen von der Interessenvertretungsfunktion, vgl. BLEICHER K./LEBERL D./PAUL H. (1989), S. 41 ff.

151 Vgl. BLEICHER K./LEBERL D./PAUL H. (1989), S. 43 f.

3.4.1.2 Spitzenfunktionen in alternativen Modellen der Spitzenorganisation

3.4.1.2.1 Trennungs- und Vereinigungsmodell

Die strukturelle Einordnung der zentralen Funktionsbereiche der Unternehmungsspitze kann auf unterschiedliche Art und Weise erfolgen. Aus der Gegenüberstellung der Spitzenverfassungen in Ländern mit marktwirtschaftlichen Systemen können grundsätzlich zwei Extremmodelle herauskristallisiert werden (vgl. Abb. 12): einerseits das einstufige Vereinigungsmodell, das die Funktionen Führung und Überwachung in einem Spitzenorgan vereint, andererseits das zweistufige Trennungsmodell, das gemäss dem Grundsatz der Unabhängigkeit[152] der Überwachung die zwei Funktionen gesonderten Spitzenorganen zuweist[153]. Bei Berücksichtigung der in beiden Fällen vorhandenen Aktionärsversammlung müsste von einer zwei- bzw. dreistufigen Struktur gesprochen werden.

Beiden Modellen liegt gemeinsam die Überlegung zugrunde, dass bei Divergenz von Eigentumsrecht und Führungsqualifikation die Übertragung der Geschäftsführung an ein professionelles Management und damit die Trennung von Eigentum und Verfügungsgewalt möglich sein muss. Die Delegation der Geschäftsführung ist verbunden mit Machtübergabe und verlangt im Sinne von 'Checks and Balances' die Überwachung der Geschäftsführung durch die Delegierenden (bspw. durch Personalhoheit sowie Kontroll-, Genehmigungs-, Mitentscheidungsrechte bei wichtigen Sachfragen)[154]. "Je stärker die Spannung zwischen Verfügungsmacht und Eigentum, zwischen Leitungskräften und Kapitalgebern ist, desto deutlicher wird das Erfordernis einer Kontrollbeziehung"[155]. Des weiteren beruhen beide Modelle auf der Annahme, dass in grösseren Unternehmungen eine effiziente Erfüllung der Überwachungsfunktion durch die Anteilseigner selbst nicht mehr gewährleistet ist und deshalb von einem

152 Vgl. THEISSEN M.R. (1987), S. 251 ff.

153 Vgl. STEINMANN H./GERUM E. (1978), S. 85 ff.; Vgl. Übersicht zu Spitzenverfassungen in verschiedenen Ländern bei DÜLFER E. (1986), S. 44 ff., HOFFMANN F. (1980), Sp. 2268 f., THEISSEN M.R. (1987), S. 89 ff.

154 Vgl. BLEICHER K./BORTEL K.-D./KLEINMANN R./PAUL H. (1984), S. 22.

155 DÜLFER E. (1986), S. 43.

separaten Spitzenorgan treuhänderisch übernommen werden muss[156]. Die Modelle unterscheiden sich dann im wesentlichen in der institutionellen Verankerung der wichtigsten Funktionsbereiche Führung und Überwachung sowie in der Regelungsdichte. Der Einfluss der Aktionärsversammlung ist modellabhängig und nimmt im allgemeinen bei mehrstufigen Lösungen ab.

Abb. 12: Führung und Überwachung im Trennungs- und Vereinigungsmodell[157]

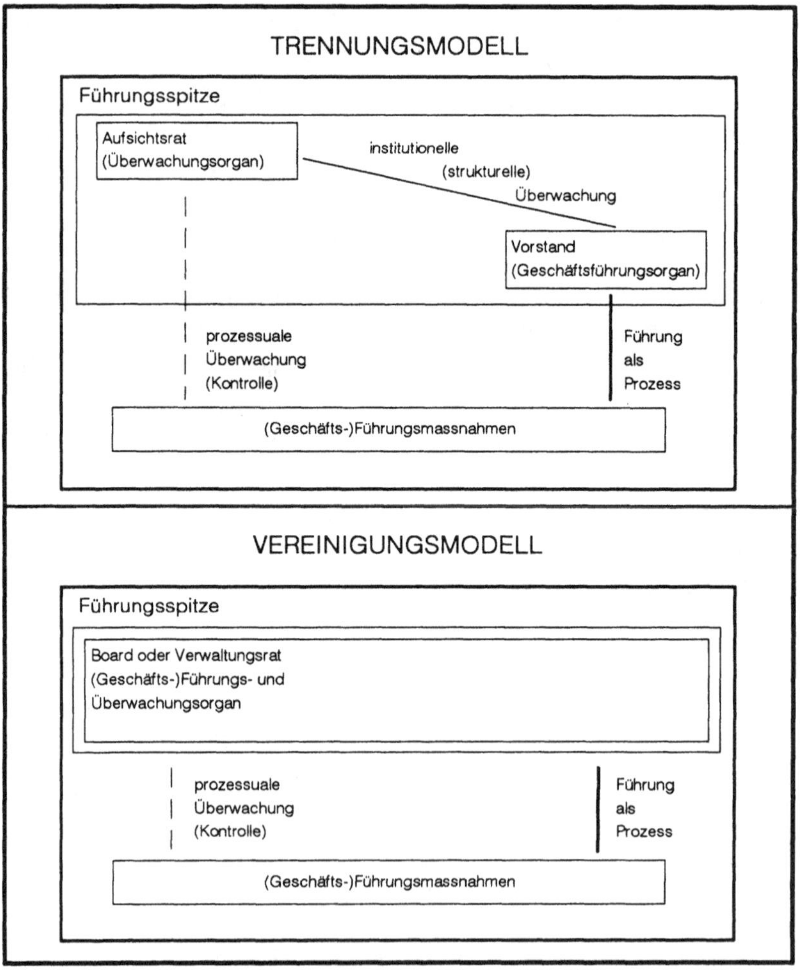

156 Vgl. BLEICHER K./BORTEL K.-D./KLEINMANN R./PAUL H. (1984), S. 22.
157 Vgl. BLEICHER K./LEBERL D./PAUL H. (1989), S. 45 f.

Der hier in Kurzform beschriebene Emanzipationsprozess der Unternehmung von ihren Eigentümern ist organisationsphilosophische Grundlage beider Modelle und findet in der Theorie vom 'Unternehmen an sich'[158] seinen Ausdruck. Diese Theorie, die v.a. auf die Publikumsgesellschaft mit vielen Aktionären gemünzt ist, lässt eine Trennung von Führung und Überwachung unausweichlich erscheinen, obwohl WITTE[159] anfügt, dass die Emanzipation der Geschäftsführung von den Aktionären noch nicht zwingend ein dreistufiges Verfassungssystem begründet. Solange Familienmitglieder in der GFU aktiv in der Führung tätig sind und nach wie vor den Familieneinfluss auf die Unternehmungspolitik wahren, kann dieser Emanzipationsprozess zwar gebremst werden, doch stellt sich gleichwohl die Frage, ob sich nicht grössenbedingt oder aus anderen Gründen eine Trennung oder trennungsähnliche Struktur aufdrängt. Bevor diese Frage zu beantworten versucht wird, sollen die Modelle zuerst anhand zweier Beispiele kurz illustriert werden.

3.4.1.2.2 Vorstands-/Aufsichtsrats- versus Boardsystem - ein Exkurs

Das deutsche Vorstands-/Aufsichtsratssystem ist typischer Vertreter des Trennungsmodells, das amerikanische Boardsystem typischer Vertreter des Vereinigungsmodells[160]. Ihre knappe Gegenüberstellung ist an dieser Stelle insofern angebracht, als die beiden Modelle exemplarisch veranschaulicht werden können und als das im weiteren zu untersuchende und in der Fachliteratur auch oft mit dem deutschen und amerikanischen System verglichene Verwaltungsratssystem eine Mittelstellung einnimmt und Gestaltungsvarianten beider Modelle zulässt.

158 Vgl. WITTE E. (1978), S. 334 f. und die dort in FN 14 angegebenen Literaturhinweise.

159 Vgl. WITTE E. (1978), S. 335.

160 Das Trennungsmodell findet sich auch noch in Frankreich (neues Recht), Holland (grosse AG), Italien und Österreich. Das Vereinigungsmodell findet sich auch noch in Belgien, Dänemark, Griechenland, Grossbritannien, Holland (kleine AG), Japan, Kanada, Schweden und Spanien. Zum länderbezogenen Vergleich von Spitzenverfassungen vgl. GERUM E. (1989), Sp. 2141 ff.

Das Vorstands-/Aufsichtsratssystem[161] ist durch eine hohe Regelungsdichte gekennzeichnet. Aufgaben und Organisation der notwendigen Spitzenorgane Hauptversammlung, Aufsichtsrat und Vorstand sind gesetzlich weitgehend fixiert. Hinsichtlich der Zusammensetzung regelt die Mitbestimmungsgesetzgebung beschäftigungsgrössenabhängig die Sitzverteilung zwischen Aktionärs- und Arbeitnehmervertretern im Aufsichtsrat, d.h. es handelt sich um eine institutionalistische Ausgleichslösung mit Interessendualismus. Nebst der paritätischen Mitbestimmung im Aufsichtsrat hält ab 2000 Beschäftigten auch ein Arbeitsdirektor als gleichberechtigtes Mitglied im Vorstand Einsitz. Im Sinne des allgemeinen staatstheoretischen Modells der Gewaltenteilung wird die Geschäftsführung vom Vorstand (Paragraph 76 Abs. 1 AktG: "Der Vorstand hat unter eigener Verantwortung die Gesellschaft zu leiten.") und die Überwachung vom Aufsichtsrat (Paragraph 111 Abs. 1 AktG: "Der Aufsichtsrat hat die Geschäftsführung zu überwachen.") wahrgenommen; die Personalunion von Aufsichtsrats- und Vorstandstätigkeit wird ausgeschlossen. Der gegenüber dem Vorstand mit der Personalhoheit ausgestattete Aufsichtsrat handelt als Treuhänder der Aktionäre und überwacht die Entwicklung der Unternehmung im langfristigen Interesse der Eigentümer und der Belegschaft. Der Vorstand legt die Ziele für die Unternehmungsentwicklung fest, entwickelt die hierzu erforderlichen Strategien und sorgt für deren Umsetzung. In beiden Pluralinstanzen ist eine kollegiale Willensbildung vorgesehen. Abgesehen von einer zunehmend geforderten beratenden Rolle des Aufsichtsrates werden Beratungsaufgaben häufig von einem hierfür speziell eingerichteten Beirat übernommen. Obwohl die Rechtsform der AG in Deutschland auch für Familienunternehmungen Verwendung findet, führt sie im Vergleich zur GmbH ein Schattendasein und ist fraglos am Bild der grossen Börsen-AG ausgerichtet[162]. Insofern ist eine Übertragung auf schweizerische Verhältnisse zu relativieren, ganz abge-

161 Vgl. im folgenden statt vieler BLEICHER K./LEBERL D./PAUL H. (1989), S. 44 ff. und S. 51 ff.

162 Vgl. ALBACH H./CORTE C./FRIEDEWALD R./LUTTER M./RICHTER W. (1988), S. 15 und S. 23; Die Autoren schlagen eine abgestufte Deregulierung des Aktienrechts vor, um die Akzeptanz der AG zu verbessern und damit die Vorteile dieser Gesellschaftsform für eine breitere Basis an Unternehmungen zugänglich zu machen. Sie unterscheiden die Private AG, die Offene AG und die (derzeitige) Publikums-AG.

sehen davon, dass die Mitbestimmung in der Schweiz mit kritischen Augen gesehen wird.

Das US-amerikanische Boardsystem[163] ist in seiner Ausgestaltung dem Verwaltungsratssystem ähnlich. In den USA existiert jedoch kein einheitliches Aktienrecht. Die gesetzliche Grundlage für die Gestaltung der Spitzenorganisation von Corporations ist auf bundesstaatliche Regelungen reduziert. Im Vergleich zum Vorstands-/Aufsichtsratssystem weist das Boardsystem einen weit höheren internen Regelungsbedarf und damit einen grösseren Gestaltungsspielraum auf. Das Shareholder's Meeting wählt den Board of Directors, der die Führungs- und Überwachungsfunktion in sich vereinigt. Es besteht jedoch die Möglichkeit einer horizontalen internen Zweiteilung (im Gegensatz zu der auch möglichen vertikalen Funktionsteilung im Verwaltungsratssystem), sodass die Geschäftsführung primär von den sog. Inside Directors und die Überwachung primär von den sog. Outside Directors ausgeübt wird. Die früher eher passive Rolle der Outside Directors ('Figureheads') in einem von Inside Directors dominierten 'Rubber-Stamp'-Board[164] hat sich durch die Rechtsprechung und durch Bestimmungen halbstaatlicher Behörden (American Law Institute; Securities and Exchange Commission; New York Stock Exchange, die bspw. zur Börsenzulassung ein mit Outsidern besetztes Audit Committee verlangt) zunehmend gewandelt. Bezüglich des Interessenausgleichs wird das Boardsystem vom Prinzip des Interessenmonismus getragen und von einzelnen Ausnahmen abgesehen wird eine reduktionistische Konfliktlösung präferiert. Die exekutive Macht liegt meist direktorial - ähnlich dem präsidialen Regierungssystem - beim Chief Executive Officer (CEO), der in vielen Fällen gleichzeitig auch Chairman of the Board (COB) ist. Der wesentliche Vorteil des Boardsystems liegt in der Flexibilität der Anpassung an unternehmungsindividuelle Verhältnisse. Eine von SCHWARTZ/BARNES[165] in den USA bei Familienunternehmungen durchgeführte empirische Studie hat unter anderem ergeben,

[163] Vgl. im folgenden statt vieler BLEICHER K./LEBERL D./PAUL H. (1989), S. 46 ff. und S. 123 ff.

[164] Vgl. Kapitel 3.4.2.2.1.

[165] Vgl. SCHWARTZ M.A./BARNES L.B. (1991), S. 269 ff.; Unter Berücksichtigung, dass SCHWARTZ/BARNES für ihre Untersuchung eine im Vergleich zur vorliegenden Arbeit sehr enge Definition der Familienunternehmung wählen ("[...] both management and ownership control be in the hands of family members", vgl.

- dass 31% aller antwortenden Familienunternehmungen auch Outside Directors auf ihrem Board haben,
- dass der Prozentsatz an Outside Boards bei steigender Unternehmungsgrösse zunimmt (45% der Familienunternehmungen mit mehr als 500 Beschäftigten haben auch Outside Directors),
- dass der Prozentsatz an Outside Boards sich zwar generationenneutral verhält, dass jedoch bei steigendem Unternehmungsalter die Wahrscheinlichkeit von Outside Boards zunimmt.

Es stellt sich nun die Frage nach der Vorteilhaftigkeit der Modelle im allgemeinen und im speziellen für die GFU. Theoretisch gesehen kann das Trennungsmodell aufgrund der funktionalen und institutionalen Abgrenzung von Führung und Überwachung zunächst als die klarere Lösung betrachtet werden. Anders als beim Vereinigungsmodell wird der Grundsatz der Unabhängigkeit der Überwachung eingehalten und aufgrund des Ausschlusses der Personalunion ergeben sich keine intrapersönlichen Interessenkonflikte[166] zwischen Selbstüberwachung und Führung. Die Leistungsfähigkeit des Trennungsmodells dürfte im wesentlichen von der Zusammenarbeit zwischen dem Überwachungs- und dem Führungsorgan abhängen. Dabei wird heute dem Aufsichtsrat oft ein Überwachungsdefizit angelastet, das ihn zu einem Ex-post-Sanktionierungsorgan verkümmern lässt und eine zunehmende Machtausweitung der Vorstände erlaubt[167]. Empirische Untersuchungen belegen die Tendenz zur steigenden Managerkontrolle in Grossunternehmungen[168].

> "Als Ursache für eine unzureichende Erfüllung der Überwachungsaufgabe lassen sich nennen: übermässige Mandatsakkumulation, geringe Sitzungsfrequenz, mangelnde Führungsnähe, geringe Kontrollqualifikation der Aufsichtsräte (Professionalisierung der Geschäftsführung korrespondiert nicht mit einer vergleichbaren Qualifizierung der Aufsichtsräte), Partikularinteressen, die zu unternehmensschädigenden Konflikten führen können, u.ä. Die Wirksamkeit des Aufsichtsrates wird daher auch

ebenda, S. 270), drängt sich die Vermutung auf, dass der Anteil an Outside Boards bei der nordamerikanischen GFU 45% sogar übersteigt.

166 Vgl. BLEICHER K. (1985a), hier S. 619.

167 Vgl. BLEICHER K./BORTEL K.-D./KLEINMANN R./PAUL H. (1984), S. 26 ff. Vgl. auch Kapitel 3.4.2.1.2.1.

168 Vgl. bspw. STEINMANN H./SCHREYÖGG G./DÜTTHORN C. (1983), S. 8 f.

als "strategische Lücke" bezeichnet, die es bei einer Reform der Spitzenverfassung [...] zu schliessen gelte"[169].

Überraschend ist die Breite der Ablehnung des Trennungsmodells bei deutschen Aufsichtsräten[170]. Einzelne Aufsichtsratsmitglieder sehen ihre Rolle zwar durchaus unterschiedlich, doch wird überwiegend eine verbesserte inhaltliche Mitwirkung und Einwirkungsmöglichkeit auf den Vorstand bejaht. "Inhaltliche Partizipation bedeutet jedoch im Rahmen der gesetzlichen Möglichkeiten, den Weg von der Aufsicht über eine ex-post-Kontrolle zu einer auch in Zeiten des Wandels theoretisch zu fordernden ex-ante-Mitwirkung zu beschreiten. Sie erfordert einen Dialog über Planungsprämissen, das Anspruchsniveau der Führung und mögliche alternative strategische Kurse in die Zukunft, statt einer Diskussion, die sich an formell fixierten Einzelpunkten zustimmungsbedürftiger Geschäfte orientiert"[171]. Eine derart verstandene Rolle des Aufsichtsrates bedeutet eine erhöhte Zusammenarbeit zwischen den Spitzenorganen oder zumindest zwischen ihren Vorsitzenden als 'Linking Pins'[172] und hat eine Aufweichung der starren dualen Struktur zur Folge. Hieran zeigt sich beispielhaft, dass eine Vorteils-/Nachteilsbetrachtung der beiden Modelle insofern zu relativieren ist, als bei Betrachtung der realen Verfassungsverhältnisse abweichend von den theoretischen Grundmodellen eine Akzentverschiebung bzw. Nivellierung der konzeptionellen Unterschiede des deutschen und amerikanischen Systems festgestellt werden kann. Auch wenn das Vereinigungsmodell theoretisch gesehen weniger die juristisch präferierte Dimension der Strukturüberwachung als vielmehr die intensivierte prozessbegleitende Überwachung betont und daher aus betriebswirtschaftlicher Sicht vorzuziehen wäre, findet in der amerikanischen Praxis insofern eine Akzentverschiebung statt, als eine Tendenz besteht, die Funktionen der Geschäftsführung und Überwachung auszudifferenzieren und damit vom reinen Vereinigungsmodell abzukommen[173]. So reichen in Amerika die Ausprägungen in der Spitzenorganisation von dem betont insider-orientierten Board (als Führungs- und 'Selbstüberwachungs'-Organ v.a. in kleinen und mittleren Unternehmungen) bis zum betont outsider-orientierten Board

169 SEIDEL E./JUNG R.H./REDEL W. (1988), S. 34.

170 Vgl. Ergebnisse einer Bertelsmann/Emnid-Studie in BLEICHER K. (1987), S. 50 ff.

171 BLEICHER K. (1987), S. 66.

172 Vgl. LIKERT R. (1961), S. 113 ff.

173 Vgl. BLEICHER K./LEBERL D./PAUL H. (1989), S. 47 und S. 261.

(als Supervisory Board, also Überwachungsorgan, v.a. in international tätigen Grossunternehmungen), der die Führungsaufgaben weitgehend an das Management delegiert hat[174].

3.4.1.2.3 Internationale Konvergenzentwicklung

In vielen Ländern sind aktienrechtliche Reformbestrebungen auszumachen[175]. Die 5. EG-Richtlinie (sog. Strukturrichtlinie), mit der eine Harmonisierung der Spitzenorganisation im EG-Raum angestrebt wird, gewährt den nationalen Gesetzgebern ein Wahlrecht zwischen dem Trennungsmodell deutscher und dem Vereinigungsmodell angelsächsischer Prägung, wobei die gegebene Interpretation des Vereinigungsmodells auf eine differenzierte Rollenzuweisung für die Inside Directors - als geschäftsführende Mitglieder mit Führungsaufgaben - und Outside Directors - als nicht-geschäftsführende Mitglieder mit Überwachungsaufgaben - hinzielt[176]. Insgesamt zeichnet sich in den EG-Ländern die Tendenz zu einer auch organmässig institutionalisierten Trennung von Überwachung und Führung ab[177]. BLEICHER/LEBERL/PAUL[178] sehen aufgrund eines Drei-Länder-Vergleichs (USA, BRD, CH) der unterschiedlichen Regelungen von Spitzenverfassungen internationale Konvergenzentwicklungen, die generell in einer zunehmenden Professionalisierung des Managements bei einer sich gleichzeitig auftuenden Überwachungslücke liegen. Die Reformbestrebungen in den genannten Ländern sind deshalb durch eine anvisierte Stärkung (bspw. durch die Einführung eines Mindestpflichtkatalogs zustimmungspflichtiger Geschäfte) der Stellung der Spitzenorgane Board, Aufsichtsrat und Verwaltungsrat geprägt. BÖCKLI sieht folgende vier Entwicklungen, die insgesamt zu einer übergreifenden Funktionsannäherung und damit zu einer Konvergenz der Systeme beitragen: a) die Tendenz zu laufender Abstimmung zwischen der Spitze des Leitungsorgans und dem Präsidium des Überwachungsorgans, b) der

[174] Vgl. BLEICHER K./LEBERL D./PAUL H. (1989), S. 170.

[175] Vgl. Überblick zu Reformbestrebungen in Europa und Nordamerika bei THEISSEN M.R. (1987), S. 110 ff.

[176] Zur Entwicklung der EG-Regelungen und zum Stand der Regelungsentwürfe (5. EG-Richtlinie von 1989, SE-Statut von 1991), vgl. CHMIELEWICZ K. (1991), S. 15 ff. Vgl. auch NOBEL P. (1991a), S. 25.

[177] DÜLFER E. (1986), S. 52.

[178] Vgl. BLEICHER K./LEBERL D./PAUL H. (1989), S. 259 ff.

Einfluss der Mitbestimmung auf die Rolle des Überwachungsorgans, c) die mangelnde Übereinstimmung von Aufgaben und Mitteln der Überwachungsträger und d) die Herausbildung informeller Entscheidungsgruppen sowohl im Führungs- als auch im Überwachungsorgan[179]. Aus einer gewissen Konvergenz zwischen dem Trennungs- und dem Vereinigungsmodell entwickelt sich die internationale aktienrechtliche Spitzenorganisation bei grundsätzlicher Teilung von Führung und Überwachung in Richtung eines Kooperationsmodells[180].

Aus der Gegenüberstellung der beiden Grundmodelle sowie aus dem Blick in ausländische Verfassungsverhältnisse können für das Thema dieser Arbeit folgende Punkte festgehalten werden:

- Die realen Ausprägungen von Spitzenorganisationen weichen häufig von dem jeweils zugrundeliegenden (theoretischen) Modell ab und weisen eine hohe Bandbreite auf. Sie sind kennzeichnend für das Spannungsfeld zwischen externer Normierung und faktischer interner Ausgestaltung und sind Beleg dafür, dass es für die Gestaltung der Spitzenorganisation keine Pauschallösung gibt. Internationale Konvergenzentwicklungen fordern dazu auf, losgelöst von zugrundeliegenden starren Rechtsmodellen die faktischen Strukturen und Abläufe an der Unternehmungsspitze zu überprüfen und allenfalls anzupassen.
- In Grossunternehmungen sind generell eher Trennungsstrukturen anzutreffen. Diese Tendenz widerspiegelt sich in internationalen aktienrechtlichen Reformbestrebungen. Bei Umsetzung der 5. EG-Richtlinie hätte das neue Aktienrecht der Schweiz ohne gesetzlich vorgeschriebene Trennung von Verwaltungsrat bzw. Überwachung und Geschäftsleitung bzw. Führung weiterhin Bestand, solange den Gesellschaften die Option erhalten bleibt, sich auch nach dem dualistischen System in seiner strikten Ausprägung zu organisieren[181].
- Bei Nichtvertretung eines Familienmitglieds in der Geschäftsführung kann sowohl im Trennungs- als auch im Vereinigungsmodell der Familieneinfluss auf die Unternehmungsführung durch die Wahl von Interessenvertretern gewahrt bleiben. Die konzeptionelle Schwäche des reinen Vereinigungsmodells liegt dann im Problem der Selbstüberwachung. Ein

[179] Vgl. BÖCKLI P. (1992a), S. 474 ff.

[180] Vgl. GERUM E. (1989), Sp. 2144 f.

[181] Vgl. BAUDENBACHER C. (1991), hier S. 611.

professionelles Management verlangt jedoch nach einer professionellen und damit auch unabhängigen Überwachung. Diese Aufgabe kann bei einer Trennungsstruktur von einem oder mehreren qualifizierten Überwachungsträgern treuhänderisch übernommen werden. Unter dem Überwachungsaspekt ist das Trennungs- dem reinen Vereinigungsmodell überlegen. Dies ist aus Kontinuitätssicht - ganz besonders im Falle der Nichtqualifikation der nachfolgenden Familienaktionäre - eines der wesentlichen Argumente für eine Trennungsstruktur in der Spitzenorganisation der GFU. Dabei gilt es folgenden Leitsatz zu berücksichtigen: "Niemand kann überwachen, ohne selbst dabei zu sein"[182]. Die Überwachung des Managements kann nur so gut sein wie die Qualität der den Überwachungsträgern zur Verfügung gestellten Informationen. Der Informationsabhängigkeit als konzeptionelle Schwäche des Trennungsmodells ist im Einzelfall durch geeignete Massnahmen (bspw. Einsetzen eines hauptamtlichen Präsidenten) zu begegnen. Für das Trennungsmodell spricht auch die damit zumindest im Ansatz verbundene Machtaufteilung an der Unternehmungsspitze und die aus Nachfolgeüberlegungen heraus erwünschte Verhinderung der dominierenden Stellung einer Person.

- Mit der Zuordnung von Führungs- und Überwachungsaufgaben an bestimmte Organe wird die organisatorische Grundstruktur der GFU-Spitze festgelegt. Von einzelnen Ländern mit Mitbestimmung abgesehen, wird überwiegend eine reduktionistische Interessenausgleichslösung gesucht, wenngleich sich eine Tendenz hin zu pluralistischeren Verfassungsstrukturen abzeichnet[183]. Ebenso beruht die Institutionalisierung der Beratungsfunktion rechtlich gesehen auf Freiwilligkeit. Insofern haben die Interessenausgleichs- und Beratungsfunktion keinen massgeblichen Einfluss auf die Gestaltung der Grundstruktur der Spitzenorganisation und bilden deshalb eine Gestaltungsaufgabe innerhalb der durch Führung und Überwachung festgesetzten Organisationsstruktur.
- Eine theoretisch geführte Diskussion bezüglich der Vorziehenswürdigkeit des einen oder anderen Modells bleibt solange eine Scheindiskus-

182 BÖCKLI P. (1992a), S. 473.

183 So soll der Aufsichtsrat der Europäischen AG pluralistisch zu je einem Drittel aus Vertretern der Anteilseigner, der Arbeitnehmer und aus Vertretern des 'allgemeinen Interesses' zusammengesetzt sein, vgl. GLEICHMANN K. (1989), Sp. 483.

sion, als nicht mit einbezogen wird, dass die Funktionstüchtigkeit der Spitzenorganisation letztlich weniger institutionell bedingt ist als vielmehr von der Stärke und Befähigung der in den Spitzenorganen vertretenen oder auch im Hintergrund agierenden (bspw. der ausgeschiedene EU) Persönlichkeiten abhängt. So kann die Qualität der Zusammenarbeit in und zwischen den Spitzenorganen sowohl im Vereinigungs- als auch im Trennungsmodell gut (effizient) oder schlecht (ineffizient) sein. Passende Organisationsstrukturen können immer nur eine günstige Voraussetzung für die Funktionstüchtigkeit der Spitzenorganisation sein. Die gestaltbaren Strukturen müssen dann von qualifizierten Personen mit Leben gefüllt werden, denn letztlich werden (und sollten) Unternehmungen von Menschen und nicht von Institutionen geführt (werden).

3.4.1.3 Strukturelle Integrationsmöglichkeiten der Spitzenfunktionen im Verwaltungsratssystem

3.4.1.3.1 Grosse Bandbreite möglicher Ausgestaltungen

Ausgangspunkt der Funktionsteilung in der Spitzenorganisation der schweizerischen AG sind die zwingend vorgeschriebenen Organe Generalversammlung, Verwaltungsrat und Revisionsstelle sowie deren unübertragbaren Aufgaben[184]. Grundsätzlich weist das Gesetz der Generalversammlung die Willensbildungs-, dem Verwaltungsrat die Exekutiv- und der Revision die Kontrollfunktion (im Sinne einer formellen Prüfung der rechtlichen und buchhalterischen Korrektheit der Ausführungshandlungen) zu. Es fehlt ein eigentliches Überwachungsorgan, sodass die Überwachungsfunktion (im Sinne einer materiellen Prüfung der Zweckmässigkeit und Angemessenheit der Ausführungshandlungen) von einem der gesetzlichen oder von einem fakultativen Organ wahrgenommen werden muss[185]. Da von Gesetzes wegen keine explizite Trennung von Führung und Überwachung verlangt wird, kann das Verwaltungsratssystem prinzipiell dem einstufigen Vereinigungsmodell zugeordnet werden, d.h. wenn nichts Besonderes vorgesehen ist, ist der Verwaltungsrat in seiner Gesamtheit geschäftsführendes Organ. Dabei können analog dem amerikanischen System Geschäftsführung und Vertretung auch einzelnen VR-

[184] Vgl. Kapitel 2.2.2.2.

[185] Vgl. FORSTMOSER P./MEIER-HAYOZ A. (1983), S. 137.

Mitgliedern zugewiesen werden, sodass sich der Verwaltungsrat aus externen, nebenamtlichen und internen, vollamtlich geschäftsführenden Mitgliedern zusammensetzt. Die Möglichkeit der Delegation der Geschäftsführung erlaubt Ausgestaltungen vom reinen Vereinigungs-[186] bis hin zum Trennungsmodell[187]. Sind bei der Delegation an VR-Delegierte[188] aufgrund der Multisystempositionierung noch personelle Verflechtungen auszumachen ('Präsidialsystem'[189]), findet im Falle der Delegation an einen Direktor oder an mehrere Direktoren (gebräuchliche Bezeichnungen: Konzernleitung, Geschäftsleitung, Generaldirektorium oder Direktorium) eine Annäherung an das Trennungsmodell statt, da die Personalunion von Verwaltungsrat und Direktor(en) ausgeschlossen ist. Gemessen am deutschen Vorstands-/Aufsichtsratssystem mit strikter funktionaler und personeller Trennung erlaubt das neue schweizerische Aktienrecht jedoch keine totale Trennung, denn auch bei Ausschöpfung aller Delegationskompetenzen verbleibt die Oberleitung und aufgrund dieser Restkompetenz eine Teilverantwortung (partielle Verantwortlichkeitsentlastung) bzw. die Sorgfaltspflicht bezüglich Auswahl, Instruktion und Überwachung der Delegationsempfänger beim Verwaltungsrat[190]. Mit anderen Worten: der Verwaltungsrat hat in jedem Fall alle Funktionen eines Aufsichtsrats und er hat darüber hinaus eine Reihe von undelegierbaren Vorstandsfunktionen[191]. Auch im äussersten Delegationsfall kann deshalb nur von einer 'quasi-dualistischen Spitzenorganisation'[192] gesprochen werden. Dank der Flexibilität des Verwaltungsratssystems kann die schweizerische AG "[...] die geeignete Organisationsform für Grosskonzerne, Familienbetriebe und Einmanngesellschaften bilden. Das System lässt zu, dass der Verwaltungsrat zum Beratungs- und Aufsichtsorgan erhoben, zum Geschäftsführerteam ausgestaltet oder zum Einmanngremium herabgemindert wird"[193]. Somit stellt im Verwaltungsratssystem die

186 Vgl. Strukturvariante 1 in Abb. 6.

187 Vgl. Strukturvariante 4 in Abb. 6.

188 Vgl. Strukturvariante 2 und/oder 3 in Abb. 6.

189 Vgl. BÖCKLI P. (1992a), S. 437. Ist der VR-Delegierte gleichzeitig VR-Präsident, so findet eine Annäherung an das französische System des 'Président Directeur Général' statt, vgl. MEIER-HAYOZ A./FORSTMOSER P. (1993), S. 317.

190 Vgl. HORBER F. (1986), S. 108 ff.; Vgl. auch Kapitel 2.2.2.2.

191 Vgl. BÖCKLI P. (1992a), S. 470 ff.

192 Vgl. BÖCKLI P. (1992a), S. 477.

193 GREYERZ VON C. (1982), S. 197.

Delegation[194] von Aufgaben und Kompetenzen durch den Verwaltungsrat die zentrale Variable zur Gestaltung der spitzenorganisatorischen Rahmenstruktur dar. Ausserdem ist es auch möglich, ohne vertikale Kompetenzdelegation eine Art Trennungsstruktur herbeizuführen, nämlich dann, wenn analog dem amerikanischen Muster innerhalb des Verwaltungsrats eine horizontale Funktionsteilung durch Übertragung der Überwachung auf externe VR-Mitglieder (Outside Directors) und der Führung auf interne VR-Mitglieder (Inside Directors) erfolgt. Was bei dieser Variante "[...] an Funktionstrennung und formaler Schönheit der Strukturen verloren geht, wird an direktem Informationsfluss durch die älteste und einfachste, aber nach wie vor wirksamste Methode hinzugewonnen: durch das Dabeisein"[195].

In Bezug auf den Interessenausgleich folgt das Verwaltungsratssystem dem monistischen Ansatz, da lediglich die Interessen der Kapitalgeber zwingend vertreten sind. Die Schweiz kennt keine gesetzliche Mitbestimmung der Arbeitnehmer und ihrer Organisationen auf Verwaltungsratsebene und es ist in absehbarer Zeit unwahrscheinlich, dass dahingehende Initiativen beim Volk eine Mehrheit finden würden[196]. Für die Institutionalisierung der Beratungsfunktion existieren keine zwingenden Vorschriften, sodass auch hier die organisatorische Gestaltungsfreiheit sehr gross ist. Beratungsgremien sind weder gesellschaftsrechtlich vorgeschrieben noch finden sich im Gesetz namentliche Hinweise für die Möglichkeit ihrer Etablierung[197].

194 Zur Kompetenzdelegation vgl. umfassend HORBER F. (1986).

195 BÖCKLI P. (1992a), S. 479.

196 Die von den Gewerkschaften ins Leben gerufene Volksinitiative zur Mitbestimmung wurde 1976 mit einem doppelten Nein deutlich (Verhältnis 2 zu 1) abgelehnt. Gründe für das Nichtaufkommen der Mitbestimmung in der Schweiz sieht BRAUCHLIN unter anderem in der Kleinheit der Betriebe, der starken Auslandsverlagerung der Industrie, der Schwäche der Linksparteien und Gewerkschaften, dem ländlich-bürgerlichen Kulturbewusstsein trotz starker Vermögenskonzentration, dem Arbeitsfrieden als sozialpolitische Maxime und in der Zurückhaltung des Staates. Vgl. BRAUCHLIN E. (1981), S. 95 ff.

197 Vgl. REIFF F. (1988), S. 2.

3.4.1.3.2 Typische Ausgestaltungen in der Praxis

Insgesamt gesehen hat sich das Verwaltungsratssystem in der Schweiz bewährt, denn es bietet allen Gesellschaftsgrössen und -arten adäquate Lösungsmöglichkeiten[198]. Die gewählte Aufgabenteilung zwischen den Spitzenorganen hängt stark von der Grösse und Eigentumsstruktur der Unternehmung ab. Bei Grossunternehmungen ist i.d.R. die Hinwendung zu einer Trennungsstruktur feststellbar, d.h. der Verwaltungsrat konzentriert sich auf die Überwachungstätigkeit und die Geschäftsführung wird innerhalb der zulässigen Grenzen[199] an ein oder mehrere Spitzenorgane delegiert: "In schweizerischen Grossgesellschaften übernimmt der Verwaltungsrat die Funktionen eines Aufsichtsrates, sei es, weil die Statuten ihm Aufsicht und Oberleitung und der Geschäftsleitung das Management der Gesellschaft zuweisen, sei es, weil die Geschäftsführungsmassnahmen faktisch auf das Direktorium übergegangen sind"[200]. Das Vereinigungsmodell findet sich dagegen eher bei kleineren (Familien)unternehmungen mit wenigen Aktionären. Die Überwachungsaufgaben werden dann häufig von den Aktionären selbst wahrgenommen, sofern sie über die nötige Sachkompetenz verfügen und häufig zusammentreffen[201]. Daneben gibt es die nicht unumstrittenen und eher selten praktizierten Überwachungsmöglichkeiten durch Erweiterung der Befugnisse und Pflichten der Revisionsstelle, durch Ernennung besonderer Kommissäre oder Sachverständige und durch Übertragung der Überwachungsaufgabe an einen Beirat.

Der Interessenausgleich zwischen den Aktionären und relevanten Drittgruppen erfolgt in der schweizerischen Praxis extrem reduktionistisch, wobei eine Relativierung des Aktionärsinteresses insofern zu beobachten

198 Vgl. SCHORER P. (1983), S. 120.

199 Vgl. HORBER F. (1986), S. 53 ff.

200 GREYERZ VON C. (1982), S. 198; Vgl. zu den Vor- und Nachteilen der Überwachungsausübung durch den Verwaltungsrat SLINGERLAND E. (1982), S. 75 f.

201 Vgl. MEIER-HAYOZ A./FORSTMOSER P. (1993), S. 324 f.. Die Ausführungen von MEIER-HAYOZ/FORSTMOSER sind nach Ansicht des Verfassers ein gutes Beispiel dafür, dass in der juristischen (und auch betriebswirtschaftlichen) Fachliteratur eine grosse AG meist 'automatisch' mit einem grossen Aktionärskreis und eine kleine AG meist 'automatisch' mit einem kleinen Aktionärskreis verbunden wird; Die GFU dagegen ist zwar gross, hat jedoch häufig einen relativ kleinen, d.h. überschaubaren Aktionärskreis. Vgl. kritisch zur Ausübung der Überwachung durch die Generalversammlung NIGGLI A. (1981), S. 109.

ist, als Lehre und Rechtsprechung bei der Beurteilung von Interessenkonflikten das Unternehmungsinteresse als Kriterium der Interessenabwägung in den Vordergrund stellen[202]. Verwaltungsräte sind demnach primär dem Unternehmungsinteresse verpflichtet und sollten die Interessen der Stakeholder (Aktionäre, Arbeitnehmer, Gläubiger, Öffentlichkeit, Banken, Lieferanten, Kunden etc.) als legitime Interessen berücksichtigen. Alternativ könnte durch die freiwillige Kooptation von Vertretern relevanter Interessengruppen ein pluralistischer Verwaltungsrat im institutionalistischen Sinne herbeigeführt werden, was jedoch selten praktiziert wird.

Im Vergleich zu Deutschland sind Beiräte in der Schweiz eher selten anzutreffen. Trotz fehlendem Zahlenmaterial hinsichtlich ihrer Verbreitung geht REIFF[203] davon aus, dass Beiräte nicht auf bestimmte Branchen beschränkt sind und dass ihre Verbreitung im letzten Jahrzehnt zugenommen hat. Trotzdem stellen sie nach wie vor eine Ausnahmeerscheinung dar.

3.4.1.3.3 Forderung nach einer Trennungsstruktur für die GFU als Grundlage weiterer Gestaltungsmassnahmen

"Noch niemand hat eine Struktur für die Spitzenverfassung gefunden, die sowohl rechtsdogmatisch folgerichtig und cartesianisch klar wie auch praktikabel ist"[204]. Trotzdem: in Fortführung der Gedanken am Schluss des Kapitels 3.4.1.2 stellt sich hier die Frage nach der zweckmässigen Zuordnung der Funktionsbereiche in der GFU im Rahmen des Verwaltungsratssystems. Ausgehend von dem Beispiel 'XY AG'[205] wird deutlich, dass der EU von der Gründung an bis kurz vor seinem Ausscheiden faktisch die oberste Führungs- und Überwachungsfunktion in seiner Person vereint. Aus rein wirtschaftlicher Überlegung heraus ist die normalerweise für kleinere Unternehmungen typische Identität von Aktionär bzw. Generalversammlung, Verwaltungsrat und Geschäftsführung nicht zu kritisieren, oft kann sie - wie Praxisfälle immer wieder zeigen - als möglicher Erfolgsfaktor angesehen werden. Unter dem Gesichtspunkt der Unter-

202 Vgl. BINDER A (1988), S. 62 ff.

203 Vgl. REIFF F. (1988), S. 12 ff.

204 BÖCKLI P. (1992a), S. 479.

205 Vgl. Kapitel 3.1.

nehmungskontinuität ergibt sich jedoch für die GFU diesbezüglich eine differenzierte Beurteilung. Im Gegensatz zur kleineren Familienunternehmung, bei der auch nach dem Generationswechsel die Erhaltung dieser Identität und damit die Erhaltung der personalen Führungsstruktur wahrscheinlich und plausibel ist, lassen die erreichte Grösse und Komplexität der GFU und die damit einhergehenden hohen Anforderungen an die Unternehmungsführung die Substitution des EU mit all den von ihm ausgeübten Funktionen durch eine einzige Person nicht nur als unrealistisch, sondern auch als unverantwortlich erscheinen. Das soll nicht heissen, dass ein qualifiziertes Familienmitglied der nächsten Generation keine Führungs- und/oder Überwachungsaufgaben wahrnehmen soll - Unternehmerpersönlichkeiten sind immer gefragt - vielmehr geht es um eine klare organisatorische Regelung in und zwischen den Spitzenorganen, die unabhängig vom geplanten oder plötzlichen Ausscheiden des bisherigen EU sowie unabhängig vom Vorhandensein eines oder mehrerer qualifizierter Familienmitglieder einen wichtigen Beitrag zur Unternehmungskontinuität leisten kann. Auch bei der GFU muss die eigentliche Geschäftsführung von einem professionellen Management, das sich aus mehreren Personen zusammensetzt, ausgeübt werden. Im Falle der Übernahme der Geschäftsführung durch den Gesamtverwaltungsrat ist eine wirksame Überwachung durch die Generalversammlung nicht gewährleistet. "Denn bei einem solchen System stellt sich sofort die Frage, wer denn diesen allen Fäden in der Hand haltenden Verwaltungsrat wirksam überwachen soll. Generalversammlung und Aktionär werden jedenfalls nie in der Lage sein können, eine umfassende Geschäftsführungsprüfung im Sinne einer Zweckmässigkeitsprüfung vorzunehmen. Die Aufgabe der Revisionsstelle ist und bleibt in erster Linie die Rechnungslegungsprüfung. Die Funktion der Überwachung der Geschäftsprüfung bleibt daher in diesem Modell mehr oder weniger verwaist"[206]. Die Anwendung des reinen Vereinigungsmodells ist für die GFU nicht zweckmässig und eine mehrstufige Lösung drängt sich auf. Die Überwachung der Geschäftsführung erfolgt durch den Verwaltungsrat, denn: "In den grossen Gesellschaften ist er zudem das einzige Organ, welches in der Lage ist, das Management der Gesellschaft im Interesse der Aktionäre,

[206] BINDER A. (1988), S. 166.

der Unternehmung und der Öffentlichkeit systematisch und wirksam zu kontrollieren"[207].

Die Ablösung einer allfälligen Vereinigungsstruktur und die rechtzeitige Einführung und erfolgreiche Umsetzung einer Trennungsstruktur in der Spitzenorganisation ist eine wesentliche Voraussetzung zur Sicherung der Kontinuität der GFU. Im folgenden wird deshalb von einer Trennungsstruktur ausgegangen, wobei es zu beachten gilt, dass nicht zuletzt durch den zwingenden Verbleib der Oberleitung beim Verwaltungsrat - wodurch eine Zweiteilung der Unternehmungsführungsfunktion erfolgt - Führung und Überwachung vielfältige Verzahnungen aufweisen. Die eigentliche Geschäftsführung wird vom Verwaltungsrat an eine oder je nach Unternehmungsstruktur an mehrere Leitungsorgane (Management) delegiert. Unabhängig von dieser institutionalisierten Trennung wird eine sachbezogene Kooperation zwischen den verschiedenen Organen angestrebt. Im Gegensatz zum deutschen Modell soll die Forderung nach einer Trennungsstruktur hier (vorerst) nicht bedeuten, dass die Trennung von Führung und Überwachung notwendigerweise die personelle Trennung beinhaltet[208]. Stattdessen geht es hier um die Ausgestaltung eigenständig funktionierender Gremien, die von einer Einzelperson (der bisherige oder nachfolgende EU) unabhängig sind und auch über personelle Wechsel hinweg in ihrer Leistungsfähigkeit Beständigkeit zeigen.

3.4.2 Gestaltung der spitzenorganisatorischen Detailstruktur

Gestaltungsobjekte der spitzenorganisatorischen Detailstruktur sind die einzelnen Spitzenorgane, die in der Rahmenstruktur festgelegt worden sind[209]. Im Mittelpunkt der Gestaltung einer effizienten Spitzenorganisation steht der Verwaltungsrat, auf dessen zentrale Stellung im Verlauf

207 SCHORER P. (1983), S. 120.

208 Die Frage der personellen Trennung wird im Folgenden an verschiedenen Stellen problematisiert, vgl. insbesondere Kapitel 3.4.2.1.3.1.

209 Vgl. eingehend zu den organisatorischen Aktionsparametern zur Gestaltung der Detailstruktur GROCHLA E. (1982), S. 160 und S. 166 ff.. Wie in Kapitel 3.4.2.1.1 für den Verwaltungsrat und in Kapitel 3.4.2.2.1 für die Generalversammlung erläutert wird, beschränkt sich die Gestaltung der Spitzenorgane im folgenden jedoch nicht auf die rein organisatorischen Aktionsparameter Arbeitsteilung, Koordination und Konfiguration, sondern bezieht auch personal- und informationswirtschaftliche Gestaltungsaspekte mit ein.

dieser Arbeit mehrfach hingewiesen wird. Während formell die Generalversammlung das oberste Willensbildungsorgan ist, stellt faktisch gesehen der Verwaltungsrat das wichtigste Spitzenorgan dar[210]. Der Verwaltungsrat handelt als Agent der Familienaktionäre, ist gleichzeitig Prinzipal der Geschäftsleitung und bietet sich somit als zentraler Ansatzpunkt für die Gestaltung der Spitzenorganisation der GFU an[211]. In der Generalversammlung widerspiegeln sich Probleme und Anliegen, die familienseitig für die GFU entstehen. Die im weiteren aufgeführten Aktionsparameter beziehen sich demnach primär auf den Verwaltungsrat (Kapitel 3.4.2.1), die Generalversammlung (Kapitel 3.4.2.2) sowie auf deren Beziehungsverhältnis und nur sekundär auf weitere Spitzenorgane (Kapitel 3.4.2.3). Es wird im folgenden ein professionelles Management vorausgesetzt (die Führungsorganisation, also die Geschäftsleitungsebene sowie die nachgelagerten Hierarchieebenen[212], ist hier nicht Gegenstand der Gestaltung).

3.4.2.1 VR-bezogene Gestaltungsmassnahmen

3.4.2.1.1 Zusammenfassung der Aktionsparameter im VR-Raster

Modelltheoretische Grundlage der VR-bezogenen Gestaltungsmassnahmen bildet der von KÜHN/DIETRICH[213] entwickelte 'Raster zur Verwaltungsratsanalyse' (kurz: VR-Raster), der hier und in Kapitel 3.4.2.2 für die Generalversammlung eine themenspezifische Weiterentwicklung erfährt. Der VR-Raster[214] - "[...] ein Modell zur strukturierten Erfassung und Beschreibung all jener Elemente und Subsysteme des Unternehmungsgeschehens [...], die die Verwaltungsratstätigkeit beeinflussen und/oder von dieser beeinflusst werden"[215] - enthält die drei Subsysteme Verwaltungsrat, unternehmungsinterne und unternehmungsexterne Bezugsgruppen (vgl. Abb. 13).

210 Vgl. MEIER-HAYOZ A./FORSTMOSER P. (1993), S. 316; HORBER F. (1986), S. 46 f.; Vgl. auch Kapitel 2.2.2.3.

211 Vgl. JASCHKE T. (1989), S. 48 ff.

212 Zur Abgrenzung von Führungs- und Spitzenorganisation vgl. Kapitel 2.2.1.4.

213 Vgl. KÜHN R./DIETRICH M. (1989).

214 Vgl. im folgenden DIETRICH M. (1990), S. 9 ff.

215 DIETRICH M. (1990), S. 9.

Abb. 13: Das VR-Raster[216]

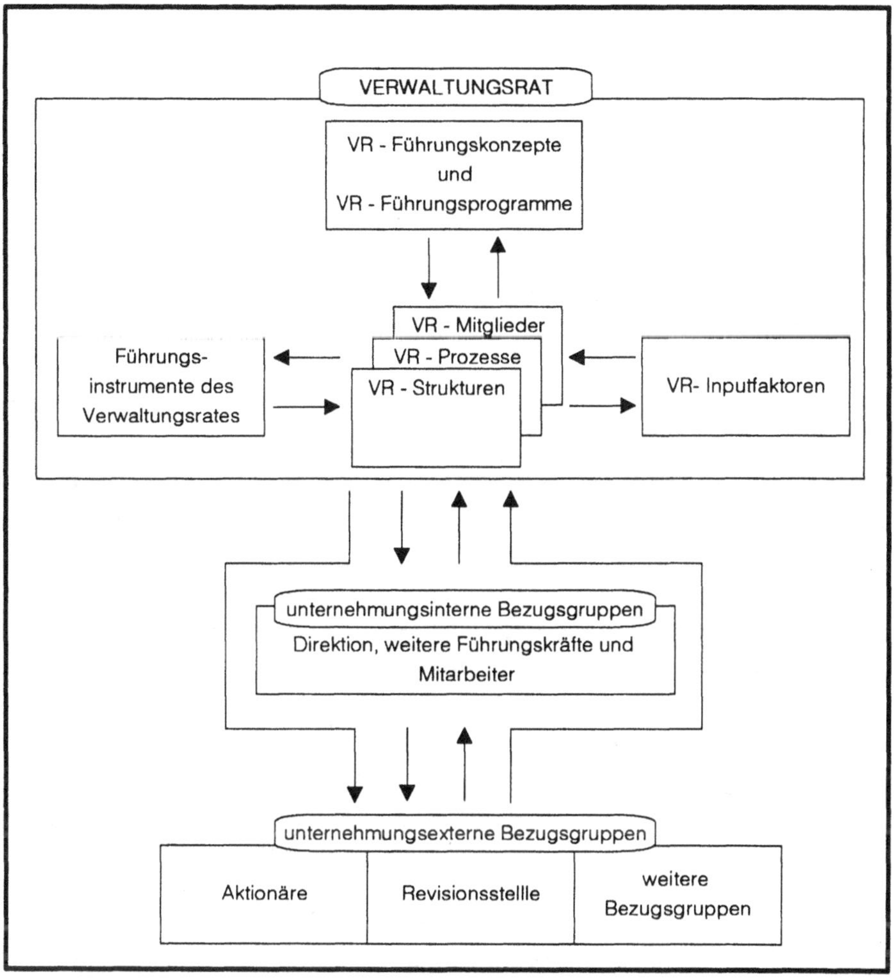

Das Subsystem Verwaltungsrat setzt sich zusammen aus den sechs Elementen:

- VR-Mitglieder: Aspekte des einzelnen Mitglieds wie bspw. seine Ausbildung oder berufliche Stellung, Gruppenaspekte wie Zusammensetzung und Grösse des Verwaltungsrats und VR-Kultur, also Grundeinstellung und Werthaltungen zur VR-Arbeit;

216 Vgl. DIETRICH M. (1990), S. 11.

- VR-Strukturen: Ausschüsse und Positionen (Präsident, Vize-Präsident, Delegierter, einfaches VR-Mitglied, Sekretär etc.) mit ihren Funktionen, hierarchisches Gefüge im Verwaltungsrat;
- VR-Prozesse: Zielsetzungs- und Aufgabenerfüllungsprozesse wie bspw. VR-Sitzungen;
- VR-Führungsinstrumente: Führung der unternehmungsexternen Bezugsgruppen durch 'Umwelt-Führungsinstrumente' und Führung der unternehmungsinternen Bezugsgruppen durch 'Unternehmungs-Führungsinstrumente';
- VR-Inputfaktoren: Informationen, Sachmittel, Finanzen und Zeit; - VR-Führungskonzepte: (Aufgaben-, Organisations-, Personal-, Informations- und Metakonzept) und VR-Führungsprogramme (bspw. Arbeitsprogramm).

Der Vorteil der Aufteilung in diese Komponenten liegt darin, dass sie eine umfassende Analyse des gesamten VR-Geschehens unter personellen, strukturellen, prozessualen, instrumentellen und Input/Output Gesichtspunkten erlaubt. Zudem ist ein Soll-Ist-Vergleich möglich, denn die in den Führungskonzepten festgehaltenen Soll-Vorgaben können den tatsächlichen Verhältnissen gegenübergestellt werden. "Die VR-Führungskonzepte und -programme sind Instrumente, die der Verwaltungsrat zur eigenen Führung entwirft bzw. einsetzt. Sie sind Ausdruck einer bewussten und reflektierten Gestaltung"[217]. Der VR-Raster zeigt die Vielfalt der bei der Gestaltung des Verwaltungsrats zu berücksichtigenden Grössen, weshalb sich eine gestaltungsorientierte Systematisierung der Variablen aufdrängt. Die wichtigsten VR-bezogenen Gestaltungsvariablen werden mit den im Aufgaben-, Organisations-, Personal- und Informationskonzept thematisierten Grundsatzfragen weitgehend und systematisch abgedeckt, sodass sie in den nächsten Kapiteln unter diesen vier Rubriken behandelt werden. Dabei wird eine Vertiefung von einzelnen Variablen und von Abhängigkeiten zwischen Variablen insbesondere dort gesucht, wo GFU-spezifische Probleme vermutet werden können.

217 DIETRICH M. (1990), S. 17. Unter Konzept wird verstanden "[...] ein System von Grundsätzen, das gewisse auf bestimmte betriebswirtschaftliche Instrumente und/oder spezifische Unternehmensbereiche bezogene Entscheide und Handlungen richtungsweisend festlegt" und als Grundsatz gilt hier "[...] eine auf Zusehen hin geltende, explizit formulierte, präskriptive Aussage, die den Alternativenraum bestimmter künftiger Entscheide einengt oder im Extremfall den Entscheid vorwegnimmt", vgl. KÜHN R. (1986), S. 141 f.

Während die obigen vier Führungskonzepte sich auf verschiedene Komponenten des Subsystems Verwaltungsrat beziehen, hat das VR-Metakonzept ausschliesslich die Konzepte und Programme selbst zum Gegenstand. "Da wird entschieden, welche Konzepte/Programme mit welcher (Projekt-)Organisation und welchen Arbeitsmitteln zu erstellen sind. Auch die genaue inhaltliche Abgrenzung zwischen den einzelnen Konzepten/Programmen ist ein Anliegen der Meta-Ebene"[218]. Indem das VR-Metakonzept die Anforderungen an die einzelnen VR-Führungskonzepte festlegt, übt es einen mittelbaren Einfluss auf die Ausgestaltung des Verwaltungrats aus. Auf die Metaplanung selbst soll hier nicht näher eingegangen werden[219].

Im übrigen können auch die Statuten und Reglemente bzw. Teile davon zu den VR-Führungskonzepten gezählt werden, sofern sie das VR-Geschehen auf Zusehen hin gestalten.

3.4.2.1.2 Gestaltungsbereich 'VR-Funktionen'

3.4.2.1.2.1 VR-Positionierung

Bei der VR-Positionierung geht es um die Frage, welchen Stellenwert der Verwaltungsrat einnehmen soll, d.h. es geht um die Klärung der grundsätzlichen Erwartungen an den Verwaltungsrat, also um die Rolle, die dieser erfüllen soll. Das an den Verwaltungsrat gerichtete Bündel von Verhaltenserwartungen ist laufend und besonders dann zu überprüfen, wenn sich durch Umweltentwicklungen oder durch die Unternehmungsentwicklung selbst veränderte Anforderungen ergeben, die nach einer veränderten Rolle des Verwaltungsrats rufen. Die Fähigkeit des Verwaltungsrats, auf veränderte Bedingungen rechtzeitig und qualifiziert zu reagieren, bzw. die Fähigkeit, den Verwaltungsrat auf zukünftige Anforderungen hin auszurichten, kann für die Unternehmung überlebenswichtig sein. Dies hat sich in den vergangenen Jahren bei einer ganzen Reihe von Unternehmungskrisen, Unfriendly Takeovers und Unternehmungszusammenbrüchen[220] wiederholt gezeigt. Spektakuläre Einzelfälle wie 'Trans-KB' oder 'Omni' fanden in den Medien breite Berücksichtigung und

[218] DIETRICH M. (1990), S. 19.
[219] Vgl. dazu KÜHN R. (1985), S. 531 ff.
[220] Vgl. Beispiele bei OTT H. (1988), S. 52 ff.

führten in der Öffentlichkeit zu einer erhöhten Sensibilität dem Verwaltungsrat gegenüber. Spezielle VR-Aspekte wie Verantwortlichkeit, Haftung, Häufung von Mandaten, Entlöhnung oder Qualifikation von VR-Mitgliedern wurden zunehmend thematisiert und kritisch beleuchtet. Auch im Zusammenhang mit der mittlerweile abgeschlossenen Aktienrechtsreform war die Rolle des Verwaltungsrats ein Dauerthema.

Überschriften von Zeitungsartikeln, von Beiträgen in einschlägigen Zeitschriften und auch von wissenschaftlichen Arbeiten widerspiegeln die in den letzten Jahren intensivierte Diskussion zur Rolle des Verwaltungsrats, bspw.: "Visionäre oder Altherrenclubs?"[221], "Plädoyer für den aktiven Verwaltungsrat"[222], "Sind Verwaltungsräte Galionsfiguren?"[223], "Der Verwaltungsrat muss umdenken!"[224], "Statisten statt Strategen"[225], "Die Rolle des Verwaltungsrats im Prozess der strategischen Unternehmungsführung"[226], "Marktwirtschaft für den Verwaltungsrat"[227], "Für Ja-Sager ist der Sessel zu gross"[228], "Schweizer Verwaltungsräte mit neuen Prioritäten"[229], "Die neue Rolle des Verwaltungsrates"[230] oder "Handlungsbedarf in obersten Etagen - Führungsqualität als kardinaler Wettbewerbsfaktor"[231]. Die kritischen Stimmen lassen sich dahingehend zusammenfassen, dass ein Grossteil der heutigen Verwaltungsräte sowohl als Gremium als auch als Person ihrer Rolle nicht gerecht wird. Die stark gestiegene Dynamik der gesellschaftlichen, ökonomischen, technologischen und ökologischen Entwicklungen sowie die Komplexität der zu lösenden Probleme haben die Rolle des Verwaltungsrats spürbar beeinflusst. Zunehmender Wettbewerbsdruck aufgrund der Internationalisierung der Wirtschaft hat zu insgesamt erhöhten Anforderungen an die Unternehmungsführung und damit auch an den Verwaltungsrat geführt. Unter Hin-

221 Vgl. RYTZ R. (1988), keine Seitenangabe.
222 Vgl. HALTER W. (1989), S. 48.
223 Vgl. KRNETA G. (1989), S. 21.
224 Vgl. BILAND T.A. (1989a), S. 23.
225 Vgl. OTT H. (1989), S. 32.
226 Vgl. BILAND T.A. (1989).
227 Vgl. WITTMANN W. (1991), S. 20.
228 Vgl. OTT H. (1991), S. 52.
229 Vgl. FOPP L. (1991), S. 11.
230 Vgl. SPRÜNGLI L.R. (1991).
231 Vgl. ABT H. (1992), S. 33.

weis auf diese umweltbedingt veränderten Anforderungen bzw. Erwartungen an den Verwaltungsrat, auf seine Verantwortung und auch auf seine gemäss neuem Aktienrecht unübertragbaren Aufgaben wird ein Rollenwandel gefordert, der häufig mit folgenden Begriffspaaren stichwortartig umrissen wird (jeweils bisherige → zukünftige Rolle):

- Passivität, Reaktion → Aktivität, Aktion
- Ehrenamt, Prestige, soziales Ritual → Profession
- Vergangenheitsorientierung, Revision → Zukunftsorientierung, Vision
- Jahresrechnung zentral → Markt und Strategien zentral
- ex post-Überwachung → ex ante-Überwachung
- Dominanz des Managements → Beratung des Managements
- schwerfälliger 'Verwaltungs'rat → flexibler 'Oberführungs'rat
- formale Autorität (Hierarchie) → natürliche Autorität (Leistung)
- hinreichende Aufgabenerfüllung → effiziente Aufgabenerfüllung
- Quantität, Daten → Qualität, Information
- lineares Denken → ganzheitlich-vernetztes Denken.

In der amerikanischen Literatur findet sich eine Reihe von Typologien für das monistische Modell der Spitzenorganisation. So unterscheidet VANCE[232] vier Kategorien aufgrund der vier Kriterien 'Reason for Board', 'Authority Form', 'Decision Maker' und 'Board's decision-making Role'. Während der 'Constitutional Board' lediglich die gesetzlichen Mindestanforderungen erfüllt, die Entscheidungen des Managements ohne kritische Würdigung absegnet und v.a. in kleineren Unternehmungen vorkommt, wird das Management bzw. der CEO in grösseren und komplexeren Unternehmungen den 'Consultive Board' als Berater hinzuziehen, die eigentlichen Entscheidungen aber nach wie vor selbst fällen. Den nächsten Schritt in der Entwicklung des Boards stellt der 'Collegial Board' dar, der das Vorhandensein einer breiten Aktienstreuung und von Machtkoalitionen innerhalb des Boards und der Unternehmung voraussetzt, damit Ein-Mann-Herrschaften verhindert und mit Mehrheiten definitiv entscheidet. Der 'Communal Board' kommt ausschliesslich bei öffentlichen Unternehmungen vor und ist durch die Vertretung öffentlicher Interessen gekennzeichnet. Nach VANCE ist der 'Consultive Board' der häufigste Fall in den amerikanischen Corporations. Die Typologie von BOULTON[233] nimmt

232 Vgl. VANCE S.C. (1983), S. 2 ff.
233 Vgl. BOULTON W.R. (1980), S. 71 ff.

Bezug auf den Involvierungsgrad des Boards im strategischen Planungsprozess. Der 'Legitimizing Board' entspricht dem 'Constitutional Board' von VANCE und ist strategisch nicht tätig. Der 'Auditing Board' ist lediglich punktuell im strategischen Prozess eingebunden und konzentriert sich auf eine über die gesetzlichen Minimalvorschriften hinausgehende Überwachungstätigkeit. Überwachungsverfahren werden etabliert und ein 'Audit Committee' institutionalisert. Der letzte Schritt in der Boardentwicklung stellt nach BOULTON der 'Directive Board' dar, der sich nicht auf die Überwachungsfunktion beschränkt ("[...] actively monitoring top management's performance to ensure the corporation's long-term survival"[234]), sondern auch aktiv an der strategischen Planung mitwirkt ("[...] board discussions become increasingly involved in choices between alternative directions, strategies, and investments [...] At this point directors can utilize their experience and expertise to provide guidance to management as decisions are being made"[235]). DYER[236] unterscheidet vier Typen von Boards. Der 'Paper Board' tagt, wenn überhaupt, nur selten und setzt sich aus wenigen Personen, meist Mitglieder der Familie, zusammen. Entscheidungen werden oft in Form des Zirkularbeschlusses gefasst ('auf dem Papier') und sind vom Familienunternehmer, der die Sitzungen als unnötige Last empfindet, vorgegeben. Im 'Rubber-Stamp Board' sitzen nebst Familienmitgliedern auch 'befreundete' Externe wie der Hausbanker oder -jurist, zu denen die Familie zwar ein Vertrauensverhältnis haben mag, deren Funktion sich jedoch letztlich darauf beschränkt, "[...] to support the decisions of the founder and the family, since they have little power to change the family's favored policies"[237]. Im 'Advisory Board' nimmt dagegen der Einfluss der Outside Directors zu, auch wenn de facto immer noch der Unternehmer entscheidet. Den Outside Directors kommt hier die spezielle Aufgabe zu, bei Interessenkonflikten zwischen Familienmitgliedern zu vermitteln und auszugleichen. 'Overseer Boards' finden sich nur in Unternehmungen, die ein Going Public hinter sich haben und bei denen die Familie nicht mehr über die Mehrheit der Aktien verfügt. In diesem Fall entscheiden die Outside Directors tatsächlich über Unternehmungspolitik und -strategie und wählen die Spitzenführungskräfte aus. Sie halten re-

234 BOULTON W.R. (1980), S. 71.
235 BOULTON W.R. (1980), S. 76.
236 Vgl. DYER W.G. (1986), S. 37 ff.
237 DYER W.G. (1986), S. 39.

gelmässig Sitzungen ab und schalten sich in Krisenzeiten sogar ins operative Geschäft mit ein. DYER geht von vier gewöhnlichen Entwicklungsphasen im Lebenszyklus einer Familienunternehmung aus (Creating the business, Growth and Development, Succession to second Generation, Public Ownership and Professional Management[238]) und hat festgestellt, dass in den ersten beiden Entwicklungsphasen, d.h. also während der ersten Generation, häufig der 'Rubber-Stamp Board', in der dritten Phase eher der 'Advisory Board' und der 'Overseer Board' fast nur in der letzten Phase anzutreffen ist[239].

Aus den Typologien von VANCE, BOULTON und DYER geht unter anderem hervor,

- dass der Board während der Unternehmungsentwicklung normalerweise verschiedene Entwicklungsstufen bzw. Typen durchläuft,
- dass die jeweilige Entwicklungsstufe des Boards bzw. die Intensität seiner Aufgabenwahrnehmung v.a. von den Eigentumsverhältnissen, vom Führungsstil des CEO/COB und seiner persönlichen Einstellung zum Board, von der Umweltentwicklung und von situativen Faktoren (bspw. Unternehmungskrise) bestimmt ist,
- dass kein direkter Zusammenhang zwischen Unternehmungsgrösse und Board-Entwicklungsstufe gegeben ist, auch wenn bei grösseren und älteren Unternehmungen eher höhere Entwicklungsstufen vorzufinden sind und
- dass mit jeder höheren Entwicklungsstufe der Einfluss von Outside Directors auf Entscheidungen steigt, die Involvierung des Boards im strategischen Planungs- und Führungsprozess zunimmt und die Beratungs- und Interessenausgleichsfunktion an Bedeutung gewinnt.

GERUM[240] hat für das deutsche Trennungsmodell der Spitzenorganisation eine Aufsichtsratstypologie anhand der beiden Kriterien 'unternehmungspolitische Kompetenz' (gemessen am Katalog zustimmungspflichtiger Geschäfte) und 'personelle Zusammensetzung' entwickelt und empirisch überprüft (vgl. Abb. 14). Während der 'Leitungsaufsichtsrat' die dem Vorstand aktienrechtlich zugedachte Geschäftsführungsautonomie entzieht und ihn ex ante kontrolliert, verzichten die Anteilseigner beim 'Kon-

238 Vgl. DYER W.G. (1986), S. 4 ff.

239 Vgl. DYER W.G. (1986), S. 41, S. 68 und S. 82.

240 Vgl. im folgenden GERUM E. (1991), S. 725 ff.

trollaufsichtsrat' auf ihre Mitentscheidungsmöglichkeiten in der Unternehmungspolitik und beschränken ihre Funktion auf die ex post-Überwachung. Im Falle der Nichtbeteiligungsdominanz (v.a. bei Publikumsgesellschaften) entscheidet mangels funktionsfähiger Anteilseigner faktisch der Vorstand über die Vergabe der Aufsichtsratsmandate. Der vom Vorstand kooptierte 'unternehmungspolitische Aufsichtsrat' wirkt über die zustimmungspflichtigen Geschäfte auf die Unternehmungspolitik noch ein, dagegen wird der 'Repräsentationsaufsichtsrat' vom Vorstand lediglich als Kontakt-, Wissens- und Erfahrungsvermittler zur eigenen Beratung und Unterstützung beigezogen. Aus dem empirischen Befund von GERUM geht hervor, dass in fast zwei Drittel der Fälle der Konstruktionslogik des Aktienrechts widersprochen wird: "Der Aufsichtsrat ist zum Steuerungsinstrument des Vorstandes geworden"[241].

Abb. 14: Realtypologie deutscher Aufsichtsräte[242]

Unternehmenspolitische Kompetenz / Personelle Zusammensetzung	hoch	niedrig
Aktionärsdominanz	Leitungsaufsichtsrat 13% (N=8)	Kontrollaufsichtsrat 23% (N=14)
Nicht-Beteiligten-Dominanz	Unternehmenspolitischer Aufsichtsrat 37% (N=23)	Repräsentationsaufsichtsrat 27% (N=17)

Stichprobe: 62 von 71 relevanten AG

Zur Typologisierung des Verwaltungsrats soll ausgehend von den soeben besprochenen Typologien und in Anlehnung an BLEICHER/LEBERL/

241 GERUM E. (1991), S. 729.
242 GERUM E. (1991), S. 729.

PAUL[243] auf die beiden Grundfunktionen Führung und Überwachung zurückgegriffen und die Intensität ihrer Wahrnehmung durch den Verwaltungsrat als primäres Abgrenzungsmerkmal[244] gewählt werden (Vgl. Abb. 15).

Abb. 15: VR-Typologie

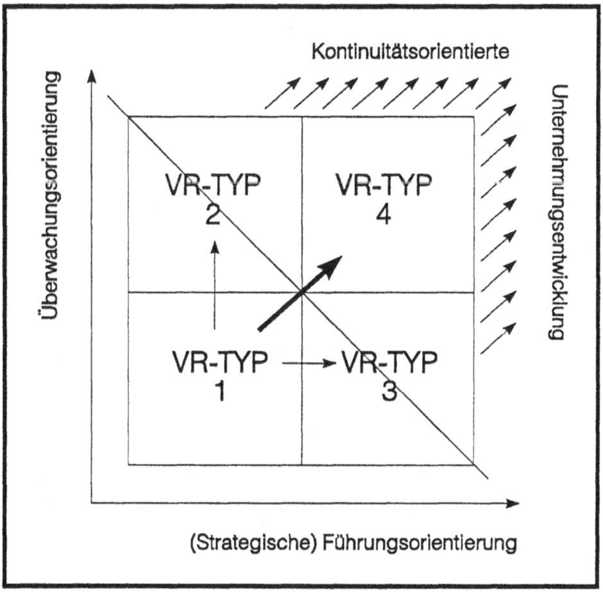

Da wir bei der GFU von der Zweckmässigkeit einer Trennungsstruktur, d.h. von der Existenz einer Geschäftsleitung nebst dem Verwaltungsrat, ausgehen, bezieht sich die Führungsorientierung hier vorwiegend auf strategische Aspekte (die operative Führung wird von der Geschäftsleitung wahrgenommen). Es werden vier Typen unterschieden, deren Grenzen fliessend verlaufen:

- *'VR-Typ 1'*: Dieser Typ ist auf die hinreichende Erfüllung der gesetzlichen Vorschriften beschränkt und könnte als konstitutioneller ('Constitutional Board' von VANCE), statutarischer ('Legitimizing Board' von

243 Vgl. BLEICHER K./LEBERL D./PAUL H. (1989), S. 227 ff.; Vgl. auch BILAND T.A. (1989), S.182 ff.

244 Die Wahl dieses Abgrenzungskriteriums geht einher mit der hier verfolgten funktionalen Betrachtungsweise.

BOULTON) oder ganz einfach als 'Minimum-Verwaltungsrat' bezeichnet werden. Im Extremfall finden gar keine Sitzungen statt ('Paper Board' von DYER) und falls Externe Einsitz halten, so handelt es sich meist um unqualifizierte Personen zur Dekoration, die keinen substantiellen Beitrag leisten ('Rubber-Stamp Board' von DYER). Der 'VR-Typ 1' dürfte v.a. in Familienunternehmungen, die vom EU stark dominiert werden, und in Tochtergesellschaften anzutreffen sein.

- *'VR-Typ 2':* Dieser Typ entspricht sinngemäss dem 'Auditing Board' von BOULTON und könnte als 'Kontroll-Verwaltungsrat' bezeichnet werden. Im Vordergrund steht die Entwicklung von Systemen für die ex post-Überwachung. Der Verwaltungsrat überlässt die strategische Führung weitgehend dem Management, tagt selten, setzt sich auch aus Externen zusammen und dürfte eher bei grossen Unternehmungen zu beobachten sein.
- *'VR-Typ 3':* Dieser 'Leitungs-Verwaltungsrat' ist dem 'VR-Typ 2' entgegengesetzt, indem er die Überwachung vernachlässigt und sich zukunftsorientiert auf die Festlegung der Unternehmungspolitik und -strategie konzentriert. Dazu tagt er öfters und weist eine vergleichsweise höhere Zahl von unternehmungsinternen Mitgliedern auf. Er dürfte v.a. bei jüngeren (Venture-)Unternehmungen anzutreffen sein und sich in Krisensituationen auch verstärkt in die operative Führung mit einschalten.
- *'VR-Typ 4':* Dieser VR-Typ umschliesst die von VANCE, BOULTON und DYER genannten Typenmerkmale der Boards höherer Entwicklungsstufe und stellt als Weiterentwicklung gewissermassen die Synthese aus den Extremtypen 2 und 3 dar. Führung und Überwachung befinden sich im Gleichgewicht und der Verwaltungsrat kann aufgrund seiner hohen fachlichen Qualifikation auch der geforderten Beratungsfunktion nachkommen. Deshalb könnte dieser VR-Typ auch als beratend oder reflektierend ('Sounding Board')[245] bezeichnet werden. Aus machttheoretischer Sicht ist seine Stellung derjenigen der Geschäftsleitung in etwa gleichgewichtig (keine 'strategische Lücke'). Vor dem Hintergrund der Umweltentwicklungen und dem zunehmenden Wettbewerbsdruck kann der Verwaltungsrat nur durch starke Überwachung und aktive strategische Involvierung zur kontinuierlichen Unternehmungsentwicklung beitragen. Die Aufsichtsratstypen nach GERUM lassen sich nicht um-

[245] Vgl. BILAND T.A. (1989), S. 182 ff.

standslos auf schweizerische Verhältnisse übertragen und den hier vorgestellten VR-Typen zuordnen. Der 'VR-Typ 4' vereint Charakteristika verschiedener Aufsichtsratstypen auf sich, denn er hat sowohl eine hohe unternehmungspolitische Kompetenz als auch eine starke Überwachungsorientierung und ist zugleich beratend tätig. Bezüglich der personellen Zusammensetzung impliziert dieser 'Beratungs-Verwaltungsrat' ungeachtet der Eigentumsverhältnisse die Kooptation externer Personen. Ausserdem tagt er häufig und regelmässig.

Der 'VR-Typ 4' kann als Idealfall für die Anforderungen der Zukunft gesehen werden, dürfte aber in der heutigen Praxis noch eher die Ausnahme sein. Für die Erhaltung der Unternehmungsvitalität und -legitimität trägt der Verwaltungsrat grosse Verantwortung, die mit zunehmender Unternehmungsgrösse steigt[246]. Gerade in Zeiten des Wandels ist der Verwaltungsrat deshalb herausgefordert, die Unabhängigkeit und Kontinuität der Unternehmung zu erhalten. Er kann die Unternehmungsumwelt nicht länger als Konstante betrachten und muss sich intensiv mit den Veränderungen und den möglichen Konsequenzen für die Unternehmung und ihre Entwicklung auseinandersetzen. Nicht nur sollte er über die Einhaltung von Grundsätzen und verabschiedeten Strategien wachen, sondern er sollte auch unter Berücksichtigung der Stakeholderinteressen allfällige Neuausrichtungen der Unternehmungspolitik und -strategien initiieren oder Anpassungen in anderen Bereichen wie etwa der Besetzung der Führungspositionen vornehmen. Die Bewältigung dieser anspruchsvollen Aufgabenbereiche, speziell die Beratung des Managements, setzt eine sehr hohe Qualifikation der VR-Mitglieder voraus, ansonsten das Management den Verwaltungsrat nicht respektiert, eine konstruktive Zusammenarbeit verweigert und womöglich den für den Verwaltungsrat wichtigen Informationsfluss blockiert. Der Verwaltungsrat als treibende Kraft der Unternehmungsentwicklung muss dafür besorgt sein, dass das Management sich immer wieder neue Ziele mit einem höheren Anspruchsniveau setzt und dass alle notwendigen Massnahmen ergriffen werden, die die Wettbewerbsfähigkeit und damit das langfristige Überleben der Unternehmung sichern helfen. Insofern stellt der Verwaltungsrat das reflektierende Gewissen der Unternehmung dar, das auf ein möglichst ausgewo-

[246] Vgl. DAETWYLER M. (1988), S. 56.

genes Verhältnis zwischen Kontinuität und Wandel bedacht sein muss. Der Verwaltungsrat wird zum "[...] symbol of continuity and dedication"[247].

Die verschiedenen Postulate zu einer Neuorientierung des Verwaltungsrats in seinem Selbstverständnis und in seiner Rolle können im Kern auf drei Punkte gebracht werden. Demnach sollte der Verwaltungsrat der Zukunft den veränderten Anforderungen in erster Linie derart begegnen,

- dass er sich zuallererst der Sicherung der Unternehmungskontinuität in Tat und Wahrheit verpflichtet fühlt und sich seiner Verantwortung für die langfristige Unternehmungsentwicklung bewusst wird,
- dass er sich folglich nicht auf ein vergangenheitsorientiertes Überwachungsverhalten beschränkt, sondern durch eine aktive strategische Involvierung sein Leistungspotential schwerpunktmässig auf die Gestaltung der Unternehmungszukunft, insbesondere auf die Erhaltung der Wettbewerbsfähigkeit ausrichtet und
- dass konsequenterweise vr-intern die personellen, organisatorischen und instrumentellen Voraussetzungen für einen Professionalisierungsgrad geschaffen werden, der eine effiziente Aufgabenerfüllung erlaubt.

Der 'VR-Typ 4' stellt v.a. aus zwei Gründen - abgesehen davon, dass dieser Typ mit dem neuen Aktienrecht im Einklang steht - für den Verwaltungsrat der GFU ein zweckmässiges Leitbild dar. Zum einen, wie bereits erwähnt, ist die GFU - wie jede andere Unternehmung auch - gezwungen, sich den veränderten Umweltbedingungen anzupassen, um im Markt weiterhin bestehen zu können. Die Bewältigung dieser Herausforderung bedingt ein hohes Mass an multidisziplinärer Kompetenz auf oberster Unternehmungsebene. Zum anderen erfordert die besondere Nachfolgeproblematik die Existenz eines starken Verwaltungsrats, der Diskontinuitäten in der Führung verhindern und notfalls interimistisch die Geschäftsleitung übernehmen kann. Der grösste Hinderungsgrund für die Einrichtung eines solchen Verwaltungsrats in der GFU ist meist der EU selbst, der bislang gewohnt war, ohne ständige Rücksichtnahme auf einen Verwaltungsrat frei agieren zu können. In dem Fall verkennt der EU den Nutzen der ständigen Verfügbarkeit kompetenter und kritischer Gesprächspartner auf VR-Ebene. Der EU kann damit zum eigentlichen Engpass des Gestaltungsproblems werden. "In summary, first-generation founders generally create a paternalistic organization, and have either a conflicted or

[247] WARD J.L. (1991), S. 45.

patriarchal family. The governing boards are an extension of the founder's power"[248]. Solange der EU nicht bereit ist, sich zurückzuhalten, die Macht aufzuteilen bzw. ein Machtgleichgewicht zwischen dem Verwaltungsrat und den Spitzenführungskräften zu schaffen, wird er auch nicht mit der nötigen inneren Überzeugung an die Errichtung eines unabhängig funktionierenden Verwaltungsrats herangehen. Die Folge ist, dass er im Extremfall bis zu seinem Ausscheiden die für die Kontinuität seiner Unternehmung gewünschte Weiterentwicklung des Verwaltungsrats bremst und der Verwaltungsrat im Bereich des VR-Typs 1 oder bestenfalls 2 verharrt, also eine für die Zukunft der GFU zu niedrige Entwicklungsstufe einnimmt. Dies kann dann zu dem in der Praxis immer wieder zu beobachtenden Fall führen, dass die Unternehmung nach dem plötzlichen Ausscheiden ihres 'allmächtigen' EU ohne kompetente Führung und Überwachung dasteht und in eine Krise gerät. Ein zweites Problem kann darin bestehen, dass der EU die Initiative für einen aktiven Verwaltungsrat zu spät ergreift und den für die erfolgreiche Realisierung erforderlichen Zeitraum unterschätzt. Die Organisation einer Unternehmung, deren Entscheidungsstrukturen oft über Jahrzehnte hinweg auf einen Mann an der Spitze ausgerichtet waren, lässt sich nicht von heute auf morgen erfolgreich ändern. Der EU muss zuerst bei sich selbst beginnen. Je früher er sich mit der zukünftigen Rolle des Verwaltungsrats befasst und mit dem sukzessivem Aufbau beginnt, desto reibungsloser dürfte der Prozess der Neupositionierung, also der Übergang zu einem VR-Typ höherer Entwicklungsstufe, verlaufen.

Besteht unter den VR-Mitgliedern Klarheit über die anvisierte Stellung und Funktion des Verwaltungsrats, kann ein diesbezüglich abgefasstes Grundsatzpapier ('mission statement' oder 'board prospectus'[249]) als Dokumentation nach innen und nach aussen sinnvoll sein.

3.4.2.1.2.2 VR-Aufgaben

Nach der grundsätzlichen Positionierung des Verwaltungsrats geht es nun um die Konkretisierung der VR-Aufgaben. Ausgangspunkt und zugleich wichtigster Einflussfaktor bei der Bestimmung der VR-Aufgaben sind die nach neuem Aktienrecht aufgeführten unübertragbaren und unentziehba-

[248] DYER W.G. (1986), S. 68.

[249] Vgl. WARD J.L. (1991), S. 101 f. und S. 249 ff.

ren Aufgaben des Verwaltungsrats (Oberleitung, Festlegung der Organisation, Ausgestaltung des Finanz- und Rechnungswesens, Auswahl von Führungskräften, Oberaufsicht, GV-Geschäfte, Überschuldungsmeldung) sowie der sich daraus ableitende Delegationsraum[250]. Auf die administrativen Aufgaben wie bspw. die Vorbereitung der Generalversammlung[251] soll hier nicht eingegangen werden. Dafür stellt sich aus betriebswirtschaftlicher Sicht die Frage nach der zweckmässigen Zuweisung von Führungs-, Überwachungs-, Beratungs- und Interessenausgleichsaufgaben an den Verwaltungsrat[252]. Der umfangreiche Problembereich 'VR-Aufgaben' ist mittlerweile in einer Reihe von wissenschaftlichen Arbeiten behandelt worden, sodass im folgenden die Ergebnisse ausgewählter Untersuchungen zu diesem Thema berücksichtigt werden sollen. In diesem Kapitel werden die Aufgaben des Gesamtverwaltungsrats besprochen, die je nach vr-interner Organisationsstruktur[253] von allen oder von einzelnen VR-Mitgliedern oder von VR-Ausschüssen wahrgenommen werden.

OESCH sieht im Verwaltungsrat ein risikenorientiertes Gegengewicht zur eher chancenorientierten Geschäftsleitung und nennt zusammenfassend als wichtigste VR-Aufgabe für Unternehmungen jeder Grössenordnung die dauerhafte Vermeidung von Unternehmungskrisen[254]. Ein funktionierender Verwaltungsrat muss Krisensignale frühzeitig erkennen und umgehend reagieren. Dazu gehört auch die Abwehr von Unfriendly Takeovers. Ein einzusetzendes Krisenmanagement, das unter Umständen mit dem Verwaltungsrat identisch ist, muss das Ergreifen aller erforderlichen Massnahmen sicherstellen[255]. Aus der Sorgfaltspflicht - BÖCKLI unterscheidet die Sorgfalt in der Mandatsannahme, in der Organisation, in der

250 Vgl. Kapitel 2.2.2.2.

251 Zur Vorbereitung der Generalversammlung vgl. ausführlich BÖCKLI P. (1992a), S. 426 ff.

252 Vgl. Kapitel 3.4.1.1.

253 Vgl. Kapitel 3.4.2.1.3.

254 OESCH spricht hier von einer VR-Aufgabe, doch eigentlich handelt es sich um ein Ziel.

255 Vgl. OESCH K. (1984), insbesondere die Seiten 9, 11, 23 und 60 f. Auf die Ursachen und Symptome von Unternehmungskrisen sowie auf das eigentliche Krisenmanagement kann hier nicht näher eingegangen werden, vgl. dazu die Ausführungen bei OESCH sowie die dort gemachten Literaturangaben.

Aufgabenerfüllung und in der Auswahl der Unterstellten[256] - des Verwaltungsrats leitet er für jedes einzelne VR-Mitglied folgende Pflichten ab:

"- Sich rechtzeitig und umfassend informieren
- Lückenhafte Informationen zurückweisen
- Bei Anzeichen von Unregelmässigkeiten umfassende Abklärungen durchsetzen
- Durch Stichproben die Vollständigkeit und Richtigkeit der Angaben überprüfen
- Ein zuverlässiges Rechnungswesen bereitstellen lassen, das zu jedem Zeitpunkt eine Entschlussfassung auf verlässlicher Informationsbasis zulässt
- Stellung zu den anstehenden Traktanden nehmen (Stimmenthaltung ist nicht statthaft) und insbesondere mit Nachdruck auf eigene, abweichende Beurteilungen bei wichtigen Fragen hinweisen sowie für genaue Protokollierung sorgen
- Besondere Abklärungen bei ungünstiger Entwicklung der geschäftlichen Lage veranlassen
- Vermeiden von unentschuldigten Abwesenheiten an Verwaltungsratssitzungen
- Durchführen von regelmässigen Sitzungen
- Kontrollieren des Vollzuges der Verwaltungsratsbeschlüsse"[257].

Nach OESCH hängt die Aufgabenverteilung zwischen Verwaltungsrat und Geschäftsleitung von der Unternehmungsgrösse und -struktur bzw. von der Betreuungsintensität der Unternehmung durch den Verwaltungsrat ab. Zu den zu verteilenden Aufgaben zwischen Verwaltungsrat und Geschäftsleitung zählt er folgende Punkte:

"- Festlegen der Unternehmensziele und Setzen von Prioritäten
- Lang-, mittel- und kurzfristige Planung zur Erreichung der Ziele
- Zuteilung der Ressourcen, insbesondere Finanz- und Investitionspolitik
- Festlegen der Organisation
- Besetzung der Führungsstellen, ethische Verhaltensrichtlinien festlegen und Motivation sicherstellen
- Ausführen der Führungsentscheide und Zielerreichung kontrollieren
- Bereitstellung von geeigneten Führungsinstrumenten sicherstellen"[258].

[256] Vgl. BÖCKLI P. (1992a), S. 438 f.. Zu der Sorgfaltspflicht kommen die Treue- und Geheimhaltungspflicht als weitere Verhaltensrichtlinien hinzu.

[257] OESCH K. (1984), S. 13.

[258] OESCH K. (1984), S. 16.

OESCH liefert keine Abgrenzungskriterien, sondern weist lediglich auf die Bedeutung einer präzisen Aufgabenverteilung hin. Die Überwachung klassiert er nach laufendem Geschäft, Projekten (bspw. grössere Investitionen, Firmenübernahmen, Desinvestitionsvorhaben) und Sicherung der Vermögenswerte (Sicherung der Produktionsfaktoren, Umlaufvermögen, Anlagevermögen, Verpflichtungen)[259].

BILAND[260] untersucht die Aufgaben des Verwaltungsrats im Rahmen des strategischen Managements. Er unternimmt einen Abgrenzungsversuch der Geschäftsführungsaufgabe, indem er drei Managementebenen unterscheidet, die je nach Struktur der Spitzenorganisation von den Einflusszonen des Verwaltungsrats, des Delegierten und/oder Direktoriums sowie der Bereichs- und Funktionsleiter unterschiedlich durchdrungen werden (vgl. Abb. 16). "Die Entscheidungssituation und damit die Geschäftsführungsfunktion [des Verwaltungsrats] wird mit zunehmender Ausgestaltung einer oder mehrerer Delegiertenrollen und der Schaffung eines Direktoriums zugunsten der Überwachungsaufgabe abnehmen"[261]. In jedem Fall ist die grundlegende Rolle des Verwaltungsrats auf normativer Ebene unbestritten. Auf dieser Ebene ist der Verwaltungsrat gestaltend tätig, indem er Prinzipien, Normen und Verhaltensregeln bzw. Unternehmungsphilosophie und -politik festlegt und damit den Entwicklungspfad der Unternehmung vorbestimmt. Dagegen spielt der Verwaltungsrat je nach organisatorischer Ausgestaltung der Unternehmungsspitze eine differenzierte Rolle auf strategischer Ebene. Im Fall 1 dominiert das Direktorium die strategische Ebene und ist nur noch über zustimmungspflichtige Geschäfte an den Verwaltungsrat gebunden. Dem entgegengesetzt ist Fall 2, in dem jedoch die Unabhängigkeit der Überwachung nicht mehr gegeben ist. Die Bereichsdifferenzierungen der Fälle 3 und 4 dürften aus theoretischer Sicht am ehesten dem VR-Aufgabenkatalog gemäss neuem Aktienrecht entsprechen, denn hier wird der Verwaltungsrat im Sinne der Oberleitung auf strategischer Ebene nicht nur rein überwachend, sondern auch gestaltend, etwa durch die Erarbeitung strategischer Unternehmungsziele, tätig.

> "Im strategischen Prozess der Unternehmungsführung ist es Verwaltungsratsaufgabe, über die Schaffung von Ideen und ihrer

[259] Vgl. OESCH K. (1984), S. 23 ff.

[260] Vgl. im folgenden BILAND T.A. (1989), S. 141 ff.

[261] BILAND T.A. (1989), S. 148.

Abb. 16: Aufgabenpyramiden der Unternehmungsführung auf normativer, strategischer und operativer Managementebene[262]

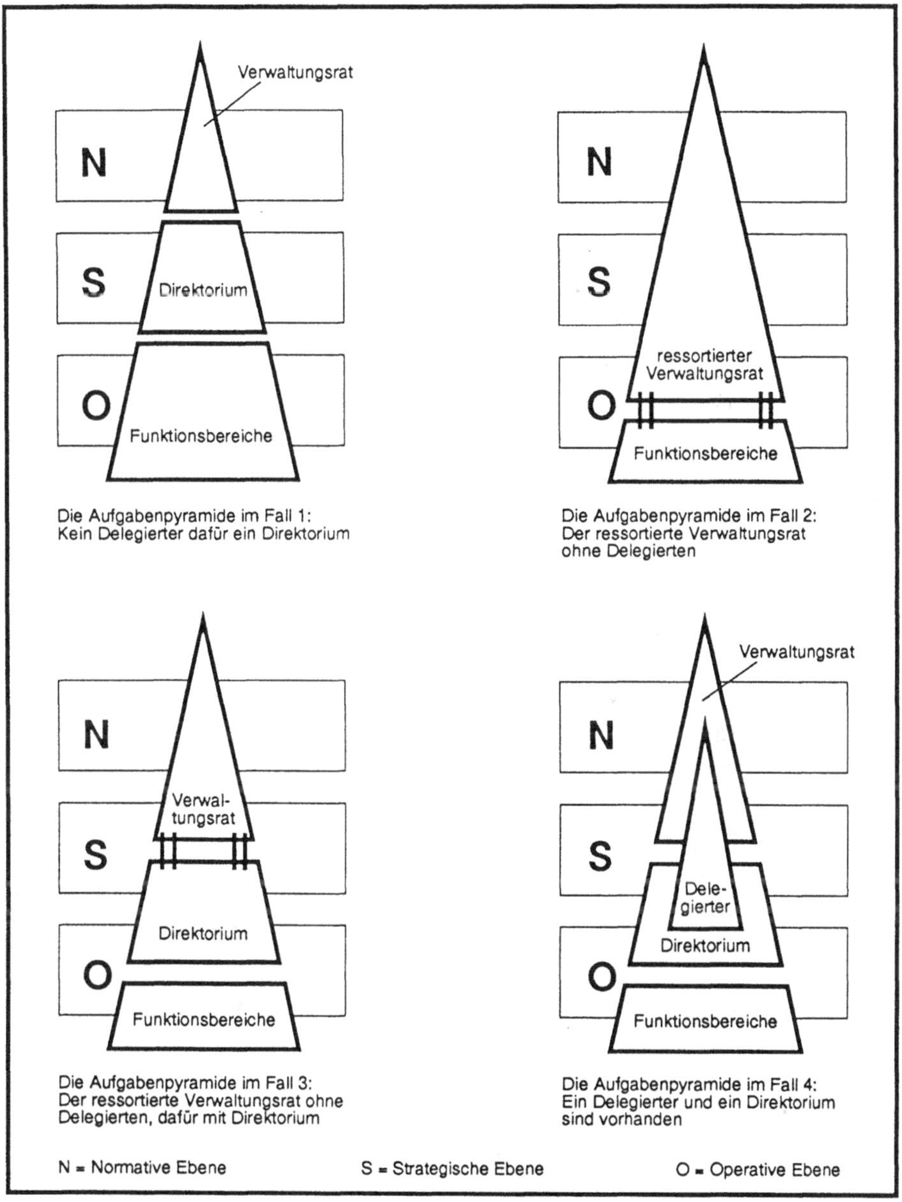

[262] Vgl. BILAND T.A. (1989), S. 149.

geistigen Begleitung, einen Ausgleich zwischen der Logik der Subsysteme und den eigenen Werten zu vollbringen. Die Förderung des strategischen Prozesses zur Erreichung von Synergieeffekten im Sinne eines 'coaches' wird dabei zum Kern der Verwaltungsratsaktivitäten. [...] Es ist nicht Aufgabe des Verwaltungsrats, selber Analysen [über Chancen- und Risikenpotentiale] zu erarbeiten. Er soll vielmehr anhand der ihm vorgelegten Analyseresultate a) die Rahmenzielsetzungen und die Planungsphilosophie festlegen und b) die Entscheide über die weiter zu bearbeitenden grundlegenden Planungsvarianten fällen"[263].

Der Verwaltungsrat kann über seine Personalhoheit und über den Katalog zustimmungspflichtiger Geschäfte Einfluss auf den strategischen Führungsprozess nehmen. BILAND diskutiert anhand von vier Modellrollen die Mitwirkungsmöglichkeiten des Verwaltungsrats in den einzelnen Phasen (Zielsetzung, Analyse und Planung, Entscheidung, Implementation, Überwachung) des strategischen Führungsprozesses. Ausgehend vom reflektierenden 'Sponsor-Verwaltungsrat'[264] (der hinsichtlich seiner Führungs- und Überwachungsorientierung dem im Vorkapitel besprochenen 'VR-Typ 4' gleichkommt) als Idealfall für die Anforderungen der Zukunft stellt BILAND als Schlussfolgerung seiner empirischen Studie fest, dass die strategische Involvierung des Verwaltungsrats in der Mehrzahl der von ihm untersuchten Unternehmungen ungenügend ist. Als Gründe für den 'strategic management gap' nennt er Prozess- und Strukturfaktoren, die gleichzeitig als Ansatzpunkte einer vermehrt strategischen Ausrichtung des Verwaltungsrats angesehen werden können:[265]

- Überwiegen des Bottom-up-Prozesses (strategische Impulse kommen von unten), d.h. die strategische Planung wird nicht als 'management of change' verstanden und in manchen Fällen sogar ganz delegiert.
- Mehrheitlich widerspruchslose Annahme (rituelles Absegnen) von Geschäftsvorlagen aufgrund mangelnder Fachkompetenz, die eine sachgerechte Prüfung der Planungsprämissen und -plausibilität verhindert; ausgeprägte Konsensorientierung und zu hohes Vertrauen in die Geschäftsleitung. Gefahr, dass Geschäftsleitung politisch Mögliches und nicht strategisch Sinnvolles beantragt.
- Mangelndes Fachwissen und Distanz zum strategischen Prozess erlauben keine vertiefte Überwachung. Auch hier zeigt sich die Abhängigkeit

263 BILAND T.A. (1989), S. 151 f.
264 Vgl. BILAND T.A. (1989), S. 182 ff.
265 Vgl. BILAND T.A. (1989), S. 278 ff.

des Verwaltungsrats von der Geschäftsleitung, die durch den von ihr manipulierbaren Informationsfluss VR-Beschlüsse vorbestimmen kann.
- Niedrige Sitzungshäufigkeit und Kontakthäufigkeit des Verwaltungsrats mit unteren Ebenen.
- Unausgeglichene Zusammensetzung des Verwaltungsrats.
- Kompetenzdelegation: Ausschüsse werden oft zur Sitzungsvorbereitung 'missbraucht'.
- Fehlende Leistungsbeurteilung und Führungskräfteplanung.
- Fehlen strategischer Anreizsysteme.

Je mehr der Verwaltungsrat Führungsaufgaben delegiert, d.h. je ausgeprägter die Trennungsstruktur ist, desto stärker ist die VR-Tätigkeit auf die Überwachungsfunktion ausgerichtet. Aus der Untersuchung von GLAUS geht hervor, dass die Praxis der Unternehmungsüberwachung durch den Verwaltungsrat durch eine hohe Vielfalt in den Ausgestaltungsformen gekennzeichnet ist[266]. GLAUS fordert zur Bewältigung zukünftiger Anforderungen eine insgesamt "[...] intensivierte und professionalisierte Wahrnehmung der Überwachungsfunktion"[267]. Ansatzpunkte für eine verbesserte funktionale Ausgestaltung sieht er sowohl in der sachlichen als auch in der personalen Überwachungsdimension:[268]

- Sachliche Dimension: Auch wenn der Verwaltungsrat Führungsaufgaben delegiert und sich weitgehend auf die Überwachung konzentriert, sollte er sich nicht auf die ex post- und laufende Überwachung beschränken, sondern sich in Form der ex ante-Überwachung ('Soll-Wird-Vergleich') strategisch involvieren, um seiner geforderten Rolle als reflektierender und wegweisender Verwaltungsrat gerecht zu werden. Nicht die Liquidität, Bilanz oder Verschuldung stehen mehr im Vordergrund, sondern der Markt, Strategie und Umweltrisiko bilden die neuen Prioritäten der Überwachung. Der Verwaltungsrat wird damit in die Planung und Entscheidungsvorbereitung mit einbezogen. Es kommt ihm eine Beratungs- und Mitentscheidungsfunktion zu, weshalb der Katalog zustimmungspflichtiger Geschäfte im Mittelpunkt der sachlichen Überwachungsdimension steht. Über diesen Katalog kann der strategische

[266] Vgl. GLAUS B.U. (1990), S. 217.
[267] GLAUS B.U. (1990), S. 259.
[268] Vgl. im folgenden GLAUS B.U. (1990), insbesondere S. 146 ff. und S. 223 ff.

Involvierungsgrad des Verwaltungsrats festgelegt werden[269]. Mit der Verlagerung des Überwachungsschwergewichts von der vergangenheitsorientierten zur vorausschauenden Überwachung wird dem Verwaltungsrat die Funktion eines Frühwarnsystems ('strategischer Radar') zuteil, das Chancen- und Gefahrenpotentiale in strategisch relevanten Bereichen rechtzeitig erkennen muss.

- Personale Dimension: Die Bestellung/Abberufung der Geschäftsleitung ist die vielleicht wichtigste VR-Aufgabe, denn die Führungsqualifikation der Geschäftsleitung und der Unternehmungserfolg korrelieren stark. Deshalb fordert GLAUS eine stärkere Involvierung des Verwaltungsrats in die Leistungsbeurteilung und Nachfolgeplanung der obersten Geschäftsleitung. Doch auch für den Verwaltungsrat selbst drängt sich eine in der Praxis noch weitgehend fehlende Nachfolgeplanung und Leistungsbeurteilung auf. Eine geeignete Berufungs- und Wiederwahlpolitik, Weiterbildung und Anreizsysteme wären weitere Massnahmen zur Effizienzsteigerung. Diese Forderungen sind gerade für Familienunternehmungen von grosser Bedeutung, da gerade dort ein grosser Nachholbedarf zu vermuten ist.

In Übereinstimmung mit SPRÜNGLI kann "[...] die Sicherung des langfristigen Überlebens und der Kontinuität der Unternehmung unter Wahrung der wesentlichen Stakeholderinteressen als allgemeinste Aufgabe des Verwaltungsrates gesehen werden"[270]. SPRÜNGLI listet für mittelgrosse Unternehmungen mit zweistufiger Führungsspitze folgenden Aufgabenkatalog, dessen Ausgestaltung in der Praxis von bestimmten Ein-

269 GLAUS fasst die Vielzahl der in der Praxis vorzufindenden Entscheidungsvorbehalte zu folgenden Kategorien zusammen (GLAUS B.U. (1990), S. 169):
"1. Veränderung unternehmungspolitischer Grundsätze
2. Aufnahme/Aufgabe Geschäftsfelder
3. Beteiligungen, Akquisitionen, Fusionen, Joint Ventures
4. Veränderung Konzern-/Filialstruktur
5. Veränderung des Aktien-/Obligationenkapitals, Aufnahme wesentlicher Kredite
6. Wesentliche Investitionen und Desinvestitionen
7. Immobilienkauf und -verkauf
8. Eingehen von wesentlichen Verbindlichkeiten und Garantien
9. Bewilligung Budget/Planung
10. Vertretung der Gesellschaft
11. Wahl/Entlassung und Salarierung des Top Managements".

270 SPRÜNGLI L.R. (1991), S. 137.

flussfaktoren (rechtliche Voraussetzungen, Beschaffenheit der Unternehmungsumwelt, Branchen-/Marktsituation, Eigenschaften der Unternehmung und der Beteiligten) abhängt, d.h. die Gewichtung der Aufgaben hängt stark von der einzelnen Unternehmung ab:[271]

- Interessenwahrung
- Beratung der Geschäftsleitung und Pflege der persönlichen Beziehungen (zwecks Bildung eines informellen Informationsflusses)
- Ernennung und Abberufung der Geschäftsleitung
- Organisation der Geschäftsführung
- Überwachung der Geschäftsführung:
  - Festlegung der Unternehmungspolitik
  - Mitwirkung bei der Festlegung der Unternehmungsstrategie: "Zusammenfassend hat der Verwaltungsrat also sechs Funktionen im Zusammenhang mit der Strategie der Unternehmung. Es sind dies das Bewirken der Erstellung einer Strategie, die grundlegendsten Vorgaben für die Strategie, der Rat bei der Entwicklung der Strategie, der definitive Entscheid darüber und die Kontrolle der Durchsetzung der Strategie. Ferner muss er auch für ein Strategisches Controlling sorgen und dazu seine Beiträge leisten"[272].
  - Verabschiedung der operativen Planung
  - Entwicklung von Informationssystemen für den Verwaltungsrat und die Ermittlung des Ist-Zustandes
  - Abweichungsanalyse und Massnahmen
  - Entscheide über Finanzierung und Investitionsvorhaben (speziell auch bei Akquisitionen)
- Festlegung der Saläre der Geschäftsleitung
- Krisenbewältigung
- Rekrutierung neuer VR-Mitglieder
- Organisation des Verwaltungsrats
- Pflege öffentlicher und institutioneller Beziehungen.

Aus der 1983 von SPENCER STUART MANAGEMENT CONSULTANTS veranlassten VR-Umfrage können in Bezug auf die VR-Aufgaben folgende Ergebnisse festgehalten werden:[273]

271 Vgl. im folgenden SPRÜNGLI L.R. (1991), S. 137 ff. und die zusammenfassende Tabelle auf S. 294 - 296.

272 SPRÜNGLI L.R. (1991), S. 181.

273 Vgl. SPENCER STUART MANAGEMENT CONSULTANTS (1983), S. 4 ff.

- Die Auswahl neuer Führungskräfte auf oberster Ebene und das Durchsetzen einer strategischen Planung gelten klar als die wichtigsten Aufgaben des Verwaltungsrats. Es folgen in der Rangfolge ihrer Wichtigkeit 3.) die Sicherstellung der Nachfolgeplanung auf Stufe Geschäftsleitung, 4.) das Bewältigen von Krisensituationen, 5.) die Genehmigung und Kontrolle der Einhaltung der Unternehmungsstrategie, Budgets und Investitionsprojekte, 6.) die Beurteilung und notfalls Auswechslung von Führungskräften, 7.) die Sicherstellung der Nachfolgeplanung auf VR-Stufe, 8.) das Erkennen neuer Geschäftsgebiete, Anbahnen von Übernahmen und Fusionen, 9.) die Genehmigung von einzelnen grossen Investitionen und Projekten und 10.) Sicherung der Unabhängigkeit.
- Je operationeller eine Aufgabe ist, desto geringer ist ihr Stellenwert als VR-Aufgabe.
- Insgesamt scheint die Belastung des Verwaltungsrats zu wachsen. Insbesondere das Durchsetzen einer strategischen Planung und die Auswahl neuer Führungskräfte werden in Zukunft noch wichtiger. Dagegen wird die operationelle Mitarbeit in der Geschäftsleitung und die Mitarbeit in speziellen Ausschüssen in der Zukunft immer weniger wichtig. "Wurde Strategie von vielen Verwaltungsräten noch vor fünf Jahren als Modebegriff abgetan, so wird der Verwaltungsrat heute nicht zuletzt durch die eigene Geschäftsleitung selbst dazu gezwungen, eine strategische Planung zu beurteilen und zu strategischen Alternativen Stellung zu beziehen. Gerade hier braucht die Geschäftsleitung einen vom täglichen Geschäft losgelösten Verwaltungsrat"[274].

Die BOARDPOWER AG[275] liess 1985 und 1991 Umfragen bei Verwaltungsräten mittelgrosser Schweizer AGs durchführen. Aus dem Vergleich der beiden Umfragen kann insgesamt von einem stärkeren Engagement des Verwaltungsrats gesprochen werden. Zwar sind die behandelten Themenbereiche an einer VR-Sitzung ungefähr gleich geblieben, doch hat neu der Problembereich um die Zukunftssicherung der Unternehmung an Bedeutung deutlich zugenommen. Ansatzweise zeichnet sich hier eine Abkehr von überwiegend kurzfristigen Fragestellungen und ein Trendwechsel vom operativen zum strategischen Denken (und Handeln ?) ab. Diese Entwicklung zeigt sich auch in den 1991 von den 300 befragten

274 SPENCER STUART MANAGEMENT CONSULTANTS (1983), S. 21.
275 Vgl. im folgenden BOARDPOWER AG (1991), S. 3 ff.

Verwaltungsräten genannten wichtigsten Herausforderungen bzw. VR-Aufgaben der Zukunft:

- 'Europafähigkeit' der Unternehmung (EG 92, EWR)
- Strategien zur Erschliessung neuer Märkte, die eigentliche Absatzsicherung sowie Wege zur Qualitätssicherung
- Kostenmanagement, inbegriffen Fragen der Ertragssteigerung und Kosten-Nutzen-Optimierung, Rationalisierung und Kostensenkung
- Erhalt und Zukunft der Unternehmung
- Mit grösserem Abstand folgen: Ökologische Probleme (es sei daran erinnert, dass der Verwaltungsrat die ökologische Verantwortung für die Unternehmung trägt und deshalb um ein modernes Umweltmanagement bemüht sein sollte), Arbeitsplatzsicherung, Nachfolgeprobleme/Kadermotivation, Technologieanpassung, Ausbau/Festigung, Kooperation/Akquisition, Sicherung der Rohstoffquellen, Standortfragen und Reduktion/ keine Expansion.

Der Wandel zu bzw. der Bedarf nach einer vermehrt strategischen und beratenden Ausrichtung kann auch beim deutschen Aufsichtsrat festgestellt werden, selbst wenn sich derzeit die Aufsichtsräte mehrheitlich noch v.a. in ihrer Personalhoheit gegenüber dem Vorstand begreifen und sich mit Ausnahme einzelner zustimmungspflichtiger Geschäfte auf die ex post-Überwachung beschränken, statt sich präsituativ mit der zukünftigen Unternehmungsentwicklung planerisch auseinanderzusetzen: "Im Seinsollen einer Verbesserung der Aufsichtsratsarbeit wird aber eine grössere Erkenntnis der strategischen Bedeutung des Managementpotentials deutlich. Dabei lassen sich zwei Schwerpunkte erkennen: a) die verstärkte Einbindung in die (mittel- und langfristige) Personalplanung auf der Ebene der Führungskräfte und b) die Partizipation an strategischen Grundsatzentscheidungen"[276]. Nach Ansicht der im Auftrag der Bertelsmann Stiftung befragten Aufsichtsräte wird nebst der Führungsnachwuchsplanung der Überwindung personeller und wirtschaftlicher Krisensituationen die grösste Zukunftsbedeutung beigemessen[277].

Aus den hier aufgezeigten Untersuchungen wird deutlich, dass die Aufgaben des Verwaltungsrats verschieden klassiert und beurteilt werden können. Einheitslösungen bei der Bestimmung der VR-Aufgaben gibt es

276 BLEICHER K. (1987), S. 61.

277 Vgl. BLEICHER K. (1987), S. 16 ff.

nicht. Die funktionale Ausgestaltung des Verwaltungsrats ist unternehmungsindividuell festzulegen. Trotzdem gibt es bei dieser Festlegung abgesehen von den gesetzlich vorgeschriebenen Aufgaben einen wichtigen Anhaltspunkt, denn ist das oberste Ziel des Verwaltungsrats die Sicherstellung einer unabhängigen und kontinuierlichen Fortentwicklung der Unternehmung, so stellt sich heute nicht die Frage, ob der Verwaltungsrat überhaupt strategisch mitwirken soll, sondern es stellt sich die Frage, inwieweit er sich im strategischen Prozess involvieren soll: Das Ausmass seines strategischen Involvierungsgrades wird zum eigentlichen Gestaltungsproblem. Ausgehend vom 'VR-Typ 4' als Anforderung der Zukunft und ausgehend von den obigen Untersuchungsergebnissen scheinen sich zwei zentrale VR-Aufgabenbereiche herauszukristallisieren: das Durchsetzen einer strategischen Planung einschliesslich der Überwachung der Strategierealisierung sowie das Sichern der Nachfolge auf Geschäftsleitungsebene. Der Verwaltungsrat bestimmt also die strategische Zielrichtung der Unternehmung. Er ist für die Entscheidungen im strategischen Management verantwortlich und sollte die Geschäftsleitung immer wieder zu neuen Strategien motivieren. Bei der GFU kommt der Nachfolgeplanung - auch auf VR-Ebene - schon zu Lebzeiten des EU durch die Potentialplanung und Leistungsbeurteilung grosse Bedeutung zu, um für die Zeit nach dem Ausscheiden des momentanen EU gut vorbereitet zu sein. Als Leistungskriterium sieht VILLIGER unter anderem "[...] die Fähigkeit, Visionen und realistische Strategien zu entwickeln, Investitionen richtig einzusetzen, Management-Talente zu fördern und rechtzeitig Innovationen zu entwickeln"[278]. Nach Ansicht von RÜEGGER sollten bei Familienunternehmungen neutrale Personen über die Nachfolge bzw. Qualifikation von Erben entscheiden[279]. Grundlegung des strategischen Managements bilden die im Rahmen des normativen Managements durch den Verwaltungsrat festzulegende Unternehmungsphilosophie und -politik, bspw. in Form von Führungs- und Unternehmungsgrundsätzen oder Leitbildern.

> "Die Vermeidung intra- und interfamiliärer Konflikte in der Führung einer Familienunternehmung kann durch die Institutionalisierung einer gewachsenen Unternehmungsphilosophie und Unternehmungspolitik zwar nicht garantiert werden, doch bieten beide die Möglichkeit - in Kombination mit der Unternehmungs-

[278] VILLIGER R. (1992), S. 12.

[279] Vgl. RÜEGGER M. (1992), S. 6.

> kultur - eine Konzentrierung auf die Unternehmung als Organisation und von dieser zu verfolgender Werthaltungen und Ziele zu erreichen"[280].

Besonders nach dem Ausscheiden eines sehr dominanten bzw. kulturprägenden EU ist das Weitertragen oder gegebenenfalls Erneuern der Unternehmungskultur eine elementare VR-Aufgabe, denn dadurch wird der Orientierungsrahmen für das zielgerichtete Entscheiden und Handeln auf nachgelagerten Unternehmungsebenen gebildet.

> "Ein reflektierender Verwaltungsrat rückt ab vom rein technokratischen Machbarkeitsdenken und sieht seine Aufgabe auch in der Schaffung neuer und Förderung bestehender kultureller Werte. Ziel dieses Wertetransfers ist das Schaffen von Shared Values als Grundlage der strategischen Planung. Damit wirkt der Verwaltungsrat über das Vorleben von Werten und Verhaltensweisen indirekt über die Geschäftsleitung auch auf das weitere Unternehmen kulturprägend"[281].

In der GFU ist die Beratungsfunktion des Verwaltungsrats nicht nur auf die Geschäftsleitung, sondern auch auf die Generalversammlung bzw. auf die Familienaktionäre gerichtet. Dabei sollte der Verwaltungsrat nebst der Beratung der Aktionäre in Sachfragen im Falle des Konflikts zwischen den Familienmitgliedern es nicht unversucht lassen, vermittelnd einzugreifen und einen im Interesse der Unternehmung liegenden Konsens anzustreben. Diese Schlichtungsfunktion des Verwaltungsrats betrifft auch Streitigkeiten innerhalb der Geschäftsleitung.

3.4.2.1.2.3 VR-Führungsinstrumente

Der Verwaltungsrat versucht durch ein bestimmtes Führungsverhalten und durch Gestaltung und Einsatz bestimmter Führungsinstrumente die VR-Ziele durchzusetzen und die VR-Aufgaben zu erfüllen. Die Führungsinstrumente werden dabei verstanden "[...] als finanzielle, leistungsmässige und kommunikative Mittel/speziell auch Informationen mit Vorgabecharakter, die grundsätzlich geeignet erscheinen, die Angehörigen einer Organisation dazu zu bewegen, Ziele zu setzen und/oder Ziele als Vorgaben zu akzeptieren und/oder zu deren Erfüllung beizutragen"[282]. Aus der

280 HAHN D. (1985), S. 15.

281 BILAND T.A. (1989a), S. 23.

282 KÜHN R./DIETRICH M. (1989), S.4.

Sicht des Verwaltungsrats kann je nach Bezugsgruppe, auf die sich das jeweilige Führungsinstrument primär bezieht, zwischen den 'Unternehmungs-Führungsinstrumenten' und den 'Umwelt-Führungsinstrumenten' des Verwaltungsrats unterschieden werden. Die VR-Führungskonzepte (VR-Aufgaben-, VR-Organisations-, VR-Personal-, VR-Informations- und VR-Metakonzept) und -programme sind 'Selbst-Führungsinstrumente', d.h. Mittel, die der Verwaltungsrat zu seiner eigenen Führung ('für sich selbst') einsetzen kann[283].

Die 'Unternehmungs-Führungsinstrumente', also jene Instrumente, mit denen der Verwaltungsrat die unternehmungsinternen Bezugsgruppen führt, "[...] beinhalten hauptsächlich all die vom VR aktiv gestalteten oder wenigstens genehmigten Unterlagen, die der Direktion und allen weiteren Unternehmungsmitgliedern als verbindliche Vorgabe dienen"[284]. Zu diesen vom Verwaltungsrat in Kraft gesetzten Unterlagen können bspw. Leitbilder, Unternehmungspolitik und -strategie, funktionale Strategien, Metakonzepte, Investitionspläne, Budgets, Gehaltsordnungen, Organigramme oder auch Stellenbeschreibungen gezählt werden. Aus der Sicht des Verwaltungsrats haben ebenso instrumentellen Charakter das Sekretariat und das dem Verwaltungsrat unterstellte Revisorat. Zu den auf die externen Bezugsgruppen ausgerichteten 'Umwelt-Führungsinstrumenten' gehören bspw. Aktionärsbriefe, Geschäftsberichte (Bilanz, Erfolgsrechnung und weitere Informationen), Dividenden, Gratisaktien, PR-Konzepte, Pressemitteilungen, Firmenbesichtigungen oder auch Spenden.

Grundsätzlich ist es wichtig, dass der Verwaltungsrat die verschiedenen Führungsinstrumente überhaupt kennt, um sie im Rahmen der VR-Prozesse gezielt anwenden zu können. Je nach der VR-Positionierung und den konkret anfallenden VR-Aufgaben wird der Verwaltungsrat die ihm zur Verfügung stehenden Führungsinstrumente in unterschiedlicher Intensität einsetzen. So impliziert der 'VR-Typ 4' eine eher aktive Nutzung des Instrumentenpotentials. Mit den 'Unternehmungs-Führungsinstrumenten' sollte sich der Verwaltungsrat kritisch auseinandersetzen, denn oft handelt es sich hierbei um Vorlagen wie bspw. die Marketingstrategie, die von unteren Ebenen erarbeitet und von der Geschäftsleitung dem Verwal-

283 Es sei hier in Erinnerung gerufen, dass die Inhalte der VR-Führungskonzepte Gegenstand der Kapitel 3.4.2.1.2 bis 3.4.2.1.5 sind (vgl. Kapitel 3.4.2.1.1).

284 KÜHN R./DIETRICH M. (1989), S. 9. Vgl. zu den im folgenden genannten Führungsinstrumenten ebenda S. 4 und S. 9.

tungsrat zur Genehmigung vorgelegt werden. Dabei kann die Situation zu Schwierigkeiten führen, wenn der Verwaltungsrat aufgrund seiner Neupositionierung plötzlich von der Geschäftsleitung strategische Pläne verlangt, diese jedoch mit dem strategischen Führungsinstrumentarium gar nicht oder noch nicht genügend vertraut ist. Zu denken ist hier an die Familienunternehmung, in der der EU über lange Zeit hinweg als Vorsitzender der Geschäftsleitung das 'strategische Gewissen' der Unternehmung darstellte und nun von einem aktiven VR-Gremium ersetzt werden soll. Sofern der Verwaltungsrat die Erstellung der Strategien und Pläne verlangt, aber an ihrer eigentlichen Erarbeitung und Formulierung nicht direkt teilnimmt, sollte er diese bei Vorliegen sorgfältig prüfen und gegebenenfalls zurückweisen oder abändern bevor er sie formell verabschiedet und damit als seine Führungsinstrumente einsetzt. Die VR-Führungsinstrumente sollten soweit wie möglich schriftlich fixiert sein. Gerade in Familienunternehmungen dürften die kommunikativen Führungsinstrumente wie Unternehmungsphilosophie und -politik vielfach nicht explizit formuliert sein, insbesondere dann, wenn der EU, der durch sein Führungsverhalten Werte und Grundsätze 'vorlebt', eine schriftliche Abfassung etwa in Form von Führungs- und Unternehmungsgrundsätzen aus welchen Gründen auch immer nicht einleitet. In dem Fall ist es spätestens nach dem Ausscheiden des EU Aufgabe des Verwaltungsrats für die Schriftlichkeit dieser Führungsinstrumente zu sorgen, um das entstandene Orientierungsvakuum zu füllen. Bezüglich der Kommunikation zwischen dem Verwaltungsrat und den Aktionären nehmen die 'Umwelt-Führungsinstrumente' in der Familienunternehmung aufgrund der in der Regel bestehenden persönlichen Kontakte einen anderen Stellenwert ein als in der Publikumsgesellschaft mit einem grossen, weitgehend anonymen Aktionärskreis. Nichtkotierte Familienunternehmungen können sich aufwendige Aktionärsversammlungen und die damit in Zusammenhang stehenden Aufwendungen ersparen. Sie müssen sich weniger der Öffentlichkeit bzw. den Aktionären gegenüber darstellen und keine Kurspflege betreiben, auch wenn - je nach Branche - der Bedarf an Öffentlichkeitsarbeit mit steigender Unternehmungsgrösse im allgemeinen zunehmen dürfte. Bei der GFU wird im Gegensatz zu kleineren Familienunternehmungen der Bedarf des Einsatzes an 'Umwelt-Führungsinstrumenten' durch den Verwaltungsrat tendenziell eher höher liegen.

3.4.2.1.3 Gestaltungsbereich 'VR-Organisation'

3.4.2.1.3.1 VR-Aufbauorganisation

Arbeitsteilung und Hierarchisierung innerhalb des Verwaltungsrats sind gesetzlich nur schwach geregelt, sodass die Gestaltungsmöglichkeiten im Bereich der VR-Aufbauorganisation gross sind. Kurz zusammengefasst enthält das neue Aktienrecht diesbezüglich lediglich die Bestimmungen, dass der Verwaltungsrat mindestens aus einem Mitglied bestehen muss, dass der Verwaltungsrat einen Präsidenten und einen Sekretär[285] bezeichnen muss und dass dem Verwaltungsrat die Bestellung von Ausschüssen, Delegierten, Direktoren, Prokuristen und anderen Bevollmächtigten offensteht[286]. Daraus ergeben sich verschiedene Strukturtypen der VR-Aufbauorganisation, die in der Abb. 6 ansatzweise aufgezeigt sind. Dabei kann hier der Strukturtyp 1 vernachlässigt werden, da für die GFU von der Zweckmässigkeit einer Trennungsstruktur ausgegangen wird[287]. Die Entscheidung zugunsten einer Trennungsstruktur ist für die weitere organisatorische Gestaltung des Verwaltungsrats grundlegend. Es stellt sich sodann die Frage, ob die Geschäftsführung an ein Direktorium (Strukturtyp 4), an einen oder mehrere VR-Delegierte (Strukturtyp 2) oder sogar an beide (Strukturtyp 3) delegiert werden soll. Dabei ist das Problem der Personalunion zu berücksichtigen. Im weiteren muss über zusätzlich zu schaffende Positionen im Verwaltungsrat, über seine Grösse und über seine Ressortierung entschieden werden. Diese aufbauorganisatorischen Festlegungen finden ihren Niederschlag im Organisationsreglement[288], in dem auf eine möglichst klare Abgrenzung der Aufgaben, Kompetenzen und Verantwortung geachtet werden sollte.

Der durch den Verwaltungsrat oder durch die Generalversammlung gewählte VR-Präsident ist die zentrale Figur im Verwaltungsrat. Der VR-Präsident repräsentiert den Verwaltungsrat nach innen und nach aussen. Zwar sind Anzahl und Bedeutung der gesetzlichen Aufgaben für den VR-Präsident eher gering (Art. 713 Abs. 3 OR: Unterzeichnung des VR-Protokolls, Art. 715 OR: Einberufung der VR-Sitzung, Art. 715a OR: gewisse Aufgaben im Zusammenhang mit dem Recht auf Auskunft und Einsicht

[285] Zur Rolle des VR-Sekretärs vgl. Kapitel 3.4.2.1.3.2.

[286] Vgl. Kapitel 2.2.2.2.

[287] Vgl. Kapitel 3.4.1.3.3.

[288] Vgl. Kapitel 2.2.2.4.

und Art. 22 Abs. 2 HRegV: gewisse Aufgaben im Zusammenhang mit dem Handelsregistereintrag), doch billigt Art. 713 Abs. 1 OR dem Vorsitzenden bzw. dem Präsidenten - sofern die Statuten nichts anderes vorsehen - den Stichentscheid zu und erhebt ihn damit quasi zum 'primus inter pares'[289]. Dem Präsidenten kommt im Zusammenhang mit der wichtigsten VR-Aufgabe, der Oberleitung, eine natürliche Führungsaufgabe zu.

> "Der Gesamtverwaltungsrat, als nur von Zeit zu Zeit zusammentretendes Beratungsgremium, ist auf Gedeih und Verderb von der Tüchtigkeit und Standfestigkeit seines Vorsitzenden abhängig. Dem Verwaltungsrat ist in Tat und Wahrheit echte Oberleitung nur im Zusammenwirken mit einem initiativen und verantwortungsbewussten Präsidenten möglich; die Wahl und äusserstenfalls die Abwahl des Präsidenten gehören daher zum Kern der Oberleitungsfunktion des Verwaltungsrates als Gesamtgremium"[290].

Wie generell für das Aktienrecht kennzeichnend, erlaubt das Gesetz auch bezüglich der Stellung des VR-Präsidenten die Anpassung an unternehmensindividuelle Bedürfnisse. Die faktische Bedeutung des VR-Präsidenten dürfte im wesentlichen von der Organisationsstruktur des Gesamtverwaltungsrats und von der Persönlichkeit des Mandatsträgers abhängen. In Familienunternehmungen, in denen der (oder die) Eigentümer im Verwaltungsrat Einsitz hält, ist anzunehmen, dass er die Präsidentenposition einnimmt und die Macht auf sich zieht. Der VR-Präsident ist wichtigstes Bindeglied zwischen den einzelnen VR-Mitgliedern einerseits und bei Nichtvorhandensein eines VR-Delegierten zwischen Verwaltungsrat und Geschäftsleitung andererseits[291]. Er ist dann der erste und wichtigste Gesprächspartner, v.a. aber auch informelle 'Anlaufstelle' für die Geschäftsleitung. Von allen VR-Mitgliedern hat der VR-Präsident den intensivsten Kontakt mit der Geschäftsleitung und ist demzufolge auch am besten informiert. Die Information bzw. der Informationsvorsprung zu den anderen VR-Mitgliedern ist seine vielleicht bedeutendste Machtbasis. Abgesehen von der Mitwirkung des VR-Präsidenten an der Erfüllung der weiter oben genannten VR-Aufgaben drängen sich zusätzlich präsidiale

[289] Vgl. NIGGLI A. (1981), S. 29. Im Zusammenhang mit dem Stichentscheid kann es im Falle von paritätischen Kapitalbeteiligungsverhältnissen interessant sein, den VR-Präsidenten statutarisch zu ermächtigen, an der Generalversammlung den Stichentscheid zu fällen, vgl. SCHMITT P. (1991), S. 30.

[290] BÖCKLI P. (1992a), S. 418.

[291] Vgl. NIGGLI A. (1981), S. 30.

Sonderfunktionen auf. Nebst seiner Repräsentationsfunktion muss er als Koordinator für das Funktionieren des Gesamtverwaltungsrats besorgt sein und das Zusammenspiel mit der Geschäftsleitung, den Aktionären und auch der Öffentlichkeit steuern. Indem er die unterschiedlichen Kräfte bzw. Interessengruppen zusammenbringt und bei Intra- und Intergruppenkonflikten vermittelnd eingreift, kommt ihm auch eine Integrationsfunktion zu. Hohe Priorität hat für ihn die Sicherstellung des erforderlichen Informationsflusses zwischen allen Beteiligten. Als Moderator hat der VR-Präsident die Aufgabe, die VR-Sitzungen effizient zu leiten und als Initiator sollte er nebst den routinemässigen Sitzungstraktanden aktuelle oder für die zukünftige Unternehmungsentwicklung bedeutsame Probleme (bspw. Nachfolgeregelungen) von sich aus aufgreifen und auf den Sitzungen zur Behandlung bringen. Der VR-Präsident muss unermüdliche Antriebskraft für die strategische Diskussion im Verwaltungsrat sein[292]. Zur Erledigung dringender Geschäfte, die zwischen den VR-Sitzungen anfallen, bietet es sich u.U. an, dem VR-Präsidenten allfällige Entscheidungskompetenzen einzuräumen. In grossen Unternehmungen ist der VR-Präsident in der Regel vollamtlich tätig[293]. Zur Vertretung und zur Entlastung des VR-Präsidenten kann einer oder mehrere Vizepräsidenten ernannt werden. Ausscheidende VR-Präsidenten werden manchmal aus Prestige- oder Ehrungsgründen zum Ehrenpräsidenten gewählt. Sowohl der VR-Vizepräsident als auch der VR-Ehrenpräsident sind gesetzlich nicht vorgesehen[294]. Wird in Familienunternehmungen der aus dem Verwaltungsrat ausscheidende EU zum VR-Ehrenpräsidenten ernannt, so kann es passieren, dass dieser trotz fehlender formalrechtlicher Kompetenzen im Hintergrund als graue Eminenz seinen Einfluss weiterhin geltend macht und ein selbstbestimmtes Funktionieren des Verwaltungsrats erschwert.

Der VR-Delegierte kann als das institutionalisierte Bindeglied zwischen dem Verwaltungsrat und der Geschäftsleitung angesehen werden, wobei er im Gegensatz zum VR-Präsidenten und den anderen VR-Mitgliedern immer auch exekutiv, also geschäftsführend, tätig ist. "Seine Aufgabe ist grundsätzlich die eines Vorsitzenden der Geschäftsleitung mit dem Un-

292 Dazu BILAND T.A. (1989a), S. 23: "Die Entwicklung über die Beeinflussung der Traktandenliste stellt eine Möglichkeit zur strategischen Umorientierung des Verwaltungsrats dar, die ungenügend genutzt wird".

293 Vgl. BUCHMANN P. (1976), S. 84.

294 Vgl. BUCHMANN P. (1976), S. 82 und S. 89 f.

terschied, dass er dazu noch die Rolle eines Verwaltungsrats innehat"[295]. Seine Doppelrolle ist mit einem grossen Konfliktpotential[296] (Vermischung von Führung und Ueberwachung, d.h. er muss sich selbst überwachen) und mit Machtkonzentration (seine Macht beruht nicht nur auf die ihm zugewiesenen Kompetenzen, sondern auch auf seinem Informationsvorsprung[297] gegenüber dem restlichen Verwaltungsrat und der Geschäftsleitung) verbunden. "Wenn den Delegierten Vertretung und Geschäftsführung vollumfänglich übertragen werden, so sind sie allen Funktionären der Aktiengesellschaft, selbst den einzelnen Mitgliedern des VR und den Direktoren, übergeordnet und unterstehen lediglich dem Gesamt-VR als ihrem Auftraggeber"[298]. Trotz berechtigter Bedenken kann sich der Einsatz eines (oder mehrerer) meist vollamtlichen VR-Delegierten günstig auswirken. Zu denken ist hierbei an die Relativierung der Macht des VR-Präsidenten, an die Belebung des eher überwachungsorientierten Verwaltungsrats durch die Teilnahme des eher führungsorientierten Delegierten, an die verbesserte Informierung des Verwaltungsrats (Informationen aus erster Hand; jedoch Gefahr, dass der Delegierte Informationen missbräuchlich filtert), an die erhöhte Reaktions- und die flexiblere Aktionsfähigkeit in der Führung oder auch an die motivierende Wirkung auf die Geschäftsleitung aufgrund der unmittelbaren Mitwirkung 'ihres' Delegierten am unternehmungspolitischen Zielbildungsprozess. Im Falle der in der Praxis[299] weit verbreiteten Personalunion des VR-Delegierten mit dem VR-Präsidenten ist die Gefahr einer omnipotenten Stellung des Delegierten zusätzlich verstärkt. Es liegt dann ganz an der Persönlichkeit des Betreffenden, der Doppelrolle und damit der doppelten Verantwortung[300] gerecht zu werden. Insofern ist der Einsatz eines VR-Delegierten immer mit Risiken verbunden, denn die Abhängigkeit von einer Person an der Unternehmungsspitze ist gross und die Unabhängigkeit der Überwachung ist nicht mehr gewährleistet. Nach SPRÜNGLI kann es in der Familienunternehmung "[...] allenfalls toleriert werden, wenn der Hauptaktionär Präsident und gleichzeitig Delegierter und Vorsitzender der Geschäftsleitung

[295] SPRÜNGLI L.R. (1991), S. 236.
[296] Vgl. HESS W. (1986), S. 109.
[297] Vgl. NIGGLI A. (1981), S. 34.
[298] BUCHMANN P. (1976), S. 94.
[299] Vgl. GLAUS B.U. (1990), S. 120 und S. 202.
[300] Vgl. NIGGLI A. (1981), S. 34.

ist, da er ohnehin mit seinen Aktienstimmen die Unternehmung kontrolliert. Zu vermeiden ist es aber, wenn der Vorsitzende der Geschäftsleitung, der nicht Hauptaktionär ist, auch Delegierter und eventuell sogar Präsident wird"[301]. Bezogen auf die GFU kann die Argumentation von SPRÜNGLI zugunsten der Personalunion in der Familienunternehmung aus Kontinuitätssicht nicht befriedigen. Zwar mag es verständlich sein, wenn der EU insbesondere in der Pionier- und Aufbauphase der Unternehmung möglichst viele Spitzenpositionen in Personalunion ausübt, um über einen möglichst grossen Handlungsspielraum zu verfügen, doch kann bei der GFU gerade diese Ämter- bzw. Funktionshäufung zu den bekannten Nachfolgeproblemen führen. Wenn schon ein VR-Delegierter zum Einsatz kommen soll, dann sollte zwecks Schaffung eines Gegenpols die Position des VR-Präsidenten personell getrennt besetzt werden. Es ist dann wichtige Aufgabe des VR-Präsidenten, ein Informationsmonopol des VR-Delegierten zu verhindern.

Nach Art. 716a Abs. 2 OR kann der Verwaltungsrat zu seiner Entlastung nach freiem Ermessen Ausschüsse bestellen und ihnen die Vorbereitung und die Ausführung seiner Beschlüsse oder die Überwachung von Geschäften übertragen. VR-Ausschüsse üben damit in erster Linie Stabsfunktion aus. In der Praxis werden den Ausschüssen, die zwischen Gesamt-Verwaltungsrat, Delegierten und Geschäftsleitung eine Mittelstellung einnehmen und grundsätzlich nur verwaltungsinterne Aufgaben wahrnehmen, jedoch auch beschränkte Entscheidungskompetenzen eingeräumt[302]. Der Einsatz eines Ausschusses kann v.a. bei grossen Verwaltungsräten, deren Grösse ein effizientes Arbeiten nicht erlaubt und/ oder deren Mitglieder Zeitmangel[303] haben oder für gewisse Teilaufgaben nicht qualifiziert sind, sinnvoll sein. Mit der Ausschussbildung ist die Ge-

301 SPRÜNGLI L.R. (1991), S. 239.

302 BUCHMANN unterscheidet die Beschlussfassungsfunktion, d.h. der Ausschuss entscheidet über Angelegenheiten, die eigentlich vom Gesamt-Verwaltungsrat behandelt werden sollten, und die Geschäftsführungsfunktion, d.h. der Ausschuss entscheidet über wichtige Geschäfte, die nicht von der Geschäftsleitung entschieden werden sollten (Genehmigungskompetenzen), vgl. BUCHMANN P. (1976), S. 98 ff. Vgl. hierzu auch BILAND T.A. (1989), S. 216 ff. und GLAUS B.U. (1990), S. 133 f.

303 Die Umfrage von SPENCER STUART ergab, dass ein einfaches VR-Mitglied einer mittleren AG pro Jahr 9,1 Tage und ein Ausschussmitglied zusätzlich 15,6 Tage aufwendet, vgl. SPENCER STUART MANAGEMENT CONSULTANTS (1983), S. 17.

fahr einer Zweiteilung des Verwaltungsrats verbunden: auf der einen Seite der aktive Ausschuss und auf der anderen Seite der immer mehr zu einer Statistenrolle neigende Restteil, d.h. der Ausschuss wird zum eigentlichen Aufgabenträger, während die Entscheidungen des Gesamt-Verwaltungsrats lediglich noch den formellen Abschluss der vom Ausschuss geleisteten Vorarbeiten darstellen. Dafür kann an den Sitzungen des Gesamt-Verwaltungsrats aufgrund der Vorbereitungsarbeiten durch den Ausschuss die Beschlussfassung beschleunigt werden. Auch wenn die Mitarbeit in speziellen Auschüssen eines der wenigen Aufgaben ist, von der Verwaltungsräte glauben, dass sie in Zukunft weniger wichtig wird[304], hatten 1991 23 % der im Rahmen der BOARDPOWER-Studie befragten mittelgrossen Unternehmungen einen oder selten mehrere VR-Ausschüsse[305]. Ausschüsse sind eher in Grossunternehmungen anzutreffen, v.a. dann, wenn diese über einen grossen Verwaltungsrat verfügen[306]. Vereinzelt werden nach amerikanischem Vorbild auch aufgabenspezifische Kommissionen (bspw. Audit-, Compensation-, Nominating-, Executive-, Finance-, Investment-, Strategic Planning Committee) eingesetzt[307]. Als Alternative zur Ausschuss- und Kommissionenbildung bietet sich gerade bei kleineren Verwaltungsräten die Ressortierung an, d.h. einzelnen VR-Mitgliedern werden spezielle Aufgabenbereiche, die nicht mit der Ressorteinteilung in der Geschäftsleitung deckungsgleich sein müssen, zugewiesen. Auch hier ist wiederum auf eine präzise Abgrenzung der Aufgaben und Kompetenzen zu achten, da gerade im Falle einer Trennungsstruktur, von der für die GFU ja ausgegangen wird, das einzelne VR-Mitglied zwar Überwachungs- und Beratungsfunktionen, aber

304 Vgl. SPENCER STUART MANAGEMENT CONSULTANTS (1983), S. 11.

305 Vgl. BOARDPOWER AG (1991), S. 15.

306 GLAUS hat sich in seiner Untersuchung auf Grossunternehmungen konzentriert. Davon wiesen 74% einen VR-Ausschuss und 9% sogar mehrere Ausschüsse auf, vgl. GLAUS B.U. (1990), S. 118. In der BRD bilden rund 75% der Aufsichtsräte aus ihrer Mitte Ausschüsse, im Durchschnitt zwei Ausschüsse je Aufsichtsrat (v.a. Personal-, Finanz-, Investitions-, Prüfungsausschüsse und Präsidien), vgl. BLEICHER K. (1987), S. 25 ff.

307 Vgl. GLAUS B.U. (1990), S. 117 f. und S. 247 ff. Zu den Einsatz- und Ausgestaltungsmöglichkeiten der Committees vgl. BLEICHER K./LEBERL D./PAUL H. (1989), S. 218 ff. und die dort zitierte Literatur. WARD sieht den Einsatz von Committees nur dann als sinnvoll an, wenn der BOARD mehr als sieben Mitglieder zählt oder wenn es sich um eine grosse Unternehmung handelt, vgl. WARD J.L. (1991), S. 160 ff.

grundsätzlich keine speziellen Entscheidungsbefugnisse haben soll. Nebst dem machtverteilenden Effekt innerhalb des VR-Gremiums kann sich die Ressortierung auf das Verhältnis zwischen Verwaltungsrat und Geschäftsleitung integrierend auswirken, während beim nicht-ressortierten Verwaltungsrat die Dominanz des VR-Präsidenten sowohl innerhalb des VR-Gremiums als auch als alleiniges Bindeglied zur Geschäftsleitung gegenübersteht[308]. Dr. Nikolaus Senn (VR-Präsident der SBG) erläutert, wie eine zweckmässige Aufgabenteilung in einem Verwaltungsrat erfolgen kann:

> "Es besteht eine funktionelle, geregelte Abstufung der Aufgaben vom gesamten Verwaltungsrat über den Ausschuss zum Präsidium. Der Verwaltungsrat der SBG entscheidet praktisch nichts mehr auf der Ebene des operativen Geschäfts. Er ist die Aufsichtsinstanz, welcher die Geschäftsleitung über ganz bestimmte Gebiete Rechenschaft ablegen muss. Dagegen befasst er sich massgeblich mit Strategiefragen. Die geltende Strategie der SBG hat der Verwaltungsrat in zwei Arbeitstagen, auf Antrag der Geschäftsleitung und des Präsidiums, durchgearbeitet. Der Ausschuss hat schon mehr Entscheidungskompetenzen. Im Präsidium, das aus mir als Präsidenten sowie einem vollamtlichen und nebenamtlichen Vizepräsidenten besteht, ist es nochmals anders. Die Aufsicht der laufenden Geschäfte muss im wesentlichen beim Präsidenten, zusammen mit dem Inspektorat, liegen. Dabei stehe ich in dauerndem Gespräch mit der Geschäftsleitung und habe für mich auch einen neuen Managementstil erfunden, das 'Management by questionning'. Bin ich von einem Vorschlag der Generaldirektion nicht so ganz überzeugt, dann frage ich nur: 'Meine Herren, ist das gescheit?'. Die zweite Frage lautet: 'Gibt es nicht auch Alternativen?'"[309].

Die Ausgestaltung des Verwaltungsrats der GFU als Singularinstanz mit dem EU als Präsidenten ist trotz aller Vorteile, die eine Singularinstanz und damit eng verbunden das Direktorialprinzip nach sich ziehen mag, v.a. aus Kontinuitätsgründen nicht zu befürworten. Deshalb stellt sich ausgehend von einem multipersonalen Spitzenorgan (Pluralinstanz) die

[308] Zur Ressortierung im Verwaltungsrat vgl. SPRÜNGLI L.R. (1991), S. 249 ff. Aus der BOARDPOWER-Studie folgt, dass 58% der Verwaltungsräte selber Mandate übernehmen, und zwar für die Aufgabenbereiche Kooperation/Akquisition (29%), Strategie/Marketing/Lizenzen (17%), Ertragswesen/Kontrolle/Management (17%), Finanzfragen/Investitionsplanung (14%), diverse Probleme (13%), Personalfragen (7%) und Um- und Erweiterungsbau (3%), vgl. BOARDPOWER AG (1991), S. 14.

[309] SENN N. (1993), S. 11 f.

Frage nach der VR-Grösse. Diese wird unter anderem durch die Eigentumsverhältnisse, die VR-Positionierung bzw. -Aufgaben, die Unternehmungsgrösse, die Branchenzugehörigkeit oder auch durch die Organisationsstruktur der Unternehmung beeinflusst[310]. Je grösser der Verwaltungsrat ist, desto schwieriger gestaltet sich ein effizientes Arbeiten. Auch wenn die VR-Grösse nicht verallgemeinernd festgelegt werden kann, bieten sich für die GFU, die in der Bestimmung der Mitgliederzahl frei ist, zwei mögliche Anhaltspunkte für die Abgrenzung nach unten und oben an. Soll der Verwaltungsrat im Sinne des 'VR-Typs 4' funktionieren, so braucht er dazu mindestens drei bis fünf Fachleute, die die wichtigsten Aufgabenbereiche (bspw. 'Markt', 'Finanzen', 'Technik') qualifiziert abdecken können. Dazu gesellt sich der eine oder andere Generalist (bspw. als VR-Präsident) oder ein Aktionärsvertreter, sodass eine Mindestgrösse von vier bis sechs Mitgliedern schnell erreicht ist. Aus gruppendynamischer Sicht läge eine sinnvolle Obergrenze des Gesamtverwaltungsrats bei sieben Mitgliedern[311], wobei im Falle grösserer Verwaltungsräte immer noch die Möglichkeit der erwähnten Ausschussbildung offensteht.

3.4.2.1.3.2 VR-Ablauforganisation

Mit der VR-Aufbauorganisation wird die Struktur des Verwaltungsrats festgelegt. Im Rahmen dieser Struktur gilt es das Ablaufen der VR-Prozesse, also derjenigen Aktivitäten, die mit der Erfüllung der VR-Aufgaben eng zusammenhängen, zu koordinieren. "Die Ablauforganisation umfasst

310 Die Untersuchungen von BUCHMANN und GLAUS, die sich beide auf Grossunternehmungen beziehen, zeigen übereinstimmend,
- dass die einzelnen VR-Grössen stark voneinander abweichen (Extremwerte 5 und 26 bzw. 5 und 30),
- dass die durchschnittliche VR-Grösse bei 13 bis 14 Mitgliedern liegt (13,5 bzw. 13,3),
- dass branchenbedingte Unterschiede bestehen und
- dass Familienunternehmungen vergleichsweise kleinere Verwaltungsräte aufweisen.

Vgl. BUCHMANN P. (1976), S. 73 ff. und GLAUS B.U. (1990), S. 116 f.

311 Vgl. hierzu WARD J.L. (1991), S. 111: "That echoes sociological research showing that seven is the peak size of most effective groups in order to maximize group dynamics and allow each member to express him or herself. It also helps the CEO reduce the time required simply to manage the board". Auch SPRÜNGLI ist mit DÄTWYLER der Ansicht, dass fünf bis sieben VR-Mitglieder eine sinnvolle Grösse darstellen, vgl. SPRÜNGLI L. (1991), S. 273 f.

räumlich-zeitliche und instrumentelle Regelungen primär der VR-Sitzungen (Sitzungskalender, Standardtraktanden, Termine für Versand von Anträgen an den Verwaltungsrat und von Dokumenten etc.)"[312]. Die Ablauforganisation ist im Reglement/in der Geschäftsordnung[313] des Verwaltungsrats festgelegt. Nach CHINI sind wesentliche Inhalte die Zahl der Sitzungen, Formvorschriften für die Einladung und Zeitpunkt der Aussendung, Inhalt der Sitzungseinladung, Festsetzung der Tagesordnung, Teilnehmerkreis, Beschlussfähigkeit und Beschlussfassung (Abstimmungsvorgang), Ausschüsse (Bildung, Zusammensetzung und Aufgaben), Katalog über die zustimmungspflichtigen Geschäfte und Niederschrift (Protokolle) für die Sitzungen[314].

Das Aktienrecht schreibt keinen Turnus für VR-Sitzungen vor. Gemäss der BOARDPOWER-Studie lag 1991 die durchschnittliche Sitzungsfrequenz für Verwaltungsräte bei 4,7[315]. 64 % der Verwaltungsräte tagten mindestens viermal. Gegenüber 1985 hat sich die durchschnittliche Sitzungsdauer etwas erhöht: 1991 dauerten bei 47 % der Unternehmungen die Sitzungen länger als drei Stunden (1985: 40 %). Auch die Vorbereitungs- und Nachbearbeitungszeit hat im gleichen Zeitraum zugenommen: 1991 bereiteten sich 41 % (1985: 30 %) ein bis drei Stunden, 43 % (40 %) sogar mehr als drei Stunden auf eine VR-Sitzung vor und 28 % (24 %) wendeten ein bis drei Stunden, 44 % (26 %) sogar mehr als drei Stunden für die Nachbearbeitung auf. Insgesamt kann zumindest zeitlich gesehen von einem zunehmenden Engagement des Verwaltungsrats gesprochen werden. Zu den genannten Sitzungen, die sich auf den Gesamt-Verwaltungsrat beziehen, kommen je nach VR-Aufbauorganisation weitere Sitzungen allfälliger Ausschüsse oder Kommissionen, auch zusätzlicher Zeitaufwand einzelner VR-Mitglieder wie bspw. des Präsidenten, hinzu. So stellte GLAUS für Ausschüsse durchschnittlich 9,5 Sitzungen pro Jahr fest, wobei die Sitzungsfrequenz im Industriebereich mit 12,2 (durchschnittliche Sitzungsdauer: 4,3 Std.) deutlich höher liegt als im Dienstlei-

312 KÜHN R./DIETRICH M. (1989), S. 13. An dieser Stelle sei nochmals auf die grosse Bedeutung tatsächlich stattfindender Sitzungen, d.h. nicht nur auf dem Papier und über Zirkularbeschlüsse, hingewiesen. Gerade in (überwiegend kleineren) Familienunternehmungen sind solche 'Papier-Verwaltungsräte' ('Paper-Board' von DYER) anzutreffen, vgl. Kapitel 3.4.2.1.2.1.

313 Vgl. Kapitel 2.2.2.4.

314 Vgl. CHINI L.W. (1988), S. 88.

315 Vgl. im folgenden BOARDPOWER AG (1991), S. 2 ff.

stungsbereich mit 6,9 (3,75 Std.)[316]. Zur vollständigen Erfassung des zeitlichen VR-Engagements müssten zudem weitere, ausserhalb der Sitzungen stattfindende VR-Aktivitäten erfasst werden. In dem Zusammenhang unterscheiden DAVIS/OLSON[317] öffentlich-formelle VR-Prozesse (bspw. VR-Sitzungen, Firmenbesichtigungen), öffentlich-informelle VR-Prozesse (bspw. gemeinsames Abendessen der Verwaltungsräte), privat-formelle VR-Prozesse (bspw. vorstrukturierte Besprechung zweier VR-Mitglieder im privaten Kreis) und privat-informelle VR-Prozesse (bspw. Telephongespräch zwischen dem Präsidenten und dem Delegierten), wobei der Übergang zwischen diesen vier Kategorien fliessend ist.

Sofern der VR-Präsident oder ein anderes VR-Mitglied die ablauforganisatorischen Aufgaben nicht selbst wahrnimmt, können diese in Abstimmung mit dem Präsidenten auch von einem Arbeitsstab erledigt werden. Hierbei bietet es sich auch an, den VR-Sekretär, der das Protokoll führt und nicht Mitglied des Verwaltungsrats zu sein braucht, als Koordinationsstelle einzusetzen[318]. Seine wichtigste Aufgabe läge dann in der Sammlung von Entscheidungsgrundlagen für den Verwaltungsrat, indem er aus den verschiedenen Abteilungen die erforderlichen Informationen zusammenträgt, aufarbeitet, gegebenenfalls ergänzt und laufend aktualisiert. Der Sekretär sorgt für die rechtzeitige und umfassende Dokumentation der VR-Mitglieder (speziell auch bei der Einführung neuer VR-Mitglieder), damit diese sich gut vorbereiten können und in der knappen Sitzungszeit die Entscheidfindung stattfinden kann. Ausserdem organisiert er die VR-Sitzungen und alle damit verbundenen Anlässe (Terminabsprache, Festlegung der Traktandenliste in Abstimmung mit dem VR-Präsidenten, Örtlichkeiten, Verpflegung, Transport, Spesenabrechnungen etc.). Das von ihm geführte "[...] Protokoll muss mindestens die vom Verwaltungsrat gefassten Beschlüsse enthalten sowie eine konzentrierte Berichterstattung über die Verhandlungen wiedergeben. Auf Verlangen sind einzelne Voten der Sitzungsteilnehmer zu protokollieren"[319]. Mit Wahrnehmung dieser Aufgaben kommt dem Sekretär eine für den Verwaltungsrat und v.a. für den Präsidenten unterstützende Rolle zu. Zusätzlich

316 Vgl. GLAUS B.U. (1990), S. 126 f.

317 Vgl. DAVIS G.B./OLSON M.H. (1985), S. 50 ff.; zitiert bei KÜHN R./DIETRICH M. (1989), S. 8 f.

318 Vgl. WARD J.L. (1991), S. 157 f.

319 OESCH K. (1984), S. 29.

zu diesen eher administrativen Arbeiten könnten ihm im Bedarfsfall auch Einzelaufgaben (bspw. spezielle Recherchen oder Überwachung des Vollzugs bestimmter VR-Beschlüsse) anvertraut werden.

Für den Verwaltungsrat als Pluralinstanz sieht das Gesetz gemäss Art. 713 Abs. 1 OR, wonach VR-Beschlüsse mit der Mehrheit der abgegebenen Stimmen gefasst werden, grundsätzlich eine kollegiale Willensbildung mit Stichentscheid des Vorsitzenden (sog. Primatkollegialität) vor. In der Praxis dürfte das Streben nach einem Konsens bzw. nach einstimmigen Entscheiden, die vom ganzen Verwaltungsrat getragen werden, überwiegen[320]. "Der Entscheidungsprozess beruht - unabhängig von der gewählten formellen Regelung - häufig auf Einigung. Die Überzeugungskraft der vorgebrachten Argumente, personale Faktoren (Eloquenz, Expertise, informale Führerschaft), Sicherung der Durchsetzungsunterstützung, ein gewisses Gruppenbewusstsein sowie der Zwang zur Kooperation auch bei künftigen Entscheidungsprozessen führen in der Mehrzahl der Fälle zu einer Einigung, bei der eine Kompromisslösung oder ein qualifiziert erscheinender Vorschlag einstimmig angenommen wird. Von besonderer Bedeutung sind die formellen Regelungen in erster Linie in Ausnahmesituationen, in denen eine Einigung nicht wahrscheinlich ist"[321]. Erst im letzteren Fall kommen die Vor- und Nachteile des Direktorial- und Kollegialprinzips tatsächlich zum Tragen. In Familienunternehmungen dominiert häufig das Direktorialprinzip, das dann nicht selten mit den bekannten Nachfolgeproblemen verbunden ist. Für die GFU ist deshalb aus Kontinuitätsgründen an eine Mischform, bspw. kollegiale Willensbildung im Gremium mit direktorialer Stellung des Präsidenten, zu denken. So könnte eine wichtige Voraussetzung geschaffen werden, um mittels Kol-

320 In dem Zusammenhang muss auch berücksichtigt werden, dass in der Praxis ca. 63 % der VR-Sitzungen unter Teilnahme der Geschäftsleitung oder Teile der Geschäftsleitung stattfinden, vgl. BOARDPOWER AG (1991), S. 3. Für diejenigen Unternehmungen, die Partizipationsscheine ausgeben, sei hier erwähnt, dass nach neuem Aktienrecht auch Partizipanten, also Nichtaktionäre, auf statutarischer Grundlage im Verwaltungsrat Einsitz nehmen können und nach Meinung von HORBER auch stimmberechtigt sind (in der Generalversammlung hat der Partizipant in keinem Fall ein Stimmrecht, sofern er nicht gleichzeitig auch Aktionär ist), vgl. HORBER F. (1992), S. 29.

321 SEIDEL E./JUNG R.H./REDEL W. (1988), S. 24 f. Vgl. auch ebenda, S. 25 die Gegenüberstellung der Vor- und Nachteile des Direktorial- und Kollegialprinzips. Vgl. dazu auch ausführlich BERTSCH R. (1970), S. 139 ff.

legialprinzip die zunehmende Problemkomplexität und mittels Direktorialprinzip die steigende Umweltdynamik zu bewältigen[322].

DUBS hat mit dem Verfahren der teilnehmenden Beobachtung 29 Sitzungen von sieben ausgewählten Verwaltungsräten analysiert. Die wichtigsten Ergebnisse sollen hier in Kurzform widergegeben werden:[323]

- Einen unverhältnismässig hohen Zeitaufwand beansprucht die Berichterstattung, insbesondere die (stark vergangenheitsorientierte) Präsentation und Interpretation der Zahlen des Finanz- und Rechnungswesens.
- Die Verwaltungsräte beschäftigen sich zu wenig mit der strategischen Ausrichtung der Unternehmung.
- Die Verwaltungsräte konzentrieren sich auf Gewinn, Cash-flow und Liquidität und vernachlässigen Kostenbetrachtungen.
- Fehlen einer regelmässigen Leistungsbeurteilung (und -salarierung) der Geschäftsleitungsmitglieder.
- Entscheidungen, auch im strategischen Bereich, fallen in der Regel im Sinne der Anträge der Geschäftsleitung.
- Im Vergleich zu Voten mit Fragen und Feststellungen ist die Zahl von anregenden und einflussnehmenden Voten gering.
- Die Haltung der VR-Mitglieder ist eher unkritisch.
- Das Verhalten der VR-Mitglieder ist nicht nur persönlichkeitsabhängig, sondern wird im wesentlichen von der VR-Kultur, der Sitzungsführung (VR-Präsident) und vom Einfluss der Geschäftsleitung geprägt.

Die von DUBS angeführten Vorschläge zur Verbesserung der VR-Arbeit (bspw. VR-Zusammensetzung, -Aufbauorganisation und -Information) werden in der vorliegenden Arbeit grösstenteils bereits an anderer Stelle berücksichtigt[324]. Ergänzend wird hier auf folgende Einzelpunkte aufmerksam gemacht:[325]

- "Am wichtigsten ist die Vermehrung von Sitzungstraktanden, bei denen echte Führungs- und Kontrollprobleme behandelt werden, indem die Ratsmitglieder gezielt und vorbereitet Stellung zu beziehen haben"[326].

322 Vgl. BLEICHER K./BORTEL K.-D./KLEINMANN R./PAUL H. (1984), S. 28.
323 Vgl. im folgenden DUBS R. (1993), S. 126 ff.
324 Vgl. letztlich das ganze Kapitel 3.4.2.1 mit den diversen Unterkapiteln.
325 Vgl. im folgenden DUBS R. (1993), S. 140 ff.
326 DUBS R. (1993), S. 141.

Die klare Auftragserteilung an einzelne VR-Mitglieder verbessert zudem die Qualität der individuellen Beurteilung der VR-Leistungen.

- Konsequente Arbeitsplanung und -kontrolle. Konstanz bestimmter Sitzungstraktanden (bspw. Nachfolgethematik).
- Durchführen von Strategie- und anderen VR-Seminaren. Gezielter Einbezug der Geschäftsleitungsmitglieder.
- Verpflichtung der VR-Mitglieder zu Kurzvorträgen (gerade im Falle eines dominanten VR-Präsidenten gibt dies den VR-Mitgliedern die Möglichkeit zur Profilierung).
- Verbesserung der Sitzungstechnik (bspw. Vollständigkeit und Klarheit der Traktandenliste, zeitliche Einteilung, Entscheidungs-/Zielorientierung, Art der Diskussionsleitung).

3.4.2.1.3.3 OE für den Verwaltungsrat

Die Entwicklung von der mittleren Familienunternehmung hin zur GFU ist mit vielen personellen und strukturellen Änderungen verbunden. Angesprochen sind sowohl kleine Veränderungen als auch seltenere umfassende und tiefgreifende Neuerungen, sog. Reorganisationen, die die Evolution der Unternehmung massgeblich beeinflussen[327]. Die Gestaltung der GFU-Spitzenorganisation kann auch als Reorganisation aufgefasst werden, am augenfälligsten insbesondere dann, wenn der Übergang von der uni- zur multipersonalen Führungs- und Überwachungsstruktur nicht allmählich, sondern - ausgelöst bspw. durch das unerwartete Ausscheiden des EU - sehr abrupt erfolgt und innert kurzer Zeit zu grundlegenden Veränderungen in der Spitzenorganisation führt. Der Einführung einer neuen Spitzenorganisation folgt bis zur erfolgreichen Realisierung in der Regel eine längere, oft sogar mehrjährige Umsetzungsphase, die durch vielfältige Problemlösungs-, Unterstützungs- und Widerstandsaktivitäten (Konflikte, Akzeptanzprobleme) der beteiligten Personen(gruppen) gekennzeichnet ist. So ist es unwahrscheinlich, dass ein Verwaltungsrat,

[327] Zu den häufigsten Reorganisationsarten - der Reorganisationsbedarf steigt im allgemeinen mit zunehmender Unternehmungsgrösse - zählen bspw. die Formulierung und Diffusion von Unternehmungs- und Führungsgrundsätzen, die Einrichtung neuer Organisationseinheiten und Führungsstrukturen, die Einführung von EDV- und computergestützten Informationssystemen oder die Änderung von Absatzorganisationen. Vgl. hierzu und im folgenden GABELE E. (1992), Sp. 2197 ff.

der jahrzehntelang faktisch nicht existierte (lediglich auf dem Papier), von heute auf morgen in ein funktionierendes Gremium verwandelt werden kann. Mit anderen Worten: die Transformation des 'VR-Typs 1' in einen VR-Typ höherer Entwicklungsstufe lässt sich nur schrittweise vollziehen. Dabei ist das Verhalten des EU als Machtpromotor entscheidend, denn ohne seine aktive Unterstützung ist die Realisierung von vornherein zum Scheitern verurteilt. Ausserdem braucht es einen oder mehrere Fachpromotoren[328]. Für diese Aufgabe ist der EU u.U. ungeeignet, speziell dann, wenn er aus persönlichen Gründen (bspw. Angst vor Machtverlust, Misstrauen gegenüber unternehmungsexternen VR-Mitgliedern oder die Umstellung, inskünftig auf andere VR-Mitglieder Rücksicht nehmen zu müssen statt wie bisher alleine zu entscheiden) mit der neuen Struktur und den neuen Abläufen selbst Anpassungsschwierigkeiten oder Widerstände hat. Die Änderung der Spitzenorganisation ist eben mehr als eine nüchterne organisatorische Umstellung. Sie kommt einer Kulturentwicklung gleich, indem sie die Änderung von Einstellungen, Werten und Verhaltensweisen der Betroffenen, v.a. des EU, provoziert und so von der Unternehmungsspitze aus auf die ganze Unternehmung ausstrahlt. Sofern die Unternehmungskultur stark vom EU geprägt ist[329], sind kulturelle Änderungen immer in grosser Abhängigkeit von seiner Initiative und seinem Wohlwollen zu sehen.

In dem Zusammenhang bietet sich im Rahmen des Reorganisations- bzw. Gestaltungsprozesses der Spitzenorganisation OE[330] als flankierende Massnahme an. Auf die diversen Ansätze und Methoden der OE kann

[328] Zu den Begriffen Macht- und Fachpromotor vgl. WITTE E. (1973), S. 7 f.

[329] Vgl. SCHEIN E.H. (1983), S. 13 ff.

[330] Die deutsche Gesellschaft für Organisationsentwicklung versteht "Organisationsentwicklung als einen längerfristig angelegten, organisationsumfassenden Entwicklungs- und Veränderungsprozess von Organisationen und der in ihr tätigen Menschen. Der Prozess beruht auf Lernen aller Betroffenen durch direkte Mitwirkung und praktische Erfahrungen. Sein Ziel besteht in einer gleichzeitigen Verbesserung der Leistungsfähigkeit der Organisation (Effektivität) und der Qualität des Arbeitslebens (Humanität)", zitiert bei THOM N. (1992), Sp. 1478. "OE zielt auf eine planmässige mittel- bis langfristig wirksame Veränderung der individuellen Verhaltensmuster, Einstellungen und Fähigkeiten von Organisationsmitgliedern, [der] Organisationskultur und des Organisationsklimas, [und der] Organisations- und Kommunikationsstrukturen", STAEHLE W.H. (1989), S. 830.

an dieser Stelle im einzelnen nicht eingegangen werden[331]. Für den Verwaltungsrat ('Client System') sei jedoch als mögliche OE-Technik auf Gruppenebene die Prozessberatung[332] genannt. Demnach würde der (externe) OE-Berater ('Change Agent')[333] das VR-Geschehen (v.a. Problemlösungs-, Entscheidungs- und Intergruppenprozesse sowie die Kommunikation innerhalb des VR-Gremiums und zwischen Verwaltungsrat und der Unternehmung) analysieren und den Verwaltungsrat bzw. seine Mitglieder " [...] zur Selbstdiagnose anregen (Teil der "Hilfe zur Selbsthilfe"), ihm Instrumente zur Problemerkennung und -lösung [...] anbieten, effizienzhemmende Faktoren aufzeigen und Vorgehenspläne für die Prozessabwicklung vorstellen. Der Berater hat also nicht primär konkretes inhaltliches Wissen zu vermitteln, sondern zunächst die Einstellungsänderung auszulösen, die Kunden zu aktivieren und dann prozessorientierte Fähigkeiten einzubringen sowie zu übertragen"[334]. Der EU eignet sich aufgrund seiner Machtposition als 'Change Catalyst'. Er kann zwischen den Beteiligten vermittelnd eingreifen und die Geschwindigkeit des Änderungsprozesses beeinflussen. Gleichzeitig ist er jedoch auch Teil des 'Client Systems', denn auch er muss lernen, mit der neuen Situation umzugehen: "Der Mensch muss an seiner eigenen Umerziehung teilnehmen, wenn er überhaupt umerzogen werden soll. Und die Umerziehung ist sowohl eine normative wie auch eine kognitive und perzeptive Veränderung"[335]. Eine offene und progressive Haltung des EU dem Änderungsprozess gegenüber ist nur möglich, wenn zwischen ihm und dem 'Change Agent' ein Vertrauensverhältnis besteht. Deshalb ist bei der Auswahl des 'Entwicklungshelfers' besondere Sorgfalt geboten[336].

331 Vgl. dazu STAEHLE W.H. (1989), S. 837 ff. und BOBBIT H.R./BREINHOLT R.H./DOKTOR R.H./MCNAUL J.P. (1978), S. 283 ff. Zur Lösung individueller, interpersoneller, Intergruppen- und organisationeller Probleme speziell in der Familienunternehmung vgl. DYER W.G. (1986), S. 148 ff.

332 Zur Vertiefung dieser Methode vgl. SCHEIN E. (1969).

333 Zur Typologie der Change Agents, den Anforderungen und möglichen Rollen vgl. HUSE E.F. (1975), S. 303 ff.; Unter Umständen findet sich ein qualifizierter unternehmungsinterner Organisator, der sich für diese Aufgabe eignen würde, vgl. THOM N. (1992a), S. 260 ff.

334 THOM N. (1992), Sp. 1483.

335 BENNIS W.G./BENNE K.D./CHIN R. (1975), S. 58.

336 Vgl. SEEGER H.-G./GOEDE H. (1992), Sp. 318 ff.

Im vorliegenden Fall sollten die Möglichkeiten der OE nicht überschätzt werden. Für den EU kann es jedoch schon eine grosse Hilfe sein, in der Person des Change Agent einen neutralen Gesprächspartner zu haben, der ihm während des Änderungsprozesses als Methodenexperte beratend und als Moderator unterstützend zur Seite steht. Der Erfolg von OE hängt nicht zuletzt von der PE ab. Parallel zur Veränderung organisatorischer Strukturen und Beziehungsmuster sollten abgestimmte PE-Massnahmen erfolgen. "OE schafft organisatorische Anforderungen bezüglich Kenntnissen, Fähigkeiten und Einstellungen, denen durch PE begegnet werden soll"[337].

3.4.2.1.4 Gestaltungsbereich 'VR-Personal'

3.4.2.1.4.1 VR-Zusammensetzung und -Beschaffung

Die personelle Zusammensetzung des Verwaltungsrats ist die vielleicht wichtigste Gestaltungsvariable der Spitzenorganisation, denn schliesslich liegt es an den VR-Mitgliedern, die Rolle des Verwaltungsrats mit Leben zu füllen. Die gesetzlichen Bestimmungen hierzu sind minimal[338]. Jede Unternehmung muss ihren Bedürfnissen entsprechend eine für sie geeignete Zusammensetzung finden, d.h. es gibt keinen standardisierten Verwaltungsrat. Im folgenden werden einige grundsätzliche Anforderungen an die VR-Mitglieder sowie weitere Selektionskriterien genannt. Auf die VR-Grösse wurde bereits an anderer Stelle eingegangen[339].

Ausgehend von den VR-Aufgaben[340] und der Annahme, dass der Verwaltungsrat den zukünftigen Anforderungen am besten in Form des 'VR-Typs 4'[341] gerecht werden kann, sollte bei der Auswahl der einzelnen VR-Mitglieder die fachliche Mindestqualifikation immer unbedingtes Selektionskriterium sein. So ist es aufgrund der Ergebnisse der BOARDPOWER-Studie bedenkenswert, wenn auch heute noch fast jedes zweite neue VR-

337 STAEHLE W.H. (1989), S. 834. Zur PE für den Verwaltungsrat vgl. Kapitel 3.4.2.1.4.3.

338 Verschiedene Vorschläge für verschärfte personenbezogene Anforderungen an die Wählbarkeit von VR-Mitgliedern fanden im neuen Aktienrecht keine Aufnahme, vgl. BÖCKLI P. (1992a), S. 399 ff.

339 Vgl. Kapitel 3.4.2.1.3.1.

340 Vgl. Kapitel 3.4.2.1.2.2.

341 Vgl. Kapitel 3.4.2.1.2.1.

Mitglied aufgrund von gesellschaftlichen, familiären, politischen und wirtschaftlichen Überlegungen und nicht aufgrund der fachlichen Qualifikation gewählt wird[342]. Sofern jedoch letzteres erfüllt ist, steht einer Berufung aus obgenannten Gründen vorerst nichts entgegen. Bei Familienunternehmungen kann über den Weg der fachlichen Mindestqualifikation das Problem des Einsitzes unqualifizierter Familienaktionäre im Verwaltungsrat vermieden werden. In diesen Fällen sollte den unbedarften Aktionären professionelle Fachkompetenz zugeführt werden, indem sie je nach Vertretungsanspruch einen oder mehrere qualifizierte Einzel- oder Poolvertreter in den Verwaltungsrat entsenden (übrigens tut sich hier der Consultingbranche die Möglichkeit einer neuen Klientel auf). Fachliche Mindestqualifikation bedeutet, dass jedes VR-Mitglied unabhängig von seiner sonstigen beruflichen Tätigkeit bzw. unabhängig vom eigentlichen Grund seiner Berufung in den Verwaltungsrat über ein betriebswirtschaftliches Grundlagenwissen verfügt, das ihm erlaubt, im Sinne eines Generalisten allen Verhandlungen folgen, sich eine eigene Meinung bilden und diese auch im Entscheidungsprozess mit einbringen zu können. Zum Basiswissen eines jeden VR-Mitgliedes zählt STRASSER unter anderem folgende Bereiche[343]:

- *Finanzen:* Finanzierung der Unternehmung / statische und dynamische Betrachtung / Erfolgsrechnung, Arten der Darstellung und Verhältniszahlen / Liquiditätsbetrachtungen / Finanzierungsinstrumente / Profitcenter - Analysen.
- *Produkt und Markt:* Verständnis für Einflussgrössen des betriebenen Geschäfts / Kundennutzen / SEP / Verständnis für die Dynamisierung der Märkte, die Verkürzung der Produktlebenszyklen, Globalisierung der Märkte, die internationale Arbeitsteilung innerhalb der Unternehmung / Kenntnisse über die Konkurrenz, ihre Erfolgsfaktoren und Bedrohungen / Kenntnis des Stärken-/Schwächen-Profils der eigenen Unternehmung.
- *Organisation und Planung:* Kenntnis der Tendenzen der Organisationslehre, der Führungs- und Informationsmethoden, der Mittel der normativen Führung (wie Leitbilder), der Mittel der strategischen Führung und der daraus folgenden Massnahmen / Unternehmungskultur bezüglich der Mitarbeiterrekrutierung, -motivation und -förderung.

342 Vgl. BOARDPOWER AG (1991), S. 2.

343 Vgl. im folgenden STRASSER J. (1989), S. 29.

- *Produktion, Leistungserstellung, Logistik:* Spezialisierung / Verringerung der Fertigungstiefe / verstärkte Bedeutung der Logistik und Beschaffungspolitik / flexible Fertigung / betriebliche Rationalisierung / Qualitätssicherung.
- *Forschung und Entwicklung:* Entwicklungszeiten / Produkteunterhalt / Produkte-Neuentwicklung.

Über dieses Basiswissen hinaus ist es wünschenswert, dass jedes VR-Mitglied je nach VR-Ressortierung[344] über ein spezielles Fachwissen verfügt und/oder eine andere besondere Eigenschaft (bspw. Führungsstärke) mitbringt. FORSTMOSER spricht in dem Zusammenhang von 'spezialisierten Generalisten'[345], die sowohl Fachwissen aufweisen als auch übergeordnete wirtschaftliche Zusammenhänge verstehen. DUBS geht differenzierter vor (vgl. Tab. 3): "Wünschenswert sind Mitglieder, die entweder als kompetente Generalisten mit einem grossen Wissen und Können sowie viel Erfahrung durch geschickte Fragen die kritischen Punkte aufdecken, sowie mit sachkompetenten Voten die Entscheidungsprozesse beeinflussen, oder die als unterstützende Spezialisten für Fachfragen der Unternehmung zur Verfügung stehen"[346]. Fachkenntnisse werden v.a. in den Bereichen Finanzen, Marketing/Verkauf, Produkt/Markt, Recht, Forschung und Entwicklung sowie Produktion benötigt[347].

Abgesehen von den fachlichen Anforderungen sind Persönlichkeit und Führungsstärke sowie erfolgreiche Erfahrung in der Unternehmungsführung die wohl wichtigsten Anforderungen an den VR-Kandidaten[348]. In der Literatur werden eine Reihe wünschbarer Eigenschaften des VR-Mitglie-

344 Vgl. Kapitel 3.4.2.1.3.1.

345 Vgl. FORSTMOSER P. (1991a), S. 57.

346 DUBS R. (1993), S. 138.

347 Vgl. SPENCER STUART MANAGEMENT CONSULTANTS (1983), S. 12 f.

348 Vgl. SPENCER STUART MANAGEMENT CONSULTANTS (1983), S. 14 f.: Auf die Frage, nach welchen Kriterien ein VR-Mitglied ausgewählt werden soll, ergab sich folgende Soll-Rangfolge (in Klammer die Ist-Rangfolge): 1.) Persönlichkeit und Führungsstärke (3), 2.) Erfolgreiche Erfahrung in der Unternehmungsführung (2), 3.) Stellung in Wirtschaft, Gesellschaft und Politik, Beziehungen (1!), 4.) Branchenkenntnisse (4), 5.) Fachspezifische Kompetenz (5). Damit wird deutlich, dass die Zusammensetzung schweizerischer Verwaltungsräte noch in starkem Ausmass das Resultat eines Beziehungs- und Prestigedenkens ist. Anwälte, Bankenvertreter und Politiker dominieren die VR-Zusammensetzung.

Tab. 3: Typologie von VR-Mitgliedern[349]

	Typ VR-Mitglied / Kategorien	Kompetenter Generalist	Unterstützender Spezialist	"Politiker"	Opportunist	Selbstsicherer Verwaltungsrat	"Insider" Verwaltungsrat	Stiller Verwaltungsrat
Übriges Geschehen	Fragen	Präzise Antworten erfordernde Fragen	Präzise Antworten erfordernde Fragen	Viele Fragen zu persönlichen Bedürfnissen	Viele Fragen mit denen Interesse dokumentiert wird	Wenig Fragen	Viele Fragen zu Einzelheiten	Wenig Fragen
	Feststellungen	Sachkompetente Feststellungen zum Thema	Sachkompetente Feststellungen im Spezialgebiet	Viele Feststellungen aus eigener Erfahrung	Wenige Feststellungen	Klar bestimmte Feststellungen	Viele Detailfeststellungen	Wenig Feststellungen
	Anregungen	Vielseitige Anregungen	Häufige Anregungen im eigenen Spezialgebiet	Allgemeine Anregung, oft mit wenig Substanz	Anregungen im Sinne der vorherrschenden Meinung	Häufige Anregungen mit vielen Analogieschlüssen	Häufige Anregungen in Kleinigkeiten und Einzelheiten	Wenig Anregungen
	Kritik	Selten, aber mit Substanz	Selten, aber mit Substanz	Sehr selten	Sehr selten	Klare Kritik	Detailkritik	Gelegentlich klare Kritik
	Einfluss auf Entscheidungsfindung	Voten mit breitem Entscheidungseinfluss	Voten mit Argumenten, die Entscheidungen im Spezialgebiet beeinflussen	Viele Voten im Sinne der Anträge der GL	Viele Voten im Sinne der vorherrschenden Meinung	Viele Voten mit grossen Unterschieden in der Substanz und im Einfluss	Voten zu spezifischen Entscheidungen	Voten mit grossen Unterschieden in der Wirkung
an Sitzungen	Repräsentation	Wenig Interesse	Wenig Interesse	Sehr aktiv	Aktiv	Wenig Interesse	Aktiv	Wenig
	Lobbying	Wenig Interesse	Wenig Interesse	Sehr aktiv	Aktiv	Sehr aktiv, wenn bedeutsam	Wenig Interesse	Wenig
	Beratung für VR	Häufig in vielen Gebieten	Häufig im Spezialgebiet	Selten	Selten	Wenig	In spezifischen Fragen	Keine
	Individuelle Gesprächs-partner für VR und GL	Häufig, generell in schwierigen Fragen	Häufig gesucht im Spezialgebiet	Selten	Selten	Wenig	Wenig	Wenig
Leistungen und Nutzen ür Unternehmung		Wirkungsvolle Mitarbeit, sehr einflussreich	Wirkungsvolle Mitarbeit; insgesamt aber nur bedingt einflussreich	Nur beschränkt wirkungsvoll und einflussreich	Nur beschränkt wirkungsvoll und einflussreich	Unterschiedlich wirkungsvoll und einflussreich	nur beschränkt wirksam und einflussreich, weil zu sehr am Operativen orientiert	Keine grosse Wirkung und wenig Einfluss

[349] Vgl. DUBS R. (1993), S. 139.

des genannt, die in ihrer Summe einem fast schon übermenschlichen Anforderungsprofil entsprechen, bspw.[350]: finanzelle und beziehungsmässige Unabhängigkeit, Integrität, unternehmerisches und speziell marktorientiertes Denken, Durchsetzungsvermögen, Verhandlungsgeschick, Führungsstärke, Kontakt-/Dialogfähigkeit, Lernfähigkeit, Zivilcourage, Team-/ Kooperationsfähigkeit, konzeptionelles und visionäres Denken, Kommunikationsfähigkeit, Vertrauenswürdigkeit und Verschwiegenheit, Verständnis für die Öffentlichkeitsarbeit, Überzeugungskraft, Offenheit, Bescheidenheit, Identifikationsfähigkeit mit der Unternehmungskultur und den Unternehmungszielen, Eigenverantwortlichkeit, Dienstbereitschaft, gesunde Risikobereitschaft, Fähigkeit, Akzente für die Zukunft zu setzen, Belastbarkeit in Krisenzeiten, Denken in internationalen Dimensionen, analytische Fähigkeiten. Ohne auf diese unvollständige Liste näher eingehen zu wollen, seien die verschiedenen Anforderungen aus der pragmatischen Sicht eines EU zusammengefasst:

> "First of all, I wanted my directors to be risk-taking peers. This meant that they had to be engaged in a general management position with responsibilities at least as significant as mine. Second, I wanted my directors to have a high degree of honesty and integrity and to have demonstrated this in their business dealings. [...] Third, I wanted my directors to possess functional strengths consistent with my company's key business strategies. [...] Fourth, you must like and respect your directors personally, and you must be comfortable that they feel the same about you"[351].

Der letztgenannte Punkt deutet an, dass in Familienunternehmungen die Entscheidung zugunsten eines VR-Kandidaten letztlich weniger von sachlichen bzw. fachlichen Kriterien als von der 'persönlichen Chemie' zwischen den Eigentümern und ihm beeinflusst wird. Sofern die fachlichen Voraussetzungen erfüllt sind, ist dagegen nichts einzuwenden. Ein Vertrauensverhältnis zwischen den Eigentümern und den Verwaltungsräten ist begrüssenswert, ein zu persönliches Naheverhältnis allerdings zu vermeiden. Nach STAEHELIN[352] sollte bei Familienunternehmungen die VR-Zusammensetzung im Hinblick auf die Unternehmernachfolge darauf

[350] Vgl. bspw. KRNETA G. (1989), S. 21, STRASSER J. (1989), S. 28, RYTZ R. (1988), keine Seitenangaben, SPRÜNGLI L.R. (1991), S. 276 ff., SCHMOLL G.A. (1986), S. 3 ff.

[351] MATHILE C.L. (1988), S. 232 f.

[352] Vgl. STAEHELIN T. (1982), S. 94 f.

bestimmt werden, dass dem Verwaltungsrat während des Interregnums zwei Hauptaufgaben zufallen, nämlich die interimistische, aber nichts desto trotz effiziente und kompetente Führung der Unternehmung und die Entscheidung über Eignung des Unternehmernachfolgers (bei GFU des VR-Delegierten und/oder der Geschäftsleitung).

> "Statt einer Sammlung grosser Namen ist hier eine gute Mischung von unternehmerisch-visionären, manageriell-professionellen, politisch-gesellschaftlich vernetzten und juristisch-ordnenden und sichernden Persönlichkeitsprofilen anzustreben. [...] nach Persönlichkeiten Ausschau zu halten, die Erfahrungen in der Führung grosser sozialer Systeme haben und dabei gelernt haben, sich integrativ mit der Umsetzung der Entwicklung der Umwelt und den sich dabei ergebenden Möglichkeiten für die organisatorisch vielgliedrig strukturierte Landschaft der einzelnen Unternehmung auseinanderzusetzen"[353].

Das Anforderungsprofil an einen Verwaltungsrat ist reichhaltig und es ist offensichtlich, dass er die hohen Anforderungen nicht alle voll erfüllen kann. Die Qualifikation kann nur per Saldo aller Fähigkeiten beurteilt werden, wobei einer menschlich abgerundeten Persönlichkeit - besonders auch unter dem Aspekt der Bedeutung der Unternehmungskultur als Instrument der Unternehmungsentwicklung - der grösste kompensatorische Effekt zufallen dürfte.

Zusätzlich zu den bisher genannten Anforderungen an das Fachwissen und an die Persönlichkeit des VR-Mitgliedes sollten weitere Selektionskriterien Berücksichtigung finden:

- *Alter und Amtsdauer:* Das Durchschnittsalter der Verwaltungsräte liegt bei grösseren Unternehmungen gemäss BOARDPOWER zwischen 55 und 60 Jahren[354]. Viel sinnvoller als die bereits vielerorts eingeführte Alterslimite[355], die der individuell unterschiedlich abnehmenden Lei-

353 BLEICHER K./LEBERL D./PAUL H. (1989), S. 268.

354 Die BOARDPOWER-Umfrage hat ergeben, dass das VR-Durchschnittsalter mittelgrosser Unternehmungen zwischen 1985 und 1991 auf 55 Jahre gesunken ist, vgl. BOARDPOWER AG (1991), S. 1. Dagegen resultiert aus der Untersuchung von GLAUS bei grossen Unternehmungen ein Durchschnittsalter von 60 Jahren (26% sogar über 65 Jahre alt), vgl. GLAUS B.U. (1990), S. 109 ff. Damit liegt die Annahme nahe, dass das VR-Durchschnittsalter in grossen Unternehmungen tendenziell höher liegt.

355 In der Untersuchung von GLAUS hatten lediglich drei von 21 Grossunternehmungen keine VR-Altersgrenze und interessanterweise handelte es sich gerade

stungsfähigkeit nicht gerecht wird, ist eine ausgeglichene Altersstruktur. Die Kombination von erfahrenen, älteren Persönlichkeiten mit aufstrebenden Führungstalenten, die noch mitten in einer operationellen Tätigkeit stecken, kann sehr fruchtbar sein und ausserdem bei Familienunternehmungen Generationenkonflikte besser verhindern helfen. Das Ausscheiden eines VR-Mitglieds sollte nicht vom Erreichen einer Altersgrenze, sondern primär von seiner Leistung abhängig gemacht werden. Diejenigen Mitglieder, die nicht mehr auf der Höhe der Anforderungen sind, sollten freigestellt bzw. nicht wiedergewählt werden. Oder es wird von vornherein die Amtsdauer[356] (nach neuem Aktienrecht darf die Amtsdauer gemäss Art. 710 OR sechs Jahre nicht übersteigen, Wiederwahl ist jedoch möglich) beschränkt und so für eine ständige Neubelebung des Gremiums gesorgt. Mit einem möglichst ausgeglichenen Verhältnis unterschiedlicher Zugehörigkeitszeiten zum Gremium können Nachfolgeprobleme im Verwaltungsrat vermieden werden.

- *Ausbildung:* Die erhöhten Anforderungen an den Verwaltungsrat haben in den letzten Jahren zu einem enormen Anstieg des Ausbildungsniveaus seiner Mitglieder geführt[357]. GLAUS stellte bei 17 untersuchten VR-Gremien von Grossunternehmungen 86 % Akademiker (41 % Lizentiat, 34 % Doktorat, 11 % Professur) fest, wobei die Industrie mit 93 % Akademikeranteil gegenüber dem Dienstleistungsbereich mit 80 %

bei diesen Ausnahmen um eigentümerkontrollierte Verwaltungsräte. Die häufigste Altersgrenze liegt bei 70 Jahren. Vgl. GLAUS B.U. (1990), S. 138 f.

356 Bei mittelgrossen Unternehmungen ist die durchschnittliche Mandatsdauer zwischen 1985 und 1991 von 13 auf 11 Jahre zurückgegangen, vgl. BOARDPOWER AG (1991), S. 1. Bei Grossunternehmungen ist der grösste Teil der Verwaltungsräte (32%) zwischen 5 und 9 Jahren im Amt (30% sogar 10 und mehr Jahre), vgl. GLAUS B.U. (1990), S. 111 f. und S. 140. ABT fordert die Enttabuisierung des Rücktritts und die statutarische Begrenzung der Amtsdauer. Dann "[...] würden Demissionen das Odium des Ominösen verlieren, würde der Aus- und möglicherweise Übertritt in einen anderen Verwaltungsrat etwas ganz Normales, Wertfreies", ABT H. (1992), S. 33.

357 Zwischen 1985 und 1991 stieg der Akademikeranteil in Verwaltungsräten bei mittelgrossen Unternehmungen von durchschnittlich 45% auf 53%. Bei Unternehmungen mit einem Aktienkapital über 4 Millionen Franken lag der Anteil 1991 bei 68%. Der Akademikeranteil steigt im allgemeinen mit zunehmender Unternehmungsgrösse. Vgl. BOARDPOWER AG (1991), S. 2.

an der Spitze liegt[358]. Gleichwohl sollte bei der Beurteilung eines VR-Kandidaten nicht sein(e) Titel, sondern seine persönlichen Leistungsausweise im Vordergrund stehen (manch erfolgreicher Unternehmer hat keine akademische Ausbildung).

- *Anzahl VR-Mandate:* Da der Aufwand für VR-Mandate sehr unterschiedlich ausfallen kann, ist die Anzahl Mandate kein guter Massstab für die Belastbarkeit eines VR-Kandidaten. Stattdessen sollte von diesem die Zusage abverlangt werden, dass er den für die Ausfüllung des Mandats zu erwartenden zeitlichen Aufwand voll tragen kann[359].
- *Nationalität:* Nach Art. 708 Abs. 1 OR müssen die VR-Mitglieder mehrheitlich in der Schweiz wohnhafte Personen mit Schweizer Bürgerrecht sein. Ausgesprochen internationale VR-Zusammensetzungen sind in der Praxis noch selten anzutreffen. Für international operierende Unternehmungen wie die GFU bieten sich hier jedoch interessante Varianten an. Die Internationalisierung einer Unternehmung sollte sich auch in der personellen Zusammensetzung des Verwaltungsrats wiederspiegeln.
- *Geschlecht:* Der Frauenanteil in Verwaltungsräten ist in den letzten Jahren nur marginal gestiegen und liegt bei Grossunternehmungen derzeit um 2%[360]. Frauen sollten nach den gleichen Kriterien wie die Männer ausgewählt werden, dann wäre das Geschlecht kein Auswahlkriterium.
- *VR-Erfahrung:* Gerade in den Anfangsjahren der Etablierung eines aktiven Verwaltungsrates kann die Erfahrung eines oder mehrerer VR-Mitglieder aus ihrer Tätigkeit in anderen Verwaltungsräten dem EU bzw. der VR-Arbeit zugute kommen.
- *Herkunft (intern/extern):* In den Verwaltungsrat der GFU sollten auf jeden Fall auch familien- und unternehmungsexterne Persönlichkeiten gewählt werden, die der Familie und der Unternehmung gegenüber eine gewisse objektive Distanz wahren und damit zur Unabhängigkeit der Überwachung beitragen können[361]. Der unvoreingenommene Outsider sollte beim EU im Sinne einer Beratung mit berechtigter Kritik nicht zurückhal-

358 Vgl. GLAUS B.U. (1990), S. 107 f. Die Fachrichtungen der Verwaltungsräte sind zu 40 % Jura, 28% BWL/VWL/Staatswissenschaften, 23% Technik, 5% Chemie und 5% Andere, vgl. ebenda, S. 109.

359 Im Entwurf zum neuen Aktienrecht bestand der Bundesrat auf eine Beschränkung auf zehn Mandate bei Publikumsgesellschaften, vgl. SCHWEIZERISCHER BUNDESRAT (1983), S. 173 f.

360 Vgl. GLAUS B.U. (1990), S. 115.

361 Vgl. BERTSCH R. (1970), S. 150 f.

ten. Bei Vorhandensein mehrerer Familienstämme kann es unter dem Gleichgewichtsaspekt sinnvoll sein, einem neutralen Outsider den Vorsitz anzuvertrauen[362]. In Konfliktfällen kann er dann ausgleichend wirken. Eine interessante Möglichkeit besteht auch in der Berufung von angesehenen ehemaligen Mitgliedern der Geschäftsleitung, sofern sie noch über die erforderliche körperliche und geistige Fitness verfügen.

- *Interessengruppenzugehörigkeit:* Die Interessenausgleichsfunktion der Unternehmungsspitze, ihre Integrationsmöglichkeiten sowie die diesbezüglich in der Schweiz fast ausschliesslich praktizierte reduktionistische Lösung wurden im Verlauf dieser Arbeit verschiedentlich angesprochen[363]. Auch wenn die Kooptation von Stakeholdern in manchen Fällen ihre Berechtigung finden mag, entsteht jeweils die Gefahr, dass die Interessenvertreter ihre Partikularinteressen dem Unternehmungsinteresse voranstellen. Die zu erwartenden Interessenkonflikte können sich auf die VR-Arbeit effizienzhemmend[364] auswirken. Ausserdem scheint im Normalfall eine 'gerechte' Vertretung sämtlicher Stakeholder im VR-Gremium kaum realistisch zu sein. Um so höher sind die Anforderungen an den Verwaltungsrat, der die relevanten Stakeholderinteressen berücksichtigen und schliesslich im Interesse der Unternehmung entscheiden sollte.

Die Entscheidung zugunsten eines VR-Kandidaten entwickelt sich aus der Abwägung verschiedener Kriterien, wobei die hier aufgeführten fachlichen Mindestanforderungen stets erfüllt sein sollten (Conditio sine qua non). Dem Faktor Zeit ist besondere Aufmerksamkeit zu schenken. Gerade in Grossunternehmungen sollte ein VR-Mandat als vollgültiger Teilzeitberuf verstanden werden, der pro Jahr mehrere Wochen beansprucht[365]. Der VR-Kandidat und auch das bestehende VR-Mitglied müssen sich im Wettbewerb[366] zwischen qualifizierten Kräften durchsetzen

362 Vgl. HAHN D. (1985), S. 16.

363 Vgl. die Kapitel 3.4.1.1.3, 3.4.1.2.2, 3.4.1.3.1 und 3.4.1.3.2.

364 Unter dem Effizienzaspekt ist auch die Forderung von ULRICH nach einer zwingend pluralistischen VR-Zusammensetzung (30% Kapital-, 10% Management-, 30% Öffentlichkeits-, 30% Arbeitnehmervertreter) sehr kritisch zu beurteilen, vgl. ULRICH P. (1977), S. 183. Zu dem dieser Forderung zugrundeliegenden Gedankengut vgl. auch Kapitel 2.1.3.3.

365 Vgl. ABT H. (1992a), S. 33.

366 Vgl. WITTMANN W. (1991), S. 23. Nach WITTMANN handelt es sich beim Verwaltungsrat heute weitgehend um ein 'Beziehungssystem'. Er fordert unter ande-

und durch ihr Verhalten überzeugen. Der Verwaltungsrat sollte idealerweise eine Teamleistung erbringen, sodass das gewählte VR-Mitglied als Teil dieses Gremiums sich letztlich im Team bewähren muss. "Die erfolgreiche Zusammensetzung des Verwaltungsrates bedingt ein ausgewogenes Gremium: Wer nur Stars im Verwaltungrat hat, hat kein Gleichgewicht, keine Varianten in Ausrichtung, Ziel und Charakter. Es braucht ruhende Pole, genauso wie aktive Macher. Es benötigt Allrounder und Spezialisten. Im Team ergänzen sich die Schwächen der einen mit den Stärken der anderen - und umgekehrt"[367]. Das einzelne VR-Mitglied sollte durch seine Eigenart eine komplementäre Wirkung auf die Zusammensetzung des Gremiums haben, damit sich der Verwaltungsrat durch eine möglichst grosse Vielfalt - in der Mehrheit vorzugsweise unternehmerisch denkende Mitglieder - auszeichnet. Das ideale VR-Mitglied "[...] bildet ein unternehmerisch attraktives Synergie-Potential"[368]. Ein erfolgreicher Verwaltungsrat ist dann in seiner portfolioartigen Zusammensetzung zwar heterogen, in seinem Auftreten nach aussen jedoch homogen.

Nach STRASSER sollte der VR-Präsident zusätzliche Voraussetzungen erfüllen. "Er muss vor allem

- unterschiedliche Strömungen und Gruppen (Familien-AG) innerhalb des VR-Gremiums auf einen Nenner bringen
- als Katalysator und motivierend zugleich wirken, über ein gesundes Durchsetzungsvermögen verfügen und dabei aber die Fähigkeit eines Diplomaten entfalten
- Wegbereiter neuer Ideen, Produkte, Dienstleistungen und Verfahrenstechniken sein
- rechtzeitig Impulse geben und Akzente setzen, damit alle Fachkenntnisse und Spezialitäten seiner Verwaltungsratsmitglieder voll zum Tragen kommen und somit dem Unternehmen am meisten nützen"[369].

rem die Entflechtung von Wirtschaft und Politik (keine VR-Mandate für Politiker) und die Entflechtung innerhalb der Wirtschaft selbst (keine VR-Mandate für Banken oder Kunden), die Beschränkung von VR-Mandaten (Vermeidung von Machtkonzentration), die Öffnung des VR-Marktes für Ausländer und die Ausschreibung für VR-Mandate (fachliche Qualifikation als entscheidendes Auswahlkriterium im Wettbewerb).

367 HALTER W. (1989), S. 48.

368 VILLIGER R. (1992), S. 18.

369 STRASSER J. (1989), S.29.

Nach der Aufstellung eines Anforderungskataloges bzw. nach Ermittlung des qualitativen und quantitativen VR-Bedarfs steht die gewünschte VR-Zusammensetzung fest und die VR-Beschaffung kann erfolgen. Die Beschaffung ist keine einfache Aufgabe, denn das Angebot an qualifizierten und auch (zeitlich) verfügbaren Persönlichkeiten ist beschränkt. Hier ist der EU gefordert, der seine im Laufe der Jahre aufgebauten Kontakte gezielt einsetzen und gegebenenfalls auch neuere Wege (bspw. die Berufung von Geschäftsleitungsmitgliedern anderer Unternehmungen oder die Berufung von Personen aus dem Ausland) gehen sollte. Zur besseren Ausschöpfung des in Frage kommenden externen Beschaffungspotentials kann es unter Umständen sinnvoll sein, eine VR-Vermittlungsfirma einzuschalten[370]. Der Vermittler mag dann zwar einen fachlich qualifizierten Kandidaten liefern können, doch ist damit noch lange nicht sichergestellt, dass dieser mit dem EU auf persönlicher Ebene harmoniert und mit dem bestehenden VR-Gremium gut zusammenarbeiten kann. Aufgrund der steigenden Bedeutung des VR-Gremiums sieht LATTMANN für die Zukunft die Entstehung eines Marktes für hauptberufliche Verwaltungsräte, die von den Unternehmungen auf Teilzeitbasis verpflichtet werden[371]. Ähnlich wie bei der Rekrutierung von Führungskräften gilt es dann, diese 'neue' Berufskategorie durch gezieltes Personalmarketing anzusprechen sowie geeignete Auswahlmechanismen zu entwickeln.

3.4.2.1.4.2 VR-Leistungsstimulation (Anreizsystem)

Die Forderung nach einer VR-Leistungsbeurteilung und darauf aufbauend nach einer leistungsorientierten VR-Entschädigung hat in den letzten Jahren in der öffentlichen Diskussion Auftrieb erhalten. So zählt ABT auf, "[...] woran es der Schweizer Wirtschaft und ihren Unternehmen im Streben nach höherer Qualität auf höchster Führungsebene gebricht: an jüngeren Verwaltungsräten, die sich auf wenige, zeitlich befristete Mandate

370 "Die Professionalisierung der Suche nach stärkeren und engagierten VR-Persönlichkeiten gewinnt auch in Europa an Boden. [...] Mittlere (Familien-)Unternehmen haben es am schwierigsten, qualifizierte Anwärter im eigenen Beziehungsnetz zu identifizieren. [...] Schliesslich gehen einzelne sehr erfolgreiche Unternehmen in den Wachstumsbranchen den Weg der professionellen VR-Suche, um sich auch hier einen Wettbewerbsvorteil zu sichern", RYTZ R. (1988), keine Seitenangaben.

371 Vgl. LATTMANN M.S. (1993), S. 9.

voll konzentrieren und bereit sind, sich zu deren verantwortungsbewusster Erfüllung systematisch auszubilden und zu informieren und dafür leistungsabhängig honoriert zu werden"[372]. Im Gegensatz zur Stufe Geschäftsleitung findet auf Stufe Verwaltungsrat mehrheitlich keine systematische Leistungsbeurteilung (und Nachfolgeplanung) statt[373]. Allenfalls nehmen etwa der VR-Präsident oder der Hauptaktionär subjektive Beurteilungen vor. "Eigentliche Kriterienlisten haben sie jedoch nicht. Sie nehmen eine Beurteilung vor, indem sie sich überlegen, was der Einzelne für die Lösung der Probleme beigetragen hat und ob seine Zugehörigkeit zum Verwaltungsrat für die Unternehmung von Nutzen ist. Diese Erfahrungen fliessen dann in den persönlichen Anforderungskatalog ein. Dabei spielt insbesondere in Familien-AG die Traditionsgebundenheit eine Rolle"[374]. Ein institutionalisiertes Beurteilungssystem wäre insbesondere dann zu begrüssen, wenn im Falle unqualifizierter Familienaktionäre die Leistungsbeurteilung des Verwaltungsrats durch die Generalversammlung nicht gewährleistet ist. Der Verwaltungsrat sollte selbstkritisch sein und seine Tätigkeit einer regelmässigen Erfolgskontrolle unterwerfen. In Anlehnung an die Leistungsbeurteilung ist ähnlich wie auf der Ebene der Geschäftsleitung auch auf VR-Ebene eine Nachfolgeplanung erforderlich.

Hinter der vom Gesetz vorgesehenen Tantiemenregelung[375] steckt aus juristischer Sicht ein Schutzzweck, während aus betriebswirtschaftlicher Sicht ein monetäres VR-Anreizsystem in Form einer Gewinnbeteiligung interpretiert werden kann. Viel verbreiteter als die Tantiemenregelung ist heute jedoch eine feste Jahresentschädigung, ergänzt um eventuelle Sitzungsgelder, Spesenerstattung und Sonderkonditionen[376]. Diese Ent-

372 ABT H. (1992), S. 33.

373 Vgl. GLAUS B.U. (1990), S. 182 f. Die fehlende VR-Leistungsbeurteilung und -Nachfolgeplanung sowie das Fehlen strategischer Anreizsysteme im Verwaltungsrat wurde bereits im Zusammenhang mit den VR-Aufgaben unter Kapitel 3.4.2.1.2.2 bemängelt.

374 BILAND T.A. (1989), S. 273 f.

375 Nach neuem Aktienrecht, Art. 617 OR, gilt: "Gewinnanteile an Mitglieder des Verwaltungsrates dürfen nur dem Bilanzgewinn entnommen werden und sind nur zulässig, nachdem die Zuweisung an die gesetzliche Reserve gemacht und eine Dividende von 5 Prozent oder von einem durch die Statuten festgesetzten höheren Ansatz an die Aktionäre ausgerichtet worden ist".

376 Vgl. LEIBACHER W. (1992), S. 3: Die Auswertung von 73 börsengängigen Schweizer Unternehmungen hat für 1992 ein durchschnittliches VR-Honorar von 40'275 SFr. ergeben. Die Extremwerte liegen bei 2'500 SFr. (LEM Holding) und

schädigung sollte primär nach der vom einzelnen VR-Mitglied übernommenen Leistung bemessen werden und nicht nach Erfolgsgrössen (bspw. Umsatz, Reingewinn, Cash-Flow), die der Leistung des einzelnen VR-Mitglieds nicht genau zugeordnet werden können. Nach BÖCKLI sind dazu vier Elemente bestimmend:

> "(1) die persönliche Leistung (Arbeit innerhalb und ausserhalb der Sitzungen; Zeitaufwand; geistiger Input);
> (2) die Stellung innerhalb des Verwaltungsrates (Präsident, Vizepräsident, Delegierter, Ausschussmitglied, Sonderaufgaben);
> (3) die Tragung einer summenmässig unbeschränkten persönlichen und solidarischen Haftung, und die Verknüpfung des eigenen Rufs mit dem der Gesellschaft;
> (4) die Opportunitätskosten, darin eingeschlossen die Erfüllung der Treuepflicht, der Verzicht auf konkurrenzierende Tätigkeit"[377].

Bei einem sich wirklich einsetzenden Unternehmer oder professionellen Manager als Verwaltungsrat einer Grossunternehmung ist schätzungsweise mit mindestens 60'000 SFr. im Jahr zu rechnen[378]. Für Ausschussmitglieder und Vizepräsidenten ist von einer Verdoppelung des für die einfachen VR-Mitglieder gültigen Grundansatzes auszugehen und bei vollamtlichen VR-Präsidenten dürfte die Steigerung noch erheblich darüber liegen[379]. Mit anderen Worten: ein aktiver Verwaltungsrat mit mehreren qualifizierten Mitgliedern ist keine kostenlose Angelegenheit und das mag bei dem einen oder anderen EU im ersten Augenblick Unbehagen auslösen[380]. Doch sollte hier der Opportunitätsgedanke und unter dem Gesichtspunkt der Unternehmernachfolge die Sorge um die Zukunft der GFU im Vordergrund stehen. Zwecks Wahrung der Verhältnismässigkeit drängt es sich auf, bei der Bemessung der Entschädigungshöhe die wirtschaftliche Lage und die potentielle Weiterentwicklung der Unternehmung

262'500 SFr. (Nestlé). Im Vergleich zu den Vorjahren hat sich der Trend von der Tantieme zu festen Entschädigungen bestätigt. Gewinnbeteiligungen sind klar in der Minderzahl.

377 BÖCKLI P. (1992a), S. 412 f.

378 Schätzung von M. Rüegger von der Executive-Search-Firma Tasa, vgl. OTT H. (1991), S. 59.

379 Schätzung von A. Glanzmann von der VR-Vermittlungsfirma Arnold, Glanzmann & Schwarzenbach, vgl. OTT H. (1989), S. 37.

380 Genau das Gegenteil kann auch der Fall sein, nämlich dass sich der EU brüstet, besonders hohe VR-Entschädigungen zu zahlen.

zu berücksichtigen. Demnach würde die schuldrechtlich konzipierte Entschädigung, die im Gegensatz zur Tantieme als Aufwand verbucht wird, dem Verlauf des wirtschaftlichen Erfolges angepasst werden, ohne dass sie dadurch als verdeckte Tantieme kritisiert werden kann[381]. Mit der Koppelung der VR-Entschädigung an die langfristige Unternehmungsentwicklung (und nicht wie bei der Tantieme ausschliesslich an den Jahresgewinn) wird eine Rollenwahrnehmung des Verwaltungsrats im Sinne des 'VR-Typs 4' belohnt. Ein Verwaltungsrat, der strategisch denken und handeln soll, müsste konsequenterweise über ein strategisch ausgerichtetes Anreizsystem verfügen[382].

Nebst der materiellen Entschädigung ist die Bedeutung von nichtmonetären Anreizen für die Leistungsstimulation des Verwaltungsrats nicht zu unterschätzen. Gerade bei der GFU ist es wichtig, dass der vermutlich als VR-Präsident amtierende EU den anderen VR-Mitgliedern zu verstehen gibt bzw. das Gefühl vermittelt,

- dass sie nicht zur Dekoration gewählt worden sind, sondern wirklich benötigt werden,
- dass sie Teil eines Gremiums gleichberechtigter Mitglieder sind, die alle für die Unternehmung eine hohe Verantwortung tragen,
- dass ihre konstruktive Mitarbeit im Team erwünscht ist und
- dass Offenheit und Ehrlichkeit in ihrer Meinungsäusserung, auch im Falle von Kritik, geschätzt wird.

Es liegt in der Hand des EU kraft seiner Position und Persönlichkeit ein gutes VR-Klima herbeizuführen und damit eine wichtige Voraussetzung für eine effiziente VR-Arbeit zu schaffen. Zusätzlich können gelegentliche informelle Anlässe sowie persönliche Kontaktpflege zu den einzelnen VR-Mitgliedern die Kommunikation verbessern, das Zusammengehörigkeitsgefühl stärken und das VR-Klima allgemein günstig beeinflussen. Die im nächsten Kapitel besprochene PE für den Verwaltungsrat kann ebenfalls zu den nichtmonetären Anreizen gezählt werden.

381 Vgl. BÖCKLI P. (1992a), S. 413.

382 Zur Ausgestaltung eines strategischen Anreizsystems vgl. BLEICHER K. (1985b), S. 21 ff. und BECKER F.G. (1987), S. 159 ff.

3.4.2.1.4.3 PE für den Verwaltungsrat

Mit der geeigneten personellen VR-Zusammensetzung - idealerweise deckt sich die Summe der einzelnen Fähigkeitsprofile mit dem Anforderungsprofil des Gesamtverwaltungsrates - wird eine wichtige Voraussetzung für einen leistungsfähigen Verwaltungsrat geschaffen. Es bedarf im weiteren jedoch einer gezielten Einführung der gewählten (externen) VR-Mitglieder in die unternehmungs- und branchenspezifischen Verhältnisse, um sukzessive ein Hintergrundwissen aufzubauen und damit den Boden für die Umsetzung der mitgebrachten Fähigkeiten zu legen. Zusätzlich zu den eher individuell ausgerichteten Einführungen sollte allfälligen qualifikatorischen Anpassungsbedürfnissen des Verwaltungsrats aufgrund sich wandelnder bzw. steigender Anforderungen laufend begegnet werden. Aus dem Spektrum möglicher PE-Massnahmen[383] interessiert für den Verwaltungsrat somit in erster Linie die Weiterbildung. Mit der systematischen Vermittlung von Qualifikationen wird eine Professionalisierung des Verwaltungsrats zur anforderungsgerechten Bewältigung gegenwärtiger und zukünftiger VR-Aufgaben angestrebt. Nur dann wird der Verwaltungsrat von der Geschäftsleitung und auch von den Aktionären als kompetenter Gesprächspartner geschätzt und in seinen Funktionen akzeptiert.

HAMMER schlägt speziell für den Verwaltungsrat folgende bildungsbezogenen Entwicklungsmassnahmen vor:

"- Selbststudium von Unternehmensdokumenten und Sitzungsunterlagen
- Individuelle Einführungs-, Besuchs- oder Besichtigungsprogramme
- Gespräche, Interviews oder vertiefte Auswertungen von Sitzungen
- Veranstaltung in internen oder externen Tagungen oder Seminarien
- Vorträge, Referate, Präsentationen zur Einführung und Vorbereitung von schwierigen Traktanden
- Besichtigungen und Besuche des Verwaltungsrates von wichtigen Einrichtungen, Geschäftsstellen oder Tochtergesellschaften im In- und Ausland

383 THOM unterscheidet stellenbezogene PE-Massnahmen (Verwendungsplanung und -steuerung, Aufstiegsplanung und -steuerung, Stellvertretungsregelungen) und bildungsbezogene PE-Massnahmen (Ausbildung, Weiterbildung, Umschulung), vgl. THOM N. (1987), S. 35 ff. Vgl. auch ebenda S. 357 den Bezugsrahmen zur Erklärung von PE-Entscheidungen und -massnahmen.

- Kundenbesuche oder Kontakte mit wichtigen Lieferanten und Anbietern
- Messebesuche und Teilnahme an Kongressen zum Beobachten von Kunden und der Konkurrenz
- Organisation von PR-Veranstaltungen zum Erfahrungsaustausch mit Kunden und Adressaten
- Teilnahme an unternehmungsinternen Managementtagungen oder Seminarien, Führungssitzungen usw., um Kader und Klima zu erleben
- Bildung von Arbeitsgruppen, Kommissionen oder Ausschüssen für bestimmte Themen und Traktanden und dadurch Spezialisierung (vor allem in grösseren Verwaltungsräten)
- Entwicklung von eigenen Varianten in einem echten Brainstorming innerhalb des eigenen Verwaltungsrates"[384].

Des weiteren macht er unter anderem darauf aufmerksam,

- dass der Verwaltungsrat seine Weiterbildungsprioritäten periodisch festlegen sollte,
- dass die gewählte Veranstaltung ein lernförderndes Klima ausstrahlen sollte,
- dass die Entwicklung, Durchführung und Auswertung der Seminarien einer angemessenen Organisation bedarf,
- dass diese Veranstaltungen zu einem verstärkten inneren Zusammenhalt unter den Verwaltungsräten und zu einer verbesserten Zusammenarbeit - auch mit der Geschäftsleitung - führen kann und
- dass 'Life Long Learning' für den Verwaltungsrat zu einer Selbstverständlichkeit werden sollte[385].

Der Verwaltungsrat kann sich über die PE selbst motivieren. Ausserdem kann PE auf den externen VR-Beschaffungsmarkt akquisitorische Wirkung haben. Die Nutzung des Weiterbildungsangebots durch Verwaltungsräte hat in den letzten Jahren zumindest bei mittelgrossen Unternehmungen zugenommen und es ist anzunehmen, dass der PE-Bedarf für Verwaltungsräte in Zukunft weiter steigen wird[386].

384 HAMMER J. (1985), S. 214 f.

385 Vgl. HAMMER J. (1985), S. 215 f.

386 Vgl. BOARDPOWER AG (1991), S. 2: 1991 haben 58% der befragten Verwaltungsräte Weiterbildungskurse (v.a. zu den Themen Europa und Unternehmungsführung/-strategie) besucht. Auf das mittlerweile sehr umfangreiche externe Weiterbildungsangebot für die verschiedenen Managementrichtungen soll hier nicht eingegangen werden. Als Beispiel sei das vom Zentrum für Unternehmungsführung (ZfU) in Thalwil seit wenigen Jahren angebotene 'Seminar für

3.4.2.1.5 Gestaltungsbereich 'VR-Information'

Der Verwaltungsrat kann, wie im VR-Raster[387] erkennbar, als informationsverarbeitendes System verstanden werden, dem von aussen oder auch von den VR-Mitgliedern selbst Informationen zugeführt (Input-Aspekt), diese oder zumindest Teile davon im Rahmen von VR-Prozessen zu Entscheiden verarbeitet (Throughput-Aspekt) und letztere oder zumindest Teile davon in Form von VR-Führungsinstrumenten an unternehmungsinterne und/oder -externe Bezugspersonen mitgeteilt werden (Output-Aspekt). Sämtliche Komponenten im VR-Raster, insbesondere auch die Beziehungen zwischen den Subsystemen, haben in irgendeiner Weise mit Informationen zu tun, sodass die Gestaltung des Verwaltungsrats oder sogar der ganzen Spitzenorganisation unter dem Gesichtspunkt der Information ausführlich diskutiert werden könnte[388]. Ein allumfassender 'Informationsansatz' wird in der vorliegenden Arbeit aufgrund der in Kapitel 3.4.2.1.1 vorgestellten und begründeten Gliederung der Aktionsparameter jedoch nicht verfolgt. Auf den Informationsfluss vom Verwaltungsrat, also auf den Output-Aspekt, wurde bereits in Kapitel 3.4.2.1.2.3 eingegangen. Im Folgenden interessiert nun die Informationsversorgung des Verwaltungsrats und die Handhabung der Informationen innerhalb des Gremiums. Hierzu wird in den nächsten drei Kapiteln auf die von DIETRICH im Zusammenhang mit der Entwicklung einer heuristischen Methode zur Bestimmung eines VR-Informationskonzeptes verwendete und vom Allgemeinen ins Konkrete verlaufende Einteilung in Informationsphilosophie, -politik und -mix zurückgegriffen und für diese drei Ebe-

Verwaltungsräte' genannt. Am Seminar vom 27./28.1.92 wurden folgende Themen traktandiert: Anforderungsprofil des Verwaltungsrats, Rechtliche Ausgangslage, Management-Know-how für Verwaltungsräte, Informationsmanagement, Organisation des Verwaltungsrates, Verwaltungsrat und Krisenmanagement, Versicherung der persönlichen Haftpflicht des Verwaltungsrates. Ausserdem fanden zwei Workshops zu den Themen 'Private Aktiengesellschaften' und Erfahrungen im Rechtsbereich' statt.

387 Vgl. Abb. 13 in Kapitel 3.4.2.1.1.

388 Bspw. setzt sich das von CHINI konzipierte 'Aufsichtsrats-Informationssystem' aus den Elementen Organisation, Management-Auswahl, Zielsetzung, Strategische Planung, Strategisches und Operatives Controlling zusammen. Vgl. CHINI L.W. (1988), S. 61 ff.

nen der VR-Information (vgl. Abb. 17) GFU-spezifisch einige grundsätzliche Anmerkungen gemacht[389].

Abb. 17: Die VR-Information in ihrer Umgebung[390]

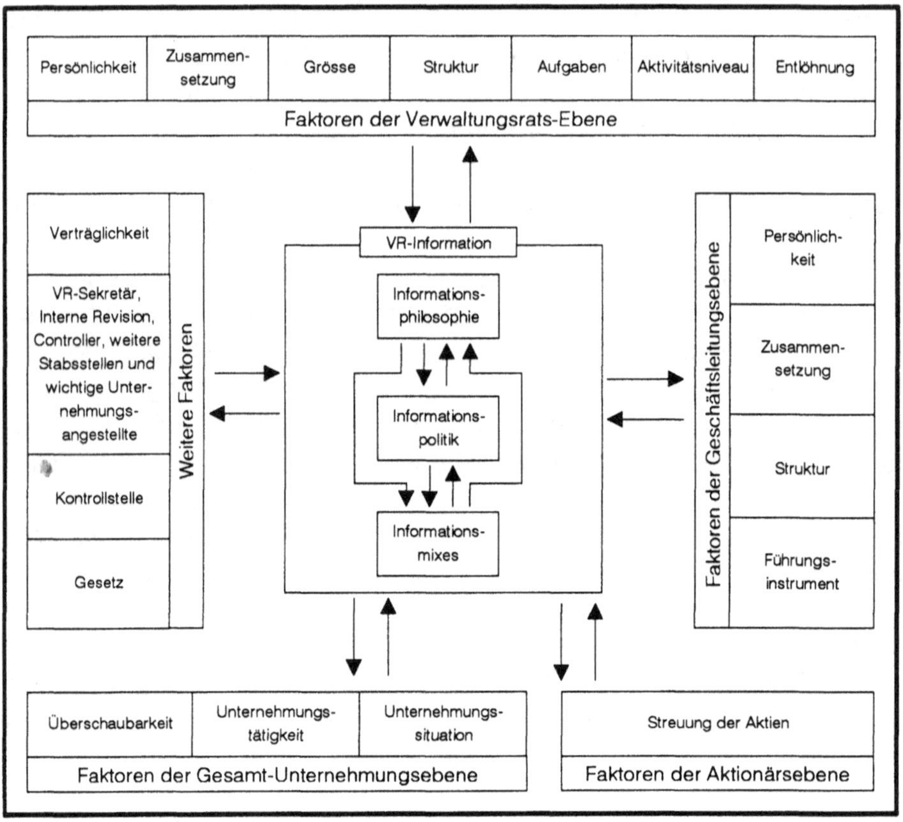

389 Es geht hier nicht um die Reproduktion der von DIETRICH entwickelten Methode, die sich in die fünf Phasen Vorarbeiten, Entwurf von Grundsätzen zur VR-Information, Überprüfung der entworfenen Grundsätze, Entscheid über das VR-Informationskonzept und Dokumentation aufteilt. Vielmehr sollen die im Zusammenhang mit der Phase 2 von DIETRICH erarbeiteten 'Praktiken einer guten VR-Information' zumindest teilweise aufgeführt und GFU-spezifisch kommentiert werden. Bei der Bestimmung eines unternehmungsindividuellen VR-Informationskonzeptes sei dem Praktiker die Methode von DIETRICH mit den vielen gelieferten Checklisten als echte Problemlösungshilfe empfohlen, vgl. DIETRICH M. (1993), S. 39 ff.

390 Vgl. DIETRICH M. (1990), S. 262.

3.4.2.1.5.1 Festlegung der VR-Informationsphilosophie

Die Bestimmung der Informationsphilosophie[391] umfasst die Festlegung allgemeiner Ziele der VR-Information und damit die Schaffung einer Grundlage für die Gestaltung der Informationspolitik und des Informationsmix. Es geht um die Klärung der Kosten-Nutzen-Einstellung, der Einstellung zur Geheimhaltung und um die Frage der Übernahme informationsphilosophischer 'Praktiken einer guten VR-Information'.

Information als zweckorientiertes und entscheidungsrelevantes Wissen soll dem Verwaltungsrat die Erfüllung der VR-Aufgaben erlauben und damit die aktive Einflussnahme auf das Unternehmungsgeschehen ermöglichen. Dazu gehört insbesondere auch das rechtzeitige Erkennen von Krisen[392]. Das Problem der Information stellt sich insbesondere bei den unternehmensexternen VR-Mitgliedern, die je nach Aufgabenniveau entsprechend informiert werden sollten. So impliziert die Veränderung eines Verwaltungsrats vom 'VR-Typ 1' zum 'VR-Typ 4' nicht nur eine Veränderung der VR-Aufgaben, sondern auch eine entsprechende Veränderung der VR-Informationsphilosophie. Die externen Verwaltungsräte, die aus ihrer bisherigen Statistenrolle herausgerissen werden, gilt es dann anforderungsgerecht zu informieren, damit sie ihrer Verantwortung nachkommen und ihre neue Rolle als aktive Mitentscheider auch wirklich wahrnehmen können. Vor diesem Hintergrund sollte der EU seine Kosten-Nutzen-Einstellung zur VR-Information überprüfen und allenfalls der veränderten VR-Positionierung anpassen. Der Entscheid zugunsten eines aktiven Verwaltungsrats zieht die Bedingung nach sich, dass die VR-Informationen bezüglich der externen VR-Mitglieder nicht mehr primär unter dem Kostenaspekt betrachtet wird. Der Nutzen der VR-Information leitet sich aus der instrumentellen Beziehung zwischen Informationen und Aufgabenerfüllung des Verwaltungsrats ab. Ebenfalls einer Überprüfung bedürfen die Formen und Grenzen geheimhaltungsbedingter Beschränkungen der VR-Information. Der eine oder andere EU mag sich schwertun, jahrelang gehütete 'Geheimnisse' plötzlich externen VR-Mitgliedern mitzuteilen. Zur Vermeidung von Informationsmissbrauch könnte den VR-Kan-

391 Die Ausführungen zur Informationsphilosophie in diesem Kapitel nehmen Bezug auf DIETRICH M. (1990), S. 298 ff. und DIETRICH M./KÜHN R. (1990), S. 448 ff.

392 Vgl. GLOOR P. (1992), S. 5 ff.

didaten vor Mandatsübernahme eine Schweigepflicht auferlegt werden (Grundsatz der Verschwiegenheit).

DIETRICH/KÜHN unterscheiden neun informationsphilosophische Grundsatzbereiche, aufgeteilt auf drei Gruppen[393]:

- Grundhaltung:
  - Vertrauensverhältnis: Ein gutes Vertrauensverhältnis zwischen den VR-Mitgliedern und auch zwischen Verwaltungsrat und Geschäftsleitung sowie Aktionären setzt Ehrlichkeit und Offenheit in den Informationsbeziehungen voraus und lässt Raum für Kritik zu. Ohne Vertrauen zu den VR-Mitgliedern wird der im Verwaltungsrat einsitzende EU diese nicht in die eigentliche VR-Arbeit mit einbeziehen. Umgekehrt sollten die VR-Mitglieder im Falle fehlenden Vertrauens zum EU ihr Mandat niederlegen.
  - Offenheit für Neuerungen: Förderung von Entwicklungen bei der VR-Information; Lernatmosphäre.
- Organisation der VR-Information:
  - Bedürfnisorientierung: Die Informationsbedürfnisse der VR-Mitglieder sind Massstab der Informationsversorgung.
  - Bring- und Holprinzip: Die bezüglich allgemein interessierender Informationen grundsätzlich als Bringschuld konzipierte Informationsversorgung ist im Bedarfsfall durch eine aktive Informationsnachfrage seitens der VR-Mitglieder zu ergänzen.
  - Angemessene Regelungsdichte.
  - Die VR-Information als Teil des Unternehmungsinformationssystems: Die Integration der beiden Informationssysteme sollte zwecks Vermeidung von Manipulationen über möglichst nahe bei der Informationserfassung gelegene Schnittstellen erfolgen.
- Weitere allgemeine Leitideen:
  - Diffusion des Wissens innerhalb des Verwaltungsrats: Die besser informierten VR-Mitglieder (VR-Präsident, VR-Delegierter, Ausschuss-Mitglieder) sollten zur Angleichung des Informationsstandes unter allen VR-Mitgliedern beitragen.

393 Auf die von DIETRICH/KÜHN genannten informationsphilosophischen 'Praktiken einer guten VR-Information' wird hier aus Platzgründen nur stichwortartig eingegangen. Zu der hier übernommenen Einteilung vgl. DIETRICH M./KÜHN R. (1990), S. 448 ff.

- Den VR-Mitgliedern den Gesamtüberblick ermöglichen: Nicht zu detaillierte Informationen, Mehrjahres- und Konkurrenzvergleiche, Abweichungen, zusammenhängende Darstellungen von Einzelthemen etc.
- Optimale Nutzung der VR-Zeit: Für wichtige Geschäfte sollte genügend Zeit reserviert werden und die Darstellung vergangenheitsorientierter Zahlen sollte ein Minimum an Zeit beanspruchen.

THEISSEN betrachtet die Informationsversorgung des Verwaltungsrats als eine unmittelbare Funktion der gesetzlichen VR-Aufgaben und stellt den Informationsbedarf[394] als Gestaltungsregulativ in den Mittelpunkt der Betrachtung:

> "Allein anerkannter Massstab für die Konkretisierung der einzelnen Dimensionen des Überwachungsinformationsbedarfs bildet dabei der Überwachungsauftrag nach den Bestimmungen der jeweiligen rechtlichen Vorschriften. Limitationale Faktoren, wie sie insbesondere durch die, betriebswirtschaftliche Erfordernisse gegebenenfalls sogar konterkarierende rechtlichen Vorschriften und/oder faktischen Verhaltensweisen gegeben sind, dürfen bei einem solchen Ansatz zunächst keine Berücksichtigung finden. Zielsetzung entsprechend fundierter Überlegungen muss es vielmehr sein, ein selbstüberwachtes und überwachbares Informationsversorgungssystem zu entwickeln, um der Gefahr autokorrelativer Beziehungen und Abhängigkeiten von Anfang an entgegnen zu können. Als Resultat eines solchen Ansatzes ist eine massstabs- und inhaltsgetreue, spiegelbildliche Reproduktion der Unternehmungsführungsaktivitäten mit der Hilfe eines objekt- und aufgabenbezogen ausgestalteten Informationsversorgungssystems anzustreben"[395].

3.4.2.1.5.2 Festlegung der VR-Informationspolitik

Nach Ermittlung der Informationsbedürfnisse unter Zuhilfenahme verschiedener Strategien und Methoden[396] kann der Entscheid über die ge-

394 THEISSEN spricht nicht von 'VR-Aufgaben' und 'Informationsbedarf', sondern von 'Überwachungsauftrag' und dementsprechend vom 'Überwachungsinformationsbedarf': "Als Überwachungsinformationsbedarf kann die Gesamtmenge aller nach betriebswirtschaftlich gesicherten Erkenntnissen objektiv erforderlichen Informationen bezeichnet werden, die der Verwaltungsrat (mindestens) benötigt, um eine ordnungsmässige Überwachung der Geschäftsführung nachhaltig sicherstellen zu können", THEISSEN M.R. (1991), S. 923.

395 THEISSEN M.R. (1991), S. 925.

396 Zu den Strategien und Methoden der Bedürfnisermittlung vgl. DIETRICH M. (1990), S. 302 ff. Die Ausführungen zur Informationspolitik in diesem Kapitel

mäss dem Bringprinzip an die verschiedenen Bedürfnisträger (bspw. Gesamtverwaltungsrat, Präsidium, Ausschüsse) zu liefernden Informationen gefällt werden. Basierend auf den allgemeinen Zielen der Informationsphilosophie enthält die Informationspolitik Aussagen zu diesem Informationsangebot, zu den Informationsrechten und -pflichten sowie zu den Informationsprozessen. Bezüglich der drei Gruppen ist die Übernahme informationspolitischer 'Praktiken einer guten VR-Information' zu klären und diese dann situationsspezifisch zu präzisieren. DIETRICH/KÜHN unterscheiden neun informationspolitische Grundsatzbereiche, aufgeteilt auf die genannten drei Gruppen[397]:

- Informations-Dimensionen:
  - Informations-Inhalte: Gut versorgte Verwaltungsräte erhalten Informationen zum Geschäftsgang und zum Abschluss, zu personen- und sachbezogenen Projekten und Problemen, zur zukünftigen Marschrichtung sowie Hintergrundinformationen und Informationen in VR-Belangen.
  - Informations-Form: Nebst mündlichen sind auch schriftliche Informationen zu liefern, die übersichtlich dargestellt und verständlich geschrieben sein sollten.
  - Informations-Zeit: Hier ist die Rechtzeitigkeit der Information, also die Informierung des Verwaltungsrats vor der Öffentlichkeit sowie der Zugang zu Informationen und die Zustellung von Unterlagen vor der VR-Sitzung, und die Aktualität des Informationsstandes angesprochen.
  - Informations-Bezug: Zwecks Vermeidung einer Informationsüberflutung sollten a priori nur entscheidungsrelevante Informationen geliefert werden.
  - Informations-Menge: Es gilt einen Ausgleich zwischen Vollständigkeit und mengenmässiger 'Verdaubarkeit' der VR-Information zu finden.
  - Mehrere Informationsdimensionen betreffend: Dazu gehört bspw. die Darstellung echter Alternativen einschliesslich der Entscheidungskonsequenzen, bei Projekten die systematische Präsentation mit klaren

nehmen Bezug auf ebenda, S. 301 ff. sowie DIETRICH M./KÜHN R. (1990), S. 453 ff.

397 Auf die von DIETRICH/KÜHN genannten informationspolitischen 'Praktiken einer guten VR-Information' wird hier aus Platzgründen nur stichwortartig und auf die situationsspezifischen Präzisierungsfragen gar nicht eingegangen. Zu der hier übernommenen Einteilung vgl. DIETRICH M./KÜHN R. (1990), S. 453 ff.

Anträgen und Strategiebezug, oder die Begründung von Abweichungen und Aufzeigen von Massnahmen in nicht überladenen Routineberichten, die durch Ad-hoc-Berichte ergänzt werden.

- Informationsrechte und -pflichten:
  - Auskunfts- und Einsichtsrechte: Es empfiehlt sich eine grosszügige Handhabung dieser Rechte. Mit Inkrafttreten des neuen Aktienrechts kommen im Bereich der Informationsrechte eine Reihe von Neuerungen zum Tragen[398]. Inskünftig kann jedes VR-Mitglied über alle Angelegenheiten der Gesellschaft Auskunft verlangen, und zwar nicht nur während, sondern auch ausserhalb der VR-Sitzungen. In den VR-Sitzungen sind alle VR-Mitglieder, allen voran der Präsident sowie die mit der Geschäftsführung betrauten Personen uneingeschränkt auskunftspflichtig. In der Zeitspanne zwischen den Sitzungen können sich die VR-Mitglieder direkt bei den Geschäftsverantwortlichen über den Geschäftsgang und mit Ermächtigung des VR-Präsidenten auch über einzelne Geschäfte informieren. Jedes VR-Mitglied kann zwecks Erfüllung einer ihm überantworteten Aufgabe beim Präsidenten Einsicht in Bücher und Akten beantragen. Im Falle der Ablehnung eines Gesuchs auf Auskunft, Anhörung oder Einsicht durch den VR-Präsidenten bleibt dem Gesamtverwaltungsrat ein endgültiger Entscheid vorbehalten. Insgesamt haben die Informationsrechte eine Ausweitung erfahren. Die Wahrnehmung dieser Rechte durch die VR-Mitglieder dürfte insbesondere bei solchen (Familien)Unternehmungen, deren VR-Informationspolitik bislang eher restriktiv ausgelegt war, mit Konsequenzen verbunden sein.
  - Pflichten[399]: VR-Mitglieder sollten sich aktiv für die VR-Information einsetzen, d.h. sie nehmen ihre Informationsrechte wahr, stellen Fragen, studieren die Unterlagen, überprüfen die gelieferten Informationen auf Vollständigkeit und Verlässlichkeit und reagieren bei festgestellten Mängeln.
- Informationsprozesse:
  - Aktivitäts-Portfolio: Gute Verwaltungsräte verfügen über ein Forum zur Behandlung strategischer Belange. Die meist formellen VR-Aktivitäten werden durch weniger stark strukturierte ergänzt und es werden auch

[398] Vgl. Art. 715a OR und BÖCKLI P. (1992a), S. 409 ff.

[399] Vgl. die in Kapitel 3.4.2.1.2.2 aufgeführten Sorgfaltspflichten des Verwaltungsrates.

solche Aktivitäten eingeplant, die nicht unter grossem Zeitdruck stehen.

Nach OSWALD kommen in einer gut geführten Unternehmung die Ideen und Impulse im wesentlichen von unten nach oben. Er erachtet die Fähigkeit, die Mitarbeiter aller Stufen zur Entfaltung eigener Initiativen zu begeistern, als besonders wichtiges Qualifikations-Kriterium des Verwaltungsrats:

> "Somit ist es die vornehmste Aufgabe des Verwaltungsrates, günstige Voraussetzungen für den *geistigen Aufwind* zu schaffen. [...] So hat er von den Struktur-Spezialisten eine 'Kamin-Anlage' zu fordern, welche den dauernden Ideenstrom von unten nach oben sicherstellt. Der erfahrene Kaminbauer weiss allerdings, dass es die Zufuhr frischer Luft ist, welche den angestrebten *'Kamineffekt'* bringt. [...] Unabdingbare Aufgabe des Verwaltungsrates ist es deshalb, dafür zu sorgen, dass an der Spitze nicht 'dicke Luft' herrscht. [...] In weltumspannenden Grossunternehmen sind es die 'institutionalisierten Luftfilter', die zuweilen einen zügigen Gedankenfluss von der Basis zur Spitze hemmen. [...] Deshalb muss der Verwaltungsrat den festen Willen bekunden, sich vorurteilslos mit Neuem und Ungewohntem auseinanderzusetzen. Geradezu magnetisierend muss er auf das Geistespotential der Geschäftsleitung und der nachfolgenden Stufen einwirken, um den Kamineffekt zu schaffen"[400].

3.4.2.1.5.3 Festlegung des VR-Informationsmix

Im Rahmen der durch Informationsphilosophie und -politik festgelegten Abgrenzungen zur VR-Information enthält der VR-Informationsmix, der sich je nach Anzahl der Bedürfnisträgergruppen aus mehreren Teilmixes zusammensetzt, ganz konkrete Bestimmungen zu den periodisch oder fallweise zu liefernden schriftlichen Informationen (Traktandenliste, Protokolle, Abschlussdokumente, Revisionsberichte, Markt- und Produktebereichsinformationen, Budgets und Pläne etc.; 'schriftlich' kann natürlich auch beinhalten 'per EDV') und mündlichen Informationen (Ausführungen und Referate zu Abschlüssen, Beförderungen, Projekten etc.) sowie zu denjenigen zu unternehmenden Aktivitäten, die für den Verwaltungsrat (prozessuale) Informationsquellen (bspw. Einführungsprogramme, Fortbildungsseminare, Werksbesichtigungen, Teilnahme an Geschäftsleitungssitzungen, Generalversammlungen, Mittagessen mit Kader, Messe-

400 OSWALD H. (1992), S. 9 f.

besuche etc.) darstellen[401]. Bedingt durch die unternehmungsindividuelle Situation können die Informationsinhalte und Informationsversorgungsaktivitäten sehr unterschiedlich ausfallen. Sie sind als konkretisierter Ausfluss der Informationsphilosophie und -politik zu betrachten und werden hier nicht weiter spezifiziert[402]. Es sei hier einzig darauf hingewiesen, dass sich die in den Kapiteln 3.4.2.1.2.1 und 3.4.2.1.2.2 umschriebene Schwerpunktverschiebung des Verwaltungsrats von der Vergangenheits- zur Zukunftsorientierung in einer entsprechenden Ausrichtung der Informationsinhalte auch auf die strategische Perspektive niederschlagen sollte (verstärkte Berücksichtigung von Planungsinformationen).

Die Forderung nach einem ausgeglichenen Informationsstand zwischen dem Management und den externen Verwaltungsräten ist unrealistisch. Das Informationsgefälle zwischen Insider und Outsider sollte "[...] als eine Bedingung der VR-Arbeit begriffen [werden], die struktureller Natur ist. [...] Ein Informationskonzept kann diese Strukturbedingungen nicht beseitigen, es muss diesen vielmehr durch angemessene Selektivität und Verdichtung der dem VR vorzulegenden Informationen Rechnung tragen"[403]. Nicht immer können die entscheidungsrelevanten Informationen vollständig 'auf dem Servierteller' geliefert werden und es ist dann wichtigste und vielleicht sogar schwierigste Aufgabe der VR-Mitglieder, zwecks Füllung letzter Informationslücken die richtigen Fragen zu stellen. Hierzu kann ein dem Verwaltungsrat unterstelltes Revisorat ein nützliches Hilfsmittel sein. Gerade in Familienunternehmungen sollten die externen VR-Mitglieder den Mut aufbringen, auch kritische oder bislang tabuisierte Themen anzusprechen und bestimmte Sachverhalte, sei es auch nur stichprobenweise, in Frage zu stellen. Die Persönlichkeit der VR-Mitglieder ist damit ein wichtiger Einflussfaktor auf die VR-Informationsversorgung. Von den diversen in Abb. 17 aufgeführten Einflussfaktoren auf die VR-Information ist für die GFU den 'Faktoren der Aktionärsebene' besonders grosse Bedeutung beizumessen, denn solange die VR-Information

401 Vgl. DIETRICH M. (1990), S. 322 f. und S. 357 f.

402 Vgl. dazu die Aufzählungen konkreter Informationen für den Verwaltungsrat bei GLAUS B.U. (1990), S. 148 ff. und S. 229. GLAUS fordert "[...] die von der Geschäftsleitung unabhängige Versorgung des Verwaltungsrates mit benutzerfreundlichen, zeitgerechten und verlässlichen Informationen und damit die Vermeidung von Informationsmonopolen bei der Geschäftsleitung", ebenda S. 243, vgl. dazu auch ebenda, S. 225 ff.

403 KLAUS H. (1991), S. 637.

ein 'Abbild der Machtsituation'[404] darstellt, wird im Falle des Machtmissbrauchs zumindest teilweise gegen die in den beiden letzten Kapiteln gelisteten 'Praktiken einer guten VR-Information' verstossen. Bei der Gestaltung der VR-Information ist die Abhängigkeit der Realisierung einer guten Informationsversorgung und Handhabung der Information innerhalb des Verwaltungsrats von bestimmten Einflussfaktoren zu berücksichtigen und unter Umständen soweit möglich eine Veränderung dieser Faktoren mit einzubeziehen.

Im übrigen bietet es sich an, das regelmässig zu überprüfende Informationskonzept schriftlich zu fixieren.

3.4.2.2 GV-bezogene Gestaltungsmassnahmen

3.4.2.2.1 Zusammenfassung der Aktionsparameter im GV-Raster

Zwecks Einordnung und Abgrenzung der GV-bezogenen Gestaltungsmassnahmen wird im folgenden in Analogie zum VR-Raster von einem GV-Raster (vgl. Abb. 18) ausgegangen, der die die GV-Tätigkeit beeinflussenden oder von ihr beeinflussbaren Elemente und Subsysteme strukturiert. Wiederum wird zwischen drei Subsystemen, nämlich der Generalversammlung sowie unternehmungsinternen und -externen Bezugsgruppen unterschieden. Zu letzteren zählen auch diejenigen Familienmitglieder, die nicht Aktionäre und damit nicht GV-Mitglieder sind, die jedoch aufgrund ihrer Verbundenheit oder eben Nicht-Verbundenheit zur Unternehmung und zum Aktionariat hier von Bedeutung sind.

Das Subsystem Generalversammlung setzt sich zusammen aus den sechs Elementen:

- GV-Mitglieder: Aspekte des einzelnen Aktionärs wie bspw. die Höhe seines Aktienpaketes, seine Fähigkeiten und Interessen, allfällige Vertretungsbefugnisse, seine Stellung in der Unternehmung (Frage, ob er gleichzeitig VR-Mitglied und/oder geschäftsführend tätig ist), Gruppenaspekte wie Zusammensetzung und Grösse der Generalversammlung, und GV-Kultur, also Grundeinstellung und Werthaltungen zur GV-Arbeit;

404 Vgl. DIETRICH M. (1990), S. 271. Zu den anderen Einflussfaktoren, auf die hier nicht eingegangen wird, vgl. ebenda, S. 263 ff. und S. 343 ff.

Abb. 18: Das GV-Raster

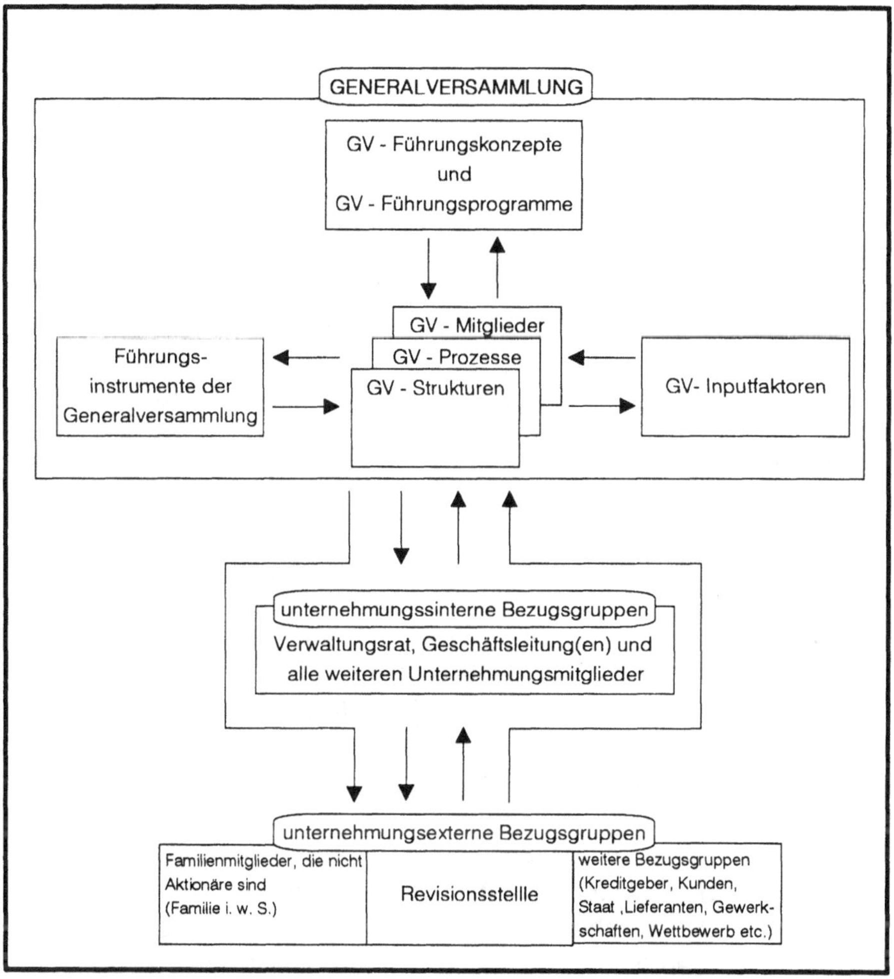

- GV-Strukturen: allfällige Aktionärsgruppierungen und darauf beruhend allfällige 'arbeitsteilige' oder gar 'hierarchische' Strukturen;
- GV-Prozesse: Zielsetzungs- und Aufgabenerfüllungsprozesse wie bspw. die tatsächlich stattfindenden GV-Sitzungen, aber auch informelle Aktivitäten wie bspw. Gespräche in der Familie zu Unternehmungsangelegenheiten;
- GV-Führungsinstrumente: In der Hauptsache die primär an die von der Generalversammlung gewählten Organe oder auch nebst dem Verwal-

tungsrat weiterführend an andere Unternehmungsmitglieder gerichteten, von der Generalversammlung bzw. von (einzelnen) Aktionären selbst erarbeiteten oder zumindest genehmigten Unterlagen mit Vorgabecharakter wie bspw. die Statuten, Gewinnverwendungsbeschlüsse oder Kapitalerhöhungen (das von den Aktionären zur Verfügung gestellte Kapital kann im weitesten Sinne auch als Führungsinstrument betrachtet werden), im Rahmen der Überwachungsaufgabe haben die Sonderprüfung und die Revisionsstelle aus der Sicht der Generalversammlung instrumentellen Charakter;

- GV-Inputfaktoren: Informationen (bspw. Jahresrechnungen), Sachmittel (bspw. die von der Generalversammlung benützten Räumlichkeiten), Finanzen (Dividenden) und Zeit;
- GV-Führungskonzepte: Aufgaben-, Organisations-, Personal-, Informations- und Metakonzept zur eigenen Führung der Generalversammlung (sofern die Statuten und Reglemente die GV-Arbeit auf Zusehen hin gestalten, sind sie ebenfalls zu den GV-Führungskonzepten zu zählen).

Ähnlich wie die bei den VR-bezogenen Gestaltungsvariablen verwendete Einteilung in die durch die VR-Führungskonzepte thematisierten vier Grundsatzbereiche werden die GV-bezogenen Gestaltungsvariablen im folgenden unter den Gestaltungsbereichen 'GV-Funktionen', 'GV-Organisation', 'GV-Personal' und 'GV-Information' abgehandelt. Vor dem Hintergrund, dass die Möglichkeiten bzw. Freiheitsgrade der Gestaltung bei der Generalversammlung im Gegensatz zum Verwaltungsrat ungleich kleiner sind - dies wird sich in den nächsten vier (statt zwölf) Kapiteln umfangmässig niederschlagen - erscheint die Übertragung dieser Einteilung auf den ersten Blick als Übertreibung. Trotzdem soll daran festgehalten werden, um in systematischer Form gezieltes Licht ins Dunkel dieses für die GFU bedeutenden Spitzenorgans zu werfen. Dabei werden auch die im GV-Raster durch Pfeile angedeuteten Interdependenzen zwischen einzelnen Grössen zu berücksichtigen sein.

3.4.2.2.2 Gestaltungsbereich 'GV-Funktionen'

Im Grundlagenteil wurde unter anderem festgehalten, dass das neue Aktienrecht bezüglich der Generalversammlung nur geringfügige Änderungen mit sich bringt und dass mit Aufführung expliziter Aufgaben-/Befugniskataloge der gesetzlichen Organe das rechtliche Verhältnis zwischen den Spitzenorganen künftig eindeutig im Sinne des Paritätsprinzips zu interpretieren ist[405]. Während sich bis zur Einführung des neuen Rechts die in der Rechtswissenschaft eher theoretisch geführte Diskussion um eine allfällige Omnipotenz der Generalversammlung gedreht hat, hat sich die Verwaltung[406] längst als eigentliches Macht- und Entscheidungszentrum herauskristallisiert. Dieser Entwicklungszustand führte in der Arbeit von SCHMITT gar zu folgendem Schlusssatz: "In der Praxis ist die Generalversammlung [...] das Organ, auf das die Aktiengesellschaft verzichten könnte ohne ihre Funktionstüchtigkeit zu verlieren; zumindest nachdem die Aktionäre ihrer Finanzierungs- bzw. Aktienliberierungspflicht nachgekommen sind"[407]. Es ist im folgenden zu prüfen, inwiefern sich diese Aussage auf die GFU übertragen lässt und welchen Stellenwert die Generalversammlung sinnvollerweise einnehmen könnte.

Im Normalfall ist zu erwarten, dass die personelle Identität von Generalversammlung und Verwaltungsrat/Geschäftsleitung mit zunehmendem Alter und Grösse der Familienunternehmung abnimmt. Gleichzeitig dürfte der Streubesitz der Aktien im Laufe der Zeit eher zu- als abnehmen. Das persönliche Verständnis und Engagement der dem EU nachfolgenden Familienaktionäre lässt sich weder für die Unternehmung gesamthaft noch für die GV-Arbeit im speziellen vorschreiben. Es liegt in der Hand der Aktionäre, ob sie ihre rechtlichen Möglichkeiten geltend machen und an den ordentlichen Traktanden (Statutenänderungen, Wahl des Verwaltungsrats und der Revisionsstelle, Genehmigung der Jahresberichte und -rechnungen sowie Beschlussfassung über Gewinnverwendung, Entlastung des Verwaltungsrats, Beschlussfassung über weitere der Generalversammlung vorbehaltene bzw. zustimmungspflichtige Geschäfte) selbst aktiv mitwirken und sich mit den Geschäften eingehend befassen oder ob sie im anderen Extremfall die Arbeiten ganz dem Verwaltungsrat überlassen und zum Schluss lediglich die erforderlichen Unterschriften leisten. Die faktische Bedeutung der Generalversammlung hängt im wesentlichen

405 Vgl. Kapitel 2.2.2 , insbesondere 2.2.2.2 und 2.2.2.3.

406 'Verwaltung' umfasst hier den Verwaltungsrat und das Management (delegierte Führung). Es geht hier nur um das Verhältnis der Generalversammlung zur Verwaltung und nicht um das Verhältnis zwischen Generalversammlung, Verwaltungsrat und Management. Bei letzterem Verhältnis dürfte sich heute in der Praxis in vielen (Gross)unternehmungen das Management als Macht- und Entscheidungszentrum herausstellen.

407 SCHMITT P. (1991), S. 214.

von der Verteilung der Aktienanteile und Stimmrechte sowie von der Persönlichkeit der Aktionäre (Fähigkeiten, Einstellung zur Unternehmung, berufliche Stellung inner- oder ausserhalb der Unternehmung, Ausbildung, finanzielle Bedürfnisse etc.) ab. Solange der EU Alleinaktionär ist oder von klaren Mehrheitsverhältnissen ausgehen kann und selbst noch aktiv in der Geschäftsführung und/oder im Verwaltungsrat tätig ist, ist er auf die Generalversammlung als Plattform zur Durchsetzung seiner Vorstellungen nicht angewiesen; in dem Fall stellt die Generalversammlung eine meist einmal pro Jahr (auf Papier) abgehaltene Formalität dar. An Bedeutung gewinnt die Generalversammlung erst mit Erweiterung des Aktionärskreises etwa als Folge eines Erbgangs oder eines Going Public, oder dann, wenn der oder die Anteilseigner nur als Aktionäre, nicht aber kraft einer zusätzlich in der Unternehmung gehaltenen Position, fungieren. Der der Generalversammlung beizumessende Stellenwert ist im Gegensatz zum Verwaltungsrat weniger frei bestimmbar und resultiert letztlich aus der gegebenen Zusammensetzung des Aktionariats. Kurzfristige Aktionärsinteressen sind gleichzeitig nicht immer vereinbar mit den langfristigen Unternehmungszielen. Es ist zu berücksichtigen, dass je grösser der Aktionärskreis im Verlauf der Generationen wird, desto stärker divergieren die Einzelinteressen und desto schwieriger gestaltet sich das Herbeiführen einer im Unternehmungsinteresse - die Generalversammlung ist gleich wie der Verwaltungsrat in ihrem Zuständigkeitsbereich auf das umfassende Unternehmungsinteresse zu verpflichten[408] - liegenden einheitlichen Willensbildung. Insofern ist unter dem Aspekt der Unternehmungskontinuität die Feststellung von SCHMITT nicht etwa zu bedauern, sondern, unter Wahrung der Aktionärsrechte, geradezu zu begrüssen: die 'Funktionstüchtigkeit' der GFU sollte weder vom (Un-)Willen noch von der (Un-)Fähigkeit der Aktionäre abhängen. Daraus leitet sich die wichtigste GV-Aufgabe ab, nämlich die Auswahl qualifizierter Verwaltungsräte. Die Besetzung von Führungspositionen fällt dagegen ausschliesslich in den Aufgabenbereich des Verwaltungsrats. Die Generalversammlung sollte sich verpflichten, die Positionen im Verwaltungsrat streng nach fachlichen und leistungsbezogenen Kriterien zu besetzen. Sie leistet damit ihren Beitrag zur Professionalisierung des Verwaltungsrats und schafft eine grundlegende Voraussetzung dafür, dass der Verwaltungsrat im Sinne des 'VR-Typs 4', der unter anderem eine Beratungsaufgabe gegenüber

[408] Vgl. BINDER A. (1988), S. 143 und S. 191 f.

den Familienaktionären wahrzunehmen hat (bedingt ein Vertrauensverhältnis zwischen der Familie bzw. den Aktionären und dem Verwaltungsrat), funktionieren kann. Dies schliesst nicht aus, dass qualifizierte Familienaktionäre wie Dritte in der Unternehmung Karriere machen und/oder sich in den Verwaltungsrat wählen lassen können. Unbedarfte Aktionäre sollten sich hingegen - letztlich in ihrem eigenen Interesse - nicht in Angelegenheiten der Unternehmungsführung einmischen und so zur Verwischung von Aufgaben, Kompetenzen und Verantwortung beitragen. Im Sinne des Prinzips der Drittorganschaft stehen der Generalversammlung bzw. den Aktionären als solchen keine Geschäftsführungsbefugnisse zu[409]. Zumindest formell gilt: "Generalversammlung und Universalversammlung sind die einzig zulässigen Verfahren zur Willensbildung der Aktiengesellschaft durch die Aktionäre"[410]. Über die Wahl und Abberufung der Verwaltungsräte kann die Generalversammlung einen indirekten Einfluss auf das Unternehmungsgeschehen ausüben. Es ist dann Aufgabe der Generalversammlung bzw. der Anteilseigner (oder deren Vertreter in der Generalversammlung) den Verwaltungsrat zu beurteilen und zu überwachen[411]. Im Bedarfsfall müssen sich die Anteilseigner die dazu erforderliche Sachkompetenz zuführen. Eine unabhängige Revisionsstelle und das neu geschaffene Institut der Sonderprüfung können ihnen u.U. als Kontrollinstrumente dienlich sein[412]. "Die Intensität der Kontrolle ist allerdings ganz wesentlich von der Streuung der Eigentumsrechte abhängig. Je höher der Dispersionsgrad ist, umso geringer wird die Kontrollintensität. Die Aktionärspräsenzquoten bei Hauptversammlungen nehmen

409 Vgl. GREYERZ VON C. (1978), S. 60.

410 GUHL T./MERZ H./KUMMER M. (1980), S. 663.

411 Vgl. THEISSEN M.R. (1987), S. 67 f. und BINDER A. (1988), S. 3, S. 134 f., S. 143 ff., S. 217 ff. und S. 331 ff.

412 Mit der Sonderprüfung wird ein Ausgleich zwischen den VR-Geheimhaltungsbedürfnissen und den GV-Informationsbedürfnissen angestrebt. "Den unabhängigen Sonderprüfern soll dabei die Funktion eines Bindegliedes zwischen der Generalversammlung und der Verwaltung zukommen, eine Funktion, deren Ausübung die Kontrollstelle [zumindest] unter dem geltenden [d.h. alten] Recht unterlässt, indem sie ihrer faktischen Abhängigkeit von der Verwaltung gedenkend, lediglich Formelles begutachtet ohne ihre tatsächliche Kompetenzfülle auszunutzen", SCHMITT P. (1991), S. 209; Vgl. auch die Kapitel 2.2.2.1, 2.2.2.2 und 3.4.2.3.1.

mit zunehmendem Dispersionsgrad ab, wenn man die Depotstimmen bei der Betrachtung vernachlässigt"[413].

Bei der Abgrenzung der VR-Aufgaben wurde die grundlegende Rolle des Verwaltungsrats auf normativer Managementebene (Festlegung der Untenehmungsphilosophie und -politik), seine Involvierung im strategischen Führungsprozess und seine - mit Ausnahme von Krisenzeiten - Zurückhaltung in operativen Angelegenheiten besprochen[414]. Daraus lässt sich konsequenterweise die Forderung nach Vermeidung einer direkten Beteiligung und Einflussnahme der Generalversammlung auf allen drei Ebenen ableiten. Nach PEDRAZZINI könnte die Festlegung der Unternehmungsphilosophie (allgemeine Wert- und Zielvorstellungen) "[...] zwar ihren Platz haben im Zweckartikel einer Aktiengesellschaft, in welchem Fall sie in die Kompetenz der Generalversammlung fallen würde; Bildung und Durchsetzung solcher Wertvorstellungen sind aber kaum zu trennen, sie gehen auf Einzelpersönlichkeiten zurück - weshalb es nicht sehr sinnvoll ist, sie als Funktion eines bestimmten Organs zu betrachten und deshalb auch diesem Organ zuzuordnen"[415]. Eine solche Einzelpersönlichkeit ist in der Familienunternehmung typischerweise der EU[416], der - wie weiter oben schon erwähnt - aufgrund seiner Multisystempositionierung und seinen Mehrheiten über einen grossen Handlungsspielraum verfügt und nicht auf Einzelorgane angewiesen ist. Aus Gründen der zu erwartenden zunehmenden Heterogenität und mangelnden Sachkenntnis der dem EU nachfolgenden Generationen in der Generalversammlung sowie der ge-

413 ADAM J. (1987), S. 90.

414 Vgl. Kapitel 3.4.2.1.2.2.

415 PEDRAZZINI M.M. (1977), S. 16.

416 DAVIS hat die von den EU erfolgreicher amerikanischer Familienunternehmungen verfolgten 'goals' untersucht: "A factor analysis of the 74 specific goals identified, reduces them to six groups of independent objectives:
- Have a company where employees can be happy and productive; a company whose image and commitment to excellence in its field makes its employees proud.
- Provide the owner(s) with financial security and benefits.
- Develop new and quality products.
- Have the company be a means of personal growth, social advancement, and autonomy.
- Have the company be a good corporate citizen.
- Have a company that offers job security."

DAVIS J.A. (1991), S. 22.

rade bei der GFU erhöhten Anforderungen an die Unternehmungsführung wäre es unzweckmässig, der Generalversammlung formell eine direkte Mitsprache auf normativer oder gar strategischer Ebene zuzubilligen. Der Weg der direkten Beeinflussung sollte abgesehen von den ordentlichen Traktanden nur über die Personalunion erfolgen und würde aber die fachliche Qualifikation der betreffenden Familienaktionäre voraussetzen. Doch auch bei klarer Aufgabenabgrenzung zwischen Generalversammlung und Verwaltungsrat dürften in der Praxis Kompetenzüberschneidungen bzw. -überschreitungen nur schwer zu verhindern sein. Insofern können die auf der normativen, strategischen und auch operativen Ebene gefällten Entscheide als Ergebnis eines Verhandlungsprozesses zwischen legitimierten und beeinflussenden Koalitionsteilnehmern angesehen werden[417]. So geht WITTE in seiner Untersuchung über den Einfluss der Anteilseigner auf die Unternehmungspolitik davon aus, dass die diesbezügliche Willensbildung nicht monistisch von einer Stelle ausgeht, sondern von verschiedenen sich gegenseitig beeinflussenden Interessengruppen geprägt ist. In Übertragung seiner Untersuchungsergebnisse auf schweizerische Verhältnisse kann unter anderem gefolgert werden, dass (mit abnehmender Gewichtung) der Einfluss der Aktionäre umso grösser ist, je stärker der Aktienbesitz in der Hand weniger Aktionäre konzentriert ist, je mehr Sitze die Aktionäre oder ihre Vertreter im Verwaltungsrat haben, je stärker ihre Rechte in den Satzungen verankert sind, je mehr die Aktionäre ihre Rechte selbst wahrnehmen und sie nicht delegieren, je stärker das Mandat der Aktionäre oder ihrer Vertreter durch eine hohe Stimmabgabe des vertretenen Kapitals auf der Generalversammlung gestützt ist (d.h. je grösser der Rückhalt ist), je länger die Aktionäre oder ihre Vertreter im Verwaltungsrat Erfahrungen gesammelt haben (d.h. je höher die Qualifikation ist)[418]. Der von WITTE festgestellte Zusammenhang, dass der

417 Vg. STAEHLE W.H. (1989), S. 493.

418 Vgl. WITTE E. (1981), S. 733 ff. und insbesondere S. 762. Die Untersuchung bezieht sich auf deutsche Verhältnisse (Aktiengesellschaften mit über 2000 Beschäftigten). Nach WITTE setzt sich das Einflusspotential der Anteilseigner aus vier Dimensionen zusammen: Legitimation (gesetzlich, vertraglich, gewohnheitsrechtlich; Eigenkapitalanteil), Position (Sitzverteilung insbesondere im Aufsichtsrat und den Ausschüssen), Rückhalt (Aktionärspräsenz und Beteiligung bei Wahl der Aktionärsvertreter) und Qualifikation (Qualifikation der Aktionäre und ihrer Vertreter).

Einfluss der Aktionäre mit steigender Unternehmungsgrösse im allgemeinen sinkt, dürfte grundsätzlich auch für die GFU Gültigkeit haben[419].

Aus den bisherigen Ausführungen geht für die GFU sinnvollerweise die Forderung nach einer eher zurückhaltenden Rolle der Generalversammlung hervor. Insbesondere die (neue) aktienrechtliche Kompetenzordnung, die nicht gewährleistete fachliche Qualifikation der Erben, die zu erwartenden Friktionen mit dem dann in seiner Handlungsflexibilität eingeschränkten Management, das auftauchende Informationsproblem und die damit in der Entscheidungsfindung verbundenen hohen Transaktionskosten setzen einer allfälligen Intervention der Generalversammlung in Geschäftsführungsangelegenheiten Schranken. Aus diesen Gründen sollten auch Anzahl und Ausmass allfälliger zustimmungspflichtiger Geschäfte (solche Geschäfte, die über den gewöhnlichen Geschäftsbetrieb hinausgehen) für die Generalversammlung minimal gehalten werden[420]; sie bedeuten letztlich eine Umgehung des Verwaltungsrats und beeinträchtigen seine anvisierte Funktionsausübung. Nichtsdestotrotz bildet die Generalversammlung als Willenszentrum der Eigenkapitalgeber neben dem Verwaltungsrat und dem Management einen Eckpunkt des Kräftedreiecks an der Unternehmungsspitze[421]. Die Generalversammlung sollte dabei nicht der Ort sein, an dem die Unternehmungspolitik bestimmt wird. Und sie sollte auch nicht der Ort sein, an dem die 'Familienpolitik' bestimmt wird. Die Generalversammlung sollte derjenige Ort sein, an dem die Unternehmungspolitik und die 'Familienpolitik(en)' in konzentrierter Form aufeinandertreffen und an dem es möglich ist, "[...] die emotional äusserst belastenden Konfliktbereiche bearbeitbar zu machen, die durch die permanente Verquickung von egoistischen Familieninteressen und objektiv zu beurteilenden Unternehmensnotwendigkeiten entstehen: Die Gesellschafterversammlung ist aufgerufen, nach Lösung dieser Konflikt-

419 Vgl. WITTE E. (1981), S. 766.

420 "Dazu ist zunächst daran zu erinnern, dass die Verwaltung geschäftspolitische Entscheide der Generalversammlung dann nicht nur vorlegen darf, sondern vielmehr muss, wenn damit eine faktische Änderung des Zwecks oder des Gegenstands der Gesellschaft verbunden ist. [...] Zumindest aufgrund einer statutarischen Basis muss [...] die Einflussnahme der Generalversammlung auch bei Einzelentscheiden von grundlegender Tragweite möglich sein", FORSTMOSER P. (1992a), S. 21 f.

421 Vgl. ALBACH H./CORTE C./FRIEDEWALD R./LUTTER M./RICHTER W. (1988), S. 77 und S. 91 ff.

themen die für die Zukunftssicherung des Unternehmens richtigen Grundsatzentscheidungen zu treffen"[422]. Zu solchen Grundsatzentscheidungen, welche vom EU möglichst früh (also noch vor dem Generationswechsel) bzw. von den Aktionären 'in guten Tagen' in schriftlicher und durch Gesellschafterbeschluss in verbindlicher Form (bspw. Statuten, Geschäftsordnungen)[423] getroffen werden sollten, können mit LÖWE unter anderem gezählt werden[424]: der Grundsatz des Rechts auf Eigenexistenz der Unternehmung (d.h. das Unternehmungsinteresse hat Vorrang vor Individualinteressen), der Grundsatz der Selbstkontrolle der Führung (d.h. die Einführung einer spitzenorganisatorischen Trennungsstruktur wie in Kapitel 3.4.1.3.3 für die GFU postuliert) und Grundsätze der freiwilligen Selbstbeschränkung für Unternehmungsführung und Familie zwecks Sicherung der Substanz und Ertragskraft (Beschränkungen auf Entnahmen, Auflagen für die Veräusserung von Unternehmungsanteilen, Beschränkungen auf Vermögensbelastungen, Regelungen der Erbfolge, Leitlinien der Führungsnachfolge). WILLERS fasst die Summe solcher Regelungen unter dem Begriff 'Familienstatut' zusammen:

> "Das Familienstatut betrifft die [...] Verpflichtung der Familie, bestimmte Grundregeln einzuhalten und Grundwerte zu respektieren. Die dem Familienstatut unterzuordnende Unternehmensverfassung muss abgestimmt und 'verzahnt' sein. [...] Das Familienstatut ist Kulturträger der Familie, es ist 'grobmaschiger', langfristiger, vom Zeitgeist unabhängiger als die Unternehmensverfassung, die den Zeitläufen, neuen Situationen, Gebräuchen und Gesetzen und evtl. auch neuen Steuergesetzen von Zeit zu Zeit angepasst werden muss"[425].

Es ist vornehmste Aufgabe des EU bzw. der Generalversammlung, diese im Einzelfall möglicherweise sehr unterschiedlich ausfallenden Grund-

422 FINK M./ZIMMERMANN N. (1989), S. 55.

423 Teilweise kann es sich auch um Regelungen handeln, die testamentarisch oder in Aktionärsbindungsverträgen fixiert werden.

424 Vgl. im folgenden LÖWE C. (1979), S. 107 ff. LÖWE zählt neben den hier genannten Grundsätzen weitere Grundsätze zur zukunftsorientierten Führung der Familienunternehmung auf, die jedoch nicht mit den spezifischen Besonderheiten der Familienunternehmung, sondern mit der eigentlichen Unternehmungsführung zusammenhängen und deshalb hier nicht zum Kompetenzbereich der Generalversammlung gezählt werden sollten.

425 WILLERS H.-G. (1990), S. 8 f. BALET/VECIANA schlagen die schriftliche Zusammenfassung dieser an verschiedenen Stellen festgehaltenen Regelungen in einem 'Familienprotokoll' vor, vgl. BALET J.M./VECIANA J.M. (1991), S. 4 ff.

satzentscheidungen zu treffen und damit das Verhältnis zwischen Familie(n) und Unternehmung auf Zusehen hin zu gestalten. Solche Grundsatzentscheidungen dürften jedoch nur dann zustande kommen, wenn unter den Familienaktionären ein Mindestmass an gemeinsamen Wertvorstellungen (Shared Values) vorhanden ist. "If the values of the family and the family business are totally different there will not be much point in trying to relate them, but then there is not much point in having a family business either"[426].

Die GFU verlangt nicht nur nach einem aktiven Verwaltungsrat, sondern auch - besonders im Falle mehrerer Aktionäre - nach einer aktiven, verantwortungsbewusst handelnden Generalversammlung, die sich jedoch über ihre Kernfunktionen hinaus nicht in Angelegenheiten des Verwaltungsrats oder gar der Geschäftsleitung einmischt. Dieses Spitzenorgan eignet sich als Kommunikationszentrum für die Aktionäre, als Ort zur Stärkung des Zusammengehörigkeitsgefühls, als Ort der Begegnung zwischen den Familienaktionären und dem Verwaltungsrat, als Ort, an dem Identifikation, Verständnis und Interesse der Familie(n) für die Unternehmung gefördert wird, aber auch als Ort, an dem Konflikte ausgetragen werden können. Die Generalversammlung der GFU sollte Forum des Vertrauens sein und dem Verwaltungsrat den zur Erfüllung seiner Aufgaben nötigen Rückhalt verschaffen. Diese anzustrebende und auf die ganze Unternehmung ausstrahlende Rückhaltfunktion der versammelten Familienaktionäre dürfte für die GFU ein bedeutender Kontinuitätsfaktor sein.

3.4.2.2.3 Gestaltungsbereich 'GV-Organisation'

Im Gegensatz zum Verwaltungsrat sind insbesondere die aufbauorganisatorischen Gestaltungsmöglichkeiten bei der Generalversammlung gering. Ihre Grösse und die Positionen der einzelnen Anteilseigner sind durch die Aktienstreuung mehr oder weniger vorgegeben. Es ist zu unterscheiden zwischen der konstituierenden, ordentlichen und ausserordentlichen Generalversammlung sowie der Universalversammlung. Bei letzterer sind alle Aktien repräsentiert und es müssen die ansonsten zu beach-

[426] ISAACS D. (1991), S. 48.

tenden formalen Einberufungsregeln (Art. 699 und 700 OR)[427] nicht eingehalten werden (Art. 701 OR). Normalerweise ist der Verwaltungsrat der eigentliche 'Organisator' der Generalversammlung. Er übernimmt die Vorbereitung der Generalversammlung (Art. 716a Abs. 1 Ziffer 6 OR), deren Einberufung (Art. 699 Abs. 1 OR), trifft die für die Feststellung der Stimmrechte erforderlichen Anordnungen und sorgt für die Führung des Protokolls (Art. 702 OR). Sofern Gesetz oder Statuten nichts anderes vorsehen, erfolgt die Beschlussfassung nach dem absoluten Mehr der vertretenden Aktienstimmen (Art 703 OR), wobei neuerdings für eine Reihe von wichtigen Beschlüssen (Änderung des Gesellschaftszwecks, Einführung von Stimmrechtsaktien, Beschränkung der Übertragbarkeit von Namenaktien, Kapitalerhöhungen, Einschränkung oder Aufhebung des Bezugsrechts, Verlegung des Gesellschaftssitzes, Auflösung der Gesellschaft) mindestens zwei Drittel der vertretenen Stimmen und die absolute Mehrheit der vertretenen Aktiennennwerte erforderlich sind (Art. 704 OR).

Die im letzten Kapitel angesprochene Aktivierung der Generalversammlung und die damit beabsichtigten positiven Effekte können im Falle mehrerer Familienaktionäre auf Dauer kaum ausschliesslich über Zirkularbeschlüsse erreicht werden. Die aktive Generalversammlung bedingt das Abhalten tatsächlich stattfindender GV-Sitzungen mit einer möglichst hohen (physischen) Aktionärspräsenz. Begrüssenswert wäre auch das Erscheinen des Verwaltungsrats in beschlussfähiger Zusammensetzung. Im Gegensatz zu vielen Publikumsunternehmungen kann bei der GFU mit einem normalerweise übersichtlichen Aktionärskreis der persönliche Kontakt unter den Aktionären gepflegt werden. Diese Chance sollte nicht ungenutzt gelassen werden, ansonsten unter Umständen zugesehen werden muss, wie sich die Familienaktionäre allmählich voneinander und von der Unternehmung distanzieren (Prozess der Entfremdung) und wie sie ihre meist finanziellen Einzelinteressen verstärkt voranstellen. In dem Zusammenhang kommt die Integrationsfunktion des meist als Vorsitzender der Generalversammlung fungierenden VR-Präsidenten zum Tragen[428]. Als Versammlungsleiter sollte er an den GV-Sitzungen das Unter-

[427] Nach Art. 699 Abs. 3 OR kann die Einberufung einer Generalversammlung neuerdings auch von einem oder mehreren Aktionären, die mindestens zehn Prozent des Aktienkapitals vertreten, verlangt werden.

[428] Vgl. Kapitel 3.4.2.1.3.1.

nehmungsinteresse - auch als Hauptaktionär - vertreten und einen dahingehenden Konsens zwischen den Aktionären anstreben. Auch wenn sich die ordentliche Generalversammlung als Sitzungsgelegenheit förmlich aufdrängt, müssen Anzahl und Turnus der GV-Sitzungen nicht auf diesen jährlichen Anlass beschränkt sein.

Nebst der Aktivierung der Generalversammlung in Form der ordentlichen GV-Sitzungen ist auch an informelle GV-Aktivitäten zu denken, die eher ausserhalb der Unternehmung stattfinden. Diese können geplant (bspw. das im voraus organisierte Familientreffen) oder mehr oder weniger spontan (bspw. das gemeinsame Mittagessen der Familie) verlaufen. Die informellen Anlässe dienen der Meinungsbildung und es können Traktanden späterer formeller GV-Sitzungen vordiskutiert, im Einzelfall vielleicht auch schon vorentschieden werden. Es geht an diesen Treffen auch um die grundsätzliche Problematik, wie Familien- und Geschäftsinteressen in Einklang gebracht werden können. Den informellen GV-Aktivitäten sollte deshalb grosse Aufmerksamkeit geschenkt werden. So schlägt WARD unabhängig von der Generalversammlung die Einrichtung eines 'Family Council' als zusätzliches Kommunikationsforum vor:

> "[...] as a vehicle for conflict resolution. It can help achieve consensus on capital and liquidity problems and other divisive issues without tearing the company apart or forcing such drastic moves as a public sale of stock. The family council can also serve the more subtle but equally important purpose of imparting to the family a sense of identity and mission. It can give family members a collective sense of values and responsibility apart from each member's individual worries about dividends, the company's performance [...] The family council allows the family to speak with one voice to the board"[429].

Ein weiterer Vorteil solcher 'Familienräte'[430], die je nach Bedarf sehr unterschiedlich ausgestaltet werden können, kann in ihrer Flexibilität und schnellen Entscheidungsfindung (bspw. beim Kauf einer anderen Unter-

429 WARD J.L. (1991), S. 224 f. Als wichtige Topics erachtet WARD bspw. (vgl. ebenda S. 228): allocation of capital; liquidity for holders; family business philosophy; family tradition in the business; family history, culture and values and their role in the business; performance of investment; estate planning by owners; family mission; family members' role and participation in the business; role in society; family responsibilities as business owners; the role of the business in supporting family members' goals; education of family members.

430 Diese informellen und eher lose organisierten 'Familienräte' sind nicht zu verwechseln mit Beiräten (vgl. Kapitel 3.4.2.3.2).

nehmung) liegen. Im Rahmen der Familienräte wäre es auch denkbar, den Familienmitgliedern gewisse Dienstleistungen (bspw. Vermögensverwaltung, Hilfestellung in Steuerfragen) anzubieten.

Organisatorische Gestaltungsmassnahmen mit dem Ziel der Aktivierung der Generalversammlung sind also v.a. in der Abhaltung regelmässiger GV-Sitzungen sowie in der Pflege informeller GV-Aktivitäten zu sehen. Während die Durchführung der formellen GV-Sitzungen auf den Verwaltungsrat zurückgeht, ist die Durchführung der informellen Anlässe auf die Initiative der Familie(n) bzw. auf einzelne Familienaktionäre zurückzuführen. Beide Male ist die Mobilisierung möglichst vieler Anteilseigner anzustreben. Der im Zusammenhang mit der OE für den Verwaltungsrat erwähnte Berater könnte auch hier bei der Ein- und Durchführung verschiedener GV-Aktivitäten wertvolle 'Entwicklungsarbeit' leisten[431].

3.4.2.2.4 Gestaltungsbereich 'GV-Personal'

Im Vergleich zu den drei anderen hier unterschiedenen Gestaltungsbereichen 'GV-Funktionen', 'GV-Organisation' und 'GV-Information' bewegt sich der Bereich 'GV-Personal' in sehr engen Grenzen. Auch im Falle des Vorhandenseins von Aktionärsbindungsverträgen oder bei Vinkulierung als eine Art Quasi-Nachfolgeplanung auf GV-Ebene ist die Zusammensetzung des Aktionariats auf Dauer, d.h. über mehrere Generationen hinweg, nur beschränkt bestimmbar. Die Mitgliedschaft in der Generalversammlung ist nicht an definierbare Persönlichkeitsmerkmale wie bspw. die fachliche Qualifikation gebunden, sie wird käuflich oder erblich erworben. Darin liegt ein grosser Unterschied zu anderen Unternehmungsorganen, deren Mitglieder gezielt gewählt und auch abgesetzt werden können. Insofern ist bei der Gestaltung der GFU-Spitzenorganisation die Aktionariatszusammensetzung einer jeweiligen Generation als Gestaltungsbedingung aufzufassen. Der tatsächliche Teilnehmerkreis an GV-Anlässen muss jedoch nicht mit dem Total der Aktionäre übereinstimmen. Der einzelne Aktionär kann die personelle Zusammensetzung der ordentlichen Generalversammlung dadurch beeinflussen, dass er an den Versammlungen entweder selbst teilnimmt, einen Repräsentanten beauftragt oder seine Aktien unvertreten lässt. Ausserdem kann er andere Aktionäre

431 Vgl. Kapitel 3.4.2.1.3.3.

durch die Ankündigung seiner Teilnahme vom Erscheinen abhalten, wenn er zuvor hinreichend unsympathisch agiert hat. Und bei informellen GV-Aktivitäten kann und soll der Teilnehmerkreis bewusst auf solche Familienmitglieder oder gar Externe erweitert werden, die nicht Aktionäre sind, aber dennoch einen meinungsbildenden Einfluss auf Unternehmungs- bzw. GV-Angelegenheiten ausüben oder in Zukunft ausüben sollen (bspw. Ehepartner, Kinder, Berater). Bei der personellen Zusammensetzung der Generalversammlung sollte also immer unterschieden werden zwischen der Anzahl Aktionäre insgesamt und dem an formellen und informellen GV-Anlässen effektiv involvierten oder zu involvierenden Personenkreis.

Die weiter oben geforderte leistungsorientierte VR-Entschädigung ist an bestimmte personenbezogene Leistungskriterien gebunden und setzt die Leistungsbeurteilung voraus[432]. Eine ähnlich konzipierte, auf die Person des Aktionärs gemünzte leistungsorientierte Entschädigung wäre zwar aus theoretischer Sicht interessant, ist jedoch nicht praktizierbar, denn die Entschädigung der in der Generalversammlung ansässigen Aktionäre ist - dies liegt in der Natur einer Kapitalgesellschaft begründet - in Form der Dividende nicht personen-, sondern rein kapitalbezogen (Vermögensrecht des Aktionärs) und zudem von Mehrheitsbeschlüssen abhängig. Im Hinblick auf die Substanzerhaltung und Sicherung der Finanzierung des zukünftigen Wachstums sollte im Rahmen der Grundsätze der freiwilligen Selbstbeschränkung[433] eine möglichst konservative Ausschüttungspolitik angestrebt werden[434].

Nicht nur die Manager und Verwaltungsräte, sondern auch die Familienaktionäre sollten unabhängig von ihrer Ausbildung und beruflichen Tätigkeit ihre zur Erfüllung der Aktionärsfunktion erforderlichen Kenntnisse laufend überprüfen und allenfalls anpassen. Das Verfügen über betriebswirtschaftliche Grundkenntnisse (insbesondere Bilanzanalyse) erleichtert solchen Aktionären, die ansonsten in der Unternehmung nicht

432 Vgl. Kapitel 3.4.2.1.4.2.

433 Vgl. Kapitel 3.4.2.2.2.

434 Vgl. zu den im Aktienrecht eingebauten Schranken gegen ungerechtfertigte Eigenkapitalentnahmen (bei Ausschüttung von Dividenden, Ausrichtung von Tantiemen an den Verwaltungsrat, Darlehen an Aktionäre, An- und Verkäufe von Anlagevermögen mit den Aktionären als Gegenparteien) BÖCKLI P. (1992a), S. 384 ff.

aktiv tätig sind, allgemeine Zusammenhänge in der Unternehmung besser zu verstehen und Anträge des Verwaltungsrats besser zu beurteilen. Zusätzlich können sie sich durch vertraute Verwaltungsräte, andere Familienaktionäre oder - speziell auch in güter-, erb- und steuerrechtlichen Belangen, oder bei der Formulierung von Aktionärsverträgen, oder bei Finanzierungsfragen im Falle einer Auszahlung - durch Externe (bspw. Treuhänder, Anwälte, Banken[435]) beraten lassen. Im weiteren steht den Familienaktionären die Nutzung des auf diesem Gebiet allmählich steigenden Weiterbildungsangebots offen[436].

3.4.2.2.5. Gestaltungsbereich 'GV-Information'

Das Aktienrecht enthält Regeln bezüglich der Information vor, während und nach der Generalversammlung[437]. Vor der ordentlichen Generalversammlung geht es um die Einhaltung der Einberufungsvorschriften (neuerdings gilt eine Einberufungsfrist von mindestens 20 Tagen). Mit der Einberufung, die die Traktanden und neu auch alle Anträge des Verwaltungsrats sowie allfällige Aktionärsanträge zu diesen Traktanden enthalten muss, wird den Aktionären der Geschäfts- und Revisionsbericht zur Verfügung (Einsicht oder auf Verlangen direkte Zustellung) gestellt. An der Generalversammlung selbst kann der Aktionär von seinem Recht auf Auskunft und Einsicht Gebrauch machen. Auskunftspflichtig sind der Verwaltungsrat und auch die Revisionsstelle. Die Aktionäre sind berechtigt, das vom Verwaltungsrat geführte, neuerdings umfangreichere Protokoll (inskünftig müssen nicht nur die Beschlüsse, sondern unter anderem

435 Bspw. offeriert die Schweizerische Bankgesellschaft (SBG) eine 'Gesamtberatung' für Familienunternehmungen, insbesondere für Nachfolgeregelungen. Vgl. die von der SBG herausgegebene Informationsbroschüre 'Die Nachfolge im Unternehmen' (1988), S. 101.

436 Vgl. CAMENZIND M. (1990), S. 13. Der von Stephan Schmidheiny finanzierte Lehrstuhl für Familienunternehmungen am 'Institute for Management Development' (IMD) in Lausanne bietet seit 1990 sog. Leading-Family-Business-Kurse an. Das unter der Obhut des IMD 1990 gegründete 'Family Business Network' (FBN) offeriert nationale und internationale Konferenzen, regionale Studiengruppen für Erfahrungsaustausch, einen FBN-Newsletter und einen FBN-Informationscenter. Eine der wenigen wissenschaftlichen Fachzeitschriften speziell für Familienunternehmungen ist die vom 'Family Firm Institute' (in Johnstown, New York) seit 1988 herausgegebene 'Family Business Review' (FBR).

437 Vgl. dazu ausführlich BÖCKLI P. (1992a), S. 349 ff. Vgl. im folgenden insbesondere Art. 696 ff. OR.

auch Aktionärserklärungen, Auskunftsbegehren und die darauf erteilten Antworten protokolliert werden) einzusehen[438]. Auf die Informationspflichten des Verwaltungsrats nach der Generalversammlung und die damit verbundene Offenlegungsproblematik wird hier nicht eingegangen[439].

Im Gestaltungsbereich 'GV-Information' entsteht meist erst dann richtiger Handlungsbedarf, wenn bspw. infolge eines Generationswechsels oder eines Going Public in der Generalversammlung plötzlich Aktionäre Einsitz halten, die nicht zugleich VR-Mitglieder sind und von daher schon hinreichend informiert wären. Zudem stellt sich bei unternehmungsexternen Aktionären (solche Aktionäre, die kein Arbeitsverhältnis mit der Gesellschaft haben) das Problem der Geheimhaltung, denn aus der Aktionärsstellung allein lässt sich gegenüber der Gesellschaft keine Treue- bzw. Geheimhaltungspflicht ableiten[440]. Es ist im Einzelfall Aufgabe der Informationslieferanten (v.a. Verwaltungsrat, aber auch Revisionsstelle und Sonderprüfer[441]), den Informationsfluss unter Abwägung der relevanten Interessen zu steuern[442]. Den Aktionären (und Partizipanten) sollten nur solche Informationen überlassen werden, die sie zur Ausübung ihrer Rechte benötigen und deren breite Kenntnis keine schädlichen Konsequenzen für die Unternehmung haben kann[443]. Ähnlich wie bei der 'VR-Information'[444] bietet sich auch hier der Informationsbedarf als Gestaltungsregulativ an. Demnach sollte die Generalversammlung grundsätzlich Zugang zu denjenigen Informationen haben, die sie zur Vorbereitung der Beschlussfassung innerhalb ihres Befugnisbereiches mindestens bedarf.

Das plötzliche Auftreten unternehmungsexterner Anteilseigner - bei der GFU könnten das typischerweise Familienerben sein, die jedoch nicht in

438 Vgl. Art. 702 Abs. 2/3 OR.

439 Vgl. Kapitel 2.2.2.1.

440 Vgl. DRUEY J.N. (1976), S. 207.

441 Auf die Sonderprüfung als neues Mittel des Aktionärs zur Abklärung bestimmter Sachverhalte wurde bereits an anderer Stelle hingewiesen, vgl. Kapitel 2.2.2.1 und 3.4.2.2.2.

442 In dem Zusammenhang nennt SCHMITT die Möglichkeit der statutarischen Erfassung des individuell zu definierenden Unternehmungsinteresses, vgl. SCHMITT P. (1991), S. 77. Zu den verschiedenen Interessen (Unternehmungs-, Aktionärs-, Arbeitnehmerinteresse, Öffentliche Interessen) als Kriterien zur Herausgabe von Informationen vgl. ebenda, S. 70 ff.

443 Vgl. Art. 697 Abs. 2 OR.

444 Vgl. Kapitel 3.4.2.1.5.1.

der Unternehmung arbeiten - dürfte bei der Familienunternehnung weniger zur Umstellung der GV-Informationsphilosophie/-politik - bei bisheriger Personalunion von Generalversammlung und Verwaltungsrat hat sich das Problem der 'GV-Information' vermutlich noch gar nicht richtig gestellt - als vielmehr zur erstmaligen Formulierung einer eigentlichen GV-Informationsphilosophie/-politik führen. Diese lässt sich nicht von heute auf morgen festlegen, sondern ist vielmehr das Ergebnis eines zwischen Verwaltungsrat und Aktionären stattfindenden Lernprozesses. Der Verwaltungsrat sollte dabei nicht unberücksichtigt lassen, dass er mit einer allzu (bei der Familienunternehmung zu erwartenden) restriktiven Informationspraxis kaum das für die angestrebte Rückhaltfunktion der Generalversammlung erforderliche Vertrauensverhältnis aufbauen kann. Die Informationspreisgabe ist deshalb nicht immer a priori mit Kosten in Verbindung zu bringen, es gilt auch den Nutzenaspekt mit einzubeziehen. So ist "[...] das Bedürfnis nach Auskünften des Minderheitsaktionärs einer [...] Familien-Gesellschaft eher zu befriedigen, sein finanzielles Engagement ist oft bedeutend, sein prozentualer Einfluss auf Abstimmungsergebnisse grösser als beim gewöhnlichen Publikumsaktionär und der Kreis der Informierten kann unter Umständen durch eine Treuepflicht überschaubar gehalten werden, sodass der Gesellschaft durch die Preisgabe von Informationen keine Nachteile widerfahren müssen und sie sogar durch eine im positiven Sinn aktive Generalversammlung bereichert werden kann"[445]. Unter diesen Voraussetzungen kann sich eine selektiv-offene Informationspraxis durchaus bezahlt machen, denn ohne Informationen lässt sich keine gute Kommunikation aufbauen und bei ungenügender Kommunikation vergibt sich der Verwaltungsrat womöglich die Chance, auf die Unternehmungszukunft sich auswirkende Konflikte oder Absichten bei den Aktionären antizipieren und zumindest versuchsweise frühzeitig vermittelnd eingreifen zu können.

Soweit in diesem Kapitel nicht anders besprochen, lassen sich die weiter oben aufgeführten informationsphilosophischen und informationspolitischen 'Praktiken einer guten VR-Information' grundsätzlich auch auf die Generalversammlung übertragen[446].

[445] SCHMITT P. (1991), S. 54.

[446] Vgl. die Kapitel 3.4.2.1.5.1 und 3.4.2.1.5.2.

3.4.2.3 Weitere spitzenorganisatorische Gestaltungsmassnahmen

3.4.2.3.1 Revisionsstellenbezogene Massnahmen

Im Grundlagenteil wurde festgehalten, dass die Revisionsstelle im neuen Aktienrecht insbesondere aufgrund der an sie gestellten fachlichen Anforderungen eine Aufwertung erfährt[447]. Die Professionalisierung der Revision ist aus der Sicht der GFU zu begrüssen und es kann auch bei diesem Spitzenorgan von einer Aktivierung gesprochen werden. Beabsichtigt wird die Unabhängigkeit der Revision sowohl vom Verwaltungsrat als auch von einem Hauptaktionär. Gerade in der Familienunternehmung hat die Revisionsstelle als oft einziger Gegenpol zu der oder den bestimmenden Personen eine wichtige Funktion.

Obwohl die externe Revision auch in Zukunft auf die Legalitätsprüfung konzentriert bleibt und keine unmittelbare Opportunitätsprüfung umfasst, kann eine qualifizierte Revisionsstelle bei Ausschöpfung der gesetzlichen Möglichkeiten als Hilfsorgan der Anteilseigner (und weiterer Interessengruppen) durchaus nützlich sein. Die Familienaktionäre sollten sich deshalb mit der Auswahl der Revisionsstelle(n) auch selbst auseinandersetzen, statt sich ganz auf die Empfehlungen des Verwaltungsrats zu verlassen. Nach Art. 729c OR muss der Revisor neuerdings an der Generalversammlung anwesend sein, sofern die Generalversammlung nicht durch einstimmigen Beschluss auf dessen Teilnahme verzichtet. Zwecks einer besseren Kontrolle des Verwaltungsrats und damit zwecks Eindämmung der VR-Macht sollten die Familienaktionäre auf der Anwesenheit des oder der Revisoren bestehen.

Eine langjährige Zusammenarbeit mit dem gleichen Revisor kann zum Vorteil haben, dass dieser mit den Verhältnissen in der Unternehmung gut vertraut ist[448]. Dem Revisor sollte jedoch, auch nach mehreren Jahren der Zusammenarbeit, eine Leistungsorientierung abverlangt werden. Die Revisionsberichte sind bezüglich Inhalt und vor allem Aussagekraft kritisch zu beurteilen und bei Ungenügen ist die Abberufung in Erwägung zu ziehen. Der mehr oder weniger regelmässige Wechsel des Revisors nach einigen Jahren oder die Wahl einer zusätzlichen Revisionsstelle för-

[447] Vgl. Kapitel 2.2.2.2.

[448] Art. 727e Abs. 1 OR schreibt vor, dass die Amtsdauer höchstens drei Jahre betragen darf; Wiederwahl ist möglich.

dert den Wettbewerb unter den Revisoren. Sodann sollte der Revisor nicht als notwendiges Übel angesehen werden, sondern vielmehr als Lieferant einer sinnvollen Leistung zu Marktpreisen.

Von der Möglichkeit, statutarisch oder durch Einzelbeschluss der Aktionäre die Organisation der Revisionsstelle näher zu regeln und deren Aufgaben zu erweitern (bspw. Prüfung der Geschäftsführung, oder 'legal compliance audit', oder 'security and safety audit') wird in der Praxis eher selten Gebrauch gemacht[449]. Für letztgenannte Einsatzzwecke kann die Generalversammlung alternativ auch Sachverständige ernennen. Im Bedarfsfall bietet es sich für Familienaktionäre an, persönliche Beratungsleistungen (bspw. für steuerrechtliche Fragen) der Revisoren in Anspruch zu nehmen. Für den Verwaltungsrat kann es u.U. sinnvoll sein, die Revisionsstelle ausserhalb ihres gesetzlichen Prüfungsauftrags mit Sonderaufgaben zu betrauen (bspw. für Unternehmungsbewertungen, Liquiditätsplanungen, Investitionsrechnungen oder die Einführung der Konzernrechnung). Trotz aller Möglichkeiten sollte die Bedeutung des Revisors und die damit verbundenen Erwartungen nicht überbewertet werden.

3.4.2.3.2 Fakultative Spitzenorgane - Einrichtung eines Beirats

Die in der vorliegenden Arbeit bisher aufgeführten Gestaltungsmassnahmen beziehen sich schwerpunktmässig auf die ordentlichen Spitzenorgane Verwaltungsrat, Generalversammlung und Revisionsstelle. Im Zusammenhang mit dem Verwaltungsrat wurden auch fakultative Organe (insbesondere Ausschüsse, Delegierte und Direktoren)[450] berücksichtigt. Darüber hinaus - sofern nicht unübertragbare Kompetenzen der drei obligatorischen Organe berührt bzw. delegiert werden - können an der Unternehmungsspitze auf freiwilliger Grundlage weitere Funktionsträger, hier gemeinhin als Beiräte bezeichnet, geschaffen werden.

Beiräte können durch die Generalversammlung gewählt werden oder auf statutarischer, reglementarischer oder schuldvertraglicher Basis verankert werden[451]. Sie entstehen aus unterschiedlichen Beweggründen heraus und sind demzufolge mit unterschiedlichen Rechten und Pflichten ausge-

449 Vgl. BÖCKLI P. (1992a), S. 499.

450 Vgl. Kapitel 3.4.2.1.3.1.

451 Vgl. REIFF F. (1988), S. 36 ff.

stattet. Als denkbare Motive zur Einrichtung eines Beirats werden in der Literatur unter anderem genannt:[452]

- Gründe auf Geschäftsführungsebene:
  - Beratung (Wunsch nach spezifischer Fachkompetenz; Schaffung einer kontinuierlichen Beratung; Entlastung durch Expertenberatung; Sicherung der Ratschläge von Drittpersonen, die nicht als VR-Mitglieder gewonnen werden können oder sollen; Gegenprüfung unternehmerischer Entscheide durch eine unabhängige Instanz und damit Verringerung des Risikos von Fehlentscheidungen)
  - Förderung von Geschäftsbeziehungen/Kontaktpflege
  - Prestige/Imagepflege
- Gründe auf Gesellschafterebene (besonders bei Familienunternehmungen):
  - Überwachung der Geschäftsführung und damit Versachlichung der Beziehung zwischen Aktionären und Geschäftsführung
  - Kanalisierung von Aktionärsinteressen wegen Änderungen in der Aktionärsstruktur (Änderungen in Zahl und Zusammensetzung der Aktionäre, Änderungen in den Beziehungen zwischen den Aktionären und Änderungen in den Einstellungen der Aktionäre gegenüber der Unternehmung); Sicherung der Beschlussfähigkeit und Sicherung oder Verringerung des Einflusses der Anteilseigner auf die Unternehmung
  - Die Gewährung eines vertieften Einblicks in die geschäftlichen Angelegenheiten solchen Aktionären gegenüber, die aus bestimmten Gründen ihre Interessen nicht durch Ausübung eines VR-Mandates wahrnehmen wollen oder können (bspw. Informationspolitik bei der Familienunternehmung)
  - Kontinuität in der Führung: der Beirat als Instrument zur Nachfolgesicherung und zur Notgeschäftsführung; Beratung der Familienaktionäre
  - Die 'Auslagerung' des Senior-Unternehmers
  - Wahrnehmung von Sonderaufgaben (bspw. Testamentvollstreckung)
- Andere Gründe:
  - Flexibilität in der Handhabung von Beiratsgremien
  - Der Beirat als Instrument zur Intensivierung unternehmungsinterner Beziehungen

[452] Vgl. im folgenden REIFF F. (1988), S. 20 ff.; HINTERHUBER H.H./MINRATH R. (1991), S. 1202 ff.; KÜPPER H.-U. (1981), S. 332; SUDHOFF H. (1980), S. 294 ff.

- Der Beirat als unternehmungsinterne Schlichtungsstelle
- Lohnpolitische Überlegungen (im Vergleich zum Verwaltungsrat)
- Kombinationen obgenannter Gründe.

Die Ausgestaltung der Beiräte wird massgeblich durch die Motive für deren Errichtung beeinflusst. Die Vielfalt der Erscheinungsformen, auf die hier im einzelnen nicht eingegangen werden soll[453], ist dementsprechend gross. Grundsätzlich können Beiräte mit Beratungsfunktionen und Aktionärsbeiräte mit Geschäftsführungsfunktionen (Zustimmungs-, Verwaltungs- oder Weisungskompetenzen) unterschieden werden[454], wobei streng genommen die 'Beratungs-Beiräte' im Gegensatz zu den 'Geschäftsführungs-Beiräten' aufgrund der mangelnden Qualifikation der reinen Beratung[455] als körperschaftliche Funktion lediglich als Zusatz- oder Hilfsgremien, jedoch nicht als fakultative Organe eingestuft werden[456].

Der eigentliche Grund dafür, dass die Beiräte hier im Zusammenhang mit der GFU nicht näher untersucht werden sollen, liegt darin, dass mit der Ausgestaltung des Verwaltungsrats im Sinne des 'VR-Typs 4' die obgenannten Motive für die Etablierung eines Beirats zu einem grossen Teil abgedeckt werden können[457]. Beiräte werden häufig für mittelständische Familienbetriebe, die durch personalistische Führungsstrukturen gekennzeichnet sind und über keine Überwachungs-, Beratungs- oder auch Interessenvertretungsorgane verfügen, gefordert[458]. Mit dem 'VR-Typ 4' wurde im Hinblick auf die Kontinuität besonders von grossen Familienunternehmungen ein Ansatz zur Überwindung gerade dieser für viele Familienunternehmungen typischen Schwächen versucht, sodass sich bei der

453 Die Einsatzmöglichkeiten von Beiräten und die damit zusammenhängenden Gestaltungsprobleme werden in der Arbeit von REIFF speziell für schweizerische Verhältnisse erschöpfend behandelt, vgl. REIFF F. (1988). Vgl. auch KLAUS H. (1991a).

454 Vgl. REIFF F. (1988), S. 51 ff. Während die 'Beratungs-Beiräte' vom Verwaltungsrat oder von der Geschäftsleitung gewählt werden und sich normalerweise aus Externen zusammensetzen, werden die 'Geschäftsführungs-Beiräte' als Aktionärsvertretungsorgane von der Generalversammlung gewählt. KÜPPER trennt deshalb die 'geschäftsführungsabhängigen Beiräte' von den 'gesellschafterabhängigen Beiräten', vgl. KÜPPER H.-U. (1981), S. 352.

455 Zur Beratungsfunktion vgl. Kapitel 3.4.1.1.2.

456 Vgl. REIFF F. (1988), S. 87 ff.

457 Vgl. dazu das ganze Kapitel 3.4.2.1.

458 Vgl. bspw. FINK M./ZIMMERMANN N. (1989), S. 57 ff. oder HINTERHUBER H.H./MINRATH R. (1991), S. 1201 f.

GFU die Einführung eines Beirats prinzipiell erst dann aufdrängt, wenn die unternehmungsindividuelle Situation die zufriedenstellende Wahrnehmung der zu erfüllenden Funktionen durch den Verwaltungsrat nicht zulässt. Im Einzelfall kann es dann durchaus sinnvoll sein, ergänzend zum aktiven Verwaltungsrat einen Beirat einzurichten. So hat die BOARDPOWER-Umfrage bei mittelgrossen Schweizer Aktiengesellschaften ergeben, dass sich die Einstellung gegenüber dem (beratenden) Experten-Beirat zwischen 1985 und 1991 positiv verändert hat. Als wichtigste Themenbereiche gelten Technologie, Informatik, EG-Fragen und Innovation/Produktentwicklung[459]. Experten-Beiräte können als unternehmungsexterne Stabsstellen zum Verwaltungsrat oder zur Direktion angesehen werden. Sie sind "[...] eine Art Diskussionsforum zur Vorbereitung unternehmerischer Entscheide"[460]. Ihr tatsächlicher Einfluss auf die unternehmerischen Entscheide dürfte im wesentlichen - wie bei anderen Beiräten auch - von der Persönlichkeit, der fachlichen Qualifikation und der Informationsversorgung der (externen) Beiratsmitglieder abhängen. Experten-Beiräte können wertvolle Hilfe leisten, Entscheidungsverantwortung und Umsetzung liegen jedoch letztlich immer beim Verwaltungsrat bzw. beim Management.

3.4.2.3.3 Die Stiftungslösung als Sonderfall

Dem Thema dieser Arbeit zufolge sind jeweiliger Ausgangspunkt der bislang aufgeführten Aktionsparameter die verschiedenen obligatorischen und fakultativen Spitzenorgane einer Unternehmung (AG). Die vorgestellten organspezifischen Massnahmen sind Ansätze zur Gestaltung einer effizienten und damit kontinuitätsfördernden Spitzenorganisation. Daneben existiert eine Reihe weiterer, teilweise weiter oben in anderem Zusammenhang bereits erwähnter, nicht direkt spitzenorganspezifischer Massnahmemöglichkeiten (bspw. Professionalisierung des Managements, Betreiben eines systematischen Personalmarketings, Einführung der strategischen Planung), die für die Zukunftssicherung der GFU von grosser Bedeutung sein können. Letztlich geht es dabei um die gezielte

459 Vg. BOARDPOWER AG (1991), S. 18 f. Diese Umfrage liefert jedoch keine Angaben über die zahlenmässige Verbreitung der Experten-Beiräte oder anderer Beiräte. Zur Verbreitung der Beiräte in der Schweiz vgl. Kapitel 3.4.1.3.2.

460 REIFF F. (1988), S. 55.

Anwendung des zur Verfügung stehenden Führungsinstrumentariums und es ist Aufgabe des Verwaltungsrats bzw. des Top-Managements, diesbezüglich die entsprechenden Schritte zu tun. Die vollumfängliche Darstellung solcher 'Kontinuitätsmassnahmen' würde den Rahmen der vorliegenden Arbeit sprengen. Dagegen soll im folgenden die Stiftungslösung aufgrund der damit verbundenen spitzenorganisatorischen Veränderungen Berücksichtigung finden. Unter den rechtlichen 'Perpetuierungsmitteln'[461] stellt die Unternehmungsstiftung eine Alternative zu den hier nicht weiter vertiefbaren aktienrechtlichen Instituten Vinkulierung, Stimmrechtsaktie, Aktionärsbindungsvertrag[462] sowie Vorkaufsrechte an Aktien dar[463].

Eine Stiftung ist eine verselbständigte und einem besonderen Zweck gewidmete Vermögensmasse mit eigener Rechtspersönlichkeit. Die Unternehmungsstiftung als ein in der Schweiz gesetzlich (noch) nicht speziell geregelter, faktischer Sondertypus der Stiftung kann in unterschiedlicher Art und Weise mit einer (erwerbswirtschaftlichen) Unternehmung verbunden sein,

- sei es dass die Stiftung direkter Rechtsträger der Unternehmung ist (es ist also nur ein einziges Rechtssubjekt vorhanden) und diese unmittelbar selbst betreibt (sog. Unternehmungsträgerstiftung oder Stiftungsunternehmung),
- sei es dass die Stiftung an der Unternehmung, vorab an einer AG, massgeblich (Aktienmehrheit oder Stimmrechtsaktien) beteiligt ist (sog. Holding- oder Beteiligungsstiftung),

461 Dieser von PORTMANN verwendete Begriff bezieht sich auf die Gesamtheit all jener (rechtlichen) Massnahmen, die auf die Bestandessicherung einer AG ausgerichtet sind, vgl. PORTMANN R.A.M. (1983), S. 14 f.

462 "Mit Aktionärsbindungsverträgen - persönlichen, gegenseitigen Verpflichtungen zwischen Aktionären - lassen sich Vorkaufsrechte, Vinkulierungsbestimmungen, Verwaltungsratssitze, Ausschüttungspolitik und Entscheidungsmechanismen personenbezogen und bedürfnisgerecht regeln", BÜRGI A./BRÄUTIGAM D./ GANZ J./HASLER U. (1993), S. 12.

463 Zu den Einsatzmöglichkeiten der genannten aktienrechtlichen Institute vgl. PORTMANN R.A.M. (1983), S. 20 ff.

- sei es dass statt Trägerschaft oder Beteiligung spezielle vertragliche Bindungen (bspw. Pacht-, Betriebsüberlassungs- oder Betriebsführungsverträge) vorliegen (sog. Managementstiftung)[464].

Die Unternehmungsstiftung als solche ist zwar im rudimentären schweizerischen Stiftungsrecht nicht vorgesehen, sie kann jedoch in folgende Stiftungsformen eingebracht werden: in gewöhnliche Stiftungen oder in gesetzliche Sonderformen, nämlich Familienstiftungen[465], kirchliche Stiftungen oder Personalfürsorgestiftungen[466]. Hauptkriterium für die Zulässigkeit der Unternehmungsstiftung ist der Stiftungszweck. Zu unterscheiden sind wirtschaftliche, ideale und gemischte Zwecke[467]. Obwohl ein ausdrückliches gesetzliches Verbot für Stiftungen mit wirtschaftlichem Zweck fehlt, werden heute Unternehmungsstiftungen mit vorwiegend wirtschaftlichen Zwecken im allgemeinen nicht zugelassen oder es erfolgen nach Eintragung Verfügungen einschränkender Art[468]. Diese Praxis widerspiegelt sich in den aktuellen stiftungsrechtlichen Revisionsbestrebungen. Diskutiert wird ein Verbot von Unternehmungsstiftungen mit rein

464 Zum Begriff und den verschiedenen Typen der Unternehmungsstiftung vgl. RIEMER H.M. (1975), S. 240 ff., SCHMOLL G.A. (1986), Kapitel 4, S. 4 ff., GRÜNINGER H. (1984), S. 12 ff.

465 Gemäss Art. 335 ZGB sind reine Familienunterhaltsstiftungen nicht gestattet. Die Familienstiftung darf Zahlungen an Familienmitglieder einzig zur Bestreitung der Kosten der Erziehung, Ausstattung oder Unterstützung leisten, d.h. es muss eine wirtschaftliche Bedürfnissituation seitens der Familienmitglieder vorliegen.

466 Vgl. dazu ausführlich RIEMER H.M. (1975), S. 251 ff.. Die Einbringung der Unternehmung in die Personalfürsorgestiftung kann als spezielle Variante der Beteiligung bzw. Mitbestimmung der Arbeitnehmer angesehen werden.

467 "Eine Stiftung mit wirtschaftlichem Zweck [...] liegt dann vor, wenn Leistungen der Stiftung (in Geld oder natura) ihren Destinatären - wie etwa bei Aktiendividenden - voraussetzungslos zufliessen sollen, d.h. ohne dass auf ihrer Seite eine besondere Bedarfssituation (z.B. wirtschaftliche Bedürftigkeit, Verfolgung eines Forschungsprojekts) oder ein sonstiger besonderer Leistungsgrund (z.B. wissenschaftliche Verdienste) vorliegt [...]; eine voraussetzungslose Leistung (zugunsten des Unternehmens) - und damit ein wirtschaftlicher Stiftungszweck - liegt auch vor, wenn bei einer Unternehmensstiftung der Stiftungszweck einzig darin besteht, das Unternehmen - mittels Verbleibens der Unternehmenserträgnisse im Unternehmen oder Rückflusses an dieses - zu erhalten ("perpetuum mobile"-Stiftung [...])", RIEMER H.M. (1993), S. 54 f.

468 Vgl. HAHNLOSER B. (1989), S. 12 f.. "Hauptsächlichstes Kriterium für eine Ablehnung ist somit die Absicht, finanzielle Gewinne zur eigenen Bereicherung oder zur Bereicherung bestimmter Dritter zu erzielen, ohne dass ideelle Ziele damit verfolgt werden", ebenda, S. 13.

wirtschaftlichem Zweck oder allenfalls ihre Zulassung, aber dann ohne staatliche Aufsicht[469]. Der Stiftungszweck entscheidet nicht nur über die Zulässigkeit, sondern auch über die steuerliche Behandlung der Stiftung. Prinzipiell werden nur gemeinnützige Stiftungen steuerbefreit, d.h. die Stiftungsleistungen müssen im Allgemeininteresse liegen und sie müssen uneigennützig erbracht werden[470].

Je nach Entscheid zugunsten eines bestimmten Stiftungstyps ergeben sich unterschiedliche Auswirkungen auf die Unternehmungsspitze. Im Falle der Trägerstiftung wird der Verwaltungsrat nach erfolgter Umwandlung bzw. Umgründung der AG in eine Stiftung durch den Stiftungsrat und gegebenenfalls zusätzliche Stiftungsorgane (bspw. Aufsichtsrat) ersetzt. Während die Generalversammlung ersatzlos entfällt (die Stiftung 'gehört sich selbst'), können die Revisionsstelle sowie andere bei der AG bereits vorhandene Organe (bspw. Beirat) übernommen werden. Eine weitere grundlegende Veränderung im Vergleich zur gesellschaftsrechtlichen Lösung resultiert aus dem Umstand, dass Stiftungen der Aufsicht des Gemeinwesens unterstehen. Deshalb kann die staatliche Aufsichtsbehörde bei Stiftungen quasi als externes Spitzenorgan aufgefasst werden. Bei der Holdingstiftung bleibt die AG und ihre Spitzenorganisation unangetastet. Es tritt lediglich die Stiftung mit ihrer eigenen 'Spitzenorganisation' an die Stelle des oder der bisherigen Familienaktionäre. In der Regel wählt dann der Stiftungsrat den Verwaltungsrat, entscheidet über die Gewinnverwendung und übt damit einen unentziehbaren und dauerhaften Einfluss auf die Unternehmung aus. Die Stiftung hat in dem Fall gesellschaftsrechtliche Organfunktion. Die spitzenorganisatorischen Auswirkungen der Managementstiftung auf die AG sind vertragsabhängig und dementsprechend verschieden. Grundsätzlich erbringt die Managementstiftung bestimmte Leistungen zugunsten der AG (bspw. stellt die Stiftung das Führungsteam) und erhält dafür eine Entschädigung.

469 Vgl. RIEMER H.M. (1991), S. 4 ff.. Weitere Revisionspunkte sind die Verbesserung der Regelung über Unternehmungsstiftungen mit idealem Zweck (insbesondere bezüglich Gläubigerschutz) sowie im Bereiche des allgemeinen Stiftungsrechts die Kodifikation von Lehre und Rechtsprechung und die Beantwortung bestimmter Streitfragen (bspw. Vermögenshöhe, Stiftungsreglemente, Revisionsstelle, Stiftungsaufsichtsmittel, Urkundenänderungen, Aufhebung), vgl. ebenda, S. 8 ff.

470 Zu den einzelnen Voraussetzungen für die Steuerbefreiung von Stiftungen vgl. MAISSEN S. (1992), S. 5 ff.

Bezüglich der Organisation der Stiftung selbst geniesst der Stifter weitgehende Gestaltungsautonomie[471]. Gemäss Art. 83 ZGB müssen die Stiftungsorgane und die Art der Verwaltung in der Stiftungsurkunde geregelt sein. Bei Ungenügen trifft die Aufsichtsbehörde die nötigen Verfügungen. Aufgrund der eingeschränkten Abänderungsmöglichkeit der Stiftungsurkunde - erforderlich ist die Zustimmung der Aufsichtsbehörde - empfiehlt es sich, Detailvorschriften in einem von der Urkunde (nur allgemeine Angaben über das Stiftungsvermögen, den Stiftungszweck, den Destinatärkreis und das oberste Stiftungsorgan) separaten und vom Stiftungsrat jederzeit abänderbaren Reglement festzuhalten. SCHMOLL schlägt folgende im Reglement zu regelnde Punkte vor[472]:

- Organisation und Organe der Stiftung
- Wahl-, Nominierungs- bzw. Kooptationsverfahren für Organmitglieder
- Abberufungsgründe für Organmitglieder
- Rechte und Pflichten der Organe, Entgelt für Tätigkeit
- Geschäftsordnung, Beschlussfassung und Protokollwesen
- Vertretung der Stiftung nach aussen
- Beziehungen zwischen Stiftung und Unternehmen
- Modalitäten der späteren Abänderung des Reglements.

Unternehmungsstiftungen werden häufig dann vorgeschlagen, wenn es an geeigneter Nachfolge fehlt (bspw. gar keine oder zuviele Nachkommen, oder keine qualifizierten oder an der Unternehmung interessierten Nachkommen)[473]. Die Frage der Zweckmässigkeit der Stiftung als 'Perpetuierungsmittel' lässt sich jedoch nicht kategorisch mit ja oder nein beantworten. Der EU als Entscheidträger muss die zur Verfügung stehenden Stiftungsvarianten im Hinblick auf die unternehmungsindividuellen Verhältnisse kritisch prüfen. Mit einer Unternehmungsstiftung können unter anderem folgende Vor- und Nachteile verbunden sein:[474]

[471] Zur Organisation der Stiftung vgl. PORTMANN R.A.M. (1983), S. 80 ff. und für deutsche Verhältnisse POTTHOFF E. (1992), Sp. 2339 ff.

[472] Vgl. SCHMOLL G.A. (1986), Kapitel 4, S. 22.

[473] Als Beispiel gar keiner Nachkommen soll hier die Hasler-Stiftung genannt werden. Weitere Beispiele (Schätzungen rechnen mit einer in die Hunderte gehende Anzahl Unternehmungsstiftungen) bei RIEMER H.M. (1975), S. 247 ff. und GRÜNINGER H. (1984), S. 75 ff.

[474] Zu der folgenden stichwortartigen Aufzählung vgl. ausführlich BINZ M.K./SORG H.H. (1992), S. 1; SCHMOLL G.A. (1986), Kapitel 4, S. 10 ff.; PORTMANN R.A.M. (1983), S. 61 ff.; GRÜNINGER H. (1984), S. 75 ff.

- *Vorteile:* Vermeidung überzogener Ausschüttungs- bzw. Entnahmeansprüche der nachfolgenden Familienaktionäre (kein 'Kasse machen'); Vermeidung von Erbstreitigkeiten: Stiftungslösungen sind endgültige Lösungen; Schutz vor Raidertum und damit Erhaltung der Unabhängigkeit; Gewährleistung einer von Familieninteressen unabhängigen Unternehmungsleitung (sofern sich der die Unternehmungsleitung wählende Stiftungsrat aus Dritten zusammensetzt) und damit Erleichterung der Führungsnachfolge: die Familienunternehmung entwickelt sich zur 'Unternehmung an sich'; Grosse organisatorische Gestaltungsfreiheit, geringe Regelungsdichte des Stiftungsrechts (Art.80 - 89bis ZGB); Die Möglichkeit des Unternehmers, seine Vision über Generationen hinweg weiterleben zu lassen: die Unternehmungsstiftung als 'Kunstperson', als "[...] Fiktion seiner Fortexistenz in anderer Gestalt"[475]; Prestigegewinn.
- *Nachteile*[476]*:* Unbeweglichkeit und erschwerte Anpassungsfähigkeit: das Primat des Stifterwillens[477]; Staatliche Stiftungsaufsicht: der Staat eignet sich nicht zur Prüfung unternehmerischer Entscheide; Eingeschränkter Gläubigerschutz und Kreditwürdigkeit; Eingeschränkte Finanzierungsmöglichkeiten; Interessenkollisionen zwischen Stiftung und Unternehmung: die Frage der Personalunion von Stiftungsrat und Verwaltungsrat; Pflichtteilproblematik; Fehlen eines Rechts zur Aufhebung der Stiftung; Eigentumslosigkeit der Stiftung: Fehlen von Personen mit Eigentümer- und Mitgliedschaftsinteressen und damit Fehlen eines unmittelbaren Effizienzdrucks.

Der Entscheid zugunsten einer Stiftungslösung ist für die Unternehmung und die Familie fundamental und von ausserordentlicher Tragweite. Vor der Errichtung einer (kaum mehr auflösbaren) Stiftung bedarf es deshalb - unter Beizug von Experten - der sorgfältigen Klärung aller führungsmässi-

475 NEUHOFF K. (1992), S. 20.

476 Die aufgezählten Nachteile wiegen für die Unternehmungsträgerstiftung schwerer als für die Holdingstiftung.

477 "Die Stiftung ist demgemäss ein starres, unbewegliches, dem Fortschritt verschlossenes Gebilde. Die Organe haben nur Verwaltungsbefugnisse; sie können das Wesen, den Zweck, die Gestalt der Stiftung nicht ändern. Dies kann mit der Zeit zu Unzuträglichkeiten, ja zu widersinnigen Zuständen führen. Das Bestreben, den Willen des Stifters buchstäblich zu erfüllen, kann zur Missachtung seiner wirklichen Absichten führen", TUOR P./SCHNYDER B. (1975), S. 127. Insofern ist die Stiftung im Gegensatz zur 'selbstbestimmten' Körperschaft 'fremdbestimmt'.

gen, familiären, erbrechtlichen, fiskalischen, sozialen, gesellschaftsrechtlichen und anderen Zusammenhänge und Konsequenzen. Letztlich handelt es sich um einen persönlichen Entscheid des EU und es liegt in seiner Verantwortung, eine szenariogerechte Lösung zu finden. Bei Abwägung der Für und Wider sollte er sich immer vor Augen halten, dass die Stiftung trotz ihres Ewigkeitscharakters keine Garantie für die Unternehmungskontinuität bedeutet: "Die Stiftung ist nur so vorteilhaft oder nachteilig wie die Personen, die in ihren Organen das Sagen haben. Und die von der Stiftung geführten Unternehmen sind nur so erfolgreich oder erfolglos, wie die Führungspersonen, die von den Stiftungsorganen bestellt werden"[478].

3.4.3 Gestaltung des spitzenorganisatorischen Gestaltungsprozesses (Projektorganisation)

Nach der bislang erfolgten Aufzählung von Aktionsparametern zur Gestaltung der spitzenorganisatorischen Rahmen- und Detailstruktur erfolgen abschliessend zum Kapitel 3.4 einige grundsätzliche Anmerkungen zur Gestaltung des spitzenorganisatorischen Gestaltungsprozesses. Mit der zweckmässigen Regelung des Gestaltungsprozesses sollen günstige Voraussetzungen für die Lösung der strukturellen Gestaltungsaufgabe und damit für ein insgesamt befriedigendes Gestaltungsergebnis geschaffen werden. Bevor in den Kapiteln 3.4.3.2 bis 3.4.3.4 einzelne Aktionsparameter untersucht werden, wird einleitend die Frage nach dem Projektcharakter des vorliegenden Gestaltungsproblems diskutiert.

3.4.3.1 Die Gestaltung der Spitzenorganisation als Projekt

Projekte sind besondere Vorhaben, die folgende Charakteristika aufweisen:

"- zeitlich begrenzt (Beginn, Abschluss);
- definiertes bzw. zu definierendes Ziel (Aufgabe, Ergebnis);
- in gewissem Sinn aussergewöhnich (keine Routineaufgabe, die in der gleichen oder in einer unmittelbar vergleichbaren Form laufend durchgeführt wird) - wodurch eine innovative, kreative Komponente einfliesst;
- meist mehrere Personen bzw. Stellen daran beteiligt;

[478] VOIGT J.F. (1990), S. 111.

- oft umfangreich und komplex;
- oft mit Unsicherheit bzw. Risiko behaftet"[479].

Es stellt sich die Frage, ob die Gestaltung der Spitzenorganisation in der GFU als Projekt aufgefasst werden kann. Normalerweise erfährt die Spitzenorganisation im Verlauf der Entwicklungsgeschichte einer Unternehmung diverse anpassungsbedingte Änderungen, sei es struktureller, personeller oder anderer Art. Sofern es sich dabei nicht um grundlegende Organisationsvorhaben handelt, erfolgen solche (kleineren) Änderungen im Rahmen einer gewöhnlichen, ja sogar routinehaften organisatorischen Gestaltungstätigkeit. Anders verhält es sich dagegen bei dem in dieser Arbeit untersuchten Gestaltungsproblem, dessen Komplexität aus der Verbindung der anstehenden Nachfolgeregelung mit den spitzenorganisatorischen Anforderungen einer Grossunternehmung resultiert. Vorausgesetzt, dass der wie in den letzten Kapiteln besprochene Handlungsbedarf tatsächlich gegeben ist (wie im Falle der 'XY AG'), so handelt es sich bei der Gestaltung der Spitzenorganisation in der GFU um ein umfangreiches (Re-)Organisationsvorhaben, auf das die obgenannten Projektmerkmale durchaus zutreffen. Einzig das Merkmal der zeitlichen Befristung gilt es dahingehend zu relativieren, als auch nach der erfolgreichen Einführung einer neuen Spitzenorganisation die Anpassung an zukünftig veränderte Verhältnisse immer wieder vonnöten sein wird. Insofern ist der spitzenorganisatorische Gestaltungsprozess nie abgeschlossen, sondern bedarf einer ständigen Weiterentwicklung. Der grösste Vorteil der Handhabung des vorliegenden Gestaltungsproblems als Projekt (im folgenden Gestaltungsprojekt genannt) liegt in der durch das Projektmanagement ausgelösten systematischen bzw. methodischen Vorgehensweise. Sie dient den Gestaltungsträgern als Hilfsmittel zur Bewältigung des komplexen Gestaltungsproblems.

In der Literatur zur Nachfolgeproblematik wird wiederholt auf die angeblich zentrale Bedeutung der Nachfolgeplanung hingewiesen. Mit bestimmten Planungsschemata (vgl. als Beispiel Abb. 19), die alle nach einem ähnlichen Grundmuster (in der einfachsten Form: Diagnose-, Konzept-, Implementierungs-/Übergangsphase) aufgebaut sind, wird die möglichst rationale Gestaltung des Nachfolgeprozesses propagiert. Zur Angemessenheit einer vorwiegend technisch-instrumentellen Nachfolgeplanung

[479] HABERFELLNER R. (1992), Sp. 2090.

Abb. 19: Planungsschema für den Generationswechsel[480]

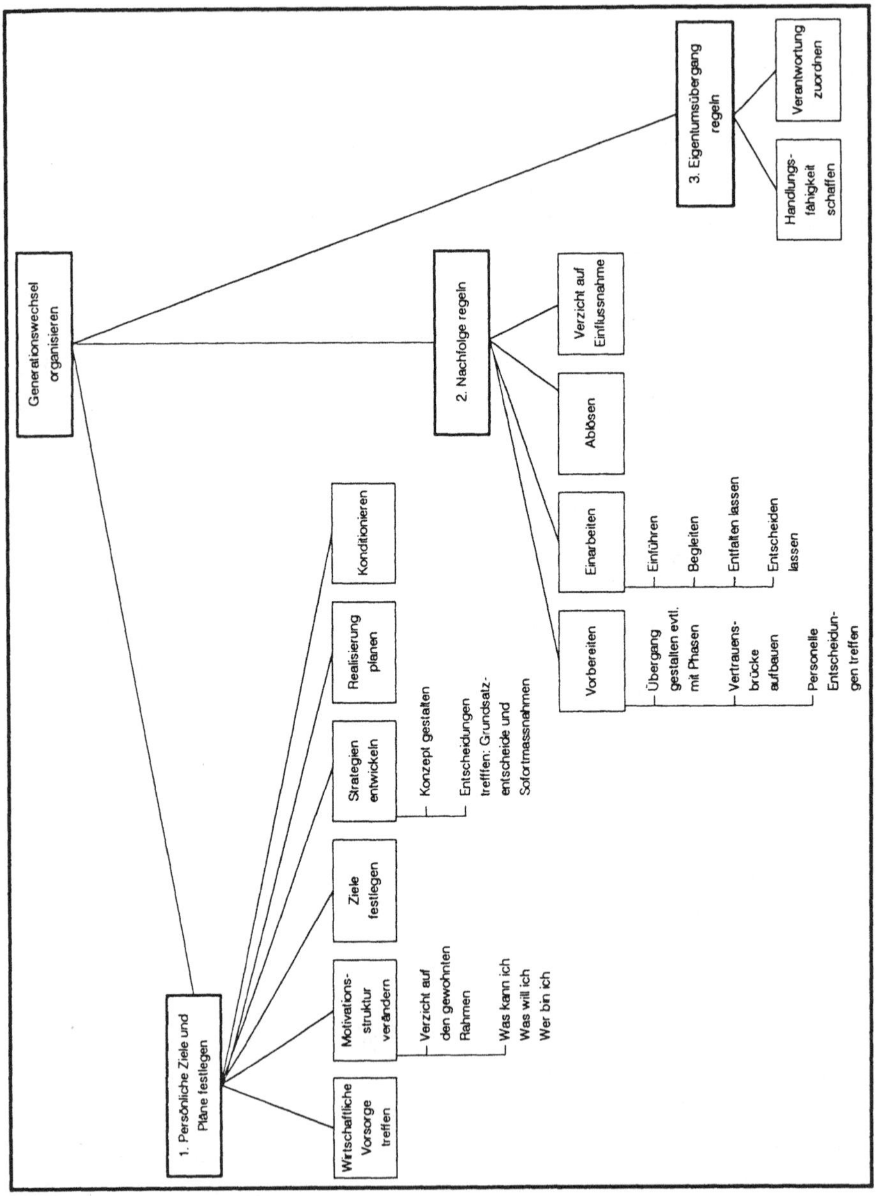

480 Vgl. MENZEL A. (1988), S. 6, S. 8, S. 30 und S. 43.

gibt es jedoch auch kritische Stimmen, die sich in folgenden Punkten zusammenfassen lassen:[481]

- "Je planvoller die Menschen vorgehen, um so wirkungsvoller trifft sie der Zufall" (F. Dürrenmatt)[482];
- Das Lösungspotential einer linearen, technokratischen Planungsmethodik kann der durch die spannungsreiche Verknüpfung der Teilsysteme Familie und Unternehmung gekennzeichneten Nachfolgeproblematik nicht genügen;
- Die durch die Nachfolgeplanung vorgegebenen Entwicklungsphasen entsprechen selten den tatsächlichen Abläufen in der Praxis;
- Der der 'kühlen Rationalität' verpflichteten Nachfolgeplanung gelingt die Neutralisierung der gerade in Familienunternehmungen bedeutsamen persönlich-emotionalen Dimension nur in Ausnahmefällen;
- Der der Nachfolgeplanung anhaftende 'Vernünftigkeitsmythos' (der Nicht-Planer wäre demnach unvernünftig) führt zu einem regelrechten Planungszwang, der sich im Einzelfall auch kontraproduktiv (bspw. Aufbau von Verständigungsbarrieren) auswirken kann;
- Planung bedingt die Preisgabe von bislang als vertraulich betrachteten Informationen;
- Planung schränkt die Entscheidungsautonomie der Inhaberfamilie ein;
- Die Entwicklungsdynamik der Familie, der Unternehmung und der Umwelt setzen der Planbarkeit - auch bei rollender Planung - Grenzen.

Was kann dieser Diskussion zur Nachfolgeplanung nun im Hinblick auf die Gestaltung des spitzenorganisatorischen Gestaltungsprozesses entnommen werden?:

- "Die Planung ist [...] nicht Selbstzweck. Sie beinhaltet vielmehr die Chance, die wichtigen Fragen zur rechten Zeit zu stellen, und sie im Sinne bewusster Willensentscheidungen aufgrund einer bestimmten Systematik präzis zu beantworten"[483];
- Die Schematisierung des Gestaltungsprozesses dient der Komplexitätsreduktion und nicht dem umfassenden Verständnis der Komplexität an sich;

481 Vgl. dazu ausführlich SCHNEIDER U. (1990), S. 71 ff. sowie LASKE S. (1990), S. 206 ff.

482 Zitiert bei LASKE S. (1990), S. 207.

483 SCHMIDHEINY S. (1988), S. 11.

- Der Gestaltungsprozess sollte nicht 'ver-rationalisiert' bzw. 'ent-emotionalisiert' werden. Er sollte als sozialer Prozess, als gemeinsamer Lernprozess verstanden werden, der die Berücksichtigung irrationaler Momente erfordert und sich deshalb im voraus nicht exakt planen lässt;
- Die Planung als Richtschnur kann ein nützliches, wenngleich nicht hinreichendes Gestaltungsinstrument sein. Sie hat ihren Wert "[...] nicht in schematisch festlegbaren Problemlösungen, sondern in der Herstellung von Dialogsituationen zwischen den Beteiligten. Es sprechen manche Gründe dafür, dass sich erst auf dieser Grundlage die mit [der Planung] ursprünglich intendierten Rationalisierungsprozesse entfalten können"[484];
- Die Ziele des Gestaltungsprojekts sowie der gesamte Projektablauf sollten nicht monologisch festgelegt, sondern im offenen Gespräch zwischen den massgeblich Beteiligten, v.a. zwischen den Generationen, erarbeitet werden. Die Vertrauensentwicklung zwischen den Beteiligten spielt dabei eine entscheidende Rolle;
- Spitzenorganisatorische Änderungen beanspruchen viel Zeit, besonders dann, wenn sie einen kulturellen Wandel nach sich ziehen. Gerade in solchen Unternehmungen, die während Jahrzehnten von einer markanten Persönlichkeit geführt und geprägt worden sind, lässt sich die Einführung arbeitsteiliger Strukturen an der Unternehmungsspitze nicht von heute auf morgen erfolgreich realisieren. Es gilt deshalb eine ausreichende Gestaltungsdauer einzukalkulieren. Der Gestaltungsbeginn kann nie früh genug angesetzt werden, bspw. zehn Jahre vor dem beabsichtigten Rücktritt des EU. Rechtzeitigkeit heisst hier also zu Lebzeiten des EU und/oder bezüglich der Unternehmungsentwicklung vor oder spätestens während der Entwicklung zur Grossunternehmung;
- Für den Fall des unerwarteten Ausscheidens des EU sollten unabhängig von der mittel- und langfristig anvisierten Spitzenorganisation kurzfristig umsetzbare Alternativ-/Interimslösungen zur Verfügung stehen.

Da die umfassende Diskussion des Projektmanagements[485] den Rahmen dieser Arbeit sprengen würde, werden in den nächsten drei Kapiteln lediglich grundsätzliche Erwägungen zu den Aktionsparametern zur Gestaltung des spitzenorganistorischen Gestaltungsprozesses angestellt.

484 LASKE S. (1990), S. 210.

485 Zum Projektmanagement vgl. unter vielen bspw. die Beiträge und Literaturangaben in ZIJL van N./LANG K./BURGER R./SUTTER H./BANTHIEN C. (1988).

3.4.3.2 Regelung der Arbeitsteilung im Gestaltungsprojekt[486]

Die Frage der Aufteilung der Funktion 'Spitzenorganisation' in der AG wird durch das Gesetz klar beantwortet: nach neuem Aktienrecht (vgl. Art. 716 a OR) ist die Wahrnehmung spitzenorganisatorischer Gestaltungsaufgaben fest beim Verwaltungsrat institutionalisiert, d.h. die spitzenorganisatorischen Gestaltungsaktivitäten sind abgesehen von den konstituierenden Entscheiden der Generalversammlung weitgehend beim Verwaltungsrat zentralisiert[487]. Mit der Unübertragbarkeit und Unentziehbarkeit dieser Aufgaben ist der Zwang zur Eigengestaltung verbunden, d.h. der Verwaltungsrat als die hierfür zuständige Aktionseinheit muss die spitzenorganisatorischen Entscheide selbst fällen. Lediglich die Vorbereitung und Ausführung seiner Beschlüsse kann er VR-Ausschüssen oder einzelnen VR-Mitgliedern zuweisen[488]. Unternehmungsinterne Dritte (bspw. Mitglieder der Geschäftsleitung, Stabsmitarbeiter oder Organistionsspezialisten) sowie externe Berater können nur unterstützend bzw. beratend hinzugezogen werden.

Je nach Umfang des Gestaltungsprojekts - Veränderungen an der Unternehmungsspitze wie im vorliegenden Fall können sehr umfangreich sein - kann die Aufspaltung des Projekts in einzelne Aufgabenbereiche (Teilprojekte) für den Verwaltungsrat in zweifacher Hinsicht hilfreich sein. Erstens erlaubt sie eine klare Problemstrukturierung und zweitens erleichtert sie die Identifizierung derjenigen Problemfelder, die der Verwaltungsrat alleine nicht bewältigen kann oder will und demzufolge auf einzelne VR-Mitglieder, -Ausschüsse, Projektgruppen oder externe Berater aufteilt. Daraus leitet sich unter Berücksichtigung des Entscheidungsvorbehalts des Gesamtverwaltungsrats die Arbeitsteilung im Gestaltungsprojekt ab. Die Zerlegung des Gestaltungsprojekts in Teilprojekte kann anhand der Problemlösungsstufen (Vor-, Haupt-, Detailstudien und -entwürfe; vgl. Abb. 20) und/oder anhand der Problemgegenstände (die Spitzenorgane und die diversen in Kapitel 3.4 behandelten Gestaltungsbereiche) erfolgen.

486 Dieses Kapitel orientiert sich an den allgemeinen Ausführungen zur Regelung der Arbeitsteilung im Gestaltungsprojekt bei GROCHLA E. (1982), S. 228 ff. und S. 248 ff.

487 Vgl. Kapitel 2.2.2.2 und 3.4.2.1.2.2.

488 Zu den vr-internen Gliederungsmöglichkeiten vgl. Kapitel 3.4.2.1.3.1.

Abb. 20: Aktivitäten im organisatorischen Gestaltungsprozess[489]

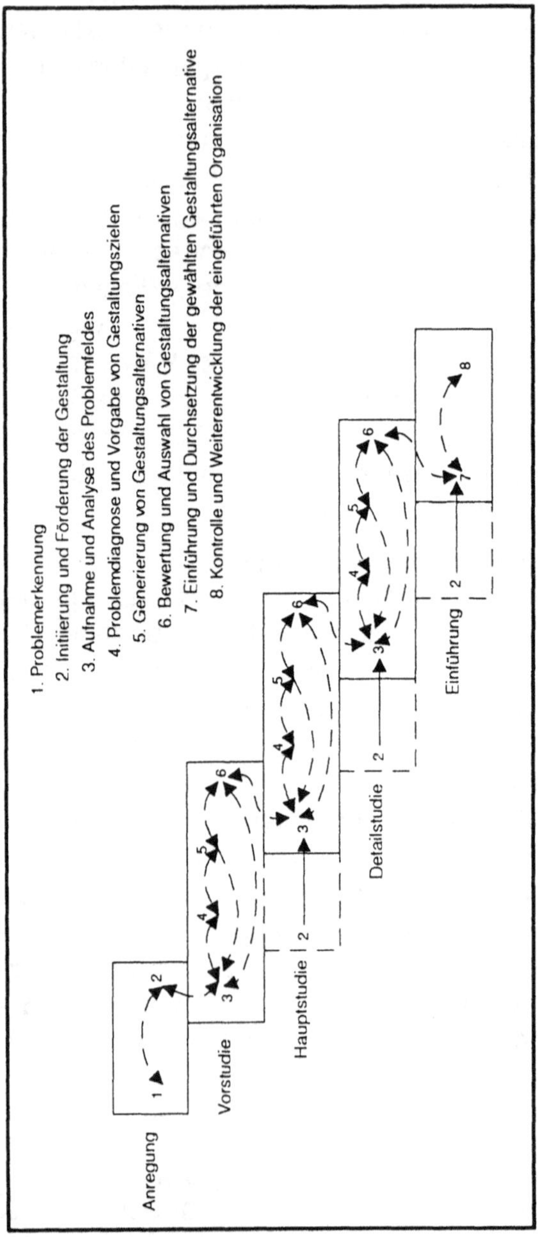

489 Vgl. GROCHLA E. (1982), S. 46.

Es ist also der Verwaltungsrat, der für die Gestaltung der Spitzenorganisation verantwortlich ist. Es liegt in seinem Ermessen, die Vorbereitung und Ausführung der hierzu erforderlichen Beschlüsse kompetenten Personen(-gruppen) anzuvertrauen. Im Idealfall verfügt die Unternehmung über einen im Sinne von Kapitel 3.4.2.1 funktionierenden aktiven Verwaltungsrat, der anfallende spitzenorganisatorische Gestaltungsaufgaben qualifiziert wahrnehmen kann. In dem der vorliegenden Arbeit zugrunde liegenden Gestaltungsproblem wird jedoch - wie anhand der 'XY AG' exemplarisch dargestellt wurde - davon ausgegangen, dass die betreffende GFU noch über keinen solchen aktiven Verwaltungsrat verfügt. Vielmehr ist es ein Ziel, für die Zeit spätestens nach dem geplanten oder unerwarteten Ausscheiden des EU aus der Unternehmung den Verwaltungsrat dahingehend aufzubauen, dass inskünftig die qualifizierte Wahrnehmung von spitzenorganisatorischen Gestaltungsaufgaben durch das VR-Gremium gewährleistet ist. Solange de facto kein aktiver Verwaltungsrat existiert, liegt die Last der spitzenorganisatorischen Gestaltungsverantwortung auf den Schultern des EU. Dies ist der Grund dafür, dass hier nicht der Verwaltungsrat, sondern der EU als Gestaltungsträger in den Vordergrund gestellt wird, obwohl formal gesehen die spitzenorganisatorische Gestaltungsaufgabe dem Verwaltungsrat zufällt.

3.4.3.3 Auswahl und Einsatz der Gestaltungsträger[490]

Wie im Verlauf der Arbeit bereits mehrfach erwähnt, ist der EU bezüglich der Gestaltung der Spitzenorganisation in der GFU der wichtigste Gestaltungsträger. Als Unternehmer ist er für (s)eine gute Nachfolgeregelung und damit für eine effiziente Spitzenorganisation verantwortlich. Der EU ist hierbei nicht nur Gestaltungsträger, sondern aufgrund seiner geschäftsführenden und/oder -überwachenden Tätigkeit sowie aufgrund seiner Aktionärsstellung auch oberster Entscheidungsträger. Die aktive Teilnahme des EU an der Erarbeitung spitzenorganisatorischer Lösungen ist für den Projekterfolg insofern eine Voraussetzung, als ohne seine Identifikation mit dem erörterten Änderungsvorschlag die Umsetzung von Neuregelungen von vornherein zum Scheitern verurteilt ist. Seine Einbin-

490 Dieses Kapitel orientiert sich an den allgemeinen Ausführungen zur Auswahl und Einsatz der Gestaltungsträger bei GROCHLA E. (1982), S. 232 f. und S. 251 ff.

dung bezieht sich auf sämtliche Aktivitäten im organisatorischen Gestaltungsprozess, angefangen bei der Problemerkennung bis hin zur Kontrolle und Weiterentwicklung der eingeführten Spitzenorganisation (vgl. die iterativ verlaufenden Phasen des organisatorischen Gestaltungsprozesses in Abb. 20).

> "Im Unterschied zum angestellten Manager ist er *selber* dafür zuständig, sich zu ersetzen - wahrlich keine leichte Aufgabe, bei der man die *psychologischen Hürden* der zurücktretenden Generation meist unterschätzt, zumal eine rechtzeitige Planung bereits dann beginnen muss, wenn es der Hauptakteur in der Regel als *zu* früh empfindet. [...] Die spezielle Verantwortung liegt darin, dass der Familienunternehmer *rechtzeitig* zum Entscheid kommt und diesen auch innerlich akzeptiert, indem er sich daran hält"[491].

BÜRGI u.a. schlagen für den EU folgende Schritte zur 'Bewusstseinsbildung' vor:

"1. Schritt: Mögliche psychologische Hindernisse kennenlernen
2. Schritt: Die eigene Nachfolgesituation analysieren
3. Schritt: Die eigenen psychologischen Hürden wahrnehmen
4. Schritt: Echte Gründe von blossen Vorwänden und Ausflüchten trennen
5. Schritt: Vorwände und Ausflüchte bekämpfen
6. Schritt: Selbst den Anstoss zur Regelung der Nachfolge geben"[492].

Im Vergleich zum EU einer kleineren Familienunternehmung dürfte der EU einer GFU vor erhöhten Anforderungen stehen, da mit zunehmender Unternehmungsgrösse das spitzenorganisatorische Gestaltungsproblem tendenziell an Komplexität gewinnt, indem es über die Frage des Ersatzes des bisherigen EU durch eine einzelne Person hinausgeht und sich auf die Überprüfung der gesamten Führungs- und Überwachungsstruktur erstreckt (Ersatz der Unternehmerpersönlichkeit durch ein starkes, überwachtes Führungsgremium). Obwohl der EU wichtigster Gestaltungsträger ist, sollte er nicht den (falschen) Ehrgeiz entwicklen, die Nachfolgediskussion und damit die Diskussion über die zukünftige Spitzenorganisation ausschliesslich mit sich selbst zu führen. Der Gedankenaustausch mit ausgewählten Familien- und Unternehmungsmitgliedern (bspw. potentielle Nachfolger, Aktionäre, VR-Mitglieder, Angehörige des Manage-

491 WOHLGEMUTH A.C. (1993), S. 111.
492 BÜRGI A./BRÄUTIGAM D./GANZ J./HASLER U. (1993), S. 8.

ments, Organisationsspezialisten) sowie mit externen Beratern kann sich auf den Problemlösungsprozess sowohl inhaltlich als auch psychologisch günstig auswirken. Gerade in der Phase der Generierung spitzenorganisatorischer Gestaltungsalternativen, insbesondere auch zur Klärung der im Zusammenhang mit dem Generationswechsel auftretenden gesellschafts-, erb-, steuerrechtlichen und anderen Fragen (bspw. Finanzierungsfragen), bietet sich der Einsatz spezialisierter Gestaltungsträger an. Bewertung und Auswahl der Gestaltungsalternative fallen auf den EU zurück. Aufgrund seiner Durchsetzungskraft (der EU als Machtpromotor) liegt es an ihm, die ausgewählte Struktur zu implementieren.

Der Beizug externer Berater drängt sich dann auf, wenn sich das unternehmungsinterne Know-how zur Bewältigung der spitzenorganisatorischen Gestaltungsproblematik als ungenügend erweist. Zu den externen Beratern, die Vertrauenspersonen des EU sein sollten, sind nicht nur Professionelle (bspw. Unternehmungsberater, Professoren, Anwälte, Treuhänder, Banker), sondern auch persönliche Freunde und Bekannte (bspw. ein befreundeter EU, der mit einer ähnlichen Gestaltungsproblematik konfrontiert war oder ist) zu zählen. Der 'Wert' bzw. die Eignung von externen Beratern beruht abgesehen von ihrer fachspezifischen Kompetenz und Erfahrung auf ihrer Unvoreingenommenheit und Interessenunabhängigkeit[493]. Die punktuell oder projektbegleitend konsultierbaren Berater ermöglichen dem EU eine neutrale Plattform zur kritischen Durchleuchtung anstehender Gestaltungsfragen.

> "*Aufgabe* von Beratung wäre demnach die begleitende Unterstützung der Generationsnachfolge mit dem *Ziel* einer konstruktiven Bearbeitung der unvermeidlichen Irritationen und Unsicherheiten und einer produktiven Nutzung der dabei sich bietenden persönlichen wie organisatorischen Entwicklungsmöglichkeiten"[494].

Im Falle der Unternehmungsberatung ist insbesondere auch an die Beratungsformen Coaching und Systemberatung (OE-Beratung) zu denken[495].

493 Das Kriterium der Interessenunabhängigkeit dürfte nicht auf alle Berater gleichermassen zutreffen. So dürften bspw. manche Banker unter dem Deckmantel der Beratung auch weitergehende Geschäftsinteressen verfolgen. Es ist deshalb wichtig, dass der EU nur Berater seines Vertrauens auswählt.

494 ZAUNER A. (1990), S. 233.

495 Vgl. ZAUNER A. (1990), S. 233 ff. Zu den Rollenkonzepten für die am Gestaltungsprozess Beteiligten vgl. auch Kapitel 3.4.2.1.3.3.

3.4.3.4 Regelung der Koordination im Gestaltungsprojekt[496]

Besteht Klarheit über die Arbeitsteilung und die personelle Zuordnung der Teilaufgaben, so kann in einem nächsten Schritt die Abstimmung der Gestaltungstätigkeit erfolgen. Zum einen handelt es sich dabei um die Verteilung von Kompetenzen unter den Gestaltungsträgern, zum andern um die Festlegung der Projektabläufe.

Die Kompetenzverteilung umfasst die Zuordnung der Entscheidungs- und Weisungsbefugnisse auf die einzelnen Gestaltungsträger(-gruppen). Für die Dauer des Projekts geht es um die Regelung der Zusammenarbeit zwischen dem Auftraggeber des Projekts, dem Projektleiter und den ihm unterstellten Mitarbeitern sowie den von den Gestaltungsmassnahmen betroffenen Mitgliedern der Spitzenorgane. Kraft seiner Position in der Unternehmung erteilt der Verwaltungsrat bzw. der EU quasi sich selbst den Auftrag zur Neugestaltung der Spitzenorganisation. Die Wichtigkeit der Problemstellung zwingt ihn förmlich zur Übernahme der Projektleitung. Damit verbunden ist eine hohe Entscheidungszentralisation beim EU. Das Gros der projektbezogenen Entscheidungen, bspw. über die Bestimmung von Projektmitarbeitern, die Festlegung des Projektablaufs oder die Auswahl der Lösungsalternative, fällt auf den EU zurück. Vorteile aus dem hohen Zentralisationsgrad können sich insbesondere hinsichtlich der Schnelligkeit und Durchsetzbarkeit des Gestaltungsprojekts ergeben. Der grösste Nachteil liegt in der Abhängigkeit von der Person EU, denn ohne sein wohlwollendes Engagement ist der Projekterfolg - sofern es überhaupt zu einem Projekt kommt - stark gefährdet. Mit der Personalunion von Auftraggeber und Projektleiter erübrigt sich die kompetenzmässige Abgrenzung zwischen denselben. Dies hat einen relativ niedrigen Koordinationsbedarf im Projekt zur Folge. Es verbleibt die Frage nach den Mitspracherechten der unmittelbaren Projektmitarbeiter (bspw. externe Berater, Organisationsspezialisten) und der von den Gestaltungsmassnahmen betroffenen Mitglieder der Spitzenorgane (bspw. Minderheitsaktionäre, (potentielle) VR-Mitglieder). Aufgrund der Problemstellung und der Position des EU wäre die Übertragung weitreichender Entscheidungsbefugnisse an die diversen Projektbeteiligten unrealistisch. Im Interesse einer möglichst umsichtigen und ausgewogenen Problemlösung

496 Dieses Kapitel orientiert sich an den allgemeinen Ausführungen zur Regelung der Koordination im Gestaltungsprojekt bei GROCHLA E. (1982), S. 233 ff. und S. 263 ff.

sollte der EU jedoch bemüht sein, die Anliegen und Alternativvorschläge der Projektbeteiligten in seiner Entscheidungsfindung zu berücksichtigen. Insofern stehen im vorliegenden Zusammenhang weniger die Mitspracherechte, d.h. die Entscheidungsbefugnisse und fachlichen Weisungsbefugnisse, als vielmehr die inhaltliche Mitwirkung der Projektbeteiligten im Vordergrund. Mitwirkung bedeutet hier also, dass die anstehenden Entscheidungen zwar unter Beteiligung von Projektmitarbeitern und -betroffenen erarbeitet, aber letztlich vom EU gefällt werden. Die Mitwirkung kann sich sowohl auf Einzelpersonen als auch auf Personengruppen (bspw. die Gruppe der Familienaktionäre oder Arbeitsgruppen) beziehen.

Der Aspekt der Mitwirkung leitet über zur Frage der Programmierbarkeit des Projektablaufs. Aufgrund des Einmaligkeits- oder zumindest Seltenheitscharakters des Projekts 'Gestaltung der Spitzenorganisation in der GFU' und der daraus resultierenden mangelnden Erfahrung des EU - ein EU ist normalerweise nur einmal in seinem Leben mit seiner Nachfolge konfrontiert - sind die Gestaltungsaktivitäten nur beschränkt im voraus programmierbar. Dennoch kann sich der EU die koordinierende Wirkung der Programmierung zunutze machen, indem er die Kommunikation und Kooperation sowie die Art und Weise der Erfüllung von Teilaufgaben im Gestaltungsprojekt teilweise regelt. Die Kommunikationswege bzw. Kooperationsbeziehungen zwischen den Gestaltungsträgern sowie die Inhalte und Intensität der Kommunikation und Kooperation sollten dahingehend fixiert werden, dass ein Informationsnetz zwischen den Gestaltungsträgern entsteht. Dieses Netz erlaubt den offenen Austausch von Informationen zwischen dem EU und den restlichen Gestaltungsträgern. Auch gegenüber den Betroffenen sollte der EU mit möglichst offenen Karten 'spielen'. Gerade eine gut funktionierende Kommunikation und Kooperation zwischen dem EU und den Gestaltungsträgern einerseits sowie zwischen den Gestaltungsträgern und den Betroffenen andererseits dürfte sich auf die Mitwirkungsmotivation und die Akzeptanz der Gestaltungslösung vorteilhaft niederschlagen. Das Gespräch zwischen den Generationen ist dabei von grösster Bedeutung. Einsame Entscheide des EU nach der 'Holzhammermethode' sind in einer solch sensiblen Angelegenheit nicht opportun. Stattdessen sollte der EU als Projektleiter einen kooperativen Führungsstil pflegen. Bezüglich der Programmierung von Teilaufgaben im Gestaltungsprojekt sollte darauf geachtet werden, dass sowohl mit der Festlegung von Modalitäten für die Durchführung bestimmter

Gestaltungsaufgaben (bspw. vorgeschriebene Gestaltungstechniken oder Auswahlkriterien für Gestaltungsalternativen) als auch mit der Festlegung der Abfolge von Gestaltungsaufgaben (bspw. nach Teilaufgaben oder nach Zwischenergebnissen gegliederte Abfolge) die erforderliche Flexibilität im Problemlösungsverhalten erhalten bleibt. Auch der Übergang von der alten zur neuen Spitzenorganisation sollte je nach Situation flexibel gehandhabt werden. Erfolgt die offizielle Einführung zu einem bestimmten Stichtag, so kann es sich in der Praxis dagegen häufig zeigen, dass der Übergang gestaffelt verläuft (bspw. dann, wenn der EU entgegen seiner ursprünglichen Absicht sich erst allmählich von bestimmten Ämtern zurückzieht). In dem Fall wäre ein von Anfang an geplanter sukzessiver Ablösungsprozess von Vorteil. Denkbare Rückzugsstufen für den EU wären die Lösung vom Tagesgeschäft, die vollumfängliche Übergabe der operativen Führung (Rücktritt aus Geschäftsleitung), die Konzentration auf strategische Belange (reine VR-Tätigkeit), die Berufung zum VR-Ehrenpräsidenten (nur noch zu Informationszwecken) oder der totale Ausstieg.

3.5 Zusammenfassung: Der Bezugsrahmen im Überblick

Ausgehend von einer bestimmten Gestaltungssituation wurden in den diversen Abschnitten des Kapitels 3 mögliche Gestaltungsziele, -bedingungen und -massnahmen sowie gestaltungsrelevante Beziehungszusammenhänge zwischen den erörterten Grössen diskutiert. Das Resultat der vorwiegend auf Literaturanalyse und Plausibilitätsüberlegungen beruhenden Konstruktionsarbeiten ist der Bezugsrahmen zur Gestaltung der GFU-Spitzenorganisation (vgl. Abb. 21), der die genannten Elemente in konzentrierter Form zusammenfasst. Gemäss der Zielsetzung[497] der vorliegenden Arbeit sollen mit Hilfe des Bezugsrahmens das Problemverständnis erhöht und erste Gestaltungsansätze aufgezeigt werden. Basierend auf den Ergebnissen der eigens durchgeführten explorativen Studie geht es dann im nächsten Kapitel um die (vorsichtige) Überprüfung des gestaltungsorientierten Bezugsrahmens.

Eine effiziente Spitzenorganisation der GFU fördert die Erreichung der Unternehmungsziele und zeigt sich letztlich in einer langfristig erfolgrei-

[497] Vgl. Kapitel 1.3.

Abb. 21: Der Bezugsrahmen für die Gestaltung der GFU-Spitzenorganisation

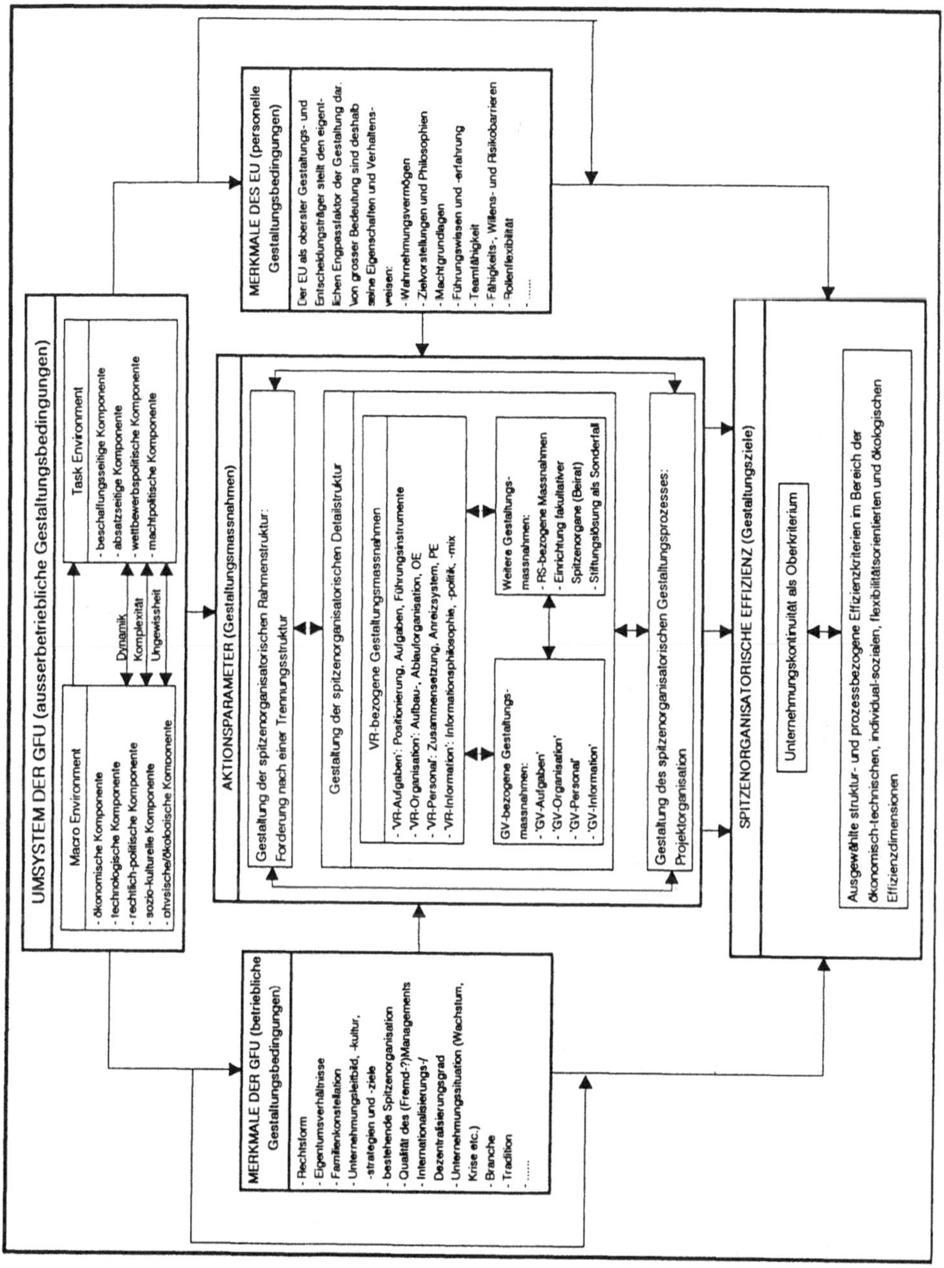

chen Unternehmungsentwicklung über Generationswechsel bzw. über geplante und nicht geplante personelle Wechsel in den einzelnen Spitzenorganen hinweg. Deshalb wurde die Unternehmungskontinuität als Oberkriterium zur Effizienzabschätzung der Spitzenorganisation aufgeführt. Aufgrund der nur unpräzis erfassbaren kontinuitätsfördernden Wirkung der Spitzenorganisation (Zurechnungsproblem) wurden weitere Effizienzkriterien ermittelt, die in einer vermuteten Mittel-Zweck-Beziehung zum übergeordneten Ziel Kontinuitätssicherung stehen. Die Gliederung des Kriterienkatalogs ist der Einteilung der Aktionsparameter angepasst, sodass sich dieser zur direkten Beurteilung der möglichen Gestaltungsmassnahmen eignet. Bei den ausgewählten struktur- und prozessbezogenen Effizienzkriterien wurden die an den Formalzielen der GFU gemessenen ökonomisch-technischen, individual-sozialen, flexibilitätsorientierten und ökologischen Effizienzdimensionen miteinbezogen.[498]

Die Gestaltung der GFU-Spitzenorganisation kann (leider) nicht im restriktionslosen Raum erfolgen. Erforderlich ist die Berücksichtigung situativer und die Abschätzung potentieller Gestaltungsbedingungen. Nebst den gestaltungsrelevanten Merkmalen des Umsystems der GFU (ausserbetriebliche Bedingungen) und den Merkmalen der GFU selbst (betriebliche Bedingungen) ist insbesondere auf die Merkmale des EU (personelle Bedingungen) zu achten, der als oberster Gestaltungs- und Entscheidungsträger den eigentlichen Engpassfaktor der spitzenorganisatorischen Gestaltungsarbeit darstellt. Der EU kann je nach seinem Verhalten den Grad seines gestaltungsrestriktiven Charakters selbst bestimmen (er tut gut daran, sich dem spitzenorganisatorischen Wandel gegenüber aufgeschlossen zu zeigen). Unternehmungskultur, -leitbild, -strategien und -ziele werden hier als Gestaltungsbedingungen aufgeführt, d.h. als nicht disponibel betrachtete Einflussgrössen. Es muss an dieser Stelle jedoch darauf hingewiesen werden, dass die erfolgreiche Gestaltung der GFU-Spitzenorganisation u.U. eine Änderung bzw. Anpassung der Führungsinstrumente (und evtl. auch anderer hier als Gestaltungsbedingungen aufgefasster Grössen, wie bspw. die Eigentumsverhältnisse) impliziert, sodass sie je nach Situation auch als mittelbar disponible Aktionsparameter angesehen werden können.[499]

498 Zur spitzenorganisatorischen Effizienz vgl. Kapitel 3.2.

499 Zu den Gestaltungsbedingungen vgl. Kapitel 3.3.

Im Bezugsrahmen beinhaltet die Rubrik Aktionsparameter also lediglich die als unmittelbar disponibel betrachteten Grössen. Es gilt zu trennen zwischen dem strukturellen Gestaltungsaspekt (Gestaltung der spitzenorganisatorischen Rahmen- und Detailstruktur) und dem prozessualen Gestaltungsaspekt (Projektorganisation). Mit der Rahmenstruktur wird die Aufteilung der Spitzenfunktionen (Führung, Überwachung, Interessenausgleich, Beratung) und damit die grundlegende Organisationsstruktur der GFU-Spitze festgelegt. Im Vordergrund steht die Forderung nach einer Trennungsstruktur und damit die Schaffung eigenständig funktionierender Spitzengremien, die von einer Einzelperson, dem EU, unabhängig sind und über personelle Wechsel hinweg leistungsfähig/-wirksam bleiben. Die Detailstruktur umfasst die konkrete Ausgestaltung der einzelnen Spitzenorgane. Im Mittelpunkt der Gestaltung einer effizienten Spitzenorganisation steht der Verwaltungsrat, der als Agent der Familienaktionäre und gleichzeitig als Prinzipal der Geschäftsleitung eine zentrale Stellung einnimmt. Des weiteren sollen aber auch die Gestaltungsmöglichkeiten bezüglich der beiden anderen obligatorischen Spitzenorgane Generalversammlung - hier widerspiegeln sich Probleme und Anliegen, die familienseitig für die GFU entstehen - und Revisionsstelle sowie die Einrichtung fakultativer Spitzenorgane und die Stiftungslösung geprüft werden. Die VR- und GV-bezogenen Aktionsparamter wurden unterteilt in die vier Gestaltungsbereiche 'Funktionen', 'Organisation', 'Personal' und 'Information', wobei beim Verwaltungsrat aufgrund des relativ höheren Gestaltungsbedarfs eine Aufteilung in zwölf Unterbereiche erfolgte. Abschliessend wurde die Gestaltung des spitzenorganisatorischen Gestaltungsprozesses untersucht. Mit einer angemessenen Projektorganisation soll letztlich die Implementierung der anvisierten Gestaltungsalternative und damit die Realisierung einer effizienten GFU-Spitzenorganisation erreicht werden.[500]

[500] Zu den Aktionsparametern vgl. Kapitel 3.4.

4 EXPLORATIVE STUDIE

Der empirische Teil der Arbeit ist dreigeteilt. Einleitend wird das Design der explorativen Studie erläutert (Kapitel 4.1). Bevor auf die Studienergebnisse näher eingegangen wird (Kapitel 4.3), erfolgt vorab die Aufstellung einer Grobcharakteristik der untersuchten Unternehmungen (Kapitel 4.2).

4.1 Studiendesign

Bei der Konstruktion des Bezugsrahmens wurden auch Ergebnisse ausgewählter empirischer Untersuchungen zu Teilaspekten der Spitzenorganisation (bspw. zum Verwaltungsrat) berücksichtigt. Ausserdem wurde die Wirtschaftspresse aufmerksam verfolgt (bspw. Artikel über Nachfolge- und Führungsprobleme bei bestimmten Familienunternehmungen) und Erkenntnisse daraus flossen in die Konstruktionsarbeiten mit ein. Nicht zuletzt beruhten die Plausibilitätsüberlegungen des Verfassers auf seinen persönlichen Erfahrungen und Begegnungen mit Leuten, die in unterschiedlicher Art und Weise mit dem Thema Spitzenorganisation konfrontiert sind (bspw. EU, Familienaktionäre, Fremdmanager, Unternehmungsberater, Anwälte). Insofern stellt der Bezugsrahmen kein isoliertes, theoretisches 'Retortenprodukt' dar, sondern beinhaltet bereits eine erste (teilweise versteckte) empirische Komponente. Zwecks Präzisierung des Bezugsrahmens und zwecks Einschätzung des praxeologischen Gehalts der darin gemachten Aussagen drängte sich jedoch die Durchführung einer eigenen empirischen Untersuchung auf[1]. Mit der vorliegenden explorativen Studie - sie erhebt keinerlei Anspruch auf Repräsentativität -

1 Wie in der Einleitung (Kapitel 1.3) bereits dargelegt, orientieren sich die wissenschaftlichen Bemühungen des Verfassers und damit auch seine Motivation für die empirische Untersuchung am pragmatischen Wissenschaftsziel. "Das pragmatische Wissenschaftsziel der Betriebswirtschaftslehre und die zu seiner Erreichung - streng genommen - notwendigen axiomatischen Systeme praxeologischer Aussagen verkörpern folglich ein Fernziel, eine ständige Herausforderung für den Forscher, bessere Erklärungen für scheinbar Zusammenhangloses zu finden, um über diesen Zwischenschritt schliesslich zur Lösung praktischer Gestaltungsprobleme beitragen zu können", THOM N. (1987), S. 72. Vgl. in derselben Schrift von THOM S. 69 ff. die wissenschaftstheoretischen und forschungsmethodologischen Gedankengänge, insbesondere die Ausführungen zur Explorationsstrategie.

sollten praktische Gestaltungsprobleme ausgeleuchtet, Lösungsansätze und womögliche Entwicklungstendenzen erfasst und damit insgesamt ein tieferer Einblick in die spitzenorganisatorischen Verhältnisse der (Schweizer) GFU gewonnen werden. Die Untersuchungsarbeiten wurden letztlich von der Suche nach Wegen zur Steigerung der spitzenorganisatorischen Effizienz geleitet.[2]

Aufgrund der geringen Zutrittsmöglichkeit zum empirischen Feld - Familienunternehmungen verhalten sich in ihrer Informationspolitik nach aussen im allgemeinen eher restriktiv - und aufgrund der Brisanz des Themas - immerhin geht es hier um die gewichtigsten Machtzentren einer Unternehmung und zudem wird die Privatsphäre der Eigentümerfamilie(n) tangiert - schien eine postalische Erhebung wenig erfolgsversprechend. Als Erhebungsmethode gelangte deshalb das Expertengespräch mit Fragebogen zum Einsatz (Tiefeninterview), ergänzt durch die Dokumentenanalyse (bspw. zugängliche Geschäftsberichte, Organigramme, Unternehmungsbroschüren, Reglemente). Entscheidend war die Wahl der Interviewpartner, denn diese sollten über das ganze spitzenorganisatorische Spektrum, d.h. sowohl über das unternehmungs- als auch familienrelevante Geschehen, möglichst gut informiert sein. Vorausgesetzt wurde also eine entsprechende Sensibilität und damit auch ein echtes Interesse (im Sinne eines persönlichen Anliegens) des Interviewpartners für das Studienthema[3]. Aus diesen Anforderungen heraus ergab sich, dass alle Interviewpartner sowohl Mitglieder der Eigentümerfamilien als auch Mitglieder der Verwaltungsräte waren und dazu entweder noch heute (zum Zeitpunkt des Interviews) oder zumindest in früheren Jahren eine Führungsposition in der betreffenden Unternehmung innehielten. Es war dem Verfasser durchaus bewusst, dass die Stellung und die persönliche Betroffenheit der Befragten nicht nur von Vorteil (Informationen aus erster

2 Zum Hintergrund und Ziel der Studie vgl. auch Punkt 1 am Anfang des Fragebogens (Anhang).

3 So wies ein Gesprächspartner zu Beginn des Interviews darauf hin, dass er prinzipiell keine Interviews gebe. Auf die Frage, warum er jetzt eine Ausnahme mache, erwiderte er: "Seit dem Ausscheiden meines Vaters ist die Spitzenorganisation für mich ein Dauerthema und so hat es mich aus Neugierde interessiert, welche Fragen Sie stellen würden". Ein anderer: "Ich habe mir den ganzen Nachmittag für Sie freigehalten, denn es ist mir ein Anliegen Ihnen verständlich zu machen, welche [spitzenorganisatorischen] Veränderungen hier in den letzten Jahren stattgefunden haben".

Hand, Hintergrundinformationen) sondern der angestrebten objektiven Erfassung der spitzenorganisatorischen Verhältnisse auch abträglich sein konnten (einseitige Informationen, Gefahr von Rechtfertigungsversuchen der Befragten). Von daher wären weitere Gespräche bspw. mit externen VR-Mitgliedern, mit Fremdmanagern oder mit anderen Vertretern der Eigentümerfamilie nützlich gewesen. Dem muss allerdings Folgendes entgegnet werden: erstens konnte der Verfasser sich glücklich schätzen, beim jeweiligen EU überhaupt einen Interviewtermin zu bekommen[4], zweitens wäre der Wunsch nach weiteren Gesprächen mit anderen Personen aus der Unternehmung oder Familie beim EU auf wenig Verständnis gestossen[5] und drittens wäre es nach Ansicht des Verfassers inkorrekt gewesen, mit dem EU im Verlauf des Interviews ein Vertrauensverhältnis aufzubauen und dieses dann bei weiteren Gesprächspartnern wieder in Frage stellen zu müssen[6]. Im übrigen haben sich alle Interviewpartner unter den gegebenen Umständen als weitgehend offen und kooperativ gezeigt. Der Verfasser hat sodann versucht, durch gezieltes Fragen und durch die kritische Beurteilung der Antworten den faktischen Verhältnissen und Problemen möglichst nahezukommen.

Bei der Auswahl der Unternehmungen wurde nebst den GFU-spezifischen Merkmalen[7] darauf geachtet, dass mindestens ein Generationswechsel schon stattgefunden hat oder dass zumindest der erste Wechsel im Gange war; mit der Erfüllung dieses Auswahlkriteriums wurde ein grösserer (retrospektiver) Erfahrungsraum beabsichtigt. Insgesamt wurden 15 GFU bzw. EU angefragt. Nach fünf Absagen kamen zwischen März und Mai 1993 zehn Interviews zustande. Interessanterweise handelte es sich bei allen Absagen um Unternehmerpersönlichkeiten, die das 70. Lebensjahr bereits überschritten hatten, die aber nach wie vor eine

4 Dies ist gerade bei den im allgemeinen verschlossenen Familienunternehmungen keine Selbstverständlichkeit. In manchen Fällen bedurfte es grosser Geduld, bis der Interviewtermin schliesslich zustande kam.

5 Gelegentlich wurde dieser Wunsch vom Verfasser in den Interviews vorsichtig geäussert, jedoch waren die Reaktionen wenig enthusiastisch, sodass nicht näher darauf eingegangen wurde.

6 Gerade in Konfliktsituationen (Konflikte bspw. zwischen den Anteilseignern oder zwischen Verwaltungsrat und Management) hätten weitere Interviews mit den Beteiligten für den EU (und auch für andere) kompromittierend sein können; dies konnte nicht das Anliegen des (neutralen) Interviewers sein.

7 Vgl. Kapitel 2.1.2.3.

aktive, für die Unternehmung entscheidende Rolle spielten[8]. Zu zwei der zehn interviewten EU bestand seitens des Verfassers vor den Interviews ein persönlicher Kontakt und der Zugang zu weiteren zwei EU wurde durch Drittpersonen erleichtert. In allen anderen Fällen wurden die EU individuell angeschrieben und danach telefonisch kontaktiert. Auf Verlangen von drei EU wurde der Fragebogen vorab zugeschickt. Die Interviews fanden ausnahmslos am Hauptsitz[9] der Unternehmungen statt. Die durchschnittliche Interviewdauer betrug 122 Minuten (Extremwerte 75 und 210 Minuten).

Zentrales Erhebungsinstrument der empirischen Untersuchung war der Fragebogen[10]. Er diente als Leitfaden des Gesprächs und wurde während des Interviews ausgefüllt. Nach den einleitenden Punkten (Hintergrund und Ziel der Untersuchung, Geheimhaltungserklärung, Angaben zum Interview und zur Unternehmung) beziehen sich die ersten Fragen (1-5) auf den Grundlagenteil der vorliegenden Arbeit. Der weitere Aufbau des Fragebogens ist bezugsrahmengeleitet, wobei den Aktionsparametern am meisten Platz eingeräumt wird. Die Fragen 6-12 betreffen die spitzenorganisatorische Rahmenstruktur und die Fragen 13-45 die Detailstruktur (mit Schwerpunkt Verwaltungsrat, Fragen 13-36). Abschliessend (46-50) wird unter anderem die Frage nach den wichtigsten Zielen bei der Gestaltung der GFU-Spitzenorganisation gestellt. Bei der Konzipierung der Fragen wurde Wert darauf gelegt, dass auch im Falle vorgegebener Lösungen immer die Möglichkeit für ergänzende Kommentare bestand. Zudem interessierte nicht nur die spezielle Situation der betreffenden Unternehmung, sondern bei manchen Fragen auch die generelle Beurteilung des angesprochenen Problems durch den Interviewpartner. Trotz des strukturierten Fragebogens hatten die Interviews eher den Charakter eines offenen Gesprächs.

8 In drei Fällen wurde die Absage damit begründet, dass der EU für ein Interview keine Zeit hätte, in den beiden anderen Fällen damit, dass der EU prinzipiell keine Interviews gebe.

9 In einem Fall befand sich der Hauptsitz nicht in der Schweiz, sondern im Fürstentum Liechtenstein.

10 Im Januar 1993 wurde die erste Version des Fragebogens einem Pretest unterworfen (Gesprächspartner war der VR-Sekretär einer GFU). Die überarbeitete Version wurde anschliessend dem Erstreferenten der vorliegenden Dissertation, Herrn Prof. Dr. Norbert Thom, vorgelegt. Aus der gemeinsamen Lesung resultierte dann die im Anhang vollständig aufgeführte Endfassung.

Dem Fragebogenumfang und der unterschiedlichen zeitlichen Verfügbarkeit der Interviewpartner zufolge konnten die Fragebögen bezüglich Vollständigkeit und Ausführlichkeit (v.a. bei den offenen Fragen) nur ungleichmässig ausgefüllt werden[11]. Dieser Umstand wurde bei der Auswertung insofern berücksichtigt, als nicht konsequent für jede einzelne Frage vollständige Quervergleiche durchgeführt wurden, sondern je nach Antwortstruktur eine differenzierte Betrachtung erfolgte[12]. Es wurde versucht, die wichtigsten Studienergebnisse auf eine Reihe von (meist qualitativen) Kernaussagen zu reduzieren[13]. Selbstverständlich beziehen sich diese Aussagen nur auf das untersuchte Sample, auch wenn Allgemeingültigkeit teilweise plausibel erscheinen mag; die Generalisierung der Aussagen und damit auch die Überprüfung auf ihre praktische Anwendbarkeit hin müssten erst durch eine breiter angelegte Untersuchung Abstützung erfahren.

4.2 Grobcharakteristik der zehn GFU

Der Verfasser hat sich gegenüber den Interviewpartnern verpflichtet, alle Daten und Informationen, die er aus den Gesprächen und aus den zur Verfügung gestellten Dokumenten gewinnt, gegenüber Dritten vertraulich zu behandeln und die Auswertung anonym zu halten[14]. Hinsichtlich Transparenz und Vergleichbarkeit der Studienergebnisse ist jedoch vorab die Charakterisierung der untersuchten Unternehmungen vorteilhaft. Um die Diskretion zu gewährleisten, wird der Detaillierungsgrad der Angaben im weiteren so gehalten, dass keine unmittelbaren Rückschlüsse auf die Identität der Unternehmungen gezogen werden können[15]. Die folgende Grobcharakteristik beruht im wesentlichen auf der Auswertung der 'Anga-

11 Der Verfasser ging davon aus, dass die Interviewpartner mindestens eine Stunde zur Verfügung stehen würden und dass in dieser Zeit - allerdings im konzentrierten Schnellverfahren - die wichtigsten Fragen abgehandelt werden könnten. Rückblickend hat sich diese Annahme knapp bestätigt, obwohl das kürzeste Interview (75 Minuten) unter erheblichem Zeitdruck ablief.

12 Wo auch immer möglich, wurde eine Gewichtung der Antworten vorgenommen. Allerdings wurde zwecks Vermeidung einer Scheingenauigkeit auf tabellarische Auswertungen und auf statistische Masse kein grosser Wert gelegt.

13 Dabei war es dem Verfasser ein Anliegen, die Kernaussagen anhand von Zitaten der EU zu veranschaulichen.

14 Vgl. Punkt 2 ('Erklärung') des Fragebogens im Anhang.

15 Spekulationen können allerdings nicht verhindert werden.

ben zum Interview' und der 'Angaben zur Unternehmung'[16]. Letztere umfassen insbesondere folgende Merkmale: Branche, Grösse (Beschäftigtenzahl), Gesellschafts- und Organisationsstruktur, Eigentumsverhältnisse, Familienkonstellation (v.a. von Familienmitgliedern in der GFU besetzte Positionen) sowie historische Entwicklung/Situation heute. Mit diesem Minimum an Informationen - in manchen Fällen kommt die Unvollständigkeit der Angaben als zusätzliches Handicap für die Auswertung hinzu[17] - soll sich der Leser einigermassen ein Bild der betreffenden GFU machen können. Die Darstellung der einzelnen Fälle erfolgt nach der chronologischen Reihenfolge der Interviews.

- GFU-A:

  Die über 50 Jahre alte und bis vor wenigen Jahren vom Gründerunternehmer geführte GFU-A ist heute ein Industriekonzern mit Geschäftsaktivitäten (Produktion und/oder Vertrieb) in ca. 80 Ländern. Drei Viertel der über 12'000 Beschäftigten entfällt auf das Ausland, der Rest auf den Hauptsitz, wo sich unter anderem die Konzernleitung befindet. Die GFU-A ist in der Schweiz Branchenleader und nimmt im internationalen Markt eine der vordersten Positionen ein. Geschäftsgang und Wachstumsaussichten präsentieren sich überaus gut. Aufgrund des Erbverzichts der Kinder des noch lebenden Gründers (Jg. 1916) konnten vor kurzem die Mehrheitsanteile an eine mit Stimmrechten ausgestattete Stiftung übertragen werden; die Kontrolle der Unternehmung durch die Familie bleibt über den von der Familie kontrollierten Stiftungsrat erhalten. Eine Minderheitsbeteiligung (Stiftung hat Vorkaufsrechte) fällt den Kindern des verstorbenen Bruders des Gründerunternehmers zu. Die GFU-A ist ausserdem seit mehreren Jahren börsenkotiert (PS). Der Gründer amtet heute noch als VR-Präsident, ein Sohn ist VR-Delegierter, Vorsitzender der Konzernleitung und Mitglied des Stiftungsrats, ein anderer Sohn leitet die Stiftung. Die übrigen Geschwister sowie die Nachkommen der zweiten Eigentümerfamilie sind nicht in der Unternehmung tätig. Der Prozess des ersten Generationswechsels befindet sich in der letzten Phase. Es ist vorgesehen, dass der jetzige VR-Delegierte per Ende Jahr die Konzernleitung verlässt und sich neu auf das vom Vater abzugebende Amt des VR-Präsidenten konzentriert (d.h. personelle Trennung von Überwachung und Führung). Der Vater soll dann VR-Ehrenpräsident werden.

[16] Vgl. die Punkte 3 ('Angaben zum Interview') und 4 ('Angaben zur Unternehmung') des Fragebogens im Anhang.

[17] Aus diesem Grund sowie aus den weiter oben erwähnten Diskretionsgründen wird nachfolgend die kurze Beschreibung jeder GFU einer detaillierten Übersichtstabelle vorgezogen.

Gesprächspartner (im folgenden EU-A genannt) des am 2.3.93 abgehaltenen Interviews (180 Minuten Dauer) war der Sohn des Gründerunternehmers, also der VR-Delegierte (Jg. 1946). An Dokumenten standen Geschäftsberichte, das Unternehmungsleitbild, die Unternehmungsvision sowie diverse Ausgaben des Hausmagazins zur Verfügung.

- GFU-B:

  Die am Anfang dieses Jahrhunderts gegründete GFU-B verfügt in der Schweiz über zwei Produktionsstätten, auf die sich die knapp 500 Mitarbeiter verteilen. Als erfolgreicher Markenartikelhersteller rangiert die GFU-B unter den Branchenersten. Der Exportanteil beträgt ein Drittel des Umsatzes. Die insgesamt sechs im In- und Ausland tätigen Produktions- und Vertiebsgesellschaften werden von einer in der Schweiz ansässigen Holding gehalten. Nach dem Rückzug des noch lebenden Vaters aus allen Ämtern und nach der Auszahlung der Geschwister findet die Einheit von Kapital und Führung auch in der dritten Generation ihre Fortsetzung. Der heutige Unternehmer ist sowohl VR-Präsident und -Delegierter als auch Präsident der vierköpfigen Direktion. Seine Frau zeigt sich verantwortlich für die 'Strategische Entwicklung' (Unternehmungsplanung) und nimmt zudem als Vizepräsidentin im Verwaltungsrat Einsitz. Obwohl der Senior-Unternehmer noch ab und zu in der Firma aufkreuzt, kann der Prozess des zweiten Generationswechsels als abgeschlossen angesehen werden.

  Gesprächspartner (im folgenden EU-B genannt) des am 5.3.93 abgehaltenen Interviews (90 Minuten Dauer) war der VR-Präsident (Jg. 1951). An Dokumenten standen lediglich Organigramme zur Verfügung.

- GFU-C:

  Die GFU-C wurde wenige Jahre nach dem Ende des Zweiten Weltkriegs gegründet. Sie hat sich unter Führung des Gründers innert einer Generation zu einer international tätigen Industrieunternehmung mit einer Vielzahl von Produktions- und Vertriebsgesellschaften in über 30 Ländern entwickelt. In Europa zählt die GFU-C zu den Branchengrössten. Knapp 99 % der mittlerweile über 10'000 Mitarbeiter sind im Ausland beschäftigt. Die Regionen Amerika, Europa und Asien sind drei voneinander unabhängigen Geschäftsleitungen zugeordnet (keine Konzernleitung). Am Sitz der übergeordneten Holding in der Schweiz arbeiten 25 Personen als Stab des die Geschäftsleitungen überwachenden Verwaltungsrats. Die Geschäftslage und die Wachstumsaussichten sind gut, ein Going Public ist nicht vorgesehen. Die Aktien sind auf zwei Familienstämme aufgeteilt, wobei die 'aktive' Seite (d.h. der noch aktive Gründerunternehmer) gegenüber der 'passiven' Seite (zwei Erben in zweiter Generation) eine Kapital- und stimmenmässige Mehr-

heit hält. Der Gründerunternehmer arbeitet vollzeitlich als VR-Präsident, der ältere Sohn leitet eine Hauptabteilung und der jüngere Sohn befindet sich noch in Ausbildung. Die übrigen Geschwister sowie die Nachkommen aus der zweiten Eigentümerfamilie sind in der Unternehmung nicht tätig. Der Prozess des ersten Generationswechsels ist in vollem Gang, wobei der Gründerunternehmer heute de facto noch immer die entscheidende Führungsrolle spielt.
Gesprächspartner (im folgenden EU-C genannt) des am 8.3.93 abgehaltenen Interviews (120 Minuten Dauer) war der Gründerunternehmer bzw. der VR-Präsident (Jg. 1925). An Dokumenten standen die Statuten, das Organisationsreglement ('Geschäftsordnung') sowie Organigramme zur Verfügung.

- GFU-D:

Die bald fünfzigjährige GFU-D beschäftigt mehr als 1'100 Mitarbeiter, davon 60 % im Ausland. 95 % der ausschliesslich in der Schweiz (eine Produktionsstätte am Sitz des Stammhauses) hergestellten Investitionsgüter werden exportiert und über ein gut ausgebautes Vertriebsnetz (Tochtergesellschaften in 18 Ländern sowie Vertretungen in 35 Ländern) abgesetzt. Das seit Jahren anhaltende starke Wachstum wird v.a. auf die breite internationale Abstützung zurückgeführt. Nach dem unerwarteten Tod des Gründerunternehmers vor knapp einem Jahr fielen die Aktien der Ehefrau und dem einzigen Sohn zu. Letzterer übernahm kurzfristig das Präsidium des Verwaltungsrats und der Geschäftsleitung. Seine Stellung kommt der eines VR-Delegierten gleich. Die Mutter ist nach wie vor VR-Vizepräsidentin und zeichnet sich verantwortlich für die Finanzen. Die Frau des jungen Unternehmers arbeitet in der Controlling-Abteilung. Der Prozess des ersten Generationswechsels ist insofern noch nicht abgeschlossen, als die Mutter unverändert eine starke Position einnimmt.
Gesprächspartner (im folgenden EU-D genannt) des am 22.3.93 abgehaltenen Interviews (150 Minuten Dauer) war der VR-Präsident (Jg. 1963). An Dokumenten standen das Unternehmungsleitbild, das Unternehmungsporträt sowie ein Organigramm zur Verfügung.

- GFU-E:

Bei der über 125 Jahre alten GFU-E handelt es sich um eine diversifizierte, international tätige Handelsunternehmung mit fast 2'000 Mitarbeitern (90 % im Ausland). Die 1964 gegründete Holding hält mittlerweile Beteiligungen an über 30 Gesellschaften. Trotz wiederholten Rückschlägen in der Vergangenheit und trotz rezessiven Erscheinungen auf den Hauptmärkten der GFU-E sind die Entwicklungsaussichten insgesamt positiv. Der Grossteil der Aktien ist auf zwei Familienstämme verteilt, wobei eine Seite die Stimmenmehrheit hält. Die restlichen Aktien sind Kaderaktien (ca. 10 %). Ein Vertreter aus der ersten

Eigentümerfamilie (vierte Generation) ist VR-Delegierter und Vorsitzender der Konzernleitung. Der Sohn ist noch in Ausbildung. Ein Vertreter aus der zweiten Eigentümerfamilie (fünfte Generation) ist Mitglied des Verwaltungsrats und der Konzernleitung. Der Prozess des vierten Generationswechsels tritt bald in seine letzte Phase. Es ist vorgesehen, dass sich in naher Zukunft der jetztige VR-Delegierte auf das Präsidentenamt zurückzieht und dass der erwähnte Vertreter der anderen Familie die Position des Delegierten einnimmt und damit inskünftig der Konzernleitung vorsteht.
Gesprächspartner (im folgenden EU-E genannt) des am 31.3.93 abgehaltenen Interviews (120 Minuten Dauer) war der VR-Delegierte (Jg. 1926). An Dokumenten standen Geschäftsberichte und eine Unternehmungsbroschüre (Porträt) zur Verfügung.

- GFU-F:

Bei der bald achtzigjährigen GFU-F handelt es sich um einen Industriekonzern mit Produktionsstätten in acht Ländern. Fast jeder Zweite der über 3'000 Mitarbeiter ist im Ausland beschäftigt. Seit 1958 verfügt die GFU-F über eine Holding, die mittlerweile Beteiligungen an über 40 operativen Gesellschaften hält. Der Geschäftsgang der letzten Jahre war unbefriedigend (stagnierende Umsätze, Gewinneinbrüche), das finanzielle Fundament ist jedoch intakt. Bis 1990 lag die Aktienmehrheit bei den beiden Söhnen des Gründerunternehmers, die nach dessen Tod die Führung über 30 Jahre lang gemeinsam innehatten, die sich dann aber aus der Konzernleitung zurückgezogen und ihre Kapitalanteile - es bedurfte ausserdem des Erbverzichts einer Tochter (dritte Generation) - einer gemeinnützigen Stiftung übertragen haben. Die Stimmrechte dagegen gingen an die VR-Mitglieder der sog. Führungs-AG (beim Ausscheiden eines VR-Mitgliedes müssen die Rechte an das neue VR-Mitglied weitergegeben werden). Fortan kontrollieren diese VR-Mitglieder den Konzern indirekt über zwei dazwischengeschaltete Holdinggesellschaften. Die beiden Brüder sind nunmehr VR-Vizepräsidenten. Im übrigen liegen Minderheitsanteile im Publikum. Mit dem Rückzug der beiden Brüder aus der Führung und mit der Errichtung einer Stiftung ist der Prozess des zweiten (und letzten) Generationswechsels abgeschlossen.
Gesprächspartner (im folgenden GFU-F genannt) des am 31.3.93 abgehaltenen Interviews (210 Minuten Dauer) war einer der beiden VR-Delegierten (Jg. 1929). An Dokumenten standen Geschäftsberichte und Organigramme zur Verfügung.

- GFU-G:

Die in der Mitte des letzten Jahrhunderts gegründete GFU-G produziert ihre Investitionsgüter überwiegend in der Schweiz. Von den über 7'000 Beschäftigten arbeiten mehr als die Hälfte im Ausland in einer der 40

verbundenen Gesellschaften und 80 Niederlassungen. Erst Ende der sechziger Jahre wurde die Kollektivgesellschaft in eine AG umgewandelt, anfang der neunziger Jahre kam eine Holding dazu. Zwar zählt die traditionsreiche GFU-G in der Schweiz und in manchen Bereichen auch weltweit zu den Branchenersten, doch ist der Geschäftsgang in den letzten Jahren von stagnierenden Umsätzen gekennzeichnet. Nach der kürzlich erfolgten Auszahlung eines verwandten Mitaktionärs befinden sich die Aktien nun zu 100 % in den Händen eines Familienunternehmers der vierten Generation. Dieser ist VR-Präsident der Holding, VR-Vizepräsident und Delegierter der (für die weiteren Überlegungen hier wichtigeren) operativen AG sowie Vorsitzender der Konzernleitung (Einheit von Kapital und Führung). Der dritte Generationswechsel kann als abgeschlossen angesehen werden. Aufgabe des jetzigen Familienunternehmers ist die Vorbereitung des nächsten Generationswechsels.
Gesprächspartner (im folgenden EU-G genannt) des am 1.4.93 abgehaltenen Interviews (105 Minuten Dauer) war der geschäftsführende Alleinaktionär (Jg. 1943). An Dokumenten standen die Unternehmungsbroschüre (Porträt) und Ausgaben der Personalzeitschrift zur Verfügung.

- GFU-H:

Die GFU-H ist über 60 Jahre alt und beschäftigt heute über 15'000 Mitarbeiter, davon fast drei Viertel im Ausland. Im wesentlichen setzt sich die GFU-H aus drei voneinander unabhängigen (industriellen) Hauptbereichen (drei AGs) zusammen. Die drei CEO dieser Hauptbereiche arbeiten in ihren VR-Ausschüssen eng zusammen mit den beiden in allen drei Ausschüssen einsitzenden VR-Delegierten der übergeordneten Holding. Eine eigentliche Konzernleitung existiert nicht. Die zwei VR-Delegierten, gleichzeitig auch VR-Vizepräsidenten der Holding, gehören der zweiten Familiengeneration an und vertreten je eines der beiden Aktionärsstämme, die nur gemeinsam über die absolute Mehrheit verfügen (insgesamt ca. 30 Aktionäre). Die beiden noch lebenden Gründer sind VR-Ehrenpräsidenten der Holding. Weitere vier Nachkommen (nebst den erwähnten VR-Delegierten, wovon einer angeheiratet ist) sind als VR-Mitglieder aktiv. Der Prozess des ersten Generationswechsels ist noch nicht abgeschlossen. Aufgrund der unbefriedigenden Eigentums- und auch Führungsverhältnisse (Pattsituationen, grosses Konfliktpotential) ist in naher Zukunft die Konzentration der Anteile auf einen der zwei Familienstämme vorgesehen.
Gesprächspartner (im folgenden EU-H genannt) des am 13.4.93 abgehaltenen Interviews (80 Minuten Dauer) war einer der VR-Delegierten (Jg. 1949; direkter Nachkomme eines Gründers). An Dokumenten standen Geschäftsberichte zur Verfügung.

- GFU-I:

  Die gegen Ende des letzten Jahrhunderts gegründete GFU-I ist heute ein international tätiger Industriekonzern mit einer Vielzahl von Produktions- und Vertriebsgesellschaften. 80 % der über 7'000 Mitarbeiter sind im Ausland beschäftigt. Der Geschäftsgang ist gut, das steigende Umsatzvolumen der letzten Jahre ist jedoch stark akquisitionsbedingt. Seit 1970 verfügt die GFU-I über eine Holding-Konstruktion. Es gibt keinen dominierenden Einzelaktionär. Sechs Familienstämme mit über 100 Mitgliedern kontrollieren knapp drei Viertel der Aktien (Poolvertrag). Insgesamt zählt man ca. 250 Aktionäre. Die GFU-I ist ausserdem börsenkotiert (PS). Zehn Mitglieder der Eigentümerfamilie (dritte und vierte Generation) nehmen diverse Positionen in der Unternehmung ein: einer als VR-Präsident und Mitglied des VR-Ausschusses, einer als VR-Vizepräsident und Mitglied des VR-Ausschusses, zwei nur als Mitglieder des VR-Ausschusses, drei als einfache VR-Mitglieder (wovon einer gleichzeitig als Mitglied der Konzernleitung), einer als stv. Vorsitzender der Konzernleitung, einer als Sekretär und einer als Spartenleiter. Ab 1995 ist die personelle Trennung zwischen Verwaltungsrat und Konzernleitung vorgesehen. Aufgrund der vielen Familienvertreter in der GFU-I lässt sich ein klarer Generationswechsel nicht mehr ausmachen. In den nächsten Jahren werden jedoch die letzten Vertreter der dritten Familiengeneration nach und nach ausscheiden.
  Gesprächspartner (im folgenden EU-I genannt) des am 19.4.93 abgehaltenen Interviews (90 Minuten Dauer) war der VR-Präsident (Jg. 1921). An Dokumenten standen Geschäftsberichte, Organigramme sowie die Unternehmungsbroschüre (Porträt) zur Verfügung.

- GFU-J:

  Die vor über 150 Jahren gegründete GFU-J ist heute eine international tätige Industrie- und Dienstleistungsunternehmung mit ca. 9'000 Mitarbeitern (davon zwei Drittel ausserhalb Europas). Der Geschäftsgang präsentiert sich gut, in der Schweiz ist die GFU-J Branchenleader. Die Regionen Amerika und Europa sind zwei voneinander unabhängigen Geschäftsleitungen zugeordnet. Darüber steht der VR-Ausschuss der in der Schweiz domizilierten Muttergesellschaft, eine eigentliche Konzernleitung gibt es nicht. Alleinaktionär ist der noch lebende und als VR-Ehrenpräsident waltende Senior-Unternehmer (vierte Generation). Nach Auszahlung des älteren Sohns - er hat die Firma inzwischen verlassen - wird der jüngere Sohn, d.h. der jetzige VR-Präsident und Mitglied des VR-Ausschusses (aus den Geschäftsleitungen hat er sich zurückgezogen), der zukünftige Hauptaktionär. Minderheitsanteile werden bei den beiden Töchtern des Senior-Unternehmers liegen, die in der Firma nicht aktiv sind. Der vierte Generationswechsel steht damit unmittelbar vor dem Abschluss.

Gesprächspartner (im folgenden EU-J genannt) des am 6.5.93 abgehaltenen Interviews (75 Minuten Dauer) war der VR-Präsident (Jg. 1949). An Dokumenten standen Geschäftsberichte und die Unternehmungsbroschüre (Porträt) zur Verfügung.

Die Grobcharakteristik der untersuchten Unternehmungen lässt unter anderem folgende Feststellungen zu (immer bezogen auf die GFU-A bis -J):

- Das durchschnittliche Alter der GFU beträgt 89 Jahre (Extremwerte 162 und 45). Sechs der zehn GFU wurden nach der Jahrhundertwende gegründet.
- Die durchschnittliche Grösse der GFU beträgt 6'900 Beschäftigte (Extremwerte 15'700 und knapp 500). Sechs der zehn GFU weisen mehr als 5'000 Mitarbeiter auf.
- Zwischen der Alters- und Grössenrangliste ist keine positive Korrelation erkennbar.
- Im Durchschnitt beschäftigen die GFU zwei Drittel ihrer Mitarbeiter im Ausland. Dies zeigt das starke internationale Engagement der GFU.
- Es handelt sich bei den GFU überwiegend um Industrieunternehmungen mit einer Vielzahl an Betriebsstätten. Gesellschaftsrechtlich handelt es sich bei den GFU überwiegend um Konzerne mit einer Vielzahl an Produktions-, Vertriebs-, Verwaltungs- und Beteiligungsgesellschaften (Holdingkonstruktionen).
- Die GFU zählen in ihrer Branche sowohl im In- als auch teilweise im Ausland zu den Branchengrössten; in einigen Fällen nehmen sie in der Schweiz sogar Leaderpositionen ein. Trotz teilweise rezessiver Erscheinungen können die GFU als gesund bezeichnet werden.
- Bezüglich der Eigentumsverhältnisse handelt es sich bei den GFU überwiegend um Unternehmungen, in denen eine Eigentümerfamilie (mehrere Familienaktionäre oder ein Einzelaktionär) die Kapital- oder zumindest die Stimmenmehrheit hält. In zwei Fällen gelangen Stiftungslösungen zum Einsatz. Drei GFU sind börsenkotiert.
- In allen GFU nimmt mindestens ein Vertreter der Eigentümerfamilie(n) Einsitz im Verwaltungsrat. In acht Fällen finden sich Vertreter der Eigentümerfamilie(n) sowohl im Verwaltungsrat als auch im obersten Führungsorgan, wobei in sieben Fällen die beiden Ämter in Personalunion ausgeübt werden. Die strikte personelle Trennung von Führung und Überwachung wird demnach lediglich in drei GFU praktiziert (GFU-C, -F und -J; bei der GFU-A und -I geplant). Fünf GFU verfügen über einen

VR-Delegierten, durchwegs wird diese Position von einem Familienaktionär besetzt. Einzig bei der kleinsten untersuchten Unternehmung (GFU-B) ist der VR-Delegierte gleichzeitig auch VR-Präsident. Doch auch bei der zweitkleinsten untersuchten Unternehmung (GFU-D) nimmt der EU-D als Präsident der Geschäftsleitung und des Verwaltungsrats eine ähnliche Stellung ein. Zumindest für das vorliegende Sample zeigt sich, dass mit zunehmender Grösse der GFU die Tendenz zur personell getrennten Wahrnehmung von Führungs- und Überwachungsfunktionen steigt.

- Die untersuchten GFU befinden sich in unterschiedlichen Phasen des Generationswechsels. Anfang und Ende der Generationswechsel sind aufgrund von Überlappungen nicht eindeutig lokalisierbar.

4.3 Studienergebnisse

In den Kapiteln 4.3.1 bis 4.3.4 werden die Ergebnisse der insgesamt 50 Fragen aufgeführt. Aus Gründen der Nachvollziehbarkeit und Transparenz der Ergebnisse erfolgt die Auswertung der Antworten in der Regel pro Einzelfrage. Übergreifende und zusammenfassende Betrachtungen werden abschliessend im Kapitel 4.3.5 angestellt.

4.3.1 Ergebnisse zum Grundlagenteil (Fragen 1-5)

ad Frage 1:

Mit der ersten Frage sollte herausgefunden werden, welche Merkmale einer typischen Familienunternehmung auch auf die GFU zutreffen und welche Unterschiede zwischen der GFU und einer mittelständischen Unternehmung bestehen:

➡ Die am häufigsten genannten Merkmale sind 'dominante Unternehmerpersönlichkeit', 'kurze Entscheidungswege', 'offene Kommunikationsstrukturen' und insbesondere 'soziale Verantwortung gegenüber den Mitarbeitern'. Dagegen sind die Merkmale 'überschaubare Verhältnisse', 'Flexibilität in der Leistungserstellung', 'unbürokratisch' und 'Betriebsfamilie' nur noch in Einzelfällen zutreffend. 'Begrenzte Finanzierungskraft' erhält drei und 'räumlich begrenzte Tätigkeit' keine Nennungen. Sieben EU störten sich beim Merkmal 'dominante Unternehmerpersönlichkeit' am Attribut 'dominant' und machten deutlich, dass

sie sich im Vergleich zum Senior-Unternehmer als weniger dominant einschätzen.
Mit Ausnahme der GFU-B sieht sich grössenbedingt keine GFU als mittelständische Unternehmung. So nennt der EU-B zusätzlich zu den obgenannten Merkmalen: 'Einheit von Kapital und Führung', 'keine Marktmacht', 'Willen der Kapitalgeber, die Unternehmung der Familie zu erhalten' und 'Unabhängigkeit von fremden Kapitalgebern'.
Auch wenn die GFU nicht mehr alle Merkmale einer typischen Familienunternehmung aufweisen, begreifen die EU ihre GFU mehrheitlich nach wie vor als Familienunternehmung (EU-J: "Wir verstehen uns als Familienunternehmung und das soll auch in Zukunft so bleiben"). Dies gilt auch für die GFU-A und -F (Stiftungslösungen), in denen trotz der 'Selbstenteignung' Mitglieder aus den ehemaligen Eigertümerfamilien weiterhin massgeblich Einfluss auf das Unternehmungsgeschehen ausüben und den Unternehmungscharakter nachhaltig prägen (dazu EU-F: "Seit dem Going Public und später seit Errichtung der Stiftung sitzen wir 'im Schaufenster'. Die Intimatmosphäre ist verloren gegangen und das kurzfristige Denken hat überhand genommen; dennoch lebt der Mythos Familienunternehmung weiter"). Eine geteilte Auffassung findet sich bei der GFU-E, dazu EU-E: "Ich sehe mich nicht als typischen Dynastievertreter. Die Familiengesellschaft sollte wie eine öffentliche Unternehmung geführt werden. Die andere Eigentümerfamilie denkt dagegen eher familienorientiert". Nach Ansicht des EU-I erhält sich die GFU-I ihren Familiencharakter dadurch, dass jedes der sechs durch einen Poolvertrag verbundenen Aktionärsstämme (über 100 Aktionäre) über einen Vertreter verfügt und dadurch die einheitliche Willensbildung gefördert werden kann. In den Augen der EU nimmt mit zunehmender Unternehmungsgrösse und mit zunehmender Grösse des Aktionariats (sei es durch Going Public oder durch Nachkommen) das Spannungsfeld zwischen Familie und Öffentlichkeit zu. Dazu EU-H: "Unser Ziel ist es, die Vorteile einer Familienunternehmung mit den Vorteilen einer Publikumsunternehmung zu kombinieren und daraus eine eigene Kultur zu entwickeln".

ad Frage 2:

Nach Abgrenzung der GFU zur mittelständischen Familienunternehmung stellte sich die Frage nach den wesentlichen Unterschieden zwischen der GFU und einer typischen Publikumsunternehmung:

➡ Als wichtigste Unterscheidungspunkte wurden genannt:

- Eigentumsverhältnisse: geringere Aktienstreuung bei der GFU;
- Deckungsgrad zwischen Kapital und Führung: bei der Familienunternehmung gilt die Einheit von Kapital und Führung, bei der Publikumsunternehmung gilt die Trennung von Kapital und Führung, bei der GFU kommen beide Varianten vor;
- Nachfolgeregelung/Führungskräfteauswahl: die Auswahl der Führungskräfte erfolgt in der Publikumsunternehmung nach strengeren Kriterien;
- Motivation: in der Publikumsunternehmung fehlt die langfristige Bezugsperson, d.h. die Unternehmerpersönlichkeit;
- Öffentlichkeitsorientierung: diese ist bei der Publikumsunternehmung höher als bei der GFU;
- Finanzierungskraft: diese ist bei der Publikumsunternehmung höher als bei der nichtkotierten GFU;
- Persönliche Einflussnahme: diesbezügliche Möglichkeiten sind bei der GFU grösser;
- Professionalität: Publikumsunternehmungen sind professioneller;
- Verantwortung: diese ist bei den Familienaktionären grösser als bei dern Publikumsaktionären.

Die GFU bewegt sich damit zwischen der typischen Familienunternehmung einerseits und der typischen Publikumsunternehmung ('Société Anonyme') andererseits. Sie nimmt eine nicht eindeutig abgrenzbare Zwischenposition ein, die durch folgendes Zitat (EU-H) grob umrissen werden kann: "Bei uns herrscht trotz der Grösse eine personenbezogene Unternehmungskultur und Wertigkeit (bspw. für Kunst), dennoch wollen wir professionell sein und einen anonymen Stil pflegen, d.h. wir wollen nicht die Willkür eines allmächtigen Familienunternehmers".

ad Frage 3:

Bei dieser Frage interessierten die grössten Chancen und Gefahren für die Zukunft der GFU sowie das Begriffsverständnis der 'Unternehmung an sich':

➥ Die genannten Gefahren bzw. Probleme lassen sich auf drei Kernbereiche reduzieren:
  - Hohe Anforderungen an die Wettbewerbs- und damit Überlebensfähigkeit auf den internationalen Märkten;
  - Führungs-/Nachfolgeprobleme und Zersplitterungstendenzen infolge von Generationswechseln, Familienkonflikte;
  - Finanzierung des Wachstums, Kapitalbeschaffung.

  Die grössten Chancen werden in der Aufrechterhaltung bestimmter familienunternehmungstypischer Eigenschaften gesehen, bspw. unternehmerisches Denken, Flexibilität, Marktorientierung, Innovation, Langfrist-Engagement, Entscheidungs- und Handlungsfähigkeit sowie Leistungsbereitschaft.

  Zur 'Unternehmung an sich' gab es nur drei Voten:
  - EU-A: "Je mehr Fremdmanager eine Unternehmung aufweist, desto schneller entsteht die 'Unternehmung an sich'";
  - EU-C: "Die 'Unternehmung an sich' entsteht umso eher als sich die Eigentümerseite von der Führung distanziert und sich mehr und mehr auf eine überwachende oder sogar ganz passive Funktion einschränkt. Dabei spielt die Führungskomplexität infolge der zunehmenden Unternehmungsgrösse eine wichtige Rolle";
  - EU-H: "'Unternehmung an sich' heisst der Prozess zunehmender Professionalisierung der Familienunternehmung".

ad Frage 4:

Im folgenden geht es um die wichtigsten Gemeinsamkeiten und Besonderheiten des letzten Generationswechsels in den GFU:

➥ Bezüglich der Führungsnachfolge handelt es sich mehrheitlich um einen sukzessiven Ablöseprozess, d.h. der Senior-Unternehmer zieht sich stufenweise aus der Führung in den Verwaltungsrat zurück und spielt bis zu seinem Ausscheiden eine immer passivere Rolle. Gleichzeitig nimmt der sich über die Führung qualifizierende und später auch im Verwaltungsrat einsitzende Nachfolger eine immer stärkere Stellung ein. Bedingt durch den plötzlichen Tod des noch geschäftsführenden

Gründerunternehmers fand in der GFU-D ein abrupter Führungswechsel statt. Der Sohn übernahm innert Kürze den Vorsitz der Geschäftsleitung; der Verwaltungsrat wird durch die Hinzuwahl eines erfahrenen externen Managers aufgewertet. Eine weitere Ausnahme bildet die GFU-E, in der der Vorsitzende der Konzernleitung erst nach 18 Jahren VR-Mitgliedschaft - er arbeitete während dieser Zeit in Staatsdiensten - in das oberste Führungsgremium eintrat. Im Zusammenhang mit dem letzten Generationswechsel wurde bei der GFU-F die Delegiertenposition abgeschafft und damit die (personelle) Trennung von Führung und Überwachung vollzogen. Diese bei der GFU-J bereits vor dem letzten Generationswechsel praktizierte Regelung soll bald auch in der GFU-A eingeführt werden. Bei den anderen GFU haben sich die Führungsstrukturen nach dem letzten Generationswechsel nicht markant verändert.

Bezüglich der Eigentumsstruktur hat der letzte Generationswechsel ausser in den Fällen GFU-A und -F (Stiftungslösungen) zu keinen wesentlichen Veränderungen geführt. In vier Fällen (GFU-B, -G, und -J; bei der GFU-H vorgesehen) kommt es zu Auszahlungen von Familienaktionären.

Zentrales Merkmal der Generationswechsel ist die erhebliche Prozessdauer (ausser im Notfall wie bei der GFU-D). Es handelt sich beim Generationswechsel in der Regel um einen langwierigen Übergangsprozess mit teilweise konfliktären Auseinandersetzungen zwischen und innerhalb von Familie(n) und Unternehmung. EU-C: "Der Prozess des Stabswechsels von der älteren auf die jüngere Generation ist nicht bis ins letzte Detail planbar". EU-B: "Gut geht es dann, wenn der alte Unternehmer und seine Nachfolger noch zusammen die Metamorphose einleiten können". EU-A legte grossen Wert darauf, dass seine Wahl zum Vorsitzenden der Konzernleitung nicht nur von der Familie, sondern auch von allen VR- und Konzernleitungsmitgliedern befürwortet wurde: "Die Anerkennung und das Wollen des Verwaltungsrats und meiner Kollegen in der Konzernleitung zur Zusammenarbeit sehe ich als besonders wichtig an".

ad Frage 5:

Hier interessierten allfällige Auswirkungen des neuen Aktienrechts auf die Spitzenorganisation sowie die Regelungsform der Arbeits- und Verteilungsbeziehungen zwischen den Spitzenorganen:

➠ Das neue Aktienrecht hat in keinem Fall einen unmittelbaren materiellen Anpassungsbedarf ausgelöst. In den Fällen GFU-H und -I kam es zu formellen Anpassungen der Reglemente (bspw. 'Revisionsstelle' statt 'Kontrollstelle'). Im Falle der GFU-D fiel das neue Aktienrecht mit dem Tod des Senior-Unternehmers zusammen. Im Zuge des Generationswechsels wurde das Organisationsreglement komplett überarbeitet.

  Das zentrale spitzenorganisatorische Dokument ist in allen Fällen - nebst den auf das Minimum beschränkten Statuten - das Organisationsreglement. Dieses wird in manchen Fällen ergänzt durch Zusatzdokumente wie bspw. Organigramme, Geschäftsverteilungspläne (bspw. GFU-E: 'Chart of Competence') oder Grundsatzpapiere (bspw. GFU-A: 'Rollenverständnis und Zusammenarbeit zwischen Verwaltungsrat und Konzernleitung').

4.3.2 Ergebnisse zur spitzenorganisatorischen Rahmenstruktur (6-12)

ad Frage 6:

Es stellte sich die Frage nach der spitzenorganisatorischen Rahmenstruktur (Vereinigungs- oder Trennungsstruktur):

➠ In allen Fällen gelangt eine Trennungsstruktur zur Anwendung, d.h. die Geschäftsführung wird vom Verwaltungsrat weitgehend delegiert.

  Wie bereits aus der Grobcharakteristik hervorging, wird die Trennung zwischen Führung und Überwachung in personeller Hinsicht lediglich bei der GFU-C, -F und -J praktiziert. Nur in diesen Fällen findet sich ein reines Fremdmanagement. Bei allen anderen GFU sind personelle Verzahnungen zwischen der Führungs- und Überwachungsebene auszumachen. Bei den zwei kleinsten GFU ist sogar noch das stark auf eine Person konzentrierte Präsidialsystem anzutreffen (d.h. der VR-Präsident ist gleichzeitig VR-Delegierter bzw. Vorsitzender der Geschäftsleitung).

ad Frage 7:

Anknüpfend an die letzte Frage interessierten strukturelle Änderungen in der Vergangenheit und deren Anlässe:

➥ Grundsätzlich und damit zumindest in formeller Hinsicht verfügen die GFU seit geraumer Zeit über eine Trennungsstruktur. Ausnahme bildet die GFU-C, die erst 1990 (!) mit der Einrichtung eines Verwaltungsrats begonnen hat. Diejenigen GFU ohne personelle Trennung können auch insofern als Ausnahmen angesehen werden, als die weiter oben erwähnten personellen Verflechtungen und Abhängigkeiten zu einer Relativierung der Trennungsstruktur in faktischer Hinsicht beitragen.
Allfällige Änderungen in den vergangenen Jahren waren letztlich alle auf eine Festigung der Trennungsstruktur ausgerichtet. Sie hingen bzw. hängen durchwegs mit dem Generationswechsel zusammen, also mit dem graduellen Rückzug oder dem totalen Ausscheiden des Senior-Unternehmers aus der Unternehmung. Beispiele für Änderungen: Stiftungslösungen bei der GFU-A und -F, wobei im letzteren Fall gleichzeitig auch die Delegiertenposition abgeschafft wurde, sowie in praktisch allen Fällen eine deutliche Aufwertung des Verwaltungsrats (vgl. Frage 14).

ad Frage 8:

Im Anschluss an die Frage nach bereits vollzogenen Strukturwechseln stellte sich die Frage nach zukünftigen Änderungsvorhaben bezüglich der Führungs- und Überwachungsstruktur:

➥ In keiner GFU besteht die Absicht, die derzeitige Rahmenstruktur grundlegend zu ändern. Die EU glauben mit der jetzigen (Trennungs)-struktur die adäquate Lösung zu haben. Allerdings wird die laufende Verbesserung und Anpassung an veränderte Verhältnisse angestrebt. Dazu ein Beispiel: Im Zuge des Generationswechsels wurde bei der GFU-A ein unternehmungsumfassendes Reorganisationsprojekt ('Unternehmungskultur-Konzept') begonnen. Im Rahmen des 'Leadership-Konzeptes' ist vorgesehen, dass der Gründerunternehmer (derzeit VR-Präsident) sich auf das VR-Ehrenpräsidium zurückzieht und dass sein Sohn (derzeit VR-Delegierter und Vorsitzender der Konzernleitung) neuer vollzeitlicher VR-Präsident wird. Mit diesem Schritt soll nicht nur die Delegiertenposition abgeschafft, sondern auch die personelle Trennung zwischen Führung und Überwachung besiegelt und damit der

Verwaltungsrat aufgewertet werden. Die personelle Trennung zwischen Verwaltungsrat und Konzernleitung ist auch bei der GFU-I geplant. Der EU-D schliesst diese Lösung nicht aus: "Eine full-time VR-Funktion ist auch eine Frage der Grösse. Im Moment ist die Einheit von Führung und Eigentum gewollt. Doch kann ich mir vorstellen, dass ich mich irgendwann nach meiner Bewährung in der Geschäftsleitung auf die VR-Funktion beschränke und damit die personelle Trennung herbeiführe".

ad Frage 9:

Es interessierte die 'treibende Kraft' für die in den beiden letzten Fragen angesprochenen Änderungen der spitzenorganisatorischen Rahmenstruktur:

➥ Sowohl bei den bereits vollzogenen als auch bei den beabsichtigten Änderungen der Führungs- und Überwachungsstruktur geht in allen Fällen die 'treibende Kraft' - wenn auch teilweise in Abstimmung bzw. Übereinstimmung mit dem Senior-Unternehmer - von der Nachfolgegeneration, insbesondere vom nachfolgenden EU aus.

ad Frage 10:

Auf die Frage 'welche Vor- und Nachteile einer Trennungsstruktur sehen Sie aus der Sicht der grossen Familienunternehmung?' gab es folgende Nennungen:

➥ Die wichtigsten Vorteile einer Trennungsstruktur:
- klare funktionelle Abgrenzung
- Unabhängigkeit der Überwachung
- 'Entschärfung' des Nachfolgeproblems
- Machtausgleich an der Unternehmungsspitze

Die wichtigsten Nachteile einer Trennungsstruktur:
- erhöhter Verwaltungs- und Koordinationsaufwand
- Verlust an 'unmittelbarer Information'
- eingeschränkter Handlungs- und Entscheidungsspielraum; EU-A: "Je nach der ablauforganisatorischen Effizienz können Flexibilität und Schnelligkeit jedoch auch bei einer Trennungsstruktur erhalten bleiben".

ad Frage 11:

Es interessierte die Bedeutung der Trennungsstruktur für die Kontinuität der GFU aus der Sicht der EU:

➥ Unter dem Aspekt der Unternehmungskontinuität wird die Einführung einer Trennungsstruktur für die GFU von allen EU prinzipiell befürwortet.

Unterschiedliche Antworten gab es jedoch auf die Frage, ob die Trennungsstruktur notwendigerweise auch die personelle Trennung von Führung und Überwachung beinhalten sollte:

- Ein klares 'Ja' gab es bei vier EU (EU-A, -F, -I, -J);
- Ein klares 'nein' gab es nur beim EU-B: "Ich halte an der Einheit von Kapital und Führung fest, denn sie ist für mich das zentrale Konzept";
- Die übrigen Antworten könnten auf den gemeinsamen Nenner 'nicht unbedingt' gebracht werden. Dazu bspw. EU-C: "Solange die erforderliche Qualifikation vorhanden ist, sollte auch die Personalunion weiterhin möglich sein. Wichtig ist, dass die Gremien unabhängig voneinander und auch unabhängig von einer Einzelperson funktionieren". EU-D: "Bei unserer jetzigen Grösse ist eine personelle Trennung nicht nötig, später vielleicht schon". EU-G: "Es wäre in der Firma nicht verstanden worden, wenn ich nach der Auszahlung meines Mitaktionärs nicht mehr operativ tätig gewesen wäre. Deshalb bin ich sowohl im Verwaltungsrat als auch in der Konzernleitung".

ad Frage 12:

Bekanntlich ist die Einheit des Aktienrechts ungebrochen, d.h. der Gesetzgeber schreibt auch weiterhin für Grossunternehmungen keine zwingende Organisationsstruktur vor. Wie beurteilen die EU diesbezüglich das neue Aktienrecht?:

➥ Mit Ausnahme des EU-A plädieren alle EU für die Beibehaltung der Flexibilität für alle Unternehmungen, d.h. jede Unternehmung egal welcher Grösse soll ihre spitzenorganisatorische Rahmenstruktur selbst bestimmen können. Dagegen fordert EU-A die zwingende Einführung einer Trennungsstruktur für alle Grossunternehmungen sowie für Unternehmungen, die an einer Börse kotiert sind.

Es ist hier bemerkenswert, dass die EU einerseits die Trennungsstruktur für Grossunternehmungen grundsätzlich bejahen (vgl. Frage 11), andererseits eine dahingehende gesetzliche Regelung mehrheitlich ablehnen. Dieser scheinbare Widerspruch ist nach Ansicht des Verfassers ein gutes Beispiel für das Verlangen eines Unternehmers nach möglichst grossem Gestaltungsspielraum. Der Unternehmer präferiert 'von Natur aus' eher ein dispositives Aktienrecht.

4.3.3 Ergebnisse zur spitzenorganisatorischen Detailstruktur (13-45)

4.3.3.1 Zur 'VR-Funktion' (13-20)

ad Frage 13:

Bei der VR-Positionierung geht es um die Klärung der grundsätzlichen Rolle des Verwaltungsrats, bspw. 'VR-Typ 1' ('Minimum-Verwaltungsrat'), 'VR-Typ 2' ('Kontroll-Verwaltungsrat'), 'VR-Typ 3' ('Leitungs-Verwaltungsrat') oder 'VR-Typ 4' ('Beratungs-Verwaltungsrat'):

➠ Alle EU würden ihren Verwaltungsrat tendenziell dem 'VR-Typ 4' zuordnen. Dabei müssen folgende Erläuterungen berücksichtigt werden:
- Der EU-B bemerkte, dass sich sein Verwaltungsrat in der Übergangsphase zwischen dem 'VR-Typ 3' und 'VR-Typ 4' befände. Ausserdem betonte er die wichtige Rolle des Verwaltungsrats als 'Treuhänderrat' im Falle seines Ablebens, d.h. alle drei VR-Mitglieder könnten interimistisch die Geschäftsleitung präsidieren.
- Auch der EU-C betont den Zielcharakter des 'VR-Typs 4': "Wir bewegen uns in diese Richtung, doch muss nicht nur im Verwaltungsrat, sondern auch in der Geschäftsleitung erst ein gewisses Niveau erreicht werden, um einem solchen VR-Typ näherzukommen".
- Nach Aussage des EU-H trifft der 'VR-Typ 4' nur auf die drei VR-Ausschüsse der drei Geschäftsbereiche zu. Der übergeordnete Verwaltungsrat zähle dagegen eher zum 'VR-Typ 1'.
- EU-I ordnete seinen Verwaltungsrat dem 'VR-Typ 4' und den VR-Ausschuss dem 'VR-Typ 3' zu.
- EU-J sieht einen Verwaltungsrat als Mischung zwischen dem 'VR-Typ 3' und 'VR-Typ 4', "er ist jedoch nie operativ tätig".

ad Frage 14:

Es stellte sich die Frage, seit wann der derzeitige VR-Typ praktiziert wird:

➥ In fünf Fällen (GFU-E, -F, -H, -I und -J) wird der derzeitige VR-Typ angeblich seit gut 20 Jahren, in den übrigen Fällen erst seit einigen Jahren ausgeübt. Interessanter als die Anzahl Jahre ist die Tatsache, dass in sechs Fällen (GFU-A, -B, -C, -D, -E und -F) der vollzogene bzw. beabsichtigte Übergang zum 'VR-Typ 4' mit einem Generationswechsel, also mit dem plötzlichen oder allmählichen Ausscheiden des Senior-Unternehmers zusammenhängt. Lediglich bei der GFU-G und -J wurde der 'VR-Typ 4' bereits zu Zeiten des Senior-Unternehmers praktiziert. Bei der GFU-I folgte der 'VR-Typ 4' der Einführung einer Holdingstruktur.

ad Frage 15:

Es ging hier um die Frage des früher praktizierten VR-Typs sowie um Gründe für die Neupositionierung:

➥ Mit Ausnahme der GFU-H (EU-H: "Unser Verwaltungsrat funktioniert seit eh und je so wie heute") gelangte in allen anderen Fällen vor dem jeweils jetzigen VR-Typ ein Verwaltungsrat niedrigerer Entwicklungsstufe zum Einsatz, in der Regel angefangen beim 'Minimum-Verwaltungsrat' ('VR-Typ 1').

Wie bereits aus den Antworten zur Frage 14 hervorging, ergaben sich Neupositionierungen v.a. im Zuge von Generationswechseln. Doch auch die in den letzten Jahren gestiegenen Anforderungen an die Unternehmungsführung, speziell im Falle einer international tätig Grossunternehmung, wurden als Grund für die Weiterentwicklung des Verwaltungsrats genannt. EU-A: "Die Entwicklung zum 'VR-Typ 4' ist ein gradueller Prozess, sie lief und läuft bei uns parallel zur Unternehmensentwicklung ab".

ad Frage 16:

Es interessierte, ob in absehbarer Zeit eine Neupositionierung des Verwaltungsrats vorgesehen ist:

➥ In keinem Fall ist eine grundlegende Neupositionierung des Verwaltungsrats geplant, jedoch gaben die EU (insbesondere EU-A, -C, -E, -F und -G) zu verstehen, dass sie eine laufende 'Verstärkung', 'Verbesserung' und 'Verfeinerung' ihres Verwaltungsrats im Sinne des 'VR-Typs 4' anstreben würden.

ad Frage 17:

Es stellte sich die Frage nach einem möglichen Zusammenhang zwischen dem 'VR-Typ 4' und der Kontinuitätssicherung der GFU:

➥ In den Augen aller EU besteht ein positiver Zusammenhang zwischen dem 'VR-Typ 4' und der Kontinuitätssicherung, und zwar nicht nur bezüglich der speziellen Nachfolgeproblematik (personelle Kontinuität), sondern auch bezüglich der Unternehmungszukunft insgesamt (strategische Kontinuität).

ad Fragen 18:

Es interessierte, ob die Rolle des Verwaltungsrats schriftlich dokumentiert ist:

➥ Abgesehen von der meist rudimentären Funktionsumschreibung im Organisationsreglement wird das Selbstverständnis und die Zielsetzung des Verwaltungsrats lediglich in den Fällen GFU-A, -B und -E in einem speziellen Dokument (bspw. 'mission statement') festgehalten. Bei der GFU-G wird die Rolle des Verwaltungsrats im Unternehmungsleitbild und bei der GFU-J im 'Stellenbeschreibungs-Handbuch' angesprochen.

ad Frage 19:

Die umfangreiche Frage 19 (vgl. Fragebogen) wurde im Interview reduziert auf die Frage nach den drei wichtigsten VR-Aufgaben aus der Sicht der EU:

➥ Es haben sich folgende Kernaufgaben herauskristallisiert:
  - Die (Aus)wahl und Abberufung der Führungskräfte (Nachfolgeplanung auf Führungsebene). Darunter wird bspw. bei der GFU-A im etwas umfassenderen Sinne ein 'strategic management-development' verstanden (auch auf VR-Ebene).
  - Der zweite Aufgabenbereich hat die (langfristigen) Zielsetzungen und Grundhaltungen zum Gegenstand, d.h. es geht - je nach dem Involvierungsgrad - um die Erarbeitung, Festlegung und Durchsetzung der Unternehmungsvision, -philosophie, -strategie, -politik und -kultur. Hierzu zählen letztlich auch die Investitionsfreigaben.
  - Die dritte Kernaufgabe umfasst die laufende Überwachung und Unterstützung der Führung durch die Wahrnehmung einer Beratungsfunktion (EU-B: "Der Verwaltungsrat sollte Coach der Geschäftslei-

tung sein"). Die Beratungsfunktion bezieht sich auch auf die Aktionäre und schliesst die Pflege der persönlichen Beziehungen mit ein. Nachfolgeregelungen, insbesondere die Führungsebene betreffend, stellen in beinahe allen Verwaltungsräten ein Dauerthema dar, über das auch ausserhalb der Sitzungen diskutiert wird. In einigen Fällen sind Notfallpläne vorgesehen, sowohl für die EU als auch für Fremdmanager (EU-A: "Innert drei Tagen können wir jedes Konzernleitungsmitglied durch eine qualifizierte Führungskraft ersetzen"). Bei der GFU-F muss jeder Verwaltungsrat einmal im Jahr drei Kandidaten nennen, die ihn im Notfall kurzfristig ersetzen können. Bei der GFU-G wird ein Kandidat für die Konzernleitung zuerst von der Konzernleitung begutachtet , bevor der Verwaltungsrat seine Zustimmung erteilt. Bei der GFU-I wurde durch die Schaffung einer der Konzernleitung übergeordneten Stelle 'Personelles' das Nachfolgemanagement für die oberen Führungsebenen institutionalisiert. Diese Stelle befasst sich ausschliesslich mit der Nachfolgeproblematik und PE für Führungskräfte. Abschliessend ein Votum des EU-J: "Unser Verwaltungsrat hat intensiv und hilfreich beim letzten Generationswechsel geholfen. Er war Gesprächspartner für die Familie. Es war ausserordentlich wichtig, dass die Familie nicht immer nur untereinander, sondern auch mit Dritten reden konnte, die das Unternehmungsinteresse vertreten".

ad Frage 20:

Es stellte sich die Frage, inwiefern die Unternehmungskultur, -philosophie, -strategie, -politik und ähnliche Führungsinstrumente schriftlich fixiert sind (bspw. in Leitbildern, Führungsgrundsätzen oder in Strategiepapieren):

➡ Lediglich in vier Fällen (GFU-A, -B, -D und -J; bei GFU-I keine Antwort) sind alle gelisteten Instrumente schriftlich fixiert, in den anderen Fällen trifft dies nur teilweise zu. Im allgemeinen hat jedoch die schriftliche Fixierung der einzelnen Instrumente gerade in den letzten Jahren zugenommen.

4.3.3.2 Zur 'VR-Organisation' (21-27)

ad Frage 21:

Hier wurden (nochmals) die Strukturtypen bezüglich der Aufteilung von Führung und Überwachung überprüft. Sowohl aus der Grobcharakteristik der GFU sowie aus den Antworten zur Frage 6 gehen die praktizierten Strukturtypen bereits hervor, sodass sie hier nur in Kürze aufgeführt werden (zu den verschiedenen Strukturtypen vgl. Abb. 6):

➠ GFU-A: Strukturtyp 3 (ohne personelle Trennung), ab 1994 Strukturtyp 4 mit personeller Trennung;
GFU-B: Strukturtyp 3 (ohne personelle Trennung);
GFU-C: Strukturtyp 4 (mit personeller Trennung);
GFU-D: Strukturtyp 4 (ohne personelle Trennung);
GFU-E: Strukturtyp 3 (ohne personelle Trennung);
GFU-F: Strukturtyp 4 (mit personeller Trennung);
GFU-G: Strukturtyp 3 (ohne personelle Trennung);
GFU-H: Verwaltungsrat + 2 VR-Delegierte + 3 VR-Ausschüsse und Geschäftsleitungen der 3 Tochtergesellschaften;
GFU-I: Strukturtyp 4 (ohne personelle Trennung, ab 1995 mit personeller Trennung);
GFU-J: Strukturtyp 4 (mit personeller Trennung).

ad Frage 22:

Es stellte sich die Frage, aus wievielen Mitgliedern und aus welchen Positionen sich der Verwaltungsrat zusammensetzt:

➠ Der kleinste Verwaltungsrat hat drei Mitglieder (GFU-C), der grösste Verwaltungsrat zählt zehn Mitgleider (GFU-I). Die durchschnittliche Grösse des Gesamtverwaltungsrats liegt bei sechs bis sieben Mitgliedern (6,5).

Alle Verwaltungsräte haben den gesetzlich vorgeschriebenen Präsidenten. Lediglich ein Verwaltungsrat weist einen Ehrenpräsidenten auf (GFU-J). Mit Ausnahme der GFU-A, -E und -J verfügen alle Verwaltungsräte über einen Vizepräsidenten, im Falle GFU-B über eine Vizepräsidentin. Bei der GFU-A, -B, -E und -G ist jeweils ein VR-Delegierter auszumachen, bei der GFU-H sind es deren zwei.

VR-Ausschüsse sind in fünf GFU anzutreffen (GFU-E, -G, -H, -I und -J). In vier Fällen setzt sich der VR-Ausschuss aus drei, im Falle der GFU-I aus vier Mitgliedern zusammen. Der VR-Präsident und allfällige

Delegierte (GFU-E, -G, -H) sind in allen Ausschüssen zugegen. Der VR-Ausschuss der GFU-J soll demnächst abgeschafft werden, EU-J: "Der Ausschuss war nur sinnvoll, weil Vater viermal pro Jahr an VR-Sitzungen mitmachte. Doch jetzt will er sich ganz zurückziehen".
In keinem Fall ist der obligatorische VR-Sekretär Mitglied des Verwaltungsrats.

ad Frage 23:

Es interessierte, ob die Verwaltungsräte ressortiert sind:

➥ Eine Ressortierung findet sich in keinem Verwaltungsrat. Einzig der VR-Ausschuss der GFU-I ist aufgeteilt in die Ressorts 'Finanzen', 'Länder' und 'Strategie'. Der EU-F lehnte die Ressortierung mit folgenden Worten ab: "Wir wollen kein Schattenkabinett".

ad Frage 24:

Es stellte sich die Frage nach Stabsstellen, die dem Verwaltungsrat zugeordnet sind:

➥ Bei sieben GFU sind dem Verwaltungsrat keine Stäbe direkt unterstellt. In diesen Fällen greift der Verwaltungsrat im Bedarfsfall auf die Stäbe der Konzern-/Geschäftsleitung zurück. Anders verhält es sich bei den drei GFU ohne Konzernleitung. Die GFU-C verfügt über den grössten Stab. Dieser setzt sich zusammen aus den Abteilungen 'Controlling' (10 Fachkräfte), 'Recht' (3), 'Interne Revision' (1) und 'VR-Sekretariat' (1). Bei der GFU-H stehen dem Verwaltungsrat drei Fachkräfte für die Gruppenkonsolidierung, Rechtsfragen und Sekretariatsarbeiten zur Seite und bei der GFU-J ist die Interne Revision (derzeit 3, jedoch geplanter Ausbau auf 6 Personen) direkt dem VR-Präsidenten unterstellt. Einzig die GFU-C beschäftigt einen vollzeitlichen VR-Sekretär. In allen anderen Fällen handelt es sich um Teilzeitfunktionen.

ad Frage 25:

Die EU sollten sich äussern, welche Positionen bzw. Personen in ihren Augen von besonderer Bedeutung für die Funktionstüchtigkeit ihres Verwaltungsrats sind:

➥ Die ähnlichen Antworten der EU können wie folgt zusammengefasst werden: die Verwaltungsräte (und auch die VR-Ausschüsse) sollten als Team funktionieren (EU-J: "Der Verwaltungsrat sollte nur aus Schlüsselpersonen bestehen"), gleichzeitig bedarf es aber eines starken Präsidenten im Sinne eines 'primus inter pares' (EU-I: "Es braucht einen, der die Zügel in der Hand hat").

Zusätzlich wurden zur Rolle des VR-Präsidenten in der GFU v.a. folgende Punkte genannt: er soll Bindeglied zum Management und zu den Aktionären sein; er soll die VR-Abläufe koordinieren; er soll nicht gleichzeitig VR-Delegierter sein (ausser EU-B und -D); er soll die Antriebskraft für die strategische Diskussion sein; er soll im Konfliktfall integrieren (bspw. ist der VR-Präsident der GFU-H ein Externer, der zwischen den beiden VR-Delegierten - beides Familienaktionäre - vermittelnd eingreift).

ad Frage 26:

Diese Frage hatte ablauforganisatorische Aspekte des Verwaltungsrats zum Gegenstand:

➡ Bezogen auf den Gesamtverwaltungsrat liegt die niedrigste Sitzungsfrequenz bei der GFU-H mit zwei VR-Sitzungen pro Jahr und die höchste Sitzungsfrequenz bei der GFU-C mit zwölf VR-Sitzungen. Die durchschnittliche Sitzungsfrequenz beträgt fünf bis sechs VR-Sitzungen pro Jahr (5,4). Dieser Wert dürfte auch - wie in den vergangenen Jahren - weiterhin leicht ansteigen, bspw. müssen die VR-Mitglieder der GFU-A ab 1994 40 Tage pro Jahr zur Verfügung stehen und bei der GFU-J soll ab 1994 die Anzahl VR-Sitzungen von vier auf sieben erhöht werden. Zusätzlich sollten die VR-Ausschüsse berücksichtigt werden, die bei der GFU-E dreimal, bei der GFU-G ad hoc, bei der GFU-H zwölfmal, bei der GFU-I zehnmal und bei der GFU-J viermal jährlich tagen. Hinzu kommen ein- bis zweitägige 'Strategie-Seminare' (GFU-A, -H, -I, -J) 'Workshops' (GFU-B) und 'Informationstagungen' (GFU-F).

  In allen GFU finden die VR-Sitzungen mehr oder weniger regelmässig statt.

  Die VR-Sitzungen werden in der Regel am Hauptsitz abgehalten, in Einzelfällen abwechslungsweise auch vor Ort (Auslandsfilialen, Produktionsstätten etc.). 'Strategieseminare' werden meistens ausserhalb des Firmengeländes durchgeführt (bspw. in einem Berghotel).

  Die durchschnittliche Sitzungsdauer liegt bei einem Tag (0,9; Extremwerte 0,5 und 2), wobei im Falle von Ausschüssen deren Sitzungszeit

hier mit eingeschlossen ist (bspw. tagt bei der GFU-I vormittags der Ausschuss und nachmittags der Gesamtverwaltungsrat).
Je nach Traktandenliste und je nach der Aufgabenverteilung unter den VR-Mitgliedern fallen die Vor- und Nachbearbeitungszeiten sehr unterschiedlich aus. Eine Antwort wie "zwischen null und drei Tagen" (EU-A) ist hier deshalb wenig aussagekräftig.
Alle EU gaben an, dass in ihren Fällen die Beschlussfassung in Form der Konsensfindung geschieht (EU-H: "Wir wollen über die Sache diskutieren und da erwarte ich kritische Meinungen. Am Schluss suchen wir den gemeinsamen Weg"). Abstimmungen finden höchst selten statt (EU-I: "Lieber verschieben wir das Thema auf die nächste Sitzung"), hie und da kommt es zu Stimmenthaltungen.
Bei der GFU-B, -C, -D und -H beschränkt sich der regelmässige Teilnehmerkreis an VR-Sitzungen auf die VR-Mitglieder und nur im traktandenbezogenen Bedarfsfall nehmen weitere Personen teil (bspw. bei Präsentationen). In allen anderen Fällen ist die Konzern-/Geschäftsleitung oder Teile davon regelmässig an den VR-Sitzungen anwesend.
Als weitere (informelle) VR-Aktivitäten wurden genannt: gemeinsame Mahlzeiten, 'Zusammensitzen', Ausflüge (bspw. Wanderungen; EU-B: "gemeinsame Erlebnisse zur Gruppenbildung") und auch private Kontakte.
Die VR-Aktivitäten werden im allgemeinen vom VR-Präsidenten bzw. vom VR-Sekretär organisiert. Im Falle der GFU-F und GFU-I übernimmt der Vorsitzende der Konzernleitung die organisatorischen Arbeiten.

ad Frage 27:

Es interessierte die Inanspruchnahme externer Beratungsleistungen speziell für den Verwaltungsrat:

➥ In der GFU-E und -J sind vor kurzem externe Berater beauftragt worden, das VR-Geschehen zu analysieren und Verbesserungsvorschläge zu erarbeiten. In den anderen Fällen gibt es keine Erfahrungen mit Beratern speziell für diesen Zweck.

4.3.3.3 Zum 'VR-Personal' (28-33)

ad Frage 28:

Diese Frage hatte den Verwaltungsrat als Person zum Gegenstand:

➥ Das Durchschnittsalter über alle Verwaltungsräte hinweg liegt zwischen 59 und 60 Jahren. In sieben Fällen wurde von den EU eine Verjüngerung ihres Gremiums angekündigt. Ausser bei der GFU-C besteht für alle Verwaltungsräte eine Alterslimite. Diese beträgt bei der GFU-D 72 Jahre, bei der GFU-I 75 Jahre (Herabsetzung in Diskussion) und in allen anderen Fällen 70 Jahre.

Die Amtsdauern fallen sehr unterschiedlich aus (unvollständige Antworten), in der Regel handelt es sich jedoch um langfristige Mandate. Eine maximale Amtsdauer ist in keinem Fall festgelegt. Bei der GFU-A wird derzeit die Einführung einer fünfzehnjährigen Maximaldauer in Erwägung gezogen.

Von einigen wenigen Ausnahmen abgesehen handelt es sich bei den VR-Mitgliedern um Akademiker.

In allen zehn Verwaltungsräten gibt es mindestens ein VR-Mitglied, das gleichzeitig mehrere VR-Mandate ausübt.

Lediglich im Verwaltungsrat der GFU-A und -C findet sich ein Ausländer. Ansonsten handelt es sich durchwegs um Schweizer Staatsbürger.

Unter den insgesamt 65 VR-Mitgliedern befinden sich lediglich zwei Frauen (beide Aktionärinnen).

Ausser den Familienaktionären halten keine speziellen Interessenvertreter (bspw. Arbeitnehmer, Banken) Einsitz in den Verwaltungsräten.

Der Anteil Familienaktionäre an allen Verwaltungsräten beträgt 45 %. Bei den restlichen 55 % handelt es sich um unternehmungsexterne Personen (d.h. weder Aktionär noch in der Unternehmung tätig). Mit Ausnahme der GFU-E, -F, -G und -H wird das VR-Präsidium von Familienaktionären besetzt.

Lediglich bei der GFU-C und -J handelt es sich beim Präsidentenamt um einen 'full-time job', bei der GFU-A und -I um einen 'half-time job'. In allen anderen Fällen beansprucht das Präsidentenamt deutlich weniger als 50 % der normalen Arbeitszeit. In der GFU-A soll ab 1994 der VR-Präsident und ein einfaches VR-Mitglied vollzeitlich beschäftigt sein.

Nur die allerwenigsten (unvollständige Antworten) der 36 externen VR-Mitglieder sind aktive Führungskräfte (d.h. nicht unbedingt auf VR-, sondern v.a. auf Führungsebene) in anderen Unternehmungen. In den Verwaltungsräten der GFU-C und -G sitzt je eine ehemalige interne Führungskraft (Nichtaktionäre).

ad Frage 29:

Es stellte sich die Frage nach den Auswahlkriterien für ein VR-Mitglied aus der Sicht einer GFU:

➥ Folgende Kriterien erachten die EU als 'sehr wichtig' (jeweils mehr als fünf Nennungen):
- Persönlichkeit
- Führungserfahrung
- Unabhängigkeit
- Integrität
- Teamfähigkeit
- Fachwissen

Obwohl keiner der Verwaltungsräte ressortiert ist, wird mehrheitlich versucht, mit der Wahl bestimmter VR-Mitglieder die wichtigsten Funktionsbereiche abzudecken, bspw. bei der GFU-B 'Finance', 'Human Ressources' und 'International Marketing', oder bei der GFU-C 'Markt', 'Technik', 'Finanzen'.

ad Frage 30:

Hier wurde nach der VR-Beschaffung und nach der Bedeutung der externen VR-Mitglieder gefragt:

➥ In durchwegs allen Fällen wird die Aufgabe der VR-Beschaffung in der Hauptsache vom VR-Präsidenten wahrgenommen. In den Augen der EU handelt es sich um eine sehr anspruchsvolle Aufgabe, denn das Rekrutierungspotential ist beschränkt (EU-A: "Ein Hauptproblem ist die zeitliche Verfügbarkeit von noch aktiven Führungskräften"). In keinem Fall wurde bislang die professionelle VR-Vermittlung beansprucht. Kandidaten ergeben sich meist durch persönliche Kontakte des VR-Präsidenten oder auf Vorschlag einzelner VR-Mitglieder.

Die Einschätzung der Rolle der externen VR-Mitglieder durch die EU lässt sich am besten durch das Votum des EU-H widergeben: "Zweifelsohne spielen externe VR-Mitglieder eine wichtige Rolle für den Verwaltungsrat und damit für die Firma überhaupt. Sie sollten Garant für die Öffentlichkeit sein, dass es im Verwaltungsrat objektiv und nicht subjektiv läuft. Ausserdem sollten sie für die anderen VR-Mitglieder und auch für die Geschäftsleitung kritische Gesprächspartner sein. Dazu haben sie gegenüber den Aktionären eine Schutzfunktion wahrzunehmen. Dennoch sollte von der Sache her nicht zuviel erwartet werden, denn das Informationsgefälle zwischen Internen und Externen ist enorm".

ad Frage 31:

Es interessierte, ob nicht nur auf Stufe Geschäftsleitung, sondern auch auf Stufe Verwaltungsrat eine (systematische) Leistungsbeurteilung und Nachfolgeplanung betrieben wird:

➡ In keinem Fall wird sowohl eine echte Leistungsbeurteilung als auch Nachfolgeplanung praktiziert. Einige EU betonten, dass sie für sich zwar die anderen VR-Mitglieder beurteilen würden (EU-I: "Ich mache das nur im Kopf, aber nicht offiziell"), dass aber aus 'psychologischen', 'persönlichen' und anderen Gründen eine offene Leistungsbeurteilung nicht durchführbar sei. Von besonderer Bedeutung sei deshalb die Evaluation der VR-Kandidaten. Bei der GFU-A müssen sich die VR-Kandidaten zuerst über Projekte qualifizieren, bevor sie in den Verwaltungsrat gewählt werden.
Zur Nachfolgeplanung vgl. Frage 19.

ad Frage 32:

Gegenstand dieser Frage war die VR-Salarierung:

➡ In allen Fällen erhalten die VR-Mitglieder eine feste Jahresentschädigung und allfällige Spesenerstattung. Bei der GFU-A und -F wird zusätzlich ein ergebnisabhängiger Bonus ausbezahlt.
Mit Ausnahme der Bonusregelungen bei der GFU-A und -F konnte in keinem Fall eine klare Bemessungsgrundlage für die Entschädigungshöhe ausgemacht werden (EU-H: "Das geht bei uns Handgelenk mal Pi").
Das durchschnittliche VR-Honorar bei 73 börsengängigen Schweizer Unternehmungen betrug für 1992 40'275.-- SFr. Alle EU gaben an, dass das durchschnittliche VR-Honorar in ihren Fällen über diesem Durchschnittswert liegt (von 'leicht darüber' bis 'erheblich mehr').
In den Fällen GFU-B, -C, -D ist die Entschädigungshöhe für alle VR-Mitglieder gleich. Bei allen anderen GFU erfolgt eine Abstufung je nach

der Stellung innerhalb des VR-Gremiums. Zukünftige Änderungen sind in keinem Fall vorgesehen.

Zwecks Erhöhung der Attraktivität und Leistungsfähigkeit des Verwaltungsrats wurden folgende (immateriellen) VR-Anreize genannt:

- Schaffung eines guten VR-Klimas: EU-A: "Teamgefühl verbreiten", EU-B: "[...] verschworene Gemeinschaft ohne Schonung, [...] offenster Kontakt neben der Ehe, [...] es muss auch Spass machen";
- persönliche Kontaktpflege;
- Weiterbildung (PE);
- EU-C: "Für die VR-Mitglieder sollte dieses Amt eine Herausforderung darstellen";
- EU-F: "Je besser der Ruf der Unternehmung, desto leichter ist es, gute Verwaltungsräte zu finden".

ad Frage 33:

Es stellte sich die Frage nach PE-Massnahmen für die VR-Mitglieder:

➡ In keinem Fall gibt es ein regelrechtes 'Weiterbildungsprogramm', jedoch wird versucht, durch einzelne Weiterbildungsmassnahmen den Informationsstand v.a. der externen VR-Mitglieder laufend zu erhöhen. Dazu gehören insbesondere:
  - Selbststudium von Unternehmungsdokumenten und Sitzungsunterlagen;
  - individuelle Einführungs-, Besuchs- oder Besichtigungsprogramme;
  - Vorträge, Referate, Präsentationen zur Einführung und Vorbereitung von schwierigen Traktanden;
  - Besichtigung und Besuche von wichtigen Einrichtungen, Geschäftsstellen und Tochtergesellschaften im In- und Ausland;
  - Teilnahme an internen Managementtagungen und Seminaren (vgl. Frage 26).

4.3.3.4 Zur 'VR-Information' (34-36)

ad Fragen 34-36:

Es interessierten die Informationsphilosophie und -politik des Verwaltungsrats sowie Probleme bei der Informationsversorgung der VR-Mitglieder:

- ➠ Ausnahmslos haben die EU sämtliche vorgegebenen Antworten bei der Frage 34 angekreuzt, d.h. in den Augen der EU ist die Informationsphilosophie ihres Verwaltungsrats durch die Merkmale 'Vertrauensverhältnis', 'Lernatmosphäre', 'Bedürfnisorientierung', 'Bring- und Holprinzip', 'Wissensdiffusion' und 'kein Abbild der Machtsituation' gekennzeichnet. Zusätzlich wurde im allgemeinen grösster Wert auf das Merkmal 'Offenheit' gelegt.
- ➠ Mit gleicher Grosszügigkeit wurden bei der Frage 35 fast durchwegs sämtliche vorgegebenen Antworten angekreuzt. Demnach liesse sich die Informationspolitik der Verwaltungsräte aus der Sicht der EU durch folgende Stichworte umreissen: vergangenheits- und zukunftsorientierte, mündliche und schriftliche, rechtzeitige, entscheidungsrelevante, klare und Alternativen aufzeigende VR-Informationen. Ausserdem würden sich die VR-Mitglieder in der Regel aktiv für die VR-Informationen einsetzen und somit von ihren Auskunfts- und Einsichtsrechten Gebrauch machen.
- ➠ Nach Aussage der EU stellt die Informationsversorgung in den meisten Fällen kein Problem dar. Es wurde jedoch auf folgende Punkte hingewiesen:
  - EU-A: "Wir wollen für den Verwaltungsrat kein separates Informationssystem aufbauen. Der Verwaltungsrat soll mit den Informationen der Linie arbeiten. Dadurch wollen wir Informationsverluste vermeiden";
  - EU-B: "Für die VR-Mitglieder ist das Know-where wichtiger als das Know-how";
  - EU-C: "Die externen VR-Mitglieder müssen sich Schritt für Schritt das firmenspezifische Wissen aneignen. Es braucht Jahre, bis sie mit unserer Denkweise vertraut sind";
  - EU-E: "Gute Information heisst auch detaillierte Information. Doch stellt sich dann schnell einmal das Problem der Verdaubarkeit";
  - EU-G: "Bei uns werden die Präsentationen meistens von Konzernleitungsmitgliedern gemacht. Ich halte mich lieber zurück, denn ich will durch meine Stellung als Delegierter kein Informations- und Machtmonopol schaffen".

4.3.3.5 Zur Generalversammlung (37-43)

ad Frage 37:

Überleitend vom Verwaltungsrat zur Generalversammlung ging es hierbei um das Verhältnis bzw. den Autonomiegrad (das Ausmass der Unabhängigkeit) zwischen den Familienaktionären, dem Verwaltungsrat und dem Management:

- Aus den teilweise unvollständigen Antworten können folgende Gemeinsamkeiten ausgemacht werden: In den Augen der EU ist der Verwaltungsrat das zentrale Spitzenorgan. Schon allein aufgrund der Einsitznahme einzelner, in manchen Fällen sogar aller Familienaktionäre im Verwaltungsrat, kann das Verhältnis zwischen den Familienaktionären und dem Verwaltungsrat als sehr eng ('familiär') bezeichnet werden. Ein enges Verhältnis (intensiver Kontakt) besteht meist auch zwischen dem VR-Präsidenten und dem Management, v.a. dessen Vorsitzenden. Der VR-Delegierte stellt das personifizierte Bindeglied zwischen dem Verwaltungsrat und dem Management dar und bestimmt dadurch massgeblich das Verhältnis zwischen denselben. Die Mehrheit der EU behauptet, dass trotz der engen (und angeblich guten) Verhältnisse die Spitzenorgane unabhängig voneinander funktionieren und damit der Autonomiegrad zwischen den Familienaktionären, dem Verwaltungsrat und dem Management hoch sei.

ad Fragen 38-43:

Diese Fragen betreffen speziell das Spitzenorgan Generalversammlung. Die Auswertung der Antworten hat zu folgenden Ergebnissen geführt:

- Der Aufgabenbereich der Generalversammlung beschränkt sich in allen Fällen auf das gesetzliche Minimum. Aus der Sicht der EU wird die Generalversammlung im allgemeinen als Formalität angesehen. Abgesehen von den der Generalversammlung zustehenden (unübertragbaren) Befugnissen (Statutenänderungen, Wahl des Verwaltungsrats und der Revisionsstelle, Genehmigung der Jahresberichte und -rechnungen sowie die Beschlussfassung über die Gewinnverwendung, Entlastung des Verwaltungsrats) wird der unmittelbare Einfluss der Generalversammlung auf das Unternehmungsgeschehen als gering eingeschätzt.
- Es hat sich gezeigt, dass je grösser das Aktionariat ist, desto höher wird der Stellenwert der Generalversammlung von den Familienaktio-

nären eingestuft. Während in denjenigen Fällen, in denen die EU Einzel- oder Hauptaktionäre sind (GFU-B, -D, -G und -J), die Generalversammlung aus Aktionärssicht als 'lästige Formalität' verstanden wird, messen die Familienaktionäre der GFU mit grösserem Aktionariat der Generalversammlung eine höhere Bedeutung bei. So wird in den letzteren Fällen (EU-A, -E, -F, -H, -I) die Generalversammlung von den Familienaktionären als 'Kommunikationszentrum', als 'Ort an dem Identifikation, Verständnis und Interesse der Familie(n) für die Unternehmung gefördert wird' oder als 'Forum des Vertrauens' beurteilt. Anhand der GFU-C lässt sich der hier gemachte Unterschied veranschaulichen. Vor dem Tod des zweiten Hauptaktionärs wurden die Generalversammlungen jahrzehntelang 'auf dem Papier' (Zirkularbeschlüsse) abgehalten. Mit dem kürzlichen Generationswechsel wuchs bei den Nachkommen jedoch das Bedürfnis nach einer 'Informationsveranstaltung', sodass für die Zukunft echte, d.h. tatsächlich stattfindende Generalversammlungen mit (physischer) Aktionärspräsenz vorgesehen sind.

Die Frage, ob die Sicherung der Unternehmungskontinuität ein Ziel darstellt, das von den Aktionären gleichsam getragen wird, wurde von den EU grundsätzlich bejaht. Im Falle der GFU-A ist diese Zielformulierung sogar statutarisch verankert ('an erster Stelle').

➡ In allen GFU findet nebst der gesetzlich vorgeschriebenen ordentlichen Generalversammlung (einmal jährlich) nur in Ausnahmefällen eine ausserordenltiche Generalversammlung statt (bspw. dann, wenn ein VR-Mitglied kurzfristig ersetzt wird). Bei der GFU-B, -D, -G und -J wird die Generalversammlung im Rahmen einer VR-Sitzung abgehalten (Extremfall GFU-J, EU-J: "Die Generalversammlung beschäftigt uns 50 bis 60 Sekunden pro Jahr"). Anwesend sind die Familienaktionäre, die VR-Mitglieder und in den ersten drei Fällen auch der Revisor. In den übrigen Fällen (ausser wie oben erwähnt in der GFU-C), alle mit einem grösseren Aktionariat, werden umfangreichere Veranstaltungen durchgeführt, bspw. EU-I: "Bei uns ist die Generalversammlung in erster Linie ein Familientreffen mit rund 80 Teilnehmern. Davon sind zwei Drittel Familie und ein Drittel Andere. Die Kapitalpräsenz liegt dank der anwesenden Vertreter der grössten Aktienstämme bei über 90 %. Die Versammlungen finden jährlich statt und dauern einen ganzen Nachmittag. Zuerst kommt der Informationsteil des Verwaltungsratspräsi-

denten, dann der Informationsteil des Konzernleitungsvorsitzenden. Nach den Regularien gibt es einen kleinen Imbiss".
In keinem Fall finden Universalversammlungen statt.
Vorbereitung und Leitung der Generalversammlungen liegen durchwegs in den Händen des Verwaltungsrats bzw. des VR-Präsidenten.

- ➥ Nebst den ordentlichen Generalversammlungen finden in allen GFU auch informelle GV-Aktivitäten statt. Dazu zählen letztlich alle Kontakte zwischen den Familienaktionären, die für die unternehmungsbezogene Meinungs- und Willensbildung relevant sind, also bspw. das tagtägliche Aufeinandertreffen in der Unternehmung oder in der Familie, gemeinsame Mahlzeiten oder organisierte Familientreffen (EU-I: "Bei uns wird alle paar Jahre eine Familientagung zur Förderung des Gemeinsinns durchgeführt"). Diese informellen GV-Aktivitäten können teilweise entscheidende Auswirkungen auf die nachfolgenden Generalversammlungen haben, bspw. EU-D: "Bei uns werden die Ausschüttungen vor der Generalversammlung und ohne die externen Verwaltungsräte im engsten Familienkreis diskutiert und entschieden". Treibende Kraft für die informellen GV-Aktivitäten ist in der Regel der EU.
- ➥ Nach Aussage aller EU sind innerhalb des Aktionärskreises sowie zwischen den Aktionären und der Unternehmung keine gravierenden (offenen) Konfliktsituationen auszumachen. Die Identifikation der Familienaktionäre mit der Unternehmung sei im allgemeinen hoch bis sehr hoch.
- ➥ Das Problem der Informationsversorgung der Aktionäre stellt sich an und für sich nur dann, wenn die Aktionäre nicht in der Unternehmung tätig sind. In diesen Fällen erfolgt die Informationsversorgung der Aktionäre nach dem Bringprinzip, d.h. der Verwaltungsrat informiert die Aktionäre vor der Generalversammlung (Zustellen des Geschäftsberichts) oder nur an der Versammlung selbst. Dazu ergänzend können die Familienaktionäre an den Versammlungen sowie teilweise auch während des Jahres weitere Informationen nach dem Holprinzip beim Verwaltungsrat nachfragen.

4.3.3.6 Zu den übrigen Spitzenorganen (44-45)

ad Frage 44:

Diese Frage hatte das dritte obligatorische Spitzenorgan, die Revisionsstelle, zum Gegenstand:

➥ In allen GFU ist die Revisionsstelle auf die gesetzlich vorgeschriebene Legalitätsprüfung beschränkt, d.h. es werden ihr keine weiteren Aufgaben fest übertragen. In Einzelfällen werden sporadisch Beratungsleistungen in Anspruch genommen (bspw. Umstellung der Rechnungslegung auf EG-Standard oder Beratung für Anlagefonds) oder in Ergänzung zur internen Revision auch spezielle Prüfaufträge vergeben (bspw. Spesenabrechnungen).

In allen Fällen wurde bereits vor Inkrafttreten des neuen Aktienrechts mit professionellen Revisoren zusammengearbeitet und damit die Laienrevision unterbunden. Mehrheitlich wird vom Hauptsitz aus mit einer (grossen) Revisions- und Treuhandgesellschaft und bei den Tochtergesellschaften im Ausland mit lokalen Gesellschaften zusammengearbeitet. Im allgemeinen wird eine mittel- bis langfristige Zusammenarbeit verfolgt (EU-J: "Ab und zu sollte man die Revisoren jedoch wissen lassen, dass es auch noch andere gibt").

Die Familienaktionäre stützen sich bei der Wahl der Revisionsstelle ganz auf die Empfehlungen des Verwaltungsrats ab. Bspw. ist es in der GFU-H Aufgabe des VR-Ausschusses, die Revisionsstelle zu begutachten und nach den alle paar Jahre erfolgten Konkurrenzpräsentationen der Revisions- und Treuhandgesellschaften einen allfälligen Wechsel vorzuschlagen.

Mit Ausnahme der GFU-C und -J sind die Revisoren an allen Generalversammlungen anwesend.

Mehrheitlich wurde betont, dass die Revisionsstelle einen hohen Stellenwert einnehmen sollte (EU-G: "Im Fall 'Rey' muss man sich fragen: welche Rolle spielte die Revisionsstelle?"). Es wird erwartet, dass die Revisionsgesellschaften nebst der reinen Revision auch Fachberatungen anbieten (bspw. bei steuerlichen Fragen). Diese Beratungsdienste können sich speziell auch nur auf die Familie beziehen (bspw. spielte in der GFU-J die Revisionsstelle bei der Auszahlung des Bruders eine beratende Rolle).

ad Frage 45:

Es interessierte, ob zusätzlich zu Verwaltungsrat, Generalversammlung und Revisionsstelle auch fakultative Spitzenorgane bestehen:

➥ Keine GFU verfügt über zusätzliche Spitzenorgane.
Von der Einrichtung eines Experten-Beirats auf Spitzenebene wird durchwegs wenig gehalten. Befürwortet und teilweise auch praktiziert wird dagegen die projektbezogene Konsultation bzw. Zusammenarbeit mit Experten (bspw. Technologieberatung).

4.3.4 Ergebnisse zu bestimmten Einzelpunkten (46-50)

ad Frage 46:

Es stellte sich die Frage, ob die formellen Regelungen zur Spitzenorganisation mit den faktischen Verhältnissen weitgehend übereinstimmen:

➥ In den Augen der EU bestehen keine signifikanten Abweichungen zwischen den formellen Regelungen und den faktischen Verhältnissen. Allerdings zeigt sich zumindest in der GFU-C und -D, dass die auf das VR-Mandat beschränkten Senior-Unternehmer (bei der GFU-D handelt es sich um eine Senior-Unternehmerin) sich nach wie vor in das Tagesgeschäft 'einmischen' und damit über die formellen Kompetenzregelungen hinwegsetzen.

ad Frage 47:

Es stellte sich die Frage, wie ein EU das Nachfolgeproblem in der GFU angehen soll:

➥ Folgende Punkte wurden genannt (stichwortartig):
- Lösungen innerhalb der Familie abklären, ansonsten Alternativen prüfen, jeden möglichen Fall regeln;
- Frühzeitiger Aufbau eines starken Verwaltungsrats, der im Notfall auch als Treuhänderrat interimistisch fungieren kann;
- Rechtzeitig ein entsprechendes Problembewusstsein entwickeln ('nicht davonlaufen, sondern dem Problem in die Augen schauen'), permanente Auseinandersetzung;
- Frühzeitig die Kinder in die Nachfolgediskussionen miteinbeziehen;
- Keine vorgefassten Meinungen oder Idealvorstellungen haben (bspw. 'die Firma muss unbedingt in Familienhand bleiben');
- Das Problem zwar mit Engagement, aber auch mit Distanz angehen;

- Konsultation von unbelasteten Drittpersonen, mit denen offen diskutiert werden kann;
- Durchführung von 'Nachfolge- oder Ideenwettbewerben' (bspw. mit Anwälten oder Beratern);
- Sich bei anderen Familienunternehmungen umschauen, keine Hemmungen haben, nicht alles alleine machen wollen;
- Sich rechtzeitig aus dem Tagesgeschäft zurückziehen ('ab 50');
- Einfache Lösungen suchen, sich verschiedene Varianten bis zuletzt offen halten (Flexibilität);
- 'Emergency plans' für alle Führungsstellen.

ad Frage 48:

Es interessierte, welche eigentumsbezogenen 'Perpetuierungsmassnahmen' in den GFU zur Anwendung gelangen:

➡ Mit Ausnahme der EU-A und -F, die beide von 'ihrer' Stiftungslösung überzeugt sind, stehen die anderen EU der Stiftung ablehnend gegenüber (EU-H: "Die Stiftung bedeutet eine Zementierung der Zukunft", EU-I: "Stiftungen sind goldene Fesseln", und auch EU-F: "Hätte ich einen Sohn, so hätte ich der Stiftungslösung vermutlich nicht zugestimmt").

Abgesehen von der GFU-B, -D und -G (einfache Eigentumsverhältnisse) gelangt in allen anderen GFU mindestens eine der folgenden Perpetuierungsmassnahmen zur Anwendung:
- Vinkulierung;
- Stimmrechtsaktien;
- Aktionärsbindungsvertrag (Poolvertrag);
- Vorkaufsrechte an Aktien/Auflagen für die Veräusserung von Anteilen;
- Beschränkungen auf Vermögensbelastungen.

In keinem Fall sind Beschränkungen auf Entnahmen geregelt und in keinem Fall sind Leitlinien der Führungsnachfolge (bspw.: Erbfolge ist nicht gleichzeitig Führungsnachfolge) schriftlich fixiert. Dafür gibt es 'ungeschriebene Gesetze' (bspw. für die Dividendenhöhe oder für das Anforderungsprofil eines VR-Mitglieds). Die Erbfolge ist bei der GFU-J in Form von 'Erbszenarien' geregelt, EU-J: "Bei uns ist das Prozedere für die nächste Generation geregelt. Im Todesfall aller drei Nachkommen tritt eine Interimslösung über den Verwaltungsrat in Kraft. Ansonsten geben die Erbszenarien Antwort auf die Frage 'was passiert wenn ...?'. Wichtig ist, dass das Prozedere, aber nicht die Personen bestimmt sind. Ausserdem ist für jeden Ausstieg die Bewertung der Anteile vorbestimmt".

ad Frage 49:

Hierbei ging es um die wichtigsten Kontinuitätsmassnahmen bzw. um spitzenorganisatorische Effizienzkriterien der GFU:

➥ Folgende Punkte wurden genannt (stichwortartig):
- Gemeinsame Ziel- und Wertvorstellungen: Familie und Unternehmung haben eine klare Vision und Strategie;
- Entscheidungskraft und Handlungsfähigkeit;
- Familienneutralität ('professionell und objektiv');
- Management-Development ('gute Leute an der Spitze');
- Attraktives Umfeld;
- Gesunde Unzufriedenheit, selbstkritische Haltung;
- Teamorientierung in den Spitzengremien;
- Flexibilität: Lern- und Anpassungsfähigkeit der Spitzenorganisation insgesamt und des EU im speziellen (bspw. Bereitschaft zur Übernahme neuer Aufgaben);
- Persönliches Engagement, Leistungsbereitschaft aller Spitzenkräfte und auch Familienaktionäre ('voller Einsatz', 'keine Galionsfiguren', 'Fokus und Konzentration'), EU-B: "Sich selbst sein, sich voll eingeben und in Offenheit und Transparenz die Willensbildung in Familie und Unternehmung angehen";
- Weitestgehende Deckung von Familie, Kapital und Führung (sofern Führungsqualifikation vorhanden ist);
- Adäquate Positionierung des Verwaltungsrats und adäquater Führungsstil nach dem Abgang des Senior-Unternehmers;
- Ausrichten der Spitzenorganisation am Unternehmungsinteresse (und nicht am Familieninteresse);
- Finanzielle Unabhängigkeit;
- Erarbeitung des 'Rechts auf Nachfolge', EU-E: "Wie unsere Gesellschaft muss ein Unternehmen ein demokratisches Gebilde sein, in dem Fähige aufsteigen und Verantwortung übernehmen können";
- Vertrauensverhältnis zwischen den Familienaktionären, den Verwaltungsräten und dem Management, EU-J: "Die persönliche Chemie

und damit das emotionale Klima muss stimmen, sowohl innerhalb der Familie als auch innerhalb des Verwaltungsrats sowie zwischen den Spitzenorganen";

- Auf VR- und Führungsebene zählen nicht nur die fachlichen, sondern ganz besonders auch die menschlichen Qualitäten;
- Einzelpersonenunabhängigkeit, EU-G: "Für mich steht dennoch die Person des Unternehmers im Vordergrund. 'Einzelpersonenunabhängigkeit' kann nur so verstanden werden, dass im Nachfolge- und speziell im Risikofall eine bestehende, funktionierende Spitzenorganisation vorhanden ist, die das entstandene Loch schnell wieder stopfen kann. Im übrigen ist es falsch zu glauben, ich könnte - nur weil ich Alleinaktionär bin - autonomer schalten und walten als ein Fahrni bei Sulzer oder ein Maucher bei Nestlé".

ad Frage 50:

Zuletzt ging es um allfällige Schlussbemerkungen der EU zum vorliegenden Thema:

➥ Aus Platzgründen soll hier abschliessend lediglich das eindrückliche Votum des EU-A widergegeben werden: "Wir verstehen uns als Familienunternehmen, wenn es rein um das Aktienkapital geht. Von der Führung und dem Management her gesehen betrachten wir uns eigentlich nicht als Familienunternehmen, auch wenn heute ein Familienmitglied den Vorsitz der Konzernleitung innehat. Wir haben in den letzten Jahren bewusst die Konzernleitung schrittweise durch die Institution der Erweiterten Konzernleitung vergrössert. So sind in dieser Gruppe bereits Führungskräfte aus fünf Nationen vertreten, was unsere internationale Ausrichtung widerspielt. Wir haben in der Vergangenheit bereits klar zum Ausdruck gebracht, dass der Kapitalbesitz nicht gleichbedeutend mit dem Anspruch auf die Unternehmungsführung ist. Für uns alle ist die Qualifikation und nicht die Herkunft entscheidend. Ausserdem wird durch die enge Arbeit im Team, der gemeinsamen Verantwortung und der gegenseitigen Unterstützung auch in der Konzernleitung die Einzelperson unwichtiger. Es ist sicherlich für unsere Mitarbeiter gut zu wissen, dass die weitere Entwicklung unserer Gruppe eben nicht von einer Einzelperson abhängt, sondern dass die Kontinuität im Top-Management auf diese Weise gesichert ist".

4.3.5 Zusammenfassende Befundinterpretation

Trotz der im Kapitel über das Studiendesign angesprochenen Grenzen der Erhebungs- und Auswertungsmethodik und der damit verbundenen Relativierung der explorativen Studie vertritt der Verfasser - er erlebte die Untersuchung als konzentrierten Lernprozess - die Ansicht, dass die Studie interessante Ergebnisse zum vorliegenden Thema liefert. Sodann werden im Folgenden die auffallendsten Ergebnisse (stark vereinfacht) zusammengefasst:

- Aus der Grobcharakteristik der untersuchten Unternehmungen lässt sich ein Prototyp der GFU ableiten, der folgendermassen umrissen werden kann: Die (typische) GFU ist mindestens eine Unternehmergeneration alt. Sie beschäftigt mehrere tausend Mitarbeiter, wovon über die Hälfte auf das Ausland verteilt ist. Es handelt sich um einen stark international ausgerichteten Konzern mit vielfältigen Geschäftsaktivitäten. Die GFU zählt nicht nur auf dem Binnenmarkt, sondern teilweise auch auf ausländischen Märkten zu den Branchengrössten. Die Eigentumsverhältnisse werden massgeblich durch eine Familie bestimmt. Die Unternehmerpersönlichkeit (EU) spielt auf der Überwachungs- und vereinzelt sogar nach wie vor auf der Führungsebene die entscheidende Rolle. Einzelne Führungs- und Überwachungspositionen werden zum Teil von (allfällig) weiteren Familienmitgliedern gehalten. Noch - wenn auch im Vergleich zur typischen Familienunternehmung in abgeschwächter Form - kann die Verflechtung zwischen Familie und Unternehmung als eng bezeichnet werden (die GFU als symbiotisches Gebilde[18]). Damit widerspricht der dem Bezugsrahmen zugrunde gelegte Modellfall 'XY AG'[19] keinesfalls dem hier identifizierten Prototyp der GFU.

- Die GFU ist nicht nur ein theoretisches Konstrukt, sondern kann - wenn auch nicht eindeutig abgrenzbar - als real existierender Unternehmungstypus verstanden und beobachtet werden, der in unterschiedlicher Ausprägung sowohl durch bestimmte Merkmale einer typischen Familienunternehmung als auch durch bestimmte Merkmale einer typischen Publikumsunternehmung gekennzeichnet ist. Der Übergang zwischen den Unternehmungstypen ist fliessend. Aus dynamischer Sicht

[18] Vgl. Kapitel 2.1.1.1.

[19] Vgl. Kapitel 3.1.

kann die GFU als mögliche Entwicklungsstufe einer Unternehmung, als mögliche Zwischenstation auf dem Weg zur 'Unternehmung an sich' angesehen werden.

- Die Zukunft der GFU wird von den EU insoweit positiv eingeschätzt, als insbesondere die internationale Wettbewerbsfähigkeit aufrechterhalten, Führungs- und Nachfolgeprobleme rechtzeitig gelöst und die Finanzierung des Wachstums sichergestellt werden können sowie als erfolgsrelevante Eigenschaften einer typischen Familienunternehmung (bspw. Entscheidungsschnelligkeit und Flexibilität) trotz zunehmender Unternehmungsgrösse nicht verlorengehen.
- Bei den Generationswechseln in den GFU handelt es sich mehrheitlich um graduelle, oft über Jahre sich erstreckende, im voraus nur beschränkt planbare und manchmal auch konfliktäre Übergangs- und Wechselprozesse zwischen Nachfolger(n) und Nachzufolgendem. Auf das nicht genau lokalisierbare Ende eines Generationswechsels fällt der Beginn eines Neuen, d.h. der Generationswechsel sollte als 'ongoing concern' begriffen werden.
- Abgesehen von terminologischen Anpassungen der spitzenorganisatorischen Dokumente (v.a. Statuten und Reglemente) hat das neue Aktienrecht zu keinen wesentlichen materiellen Änderungen der GFU-Spitzenorganisation geführt (das neue Aktienrecht als kodifizierte Praxis[20]). Dieses Ergebnis relativiert die juristischen Betrachtungen zum vorliegenden Thema.
- Bezüglich der spitzenorganisatorischen Rahmenstruktur kann durchwegs eine von allen EU grundsätzlich positiv beurteilte und für die Kontinuität der GFU als 'wichtig' eingeschätzte Trennungsstruktur registriert werden. In personeller Hinsicht wird die Trennung mehrheitlich jedoch nicht praktiziert (beschränkte Unabhängigkeit der Überwachung), wobei die personell getrennte Wahrnehmung von Führungs- und Überwachungsaufgaben mit zunehmender Unternehmungsgrösse tendenziell steigt. Aus bereits abgeschlossenen sowie aus laufenden Änderungsvorhaben kann ein Trend zur personellen Trennung ausgemacht werden, und zwar umso stärker, je grösser die Unternehmungen sind bzw. werden. Dabei spielt oft der nachfolgende EU als Promotor ('treibende

20 Vgl. Kapitel 2.2.2.2.

Kraft') des Wandels eine wichtige Rolle. In jedem Fall sollten die Führungs- und Überwachungsgremien unabhängig von einer Einzelperson (EU) funktionieren können.

- ❖ Bezüglich der spitzenorganisatorischen Detailstruktur, d.h. bezüglich der drei zwingenden Spitzenorgane Verwaltungsrat, Generalversammlung und Revisionsstelle, kann insgesamt eine Aktivierungstendenz im Sinne einer verstärkten Leistungsorientierung ausgemacht werden, doch wird in keinem Fall das Aktivierungs- bzw. das im Bezugsrahmen aufgezeigte Gestaltungspotential voll ausgeschöpft.
- ❖ In den letzten Jahren hat bei den GFU mehrheitlich eine noch nicht abgeschlossene Aufwertung des zentralen Spitzenorgans Verwaltungsrat stattgefunden, ausgelöst im allgemeinen durch die steigenden Anforderungen an die Unternehmungsführung einer Grossunternehmung sowie im speziellen durch Generationswechsel oder auch durch die Einführung der personellen Trennung zwischen Führung und Überwachung. Es hat sich in mehreren Fällen gezeigt, dass der Senior-Unternehmer oft als Bremsfaktor für die frühzeitige Weiterentwicklung des Verwaltungsrats zu einem VR-Typ höherer Stufe gewirkt hat. In den Augen aller EU kann der Verwaltungsrat am ehesten in Form des noch nicht überall realisierten 'VR-Typs 4' einen echten Beitrag zur Kontinuitätssicherung der GFU leisten. Aus dieser anvisierten VR-Positionierung resultiert unter anderem ein hoher strategischer Involvierungsgrad des Verwaltungsrats sowie die intensive Auseinandersetzung des Verwaltungsrats mit der Nachfolgeplanung auf Führungsebene. Bezüglich der VR-Rolle nach innen und nach aussen und bezüglich der VR-Führungsinstrumente ist ein Defizit an klarer schriftlicher Fixierung festzustellen.
- ❖ Im Vergleich zu grossen Publikumsunternehmungen verfügen die GFU über verhältnismässig kleine, durchwegs nicht-ressortierte Verwaltungsräte mit durchschnittlich sechs bis sieben VR-Mitgliedern. In der Hälfte der Fälle sind VR-Delegierte und (kleine) VR-Ausschüsse anzutreffen. Nach Ansicht der EU braucht der idealerweise als Team arbeitende Verwaltungsrat einen kompetenten Präsidenten, der als 'primus inter pares' innerhalb des VR-Gremiums und als Bindeglied zu den umliegenden Bezugsgruppen (v.a. Führung und Aktionariat) die spitzenorganisatorische Schlüsselrolle spielt. Die weiter oben angesprochene

Aufwertung bzw. Aktivierung des Verwaltungsrats wird durch eine über die letzten Jahre hinweg steigende Sitzungsfrequenz und -dauer unterstrichen. Mehrheitlich wird Strategieseminaren, Besichtigungen vor Ort, Einbezug der Führungskräfte und informellen VR-Aktivitäten eine zunehmende Bedeutung vorhergesagt und in Einzelfällen die verstärkte Zusammenarbeit mit externen Beratern auch auf VR-Ebene nicht ausgeschlossen.

- In personalwirtschaftlicher Hinsicht wird überwiegend eine Verjüngung der Verwaltungsräte angestrebt. Zwar stehen verstärkt leistungsorientierte Auswahlkriterien im Vordergrund, doch entpuppt sich die Beschaffung der geeigneten Persönlichkeiten als eigentlicher Engpass einer anforderungsgerechten VR-Zusammensetzung. Heute werden die VR-Gremien der GFU je zur Hälfte von Familienaktionären und Externen kontrolliert. Aktive externe Führungskräfte (Problem der zeitlichen Verfügbarkeit), insbesondere auch ausländische und weibliche Führungskräfte, sind nur schwach vertreten. Den externen VR-Mitgliedern wird im allgemeinen ein hoher Stellenwert beigemessen, wenngleich ihr Beitrag aufgrund des 'natürlichen' Informationsgefälles als begrenzt angesehen wird. Noch stellt das Präsidentenamt mehrheitlich keinen 'full-time job' dar. Personalwirtschaftliche Defizite und Verbesserungsmöglichkeiten auf VR-Ebene bestehen ausserdem bezüglich der VR-Leistungsbeurteilung, -Nachfolgeplanung, -Anreizsystem und auch im Bereich der PE.

- Die von allen EU vertretene VR-Informationsphilosophie und -politik lässt sich stark vereinfacht durch die Worte 'Offenheit' und 'Bedürfnisorientierung' umschreiben. Es muss jedoch aus der kritischen Sicht des Verfassers angezweifelt werden, ob dieses positive Bild der 'VR-Information' auch wirklich auf die tatsächlichen Verhältnisse zutrifft; an anderer Stelle wurde wiederholt auf Probleme der Informationsversorgung hingewiesen.

- Obwohl die Generalversammlung in allen GFU auf den gesetzlichen Aufgabenbereich beschränkt ist und von den EU überwiegend als Formalität angesehen wird, steigt der ihr von den Aktionären beigemessene Stellenwert mit zunehmender Aktionariatsgrösse. Je anonymer der Aktionärskreis wird, desto stärker wird das Bedürfnis der Anteilseigner nach echten Generalversammlungen. Erst dann wird die Generalversammlung zum Ort, an dem Familie(n) und Unternehmung bzw. Aktionäre und Verwaltungsrat aufeinandertreffen und 'live' kommunizieren. Es ist Aufgabe des Verwaltungsrats, die Notwendigkeit solcher GV-Veranstaltungen abzuschätzen. Oft geht von informellen GV-Aktivitäten wie bspw. Familientreffen eine präjudizierende Wirkung auf die Willensbildung in der nachfolgenden Generalversammlung aus. Moderator der Generalversammlungen ist der VR-Präsident, der normalerweise ein enges Verhältnis zu den Familienaktionären pflegt.

❖ Nach Ansicht der EU sollte die Revisionsstelle einen hohen Stellenwert einnehmen. So wird in allen GFU mit professionellen, grossen Revisionsgesellschaften zusammengearbeitet, die vereinzelt auch für spezielle Beratungsleistungen beansprucht werden. In der Mehrheit der Fälle ist der Revisor an den Generalversammlungen anwesend.

❖ In keiner GFU sind fakultative Spitzenorgane auszumachen.

❖ Ein hier nicht weiter überprüfbares Fragezeichen ist bei der angeblichen Übereinstimmung der formellen Regelungen mit den faktischen Verhältnissen zu setzen. Wird das Organisationsreglement tatsächlich gelebt oder dominiert die informelle Spitzenorganisation? Diese Frage sollte sich jeder (hierfür verantwortliche) Verwaltungsrat immer wieder von neuem stellen.

❖ Die Gestaltung der GFU-Spitzenorganisation hängt eng zusammen mit dem Nachfolgeproblem. Beide Probleme sind nicht unabhängig voneinander lösbar. Sie sollten deshalb gemeinsam und v.a. frühzeitig angegangen werden.

❖ Die EU nennen sowohl ökonomisch-technische als auch insbesondere individual-soziale und flexibilitätsorientierte Effizienzkriterien für die GFU-Spitzenorganisation.

❖ Eine effiziente Spitzenorganisation wird zwar als zentraler Kontinuitätsfaktor erachtet, doch hängt die Kontinuität der GFU zudem von weiteren führungs- und eigentumsbezogenen Massnahmen ab. Dabei ist es von grundlegender Bedeutung, ob sich die Familienaktionäre mit dem Ziel der Kontinuitätssicherung weitgehend identifizieren. Letzteres trifft nach Einschätzung der EU mehrheitlich zu.

❖ Wenngleich der in der vorliegenden Arbeit entwickelte Bezugsrahmen im Rahmen der explorativen Studie nicht umfassend überprüft werden konnte, kann hier zusammenfassend festgestellt werden, dass zumindest die vorhandenen Studienergebnisse mit der Konstruktionslogik und dem Inhalt des Bezugsrahmens übereingehen. Insofern kann von einer ersten (vorsichtigen) empirischen Bestätigung des Bezugsrahmens gesprochen werden.

Abschliessend soll nochmals betont werden, dass mit den vorgestellten Studienergebnissen kein Anspruch auf Repräsentativität verbunden wird. Doch könnten die hier gemachten Aussagen als Ausgangsthesen einer breiter angelegten Untersuchung Verwendung finden. Angesichts der nach Auffassung des Verfassers bislang verkannten Bedeutung der GFU[21] dürfte sich eine diesbezüglich intensivierte Forschungsaktivität nicht nur rechtfertigen, sondern in Zukunft vielleicht sogar aufdrängen.

21 Vgl. Kapitel 2.1.3.

5 SCHLUSSTEIL

Das Thema der vorliegenden Arbeit ist die Gestaltung der GFU-Spitzenorganisation. Um den eingangs formulierten Zielsetzungen näherzukommen, wurde das Gestaltungsproblem sowohl aus theoretischer als auch aus praktischer Sicht beleuchtet. Nach der Schaffung der definitorischen und aktienrechtlichen Grundlagen bezüglich der GFU und der Spitzenorganisation wurde auf theoretisch-konzeptioneller Ebene ein Bezugsrahmen entwickelt, der gestaltungsrelevante Zielgrössen, Kontextfaktoren und Aktionsparameter erfasst und bereits auch erste potentielle Gestaltungsrichtungen aufzeigt. Im empirischen Teil diente der Bezugsrahmen sodann als wesentliche Vorlage für die Aufstellung des Fragebogens. Folglich wurden die Ergebnisse der explorativen Studie vor diesem Hintergrund dargestellt und interpretiert. Zur Abrundung der Arbeit werden in Kapitel 5.1 im Sinne des pragmatischen Wissenschaftsziels Gestaltungsempfehlungen aufgeführt und zuletzt erfolgt in Kapitel 5.2 ein kurzer Ausblick auf Theorie und Praxis.

5.1 Gestaltungsempfehlungen

Die in Kapitel 2 erarbeiteten Grundlagen, der in Kapitel 3 konstruierte Bezugsrahmen und die in Kapitel 4 dargestellten Ergebnisse der Explorationen zur Aufdeckung von Zielen, Bedingungen und Massnahmen der praktischen Gestaltungsarbeit können letztlich als Beiträge zur themenspezifischen Entwicklung begrifflicher, deskriptiver, explanatorischer und praxeologischer Aussagen gewertet werden[1]. "Praxeologische Aussagen bleiben das Fernziel. Das hohe Fernziel darf [...] aber nicht davon abhalten, auf der Basis von Zwischenergebnissen des Forschungsprozesses Vorschläge zur Gestaltung zu unterbreiten"[2]. Sodann werden im Folgenden - aufbauend auf den bisherigen Überlegungen und Ergebnissen - Empfehlungen zur Gestaltung der GFU-Spitzenorganisation abgegeben. Die Gestaltungsempfehlungen haben insofern Grundsatzcharakter, als sie den Alternativenraum bestimmter spitzenorganisatorischer Entscheide

1 Zu den Stufen der Theorieentwicklung vgl. GROCHLA (1978), S. 68 ff. "*Praxeologische Aussagen* sind [...] Entscheidungsrahmen mit hoher Informativität, hohem Bestätigungsgrad und einer guten entscheidungstechnischen Verwendbarkeit für spezifische Problemstellungen", ebenda, S. 71.

2 THOM N. (1987), S. 79.

einengen oder im Extremfall den Entscheid vorwegnehmen. Die Empfehlungen sind dennoch weit gehalten und berücksichtigen damit den Umstand, dass es keine identischen, sondern höchstens ähnliche Gestaltungssituationen gibt und dass demzufolge individuelle Lösungen gefunden werden müssen. Die Gruppierung der Empfehlungen entspricht der Gliederung der Aktionsparameter im Bezugsrahmen.

Empfehlungen für die Gestaltung der spitzenorganisatorischen Rahmenstruktur:

- Ausgangspunkt der Gliederung der GFU-Spitze in Teilbereiche bilden die gesetzlich vorgeschriebenen Spitzenorgane Generalversammlung, Verwaltungsrat und Revisionsstelle. Zusätzliche Spitzenorgane sollten nur dann eingeführt werden, wenn begründete Aussicht auf Erfüllung der in Kapitel 3.2.3.2.3.2 für fakultative Organe postulierten Effizienz- bzw. Einführungskriterien besteht; dies ist nach Auffassung des Verfassers eher selten der Fall.
- Bei der Festlegung der Arbeitsteilung zwischen den Spitzenorganen ist auf die vollständige Berücksichtigung der vier Spitzenfunktionen Führung, Überwachung, Beratung und Interessenausgleich zu achten. Davon entfällt der überwiegende Teil auf den Verwaltungsrat, denn die Generalversammlung und die Revisionsstelle sind möglichst auf ihren gesetzlichen Aufgabenbereich zu beschränken.
- Grundsätzlich gilt die Trennung von Führung und Überwachung (Trennungsstruktur), d.h. mit Ausnahme der unübertragbaren VR-Aufgaben wird die Geschäftsführung vom Verwaltungsrat an ein oder mehrere Unternehmungsleitungsorgane weitgehend delegiert.
- Der Grundsatz der Unabhängigkeit der Überwachung sollte bei der GFU auch in personeller Hinsicht Anwendung finden, d.h. die Personalunion von VR- und Leitungspositionen und insbesondere die Position des VR-Delegierten und das Präsidialsystem sind nach Möglichkeit auszuschliessen. Anderenfalls ist auf die Qualifikation der die Doppelrolle ausübenden Person höchster Wert zu legen. In jedem Fall gilt es, die starke Abhängigkeit der Führungs- und Überwachungsgremien von einer Einzelperson zu vermeiden.
- Zwischen den Spitzenorganen ist eine sachbezogene Kooperation anzustreben und die Kommunikationswege sind offen und direkt zu gestal-

ten. Dem mit der Trennungsstruktur im Vergleich zur Vereinigungsstruktur verbundenen erhöhten Koordinationsbedarf muss durch eine laufende Abstimmung der Gremienvorsitzenden begegnet werden. Der VR-Präsident nimmt als Hauptkoordinator zwischen allen Beteiligten (Anteilseigner, VR-Mitglieder, Führungskräfte, Revisoren und auch die 'Öffentlichkeit') die spitzenorganisatorische Schlüsselstellung ein.

Empfehlungen für die Gestaltung der spitzenorganisatorischen Detailstruktur:

- Zur 'VR-Funktion':
  - Unter der Zielsetzung der Kontinuitätssicherung sollte die Positionierung des Verwaltungsrats am (idealen) 'VR-Typ 4' ausgerichtet sein.
  - Diese anvisierte VR-Positionierung impliziert unter anderem nicht nur die Wahrnehmung normativer Managementaufgaben (Festlegung der Unternehmungsphilosophie, -politik, -kultur), sondern insbesondere auch einen hohen strategischen Involvierungsgrad des Verwaltungsrats sowie die intensive Auseinandersetzung des Verwaltungsrats mit der Nachfolgeplanung auf Führungs- und auch auf VR-Ebene.
  - Der 'VR-Typ 4' bedingt eine aktive Nutzung des dem Verwaltungsrat zur Verfügung stehenden Instrumentenpotentials.
- Zur 'VR-Organisation':
  - Bezüglich der Aufbauorganisation sollte der Verwaltungsrat als Team ausgestaltet werden, das von einem vollamtlichen Präsidenten ('primus inter pares') geleitet wird. Nebst der Moderation umfassen die präsidialen Sonderfunktionen Repräsentations-, Koordinations-, Informations- und Integrationsaufgaben. Einzig zur Erledigung dringender Geschäfte, jedoch nicht für Grundsatzfragen, können dem VR-Präsidium spezielle Entscheidungskompetenzen eingeräumt werden. Gelangt entgegen der obigen Empfehlung dennoch ein VR-Delegierter zum Einsatz, so sollte zwecks Schaffung eines Gegenpols die Position des VR-Präsidenten nicht von der gleichen Person besetzt werden. Aus gruppendynamischer Sicht sind kleinere VR-Gremien vorzuziehen (7 VR-Mitglieder als unverbindliche Zielgrösse). Im Falle grösserer VR-Gremien bietet sich die Ausschussbildung an, wobei die damit verbundene Gefahr der Spaltung des Gesamtverwaltungsrats in einen aktiven und passiven Teil durch gezielte Auftragserteilungen (bspw. Kurzvorträge

zu Sachthemen) an Nicht-Ausschussmitglieder umgangen werden sollte.

- Bezüglich der Ablauforganisation ist v.a. auf eine zur Aufgabenerfüllung angemessene Sitzungsfrequenz und -dauer zu achten (in jedem Fall mehrmalige und mehrstündige VR-Sitzungen). Arbeitsplanung und -kontrolle sind konsequent durchzuführen und die Sitzungstechnik sollte laufend verbessert werden. Die Beschlussfassung erfolgt im Sinne der Konsensfindung, in (seltenen) Pattsituationen gilt der Stichentscheid des Vorsitzenden (Primatkollegialität). Gebührend zu berücksichtigen sind Strategieseminare, Einbezug der Führungskräfte und informelle VR-Aktivitäten.
- Im Rahmen der spitzenorganisatorischen Reorganisation ist der Einsatz von OE als flankierende Massnahme in Erwägung zu ziehen.

- Zum 'VR-Personal':
  - Der 'VR-Typ 4' sollte sich in einer leistungsorientierten VR-Zusammensetzung widerspiegeln. Es ist ein ausgewogenes Gremium zu formieren. Jedes VR-Mitglied bildet ein unternehmerisch attraktives Synergiepotential und übt eine komplementäre Wirkung auf die VR-Zusammensetzung aus. Hervorstechende Selektionskriterien sind die Persönlichkeit, Führungserfahrung und Fachwissen. Über den Weg der unternehmungsindividuell zu definierenden (fachlichen) Mindestqualifikation wird unqualifizierten Familienaktionären die Übernahme eines VR-Mandats erschwert. Den Geschäftsaktivitäten der GFU entsprechend ist unter anderem auf die Internationalität des Verwaltungsrats zu achten. Die VR-Beschaffung ist Aufgabe des EU bzw. des VR-Präsidenten. Der enge VR-Markt ist durch Personalmarketing anzusprechen, u.U. ist die professionelle Vermittlung einzuschalten.
  - Die regelmässig durchzuführende VR-Leistungsbeurteilung ist Grundlage eines im Sinne des 'VR-Typs 4' nach strategischen Gesichtspunkten auszugestaltenden VR-Anreizsystems. Zur VR-Leistungsstimulation sollten nicht nur monetäre, sondern auch immaterielle Anreize geschaffen werden. Dazu gehört auch ein gutes VR-Klima.
  - Der Verwaltungsrat sollte seine Weiterbildungsprioritäten periodisch festlegen und die darauf abzustimmenden (bildungsbezogenen) PE-Massnahmen sind rechtzeitig zu planen und einzuleiten. Empfehlenswert ist das 'Lernen' durch engen Kontakt zur Führung und auch nachfolgenden Unternehmungsebenen.

- Zur 'VR-Information':
  Es ist ein (schriftliches) VR-Informationskonzept zu erstellen, das sich aus den Ebenen Informationsphilosophie, -politik und -mix zusammensetzt. Grundsätzlich gelangen die in Kapitel 3.4.2.1.5 gelisteten 'Praktiken einer guten VR-Information' (Offenheit, Vertrauensverhältnis etc.) zur Anwendung. Zentrales Gestaltungsregulativ stellt der Informationsbedarf dar, d.h. das Informationsversorgungssystem ist objekt- und aufgabenbezogen auszugestalten. Dabei bedingt die Realisierung des 'VR-Typs 4' unter anderem die verstärkte Berücksichtigung von Planungsinformationen. Hierzu wird der Informationsfluss von der Unternehmungsbasis zur Unternehmungsspitze gefördert (Schaffung eines 'Kamineffekts' als Voraussetzung dafür, dass strategische Planung im Gegenstromverfahren erfolgen kann). Den Informationsdefiziten der externen VR-Mitglieder ist speziell Rechnung zu tragen, wobei jedes VR-Mitglied auch von sich aus durch gezielte Fragen (Informationsnachfrage) zum Defizitabbau aktiv beitragen sollte ('informationelle Selbstversorgung' i.S. des Holprinzips sowie der Informationsrechte und -pflichten). Dies bedingt eine kritische Haltung der VR-Mitglieder. In keinem Fall sollte die VR-Information ein Abbild der Machtsituation darstellen.

- Zur Generalversammlung:
  - Die Gestaltung des Verhältnisses zwischen der Generalversammlung und den umliegenden Spitzenorganen ist durch das Paritätsprinzip bestimmt. Der Aufgabenbereich der Generalversammlung umfasst die ihr vom Gesetz zugedachten Kernfunktionen, darüber hinausgehende zustimmungspflichtige Geschäfte sollten in Anzahl und Ausmass minimal gehalten werden. Im Rahmen der auf die ganze Unternehmung ausstrahlenden Rückhaltfunktion verpflichten sich die Familienaktionäre in einem 'Familienstatut' zur Einhaltung und Respektierung bestimmter Grundregeln und -werte (bspw. Grundsätze der freiwilligen Selbstbeschränkung).
  - Der Verwaltungsrat, v.a. der VR-Präsident, ist 'Organisator' der Generalversammlungen. Durch integrierendes Konfliktmanagement muss er die Unternehmungs- und Familieninteressen zusammenführen. Im Falle mehrerer Aktionäre sind bei Bedarf echte Generalversammlungen abzuhalten, d.h. die Generalversammlung ist als aktives Kommunikationszentrum auszugestalten und durch spontane oder geplante

informelle GV-Aktivitäten zu ergänzen (bspw. Einrichtung eines 'Familienrats').

- Zu Informationszwecken und auch zur Förderung einer einheitlichen Willensbildung ist zusätzlich zu den Aktionären der Teilnehmerkreis speziell an informellen GV-Anlässen auf solche Familienmitglieder oder gar Externe zu erweitern, die einen meinungsbildenden Einfluss auf Unternehmungs- bzw. GV-Angelegenheiten ausüben oder in Zukunft ausüben sollen (bspw. Ehepartner, Kinder, Berater).
- Zum Aufbau eines Vertrauensverhältnisses zu den Anteilseignern ist unter Berücksichtigung der Geheimhaltungspflicht eine selektiv-offene Informationspraxis des Verwaltungsrats zu befürworten. Gestaltungsregulativ der 'GV-Information' ist der leider nicht immer bekannte bzw. nicht genau definierbare Informationsbedarf; die 'Praktiken einer guten VR-Information' sind sinngemäss auf die Generalversammlung zu übertragen.

- Bezüglich der auf die Legalitätsprüfung konzentrierten Revisionsstelle ist insbesondere auf ihre Unabhängigkeit und Professionalität sowie auch auf ihr Beratungsangebot zu achten. Der Revisor ist an den Generalversammlungen in der Regel anwesend.

- (Experten-)Beiräte sollten prinzipiell nur dann eingeführt werden, wenn die Situation die zufriedenstellende Wahrnehmung der zu erfüllenden Funktionen durch den Verwaltungsrat nicht zulässt. Mit der Realisierung des 'VR-Typs 4' können die Etablierungsmotive für Beiräte weitgehend abgedeckt werden.

- Stiftungen sollten nur dann errichtet werden, wenn aus der sorgfältigen Prüfung aller führungsmässigen, familiären, erb- und gesellschaftsrechtlichen, fiskalischen, sozialen und anderen Zusammenhängen und Konsequenzen eine szenariogerechte Lösung resultiert; aus Flexibilitätsgründen ist besondere Vorsicht geboten.

Empfehlungen für die Gestaltung der Projektorganisation:

- Die spitzenorganisatorische Gestaltungsverantwortung liegt beim Verwaltungsrat bzw. beim EU. Von seiner Seite muss - in enger Abstimmung mit der Nachfolgeplanung/-regelung auf Führungs- und Eigentumsebene - der (rechtzeitige) Anstoss zur (Neu-)Gestaltung der GFU-Spitzenorganisation ausgehen. Kraft seiner Position ist der EU sowohl

Auftraggeber als auch Leiter des Gestaltungsprojekts. Als oberster Gestaltungs- und Entscheidungsträger (Entscheidungszentralisation beim EU) bestimmt er eine auf Vertraulichkeit verpflichtete Projektgruppe, die sich nicht nur aus Fachexperten (bspw. Organisationsspezialisten, Juristen, Treuhänder, Unternehmungsberater), sondern zwecks Erhöhung der Ergebnisakzeptanz auch aus ausgewählten Gestaltungsbetroffenen (bspw. Minderheitsaktionäre, (potentielle) VR-Mitglieder, Führungskräfte, Familienerben) zusammensetzt. Die Projektziele müssen klar definiert sein. Im Interesse einer möglichst umsichtigen und ausgewogenen Problemlösung wird die Mitwirkung aller Projektmitarbeiter gefördert; dies bedingt offene und direkte Kommunikationswege zwischen den Beteiligten (Schaffung eines Informationsnetzes) sowie einen kooperativen Führungsstil des EU (Herstellung von Dialogsituationen).

- Zu Beginn des Projekts empfiehlt sich eine eingehende Situationsanalyse (der Bezugsrahmen - vgl. Abb. 21 - als mögliches Analyseraster). Nach dem Durchlauf der (iterativ verlaufenden) Projektphasen ist die Umsetzung des verbindlich festgelegten Konzeptes für die Spitzenorganisation bzw. die Implementierung der neuen Spitzenorganisation parallel zum (sukzessiven) Rückzug des (Senior-)EU vorzunehmen. Es ist ein Zeitplan für die Projektabwicklung zu erstellen und eine angemessene Projektdauer einzukalkulieren, insbesondere dann, wenn die spitzenorganisatorischen Änderungen einen kulturellen Wandel der GFU nach sich ziehen.
- Der spitzenorganisatorische Gestaltungsprozess ist nie abgeschlossen, er bzw. die Spitzenorganisation bedarf einer ständigen Weiterentwicklung.

5.2 Ausblick auf Theorie und Praxis

Ausgehend von den bisherigen Ausführungen in der vorliegenden Dissertation stellt sich abschliessend die Frage nach allfälligen Konsequenzen für die Theorie und Praxis. Es geht damit um eine Standortbestimmung der Arbeit bzw. um ausgewählte theoretische Forschungs- und praktische Gestaltungsdefizite.

Bezüglich der **Theorie** ergeben sich insbesondere folgende Herausforderungen für zukünftige Forschungsanstrengungen:

- Wie gezeigt werden konnte, stellt die GFU einen relativ 'neuen' Unternehmungstypus dar, der trotz seiner praktischen Relevanz bislang in der Theorie kaum Berücksichtigung fand. Der hier identifizierte Typus GFU bedarf nicht nur weiterer Verifizierung, sondern aufgrund seines Mischcharakters gilt es auch die in der BWL gebräuchliche Typologie, d.h. die üblicherweise vorgenommene Trennung zwischen Familien- und Publikumsunternehmung oder zwischen Eigentümer- und Managerunternehmung zu überprüfen, die GFU auf evolutionstheoretischer Basis einzuordnen und die (fliessenden) Grenzen zwischen den Unternehmungstypen neu zu ziehen. Dadurch könnte der Boden für eine eigentliche 'GFU-Forschung' (in Analogie bspw. zur Mittelstandsforschung) gelegt werden.
- Auch die Spitzenorganisation im hier vertretenen umfassenden Sinn (also inklusive Beziehungsverhältnis zur Repräsentanz der Anteilseigner) zeigt sich als eher junges Forschungsfeld. Bis heute wurde der Spitzenorganisation entgegen ihrer für jede Unternehmung konstitutiven Bedeutung weder in der Verfassungsliteratur, noch in der Führungs- und Organisationslehre die ihr gebührende Aufmerksamkeit geschenkt. Dabei bezieht sich der Nachholbedarf nicht nur auf Familienunternehmungen. Unter Einbezug von Nachbardisziplinen (wie etwa die Organisationspsychologie) und der Rechtswissenschaft ist bspw. auch an die Neuentwicklung von spitzenorganisatorischen Modellen für den Fall eines grossen Aktionariats zu denken.
- Der vorgestellte Bezugsrahmen stellt einen Ansatz zur Abbildung und Lösung des thematisierten Gestaltungsproblems dar. Er bietet zugleich zahlreiche Anhaltspunkte für weiterführende theoretische und empirische Forschungsarbeiten:
  - Überprüfung der Komponenten des Bezugsrahmens auf ihre Vollständigkeit;
  - Erhöhung des Detaillierungsgrades der einzelnen Komponenten (bspw. durch Entwicklung aufeinander abgestimmter OE- und PE-Konzepte für den Verwaltungsrat, Aufbau eines VR-Beurteilungssystems, Konkretisierung des weiter oben nur überblicksweise diskutierten Projektmanagements);
  - Erforschung der Interdependenzen zwischen und auch innerhalb der Komponenten (bspw. Auswirkungen der Kontextfaktoren auf den spitzenorganisatorischen Gestaltungsspielraum (Einflussgrössenfor-

schung) oder Zielbeziehungen (Konkurrenz, Komplementarität, Neutralität) zwischen den Effizienzkriterien);

- Überprüfung und Fortschreibung der abgegebenen Gestaltungsempfehlungen (Fernziel ist die Entwicklung praxeologischer Aussagensysteme);
- Generalisierung des Bezugsrahmens in Richtung eines unternehmungstypenunabhängigen Bezugsrahmens (nach Ansicht des Verfassers lässt sich der Bezugsrahmen von der Konstruktionslogik und teilweise auch vom Inhalt her auf die Spitzenorganisation der Nicht-GFU übertragen);
- Harmonisierung der spitzenorganisatorischen Gestaltungsmassnahmen mit den diversen, im Verlauf der Arbeit schon angesprochenen führungs- und eigentumsbezogenen, finanziellen, rechtlichen und anderen kontinuitätsfördernden Massnahmen[3] zu einem 'Integrierten Kontinuitätsmanagement': Die Spitzenorganisation ist zwar nur ein (nach Ansicht des Verfassers zentraler) Teilaspekt der Unternehmungskontinuität, doch könnte der Bezugsrahmen als Baustein eines integrierten Konzeptes zur Kontinuitätssicherung Verwendung finden.

3 Bspw. zählen DIEZ W./JOHN E./RECHENAUER O./WEBER K.D. (1990) folgende Einzelmassnahmen zur Sicherung und Weiterentwicklung von Familienunternehmungen auf (S. 34 ff., hier nur stichwortartige Aufzählung): Traditionsbindungen aufheben; Leistungsgrenzen erkennen und daraus die Konsequenzen ziehen; Managementverstärkung von aussen holen; Erwartungen deutlich aussprechen und 'die Karten auf den Tisch legen'; Nachfolge aus der Familie rechtzeitig regeln; Frühzeitige Regelung der Erbfolge; Nachfolger ausserhalb der Familie suchen; Die Qualität der Mitarbeiter ständig verbessern; Strategisch denken und handeln - Erfolgspotentiale suchen, entwickeln und ausbauen; Einen qualifizierten Fachbeirat einsetzen; Die Unternehmensorganisation so flexibel wie möglich gestalten; Regelmässige Überprüfung der Rechtsform des Unternehmens und des Gesellschaftsvertrags; Die Kapitalausstattung für Sicherung und Wachstum des Unternehmens laufend verbessern; Das Produkt- und Leistungsprogramm ständig verbessern; Chancen auf Auslandsmärkten nutzen. "Die Hauptaufgabe bei der Sicherung und Weiterentwicklung wird sein, **rechtzeitig** vom familienbestimmten zum institutionalisierten Unternehmen umzusteigen - zum 'Unternehmen' ohne jegliche Zwangsbindung an Anteilseigner. Zunehmendes Wachstum des Unternehmens beschleunigt diesen Prozess", ebenda, S. 100.

Bezüglich der **Praxis** ergeben sich insbesondere folgende Herausforderungen für zukünftige Gestaltungsanstrengungen:

- Einerseits geben die EU an, sich der Bedeutung der Spitzenorganisation für die Unternehmungskontinuität durchaus im klaren zu sein. Andererseits fehlt ihnen häufig trotz des angeblich vorhandenen Problembewusstseins die Bereitschaft und/oder Fähigkeit zur Bewältigung vorhersehbarer und vermeidbarer Diskontinuitäten bzw. die Bereitschaft und/ oder Fähigkeit zum Treffen (und Tragen) folgerichtiger spitzenorganisatorischer Entscheide. Die Überwindung dieser Diskrepanz dürfte für den Gestaltungserfolg vorbestimmend sein ('wo ein Wille ist, ist auch ein Weg').
- Eine erhebliche Schwierigkeit für die Praxis dürfte in der Umsetzung der formellen Regelungen liegen. Wenn die Regelungen und die tatsächlichen Verhältnisse divergieren und damit die informelle Spitzenorganisation dominiert, ist es Aufgabe der Entscheidungsträger (Verwaltungsrat), den Ausgleich herbeizuführen (je nach Situation entweder Anpassung der Regelungen oder der tatsächlichen Verhältnisse). Ansonsten sind die formellen Regelungen Makulatur.
- Spitzenorganisatorische Änderungen hängen oft mit Generationswechseln und Nachfolgeprozessen zusammen. Es handelt sich dabei in der Regel um allmähliche, über Jahre sich erstreckende Vorgänge, die im einzelnen nicht immer plan- und organisierbar sind. Unter den Vorzeichen der weiter oben skizzierten Rahmenbedingungen (unter anderem zunehmende Dynamik und Komplexität der gesellschaftlichen und wirtschaftlichen Entwicklung, steigende Wettbewerbsintensität) dürften nicht nur die hier v.a. bei Verwaltungsräten und Führungskräften akzentuierten Fach- und Sozialkompetenzen an Stellenwert gewinnen, sondern auch der bislang eher unterschätzte Faktor Zeit dürfte sich inskünftig in einem noch nicht absehbaren Ausmass auf die spitzenorganisatorischen Gestaltungsprozesse und -ergebnisse auswirken. Zumindest wird unter erhöhtem Zeitdruck die praktische Relevanz eines effizienten Projektmanagements evident.
- Die vorliegende Arbeit mag dem in der Praxis mit dem Thema konfrontierten Gestalter bei der Problemanalyse und -lösung die eine oder andere Anregung liefern, Teile der Arbeit mögen sogar als Hilfestellung dienlich sein. Jedoch lässt sich nach Auffassung des Verfassers das

Gestaltungsproblem streng rational weder ganzheitlich erfassen noch lösen; vielmehr dürfte es auf eher psychologisch-emotionaler Ebene kaum erklär- bzw. konzeptionalisierbare Faktoren geben, die die faktische Ausgestaltung der GFU-Spitzenorganisation massgeblich beeinflussen.

LITERATURVERZEICHNIS

ABT H. (1992): Handlungsbedarf in obersten Etagen - Führungsqualität als kardinaler Wettbewerbsfaktor. In: NZZ, 213. Jg., Nr. 50, 29.2./ 1.3.1992, S. 33

ABT H. (1992a): Mehr Kompetenz im Verwaltungsrat - Vom honorigen Nebenamt zum qualifizierten Teilzeitberuf. In: NZZ, 213. Jg., Nr. 230, 3./ 4.10.1992, S. 33

ADAM J. (1987): Eigentumsstruktur und Unternehmenseffizienz. Rheinfelden 1987

ALBACH H. (1981): Verfassung folgt Verfassung - Ein organisationstheoretischer Beitrag zur Diskussion um die Unternehmensverfassung. In: Bohr K./Drukarczyk J./Drumm H.-J./Scherrer G. (Hrsg.): Unternehmungsverfassung als Problem der Betriebswirtschaftslehre, Berlin 1981, S. 53-79

ALBACH H./CORTE C./FRIEDEWALD R./LUTTER M./RICHTER W. (1988): Deregulierung des Aktienrechts: Das Drei-Stufen-Modell. Gütersloh 1988

ALBACH H./FREUND W. (1989): Generationswechsel und Unternehmenskontinuität - Chancen, Risiken, Massnahmen. Gütersloh 1989

AMONN A. (1926): Grundzüge der Volkswohlstandslehre. 1. Teil: Der Prozess der Wohlstandsbildung: die Volkswirtschaft, Jena 1926

BAETGE J. (1984): Überwachung. In: Baetge J. u.a. (Hrsg.): Vahlens Kompendium der Betriebswirtschaftslehre, Bd. 2, München 1984, S. 159-200

BALET J.M./VECIANA J.M. (1991): A Protocol to regulate the Relationship between the Family and the Business. In: Family Business Network (Hrsg.): Culture in the Family Business, Proceedings of the 1991 Conference in Barcelona/Spain, S. 4-11

BALLWIESER W./SCHMIDT R.H. (1981): Unternehmensverfassung, Unternehmensziele und Finanztheorie. In: Bohr K./Drukarczyk J./ Drumm H.-J./Scherrer G. (Hrsg.): Unternehmungsverfassung als Problem der Betriebswirtschaftslehre, Berlin 1981, S. 645-682

BARMAN J.P. (1992): Ökologie, eine unternehmerische Herausforderung. In: Die Unternehmung, 46. Jg., Nr. 6, 1992, S. 415-428

BAUDENBACHER C. (1991): Aspekte der Europakompatibilität. In: Der Schweizer Treuhänder, Nr. 11, 1991, S. 608-612

BECHTLE C. (1983): Die Sicherung der Führungsnachfolge in der Familienunternehmung. Frankfurt a.M. 1983

BECKER F.G. (1987): Zur Ausgestaltung eines strategisch-orientierten Anreizsystems - Anforderungen und Gestaltungsmerkmale zur

Beeinflussung des strategischen Leistungsverhaltens. In: ZFO, 56. Jg., Nr. 3, 1987, S. 159-164

BEER DE A. (1992): Viel Placebo und wenig kräftigende Medizin - Bloss punktuelle Verbesserung der Stellung des Aktionärs. In: NZZ, 213. Jg., Nr. 28, 4.2.1992, S. 37-38

BEHR G. (1992): Die Bilanznebel lichten sich - Mehr Transparenz in Rechnungslegung und -prüfung. In: NZZ, 213. Jg., Nr. 25, 31.1. 1992, S. 39

BENNIS W.G./BENNE K.D./ CHIN R. (1975): Änderung des Sozialverhaltens. Stuttgart 1975

BERGER K.-H. (1968): Unternehmungsgrösse und Leitungsaufbau. Berlin 1968

BERTSCH R. (1970): Die industrielle Familienunternehmung - Ein Überblick über ihre Bedeutung und ihre Hauptprobleme, unter besonderer Berücksichtigung der Finanzierung und Führung. 2. Aufl., Diss. St. Gallen, Winterthur 1970

BfK (1979): Bericht zum Stand der wirtschaftlichen Konzentration in der Schweiz. Bern 1979

BfS (1988): Aktiengesellschaften in der Schweiz 1987. Bern 1988

BfS (1990): Statistisches Jahrbuch der Schweiz 1991. Zürich 1990

BfS (1992): Statistisches Jahrbuch der Schweiz 1993. Zürich 1992

BILAND T.A. (1989): Die Rolle des Verwaltungsrats im Prozess der strategischen Unternehmungsführung. Diss. St. Gallen 1989

BILAND T.A. (1989a): Der Verwaltungsrat muss umdenken! In: Finanz und Wirtschaft, Nr. 77, 4.10.1989, S. 23

BINDER A. (1988): Die Verfassung der Aktiengesellschaft. Grüsch 1988

BINZ M.K./SORG H.H. (1992): Stiftung als Rettungsanker? In: Blick durch die Wirtschaft, Nr. 156, 14.8.1992, S. 1

BLEICHER K. (1985): Board-System. In: DBW, 45. Jg., Nr. 2, 1985, S. 222-223

BLEICHER K. (1985a): Probleme des Wandels der Unternehmungsverfassung im Spannungsfeld von Philosophie, Kultur, Organisation und Politik der Unternehmung. In: Bühler W./Hofmann M./Malinsky A./Reber G./Pernsteiner A. (Hrsg.): Die ganzheitlich verstehende Betrachtung der sozialen Leistungsordnung - Festschrift für Josef Kolbinger, Wien - New York 1985, S. 601-624

BLEICHER K. (1985b): Zur strategischen Ausgestaltung von Anreizsystemen für die Führungsgruppe in Unternehmungen. In: ZFO, 54. Jg., Nr. 1, 1985, S. 21-27

BLEICHER K. (1987): Der Aufsichtsrat im Wandel. Gütersloh 1987

BLEICHER K.(1989): Vergleich von Leitungssystemen. In: Macharzina K./ Welge M.K. (Hrsg.): HWInt, Stuttgart 1989, Sp. 1288-1303

BLEICHER K. (1992): Leitbilder: Orientierungsrahmen für eine integrative Management-Philosophie. Stuttgart - Zürich 1992

BLEICHER K./BORTEL K.-D./KLEINMANN R./PAUL H. (1984): Unternehmungsverfassung und Spitzenorganisation. In: ZFO, 53. Jg., Nr. 1, 1984, S. 21-29

BLEICHER K./LEBERL D./PAUL H. (1989): Unternehmungsverfassung und Spitzenorganisation. Wiesbaden 1989

BLOECH J. (1977): Betriebs- und Unternehmungsgrösse. In: Albers W. u.a. (Hrsg.): HdWW, Bd. 1, Stuttgart u.a. 1977, S. 556-565

BOARDPOWER AG (1991): Umfrage Verwaltungsräte 1985 und 1991. Dübendorf 1991

BOBBIT H.R./BREINHOLT R.H./DOKTOR R.H./MCNAUL J.P. (1978): Organizational Behavior. 2. Aufl., Englewood Cliffs, N.J. 1978

BÖCKLI P. (1991): Wesentliche Änderungen in der Vinkulierung von Namenaktien. In: Der Schweizer Treuhänder, Nr. 11, 1991, S. 583-586

BÖCKLI P. (1992): Oberleitung mit mehr Profil - Der Verwaltungsrat nach neuem Aktienrecht. In: NZZ, 213. Jg., Nr. 18, 23.1.1992, S. 37

BÖCKLI P. (1992a): Das neue Aktienrecht. Zürich 1992

BOHR K./DRUKARCZYK J./DRUMM H.-J./SCHERRER G. (1981): Überlegungen zu einer Theorie der Unternehmensverfassung - Absichten und Ergebnisse. In: Dies. (Hrsg.): Unternehmungsverfassung als Problem der Betriebswirtschaftslehre, Berlin 1981, S. 11-32

BOULTON W.R. (1980): The Case of more Board Participation in strategic Management. In: Glueck W.F. (Hrsg.): Strategic Management and Business Policy, New York u.a. 1980, S. 71-78

BRAUCHLIN E. (1981): Unternehmungsverfassung: Die Situation in der Schweiz. In: Bohr K./Drukarczyk J./Drumm H.-J./Scherrer G. (Hrsg.): Unternehmungsverfassung als Problem der Betriebswirtschaftslehre, Darmstadt 1981, S. 81-103

BROSE P. (1985): Organisationsverfassung und Verfassungsorganisation. In: ZFO, 54. Jg., Nr. 3, 1985, S. 188-193

BUCHMANN P. (1976): Organisation der Verwaltungsräte in 20 der grössten Aktiengesellschaften in der Schweiz. Bern 1976

BÜHNER R. (1984): Rendite-Risiko-Effekte der Trennung von Eigentum und Leitung im diversifizierten Grossunternehmen. In: ZfbF, 36. Jg., Nr. 10, 1984, S. 812-824

BÜRGI A./BRÄUTIGAM D./GANZ J./HASLER U. (1993): Die Lösung der Nachfolge in Klein- und Mittelunternehmungen. In: Schweizerische Volksbank (Hrsg.): Die Orientierung, Nr. 103, Bern 1993

BUSSE VON COLBE (1964): Die Planung der Betriebsgrösse. Wiesbaden 1964

BUSSE VON COLBE W. (1974): Betriebsgrösse und Unternehmungsgrösse. In: Grochla E./Wittmann W. (Hrsg.): HWB, 4. Aufl., Bd. 1, Stuttgart 1974, Sp. 566-579

CAMENZIND M. (1990): Familienunternehmen auf der Schulbank. In: SHZ, Nr. 46, 15.11.1990, S. 13

CAPRA F. (1986): Wendezeit. 11. Aufl., Bern - München - Wien 1986

CASUTT A. (1991): Die Sonderprüfung im künftigen schweizerischen Aktienrecht. Zürich 1991

CHINI L.W. (1988): Aufsichtsrats-Informationssystem. Wiesbaden 1988

CHMIELEWICZ K. (1980): Betriebsverfassung. In: Grochla E. (Hrsg.): HWO, 2. Aufl., Stuttgart 1980, Sp. 370-379

CHMIELEWICZ K. (1986): Grundstruktur der Unternehmungsverfassung. In: Gaugler E./Meissner H.G./Thom N. (Hrsg.): Zukunftsaspekte der anwendungsorientierten Betriebswirtschaftslehre, Stuttgart 1986, S. 3-21

CHMIELEWICZ K. (1991): Harmonisierung der europäischen Unternehmensverfassung aus betriebswirtschaftstheoretischer Sicht. In: Chmielewicz K./Forster K.-H. (Hrsg.): Unternehmensverfassung und Rechnungslegung in der EG, Sonderheft 29 der ZfbF, Düsseldorf - Frankfurt a.M. 1991, S. 15-59

CHMIELEWICZ K. (1992): Unternehmungsleitung, Organisation der. In: Frese E. (Hrsg.): HWO, 3. Aufl., Stuttgart 1992, Sp. 2464-2480

CLASEN J.P. (1991): Unternehmenskrise - ein hoffnungsloser Fall?. In: SHZ (Hrsg.): Management in KMU - Ein Leitfaden für Klein- und Mittelunternehmen, Zürich 1991, S. 21-22

DAETWYLER M. (1988): Auf der Suche nach Effizienz. In: Politik und Wirtschaft, Nr. 3, 1988, S. 55-58

DAVIS J.A. (1991): On the Goals of Successful Family Companies. In: FBR (Hrsg.): Culture in the Family Business, Proceedings of the 1991 Conference in Barcelona/Spain, S. 12-25

DAVIS G.B./OLSON M.H. (1985): Management Information Systems. 2. Aufl., New York u.a 1985

DEMBINSKI P.H. (1992): Die Klein- und Mittelbetriebe in Osteuropa - Nährboden des Privatsektors und Auffangbecken für brachliegende Ressourcen. In: NZZ, 213. Jg., Nr. 149, 30.6.1992, S. 35

DIETRICH M. (1990): Der Verwaltungsrat und seine Information. Bern - Stuttgart 1990

DIETRICH M. (1993): Brevier der Verwaltungsrats-Information. In: SGO (Hrsg.): OrganisationsWissen, Nr. 1, 1993

DIETRICH M./KÜHN R. (1990): Praktiken einer guten Verwaltungsratsinformation. In: Die Unternehmung, 44. Jg., Nr. 6, 1990, S. 445-460

DIEZ W./JOHN E./RECHENAUER O./WEBER K.D. (1990): Familienunternehmen sichern und weiterentwickeln. Eschborn 1990

DÖRLER K. (1988): Reorganisation in mittleren Unternehmungen. Bern - Stuttgart 1988

DRUCKER P. (1956): Die Praxis des Management. Düsseldorf 1956

DRUEY J.N. (1976): Geheimsphäre des Unternehmens. Habilitation, Freiburg i.Ü. 1976

DUBS R. (1993): Verwaltungsratssitzungen - Analyse, Beurteilung, Verbesserungen. In: Die Unternehmung, 47. Jg., Nr. 2, 1993, S. 123-147

DÜLFER E. (1986): Dualismus versus Monismus in der Leitung europäischer Aktiengesellschaften. In: Gaugler E./Meissner H.G./Thom N. (Hrsg.): Zukunftsaspekte der anwendungsorientierten Betriebswirtschaftslehre, Stuttgart 1986, S. 37-55

DÜLFER E. (1989): Umweltbeziehung der international tätigen Unternehmung. In: Macharzina K./Welge M.K. (Hrsg.): HWInt, Stuttgart 1989, Sp. 2097-2111

DYER W.G. (1986): Cultural Changes in Family Firms. San Francisco - London 1986

DYLLICK T. (1992): Ökologisch bewusste Unternehmungsführung. In: Die Unternehmung, 46. Jg., Nr. 6, 1992, S. 391-413

EICHELBERGER D. (1989): Zielbildung und Unternehmungsverfassung. Arbeitspapier Nr. 7 des Instituts für Unternehmensrechnung und Controlling an der Universität Bern, November 1989

EIGENMANN E.J. (1952): Das Reglement der Aktiengesellschaft. Zürich 1952

FESSMANN K.-D. (1980): Organisatorische Effizienz in Unternehmungen und Unternehmungsteilbereichen. Düsseldorf 1980

FINK M./ZIMMERMANN N. (1989): Zukunftssicherung von Familienunternehmen. Wien 1989

FOPP L. (1991): Schweizer Verwaltungsräte mit neuen Prioritäten. In: NZZ, 212. Jg., Nr. 226, 30.9.1991, S. 11

FORSTMOSER P. (1984): Die Behandlung der personenbezogenen AG im Entwurf für eine Reform des Aktienrechts. In: SAG, 56. Jg., 1984, S. 50-56

FORSTMOSER P. (1987): Die aktienrechtliche Verantwortlichkeit. Zürich 1987

FORSTMOSER P. (1991): Die Verantwortlichkeit der Organe. In: Der Schweizer Treuhänder, Nr. 11, 1991, S. 536-541

FORSTMOSER P. (1991a): Gefragt sind spezialisierte Generalisten. In: Politik und Wirtschaft, Nr. 5, 1991, S. 57

FORSTMOSER P. (1992): Die AG im neukonfektionierten Kapitalkleid - Flexibilisierung und Armierung der Kapitalbasis. In: NZZ, 213. Jg., Nr. 11, 15.1.1992, S. 37

FORSTMOSER P. (1992a): Organisation und Organisationsreglement nach neuem Aktienrecht. Zürich 1992

FORSTMOSER P./MEIER-HAYOZ A. (1983): Einführung in das schweizerische Aktienrecht. 3. Aufl., Bern 1983

GABELE E. (1992): Reorganisation. In: Frese E. (Hrsg.): HWO, 3. Aufl., Stuttgart 1992, Sp. 2196-2211

GANTZEL K.-J. (1962): Wesen und Begriff der mittelständischen Unternehmung. Köln und Opladen 1962

GDI (Hrsg.) (1990): Zukunft für Familienunternehmen? - Perspektiven für die Unternehmenskontinuität. Rüschlikon 1990

GEHRIGER P.-O. (1979): Faktische Organe im Gesellschaftsrecht. Zürich 1979

GERUM E. (1989): Unternehmensverfassung, internationale. In: Macharzina K./Welge M.K. (Hrsg.): HWInt, Stuttgart 1989, Sp. 2140-2154

GERUM E. (1991): Aufsichtsratstypen - Ein Beitrag zur Theorie der Organisation der Unternehmungsführung. In: DBW, 51. Jg., Nr. 6, 1991, S. 719-731

GERUM E. (1992): Unternehmungsverfassung. In: Frese E. (Hrsg.): HWO, 3. Aufl., Stuttgart 1992, Sp. 2480-2502

GLAUS B.U. (1990): Unternehmungsüberwachung durch schweizerische Verwaltungsräte. Zürich 1990

GLEICHMANN K. (1989): Europäische Aktiengesellschaft (S.E.). In: Macharzina K./Welge M.K. (Hrsg.): HWInt, Stuttgart 1989, Sp. 478-488

GLOOR P. (1992): Informationsmanagement. Manuskript zu einem Referat, gehalten am ZfU-Verwaltungsratsseminar vom 27./28.1.1992 in Luzern

GOEHLER A.W. (1993): Der Erfolg grosser Familienunternehmen im fortgeschrittenen Marktlebenszyklus - dargestellt am Beispiel der deutschen Brauwirtschaft. Diss. St. Gallen, Hallstadt 1993

GOMEZ P./ZIMMERMANN T. (1992): Unternehmensorganisation. Frankfurt a.M. - New York 1992

GLASL F./LIEVEGOED B. (1993): Dynamische Unternehmensentwicklung. Wie Pionierbetriebe und Bürokratien zu schlanken Unternehmen werden. Bern - Stuttgart - Wien 1993

GREYERZ VON C. (1978): Die Verwaltung in der privaten Aktiengesellschaft. In: Forstmoser P. (Hrsg.): Die Verantwortung des Verwaltungsrats in der AG, Zürich 1978, S. 57-69

GREYERZ VON C. (1982): Die Aktiengesellschaft. In: Steiger von W. (Hrsg.): Schweizerisches Privatrecht, Bd. 8/2, Handelsrecht, Basel 1982, S. 1-314

GROCHLA E. (1977): Organisationsplanung und -entwicklung als permanente Aufgabe der Unternehmungsführung. In: Grochla E./Förster G. (Hrsg.): Organisationsplanung und -entwicklung - Theorie und Praxis, Dortmund 1977, S. 5-23

GROCHLA E. (1978): Einführung in die Organisationstheorie. Stuttgart 1978

GROCHLA E. (1982): Grundlagen der organisatorischen Gestaltung. Stuttgart 1982

GRÜNINGER H. (1984): Die Unternehmensstiftung in der Schweiz: Zulässigkeit - Eignung - Besteuerung. Basel - Frankfurt a.M. 1984

GUHL T./MERZ H./KUMMER M. (1980): Das Schweizerische Obligationenrecht. 7. Aufl., Zürich 1980

GUTENBERG E. (1983): Grundlagen der Betriebswirtschaftslehre. 1. Bd., 24. Aufl., Berlin - Heidelberg - New York 1983

HABERFELLNER R. (1992): Projektmanagement. In: Frese E. (Hrsg.): HWO, 3. Aufl., Stuttgart 1992, Sp. 2090-2102

HAHN D. (1985): Unternehmungsphilosophie und Führungsorganisation in Familienunternehmungen. In: ZFO, 54. Jg., Nr. 1, 1985, S. 12-20

HAHN D. (1990): Stand und Entwicklungstendenzen der strategischen Planung. In: Hahn D./Taylor B. (Hrsg.): Strategische Unternehmungsplanung - Strategische Unternehmungsführung, 5. Aufl., Heidelberg 1990, S. 3-30

HAHNLOSER B. (1989): Die Stiftungsaufsicht. Schriftenreihe der Arbeitsgemeinschaft für gemeinnützige Stiftungen, Heft 1, Basel 1989

HALTER W. (1989): Plädoyer für den aktiven Verwaltungsrat. In: IO, 58. Jg., Nr. 2, 1989, S. 48-50

HAMMER J. (1985): Auch Verwaltungsräte müssen sich weiterbilden! In: IO, 54. Jg., Nr. 5, 1985, S. 213-216

HAUSCHILDT J. (1980): Zielsysteme. In: Grochla E. (Hrsg.): HWO, 2. Aufl., Stuttgart 1980, Sp. 2419-2430

HEINEN E. (1978): Zum Wissenschaftsprogramm der entscheidungsorientierten Betriebswirtschaftslehre. In: Schweitzer M. (Hrsg.): Auffassungen und Wissenschaftsziele der Betriebswirtschaftslehre, Darmstadt 1978, S. 219-246

HENGSTMANN W. (1935): Die Familiengesellschaft. Diss. Halle, Berlin 1935

HESS W. (1986): Kritische Bemerkungen eines Verwaltungsrates. In: Forstmoser P. (Hrsg.): Die Haftung des Verwaltungsrates, Zürich 1986, S. 101-111

HINDERER M. (1984): Die mittelständische Unternehmung. Selbstverständnis in der Marktwirtschaft, Analyse und Strategie. München 1984

HINTERHUBER H.H./MINRATH R. (1991): Der Beirat einer mittelständischen Familienunternehmung - Ein Beitrag aus unternehmerischer Sicht. In: Betriebs-Berater, Heft 18, 30.6.1991, S. 1201-1210

HOFFMANN F. (1980): Unternehmungsleitung, Organisation der. In: Grochla E. (Hrsg.): HWO, 2. Aufl., Stuttgart 1980, Sp. 2261-2272

HOLLANDER B.S./ELMAN N.S. (1988): Family-Owned Businesses: An Emerging Field of Inquiry. In: FBR, Vol. 1, No. 2, Summer 1988, S. 145-164

HORBER F. (1986): Die Kompetenzdelegation beim Verwaltungsrat der AG und ihre Auswirkungen auf die aktienrechtliche Verantwortlichkeit. Zürich 1986

HORBER F. (1992): Der Partizipant als vollberechtigter VR in der AG? - Auslegungsbedürftige neue Regelungen für die PS-Vertreter. In: NZZ, 213. Jg., Nr. 180, 6.8.1992, S. 29

HUSE E.F. (1975): Organization development and change. St. Paul 1975

ISAACS D. (1991): Merging Family and Family Business Culture. In: Family Business Network (Hrsg.): Culture in the Family Business, Proceedings of the 1991 Conference in Barcelona/Spain, S. 44-48

JAAG T. (1991): Sinn und Bedeutung der Verfassung. In: NZZ, 212. Jg., Nr. 230, 4.10.1991, S. 23

JASCHKE T. (1989): Die betriebswirtschaftliche Überwachungsfunktion aktienrechtlicher Aufsichtsräte. Köln 1989

KAHLE E. (1992): Mittelständische(n) Unternehmung, Organisation der. In: Frese E. (Hrsg.): HWO, 3. Aufl., Stuttgart 1992, Sp. 1408-1419

KAPPLER E. (1990): Geschichten zum Mythos von der Unternehmungskontinuität. In: Kappler E./Laske S. (Hrsg.): Blickwechsel - Zur Dramatik und Dramaturgie von Nachfolgeprozessen im Familienbetrieb, Freiburg i.B. 1990, S. 192-205

KAPPLER E. (1990a): Unternehmenskontinuität, Mythos der Organisierbarkeit: Die einzige Konstante heisst Entwicklung. In: Gablers Magazin, Nr. 7, 1990, S. 10-14

KEPNER E. (1983): The Family and the Firm: A Coevolutionary Perspective. In: Organizational Dynamics, Vol. 12, No. 1, Summer 1983, S. 57-70

KIESER A./KUBICEK H. (1976): Organisation. Berlin - New York 1976

KLAUS H. (1991): Buchbesprechung zu DIETRICH M. (1990). In: ZfbF, 43. Jg., Nr. 7/8, 1991, S. 637

KLAUS H. (1991a): Der Firmenbeirat: Seine Einbindung in der Führung mittlerer Betriebe. Stuttgart 1991

KÖNIG D. (1986): Die mittelgrosse Familienunternehmung in der Rechtsform der Aktiengesellschaft. Eine Analyse unter dem Gesichtspunkt der Property Rights Theorie. Bergisch Gladbach 1986

KOSIOL E. (1978): Betriebswirtschaftslehre und Unternehmensforschung. Eine Untersuchung ihrer Standorte und Beziehungen auf wissenschaftstheoretischer Grundlage. In: Schweitzer M. (Hrsg.): Auffassungen und Wissenschaftsziele der Betriebswirtschaftslehre, Darmstadt 1978, S. 133-159

KRNETA G. (1989): Sind Verwaltungsräte Galionsfiguren? In: Finanz und Wirtschaft, Nr. 44, 7.6.1989, S. 21

KRÜGER W. (1979): Stand und Entwicklung der Lehre von der Unternehmungsverfassung. In: DBW, 39. Jg., Nr. 2, 1979, S. 327-346

KRULIS-RANDA J.S. (1990): Globalisierung. In: Die Unternehmung, 44. Jg., Nr. 2, April 1990, S. 74-78

KUBICEK H./THOM N. (1976): Umsystem, betriebliches. In: Grochla E./ Wittmann W. (Hrsg.): HWB, Bd. I/3, 4. Aufl., Stuttgart 1976, Sp. 3977-4017

KÜHN R. (1985): Grundzüge eines heuristischen Verfahrens zur Erarbeitung von Planungskonzeptionen. In: DBW, 45. Jg., Nr. 5, 1985, S. 531-543

KÜHN R. (1986): Grundsatz- und Konzeptentscheide: Bedeutung, methodische Probleme und Ansätze zu deren Lösung. In: Gaugler E./Meissner H.G./Thom N. (Hrsg.): Zukunftsaspekte der anwendungsorientierten Betriebswirtschaftslehre, Stuttgart 1986, S. 139-160

KÜHN R./DIETRICH M. (1989): Raster zur Verwaltungsratsanalyse. Arbeitspapier Nr. 7 des Instituts für Marketing und Unternehmungsführung an der Universität Bern, November 1989

KÜPPER H.-U. (1981): Gestaltungsmöglichkeiten und Funktionen eines Beirats bei GmbH und KG. In: Bohr K./Drukarczyk J./Drumm H.-

J./Scherrer G. (Hrsg.): Unternehmungsverfassung als Problem der Betriebswirtschaftslehre, Berlin 1981, S. 329-370

KUPSCH P. (1983): Unternehmensziele. In: Bea F.X./Dichtl E./Schweitzer M. (Hrsg.): Allgemeine Betriebswirtschaftslehre, Bd. 2: Führung, Stuttgart - New York 1983, S. 1-35

LANDSBERG I.S. (1983): Managing Human Resources in Family Firms. In: Organizational Dynamics, Vol. 12, No. 1, Summer 1983, S. 39-46

LANZ T. (1978): Die Wahl der Rechtsform als Entscheidungsproblem - unter besonderer Berücksichtigung einer mittelständischen Unternehmung. Berlin 1978

LASKE S. (1990): "Möge die Übung gelingen..." - Überlegungen zu einem dialogischen Prozess der Nachfolgeplanung. In: Kappler E./Laske S. (Hrsg.): Blickwechsel - Zur Dramatik und Dramaturgie von Nachfolgeprozessen im Familienbetrieb, Freiburg i.B. 1990, S. 206-220

LATTMANN M.S. (1993): Ein Markt für Verwaltungsräte - Fehlendes Dienstleistungsangebot für mittelständische Firmen. In: NZZ, 214. Jg., Nr. 43, 22.2.1993, S. 9

LEHMANN R./REINERS H. (1991): Die Globalisierung als Einflussgrösse auf die Leitungsorganisation. In: Die Unternehmung, 45. Jg., Nr. 6, 1991, S. 412-429

LEIBACHER W. (1992): Das verdient ein Verwaltungsrat - Mit dem neuen Aktienrecht hat auch die Publizitätsfreudigkeit zugenommen. In: SHZ, Nr. 47, 19.11.1992, S. 3

LIKERT R. (1961): New Patterns of Management. New York 1961

LOSINGER V. (1992): Erfolg und Krise einer Unternehmung. Bern - Stuttgart - Wien 1992

LÖWE C. (1979): Die Familienunternehmung - Zukunftssicherung durch Führung. Bern - Stuttgart 1979

LÜCK W. (1983): Überwachung. In: Lück W. (Hrsg.): Lexikon der Betriebswirtschaft, 3. Aufl., Landsberg a.L. 1983, S. 1104-1105

LÜCKE W. (1967): Betriebs- und Unternehmungsgrösse. Stuttgart 1967

MAISSEN S. (1992): Die Steuerbefreiung gemeinnütziger Stiftungen. Schriftenreihe der Arbeitsgemeinschaft für gemeinnützige Stiftungen, Heft 3, Basel 1992

MATHILE C.L. (1988): A Business Owner's Perspective on Outside Boards. In: FBR, Vol. I, No. 3, Fall 1988, S. 231-237

MATHIS F. (1990): Big Business in Österreich II. Wachstum und Eigentumsstruktur der österreichischen Grossunternehmen im 19. und 20. Jahrhundert. Wien - München 1990

MATSCHUCK H.-J. (1975): Arten und Messung der wirtschaftlichen Konzentration. In: Barnikel H.-H. (Hrsg.): Probleme der wirtschaftlichen Konzentration, Darmstadt 1975, S. 584-612

MEIER-HAYOZ A./FORSTMOSER P. (1993): Grundriss des schweizerischen Gesellschaftsrechts. 7.Aufl., Bern 1993

MENZL A. (1988): Generationenwechsel: Rechtzeitig organisieren - oder Zauberei in letzter Minute. In: Menzl A./Krutoff L./Malouvier D./Menzl I./Rietmann P./ Simmat U. (Hrsg.): Generationenwechsel - Strategien zur Unternehmernachfolge, 2. Aufl., Stuttgart 1988, S. 1-51

MOHN R. (1986): Erfolg durch Partnerschaft. Berlin 1986

MOHN R. (1991): Kann das partnerschaftliche Unternehmensmodell ein Vorbild sein? In: Blick durch die Wirtschaft, Nr. 140, 24.7.1991, S. 7

MÜLLER H. (1992): Familienbetriebe haben im grösseren Europa ihre Chancen. In: Blick durch die Wirtschaft, Nr. 207, 27.10.1992, S. 1

NADIG P. (1993): Ausgewählte organisatorische und personalwirtschaftliche Aspekte bei der Realisierung von Computer Integrated Manufacturing (CIM). Bern u.a. 1993

NEUHAUS H. (1991): Small is beautiful. In: SHZ (Hrsg.): Management in KMU - Ein Leitfaden für Klein- und Mittelunternehmen, Zürich 1991, S. 3

NEUHOFF K. (1992): Über das ICH und WIR im Verhältnis von Stifter, Gesellschaft und Staat. In: Schatz R. (Hrsg.): Unternehmen Stiftung. Eine Anleitung für die denkende Hand, Bonn 1992, S. 19-31

NIGGLI A. (1981): Die Aufsicht über die Verwaltung der Aktiengesellschaft im schweizerischen Recht, Diss. Bern 1981

NOBEL P. (1991): Klare Aufgaben für den Verwaltungsrat. In: Der Schweizer Treuhänder, Nr. 11, 1991, S. 531-534

NOBEL P. (1991a): Die Harmonisierung des Gesellschaftsrechts in der EG - Primat der Europäisierung des Aktienrechts. In: NZZ, 212. Jg., Nr. 179, 6.8.1991, S. 25

NOBEL P. (1992): Mühsam der Start, holprig die Fahrt - Summarische Manöverkritik nach dem 'dreissigjährigen Krieg'. In: NZZ, 213. Jg., Nr. 5, 8.1.1992, S. 33

NZZ (1991): Eklat an der Mövenpickspitze,In: NZZ, 212. Jg., Nr. 105, 8.5.1991, S. 33

OESCH K. (1984): Verwaltungsrat und Unternehmungskrisen: Aufgaben eines Verwaltungsrates unter veränderten Umweltbedingungen. Bern 1984

OSWALD H. (1992): Organisation des Verwaltungsrates, Manuskript zu einem Referat, gehalten am ZfU-Verwaltungsratsseminar vom 27./ 28.1.1992 in Luzern

OTT H. (1988): Haus ohne Hüter - ohne Schuld keine Haftung. In: Politik und Wirtschaft, Nr. 3, 1988, S. 52-55

OTT H. (1989): Statisten statt Strategen. In: Politik und Wirtschaft, Nr. 8, 1989, S. 32-38

OTT H. (1991): Für Ja-Sager ist der Sessel zu gross. In: Politik und Wirtschaft, Nr. 5, 1991, S. 52-59

PEDRAZZINI M.M. (1977): Einleitungsreferat anlässlich eines Seminars der HSG-Weiterbildungsstufe vom 20./21.10.1977 in Brunnen. In: Forstmoser P. (Hrsg.): Die Verantwortung des Verwaltungsrates in der AG, Zürich 1977, S. 11-25

PFOHL H.-Chr./KELLERWESSEL P. (1982): Abgrenzung der Klein- und Mittelbetriebe von Grossbetrieben. In: Pfohl H.-Chr. (Hrsg.): Betriebswirtschaftslehre der Mittel- und Kleinbetriebe. Grössenspezifische Probleme und Möglichkeiten zu ihrer Lösung, Berlin 1982, S. 9-34

PLEITNER H.J. (1981): Die Arbeitszufriedenheit von Unternehmern und Mitarbeitern in gewerblichen Betrieben. Bern - München - St. Gallen 1981

PLEITNER H.J. (1991): Es muss nicht immer ein Grossbetrieb sein - Charakteristika und Spezifika kleiner und mittlerer Unternehmen. In: SHZ (Hrsg.): Management in KMU - Ein Leitfaden für Klein- und Mittelunternehmen, Zürich 1991, S. 7-9

POHL H. (1978): Die Konzentration in der deutschen Wirtschaft vom ausgehenden 19. Jahrhundert bis 1945. In: Zeitschrift für Unternehmensgeschichte, Beiheft 11: Die Konzentration in der deutschen Wirtschaft seit dem 19. Jahrhundert, Wiesbaden 1978, S. 4-44

PORTMANN R.A.M. (1983): Wege zur Perpetuierung der Aktiengesellschaft. Bern 1983

POTTHOFF E. (1992): Stiftung, Organisation der. In: Frese E. (Hrsg.): HWO, 3. Aufl., Stuttgart 1992, Sp. 2334-2344

PRAGER J. (1991): Wehmut und Bedauern. Interview von K. Wild mit J. Prager, in: Bilanz, Nr. 5, 1991, S. 30-33

PÜMPIN C. (1986): Management strategischer Erfolgspositionen. 3. Aufl., Bern - Stuttgart 1986

PÜMPIN C. (1989): Das Dynamik-Prinzip: Zukunftsorientierungen für Unternehmer und Manager. Düsseldorf -Wien - New York 1989

PÜMPIN C./KOBI J.-M./WÜTHRICH H.A. (1985): Unternehmenskultur. In: Schweizerische Volksbank (Hrsg.): Die Orientierung, Nr. 85, Bern 1985

PÜMPIN C./PRITZL R. (1991): Unternehmenseigner brauchen eine ganz besondere Strategie. In: Harvard Manager, Nr. 3, 1991, S. 44-50

REIFF F. (1988): Beiräte als Beratungs- und Führungsgremien bei schweizerischen Aktiengesellschaften. Zürich 1988

REINHART A. (1990): Die Familie als Kulturträger im Unternehmen. In: GDI (Hrsg.) (1990), 1. Abschnitt, 5. Beitrag

RIEMER H.M. (1975): Berner Kommentar, Bd. I: Einleitung und Personenrecht, 3. Abteilung: Die juristischen Personen, 3. Teilband: Die Stiftungen, 3. Aufl., Bern 1975

RIEMER H.M. (1991): Aktuelle Revisionsbestrebungen im schweizerischen Stiftungsrecht. Schriftenreihe der Arbeitsgemeinschaft für gemeinnützige Stiftungen, Heft 2, Basel 1991

RIEMER H.M. (1993): Berner Kommentar, Bd. I: Einleitung und Personenrecht, 3. Abteilung: Die juristischen Personen, 1. Teilband: Allgemeine Bestimmungen, 3. Aufl., Bern 1993

RUBNER U. (1992): Wenn das Unternehmen die Familie sprengt. In: Politik und Wirtschaft, Nr. 2, 1992, S. 62-65

RÜEGGER M. (1992): Verwaltungsrat und Krisenmanagement. Manuskript zu einem Referat, gehalten am ZfU-Verwaltungsratsseminar vom 27./28.1.1992 in Luzern

RYTZ R. (1988): Visionäre oder Altherrenclubs? In: SHZ, Separatdruck aus Nr. 36, 1988

SCHEID J.M. (1985): Gedanken zum Familienunternehmen. Stuttgart 1985

SCHEIN E.H.(1969): Process consultation: Its Role in organization development. Reading, Mass. 1969

SCHEIN E.H. (1983): The Role of the Founder in Creating Organizational Culture. In: Organizational Dynamics, Summer 1983, S. 13-28

SCHMIDHEINY S. (1988): Betrachtungen zur Gestaltung der Nachfolge in Familienunternehmen. Manuskript zu einem Referat, gehalten vor der Statistisch-Volkswirtschaftlichen Gesellschaft Basel am 21.3. 1988

SCHMITT P. (1991): Das Verhältnis zwischen Generalversammlung und Verwaltung in der Aktiengesellschaft. Zürich 1991

SCHMOLL G.A. (1986): Das Schweizer Familienunternehmen. Genf 1986

SCHNEIDER H.-D. (1977): Sozialpsychologie der Machtbeziehungen. Stuttgart 1977

SCHNEIDER U. (1990): Das Nachfolgeproblem als Familiendrama - Zwei nicht gegebene Interviews. In: Kappler E./Laske S. (Hrsg.): Blickwechsel - Zur Dramatik und Dramaturgie von Nachfolgeprozessen im Familienbetrieb, Freiburg i.B. 1990, S. 71-84

SCHOLZ C. (1992): Effektivität und Effizienz, organisatorische. In: Frese E. (Hrsg.): HWO, 3. Aufl., Stuttgart 1992, Sp. 533-552

SCHORER P. (1983): Verstärkung von Stellung und Funktion der Organe. In: SAG, 55. Jg., 1983, S. 117-123

SCHULTZ G. (1991): Fachliche Qualifikation und Unabhängigkeit der Revision. In: Der Schweizer Treuhänder, Nr. 11, 1991, S. 546-550

SCHULTZENDORFF VON D. (1984): Fremdmanager in Familienunternehmungen - Eine empirische Analyse. Diss. St. Gallen, Konstanz 1984

SCHWAIGER W. (1992): Milliardenvermögen stehen in nächster Zeit zur Übergabe an. In: Blick durch die Wirtschaft, Nr. 166, 28.8.1992, S. 1

SCHWAIGER W. (1992a): Das Zeitalter der Firmenpatriarchen geht jetzt zu Ende. In: Blick durch die Wirtschaft, Nr. 168, 1.9.1992, S. 1

SCHWARTZ M.A./BARNES L.B. (1991): Outside Boards and Family Businesses: Another Look. In: FBR, Vol. 4, No. 3, Fall 1991, S. 269-285

SCHWEIZERISCHER BUNDESRAT (1983): Botschaft über die Revision des Aktienrechts vom 23. Februar 1983

SEEGER H.-G./GOEDE H. (1992): Berater(n), Auswahl und Einsatz von. In: Frese E. (Hrsg.): HWO, 3. Aufl., Stuttgart 1992, Sp. 318-328

SEIDEL E. (1992): Gremienorganisation. In: Frese E. (Hrsg.): HWO, 3. Aufl., Stuttgart 1992, Sp. 714-724

SEIDEL E./JUNG R.H./REDEL W. (1988): Führungsstil und Führungsorganisation, Bd. 2: Führungsorganisation, Führungsmodelle. Darmstadt 1988

SENN N. (1993): Das Bankgeheimnis ist nach wie vor einer der tragenden Pfeiler. Interview von P. Bohnenblust und Anne-M. Nega-Ledermann mit Dr. N. Senn, in: Financial Services, Magazin zur Ausgabe Nr. 76 der Zeitung Finanz und Wirtschaft vom 25.9.1993, S. 10-13

SHZ (1990): Die grössten Industrie- und Handelsunternehmen, Banken und Versicherungen in der Schweiz. Zürich 1990

SHZ (1993): Die grössten Industrie-, Handels- und Dienstleistungsunternehmen, Banken und Versicherungen in der Schweiz. Zürich 1993

SLINGERLAND E. (1982): Die Aufsicht über die Geschäftsführung bei Kapitalgesellschaften. Zürich 1982

SOMMERLATTE T. (1988): Jenseits von Darwin und Schumpeter. In: Arthur D. Little International (Hrsg.): Management des geordneten Wandels, Wiesbaden 1988, S. 1-17

SOMMERLATTE T. (1988): Unternehmerverhalten: Den Wandel verstehen oder nicht. In: Arthur D. Little International (Hrsg.): Management des geordneten Wandels, Wiesbaden 1988, S. 73-89

SPENCER STUART MANAGEMENT CONSULTANTS (1983): Verwaltungsräte in der Schweiz: Aufgaben und Anforderungen. Zürich - Genf 1983

SPRÜNGLI L.R. (1991): Die neue Rolle des Verwaltungsrats. Bern - Stuttgart 1991

STAEHELIN T. (1982): Gesellschaftsrechtliche Massnahmen zur Nachfolgeplanung. In: Forstmoser P. (Hrsg.): Der Generationenwechsel im Familienunternehmen, Zürich 1982, S. 79-96

STAEHELIN T. (1991): Die Familiengesellschaft im neuen Aktienrecht. In: Der Schweizer Treuhänder, Nr. 11, 1991, S. 602-606

STAEHELIN T. (1992): Weder Massanzug noch Streckbett - Eine Würdigung aus der Sicht der Familienaktiengesellschaft. In: NZZ, 213. Jg., Nr. 34, 11.2.1992, S. 37

STAEHELIN T. (1992a): Rechtliche Ausgangslage. Manuskript zu einem Referat, gehalten am ZfU-Verwaltungsratsseminar vom 27./28.1. 1992 in Luzern

STAEHLE W.H. (1989): Management. 4. Aufl., München 1989

STAEHLE W.H./GRABATIN G. (1979): Effizienz von Organisationen. In: DBW, 39. Jg., 1979, S. 89-102

STEINMANN H./GERUM E. (1978): Reform der Unternehmungsverfassung. Köln u.a. 1978

STEINMANN H./SCHREYÖGG G./DÜTTHORN C. (1983): Managerkontrolle in deutschen Grossunternehmen - 1972 und 1979 im Vergleich. In: ZfB, 53 Jg., Nr. 1, 1983, S. 4-25

STRASSER J. (1989): Dieses Know-how muss ein Verwaltungsrat mitbringen. In: IO, 58. Jg., Nr. 5, 1989, S. 27-30

SUDHOFF H. (1988): Das Familienunternehmen. München 1980

SWAROVSKI D./KLUGHARDT B.A. (1989): Die Persönlichkeit des Firmengründers als Erfolgsfaktor für ein Unternehmen: Ein Fallbeispiel. In: Österreichische Gesellschaft für Unternehmensgeschichte (Hrsg.): Unternehmer und Unternehmen, Festschrift für Alois Brusatti, Wien 1989, S. 77-93

THEISSEN M.R.(1987): Überwachung der Unternehmungsführung. Stuttgart 1987

THEISSEN M.R. (1991): Funktionsadäquate Informationsversorgung des Verwaltungsrates nach schweizerischem Recht. In: Recht der internationalen Wirtschaft (RIW), Heft 11, 1991, S. 920-925

THOM N. (1980): Grundlagen des betrieblichen Innovationsmanagements. 2. Aufl., Königsstein/Ts. 1980
THOM N. (1987): Personalentwicklung als Instrument der Unternehmungsführung. Stuttgart 1987
THOM N. (1988): Organisationsmanagement. Bewertung und Auswahl einer effizienten Organisationsform für Unternehmungen. In: Hofmann M./Rosenstiel von L. (Hrsg.): Funktionale Managementlehre, Berlin u.a. 1988, S. 322-352
THOM N. (Hrsg.) (1989): Management im Wandel. Hamburg 1989
THOM N. (1990): Was bedeutet 'Verantwortung tragen' in einer Institution? In: Verbands-Management, 15. Jg., Nr. 2, 1990, S. 6-12
THOM N. (1992): Organisationsentwicklung. In: Frese E. (Hrsg.): HWO, 3. Aufl., Stuttgart 1992, Sp. 1477-1491
THOM N. (1992a): Der Organisator als Innovator. In: Die Unternehmung, 46. Jg., Nr. 4, 1992, S. 253-266
THOM N. (1993): Innovationsmanagement. In: Schweizerische Volksbank (Hrsg.): Die Orientierung, Nr. 100, Bern 1993
THOMASSEN A. (1992): Get your children out to see the world, and take that risk. In: Family Business Network Newsletter, No. 5, October 1992, S. 3
TSCHÄNI R. (1979): Thesen zu einer Unternehmensverfassung. In: SAG, 51. Jg., 1979, S. 17-23
TUOR P./SCHNYDER B. (1975): Das Schweizerische Zivilgesetzbuch. 9. Aufl., Zürich 1975
ULRICH H./PROBST G.J.B. (1988): Anleitung zum ganzheitlichen Denken und Handeln. Bern - Stuttgart 1988
ULRICH P. (1977): Die Grossunternehmung als quasi-öffentliche Institution. Eine politische Theorie der Unternehmung. Stuttgart 1977
ULRICH P./HILL W. (1976a/b): Wissenschaftstheoretische Grundlagen der Betriebswirtschaftslehre. In: WiSt, 1976 (1976a), Nr. 7, S. 304-309 und 1976 (1976b), Nr. 8, S. 345-350
VANCE S.C. (1983): Corporate Leadership - Boards, Directors and Strategy. New York 1983
VILLIGER R. (1992): Anforderungsprofil des Verwaltungsrates. Manuskript zu einem Referat, gehalten am ZfU-Verwaltungsratsseminar vom 27./28.1.1992 in Luzern
VISCHER F. (1991): Würdigung der Reform. In: Der Schweizer Treuhänder, Nr. 11, 1991, S. 525-529
VOIGT J.F. (1990): Familienunternehmen. Im Spannungsfeld zwischen Eigentum und Fremdmanagement. Wiesbaden 1990

WAHL M. (1981): Gedanken zur Zukunftssicherung von Familienunternehmen. Stuttgart 1981

WARD J.L. (1987): Keeping the Family Business Healthy. San Francisco - London 1987

WARD J.L. (1991): Creating Effective Boards for Private Enterprises. San Francisco - Oxford 1991

WEIBEL J. (1964): Das Familienunternehmen - Wirtschaftliche Aspekte seiner Existenzfähigkeit und seines Nachwuchses. Veröffentlichung der Vereinigung christlicher Unternehmer der Schweiz, Heft 9, Olten 1964

WEITZIG J.K. (1979): Gesellschaftsorientierte Unternehmenspolitik und Unternehmensverfassung. Berlin - New York 1979

WELGE M.K./FESSMANN K.-D. (1980): Effizienz, organisatorische. In: Grochla E. (Hrsg.): HWO, 2. Aufl., Stuttgart 1980, Sp. 577-592

WHITESIDE M.F./BROWN F.H. (1991): Drawbacks of a Dual Systems Approach to Family Firms: Can We Expand Our Thinking? In: FBR, Vol. 4, No. 4, Winter 1991, S. 383-395

WILD J. (1971): Management-Konzeption und Unternehmungsverfassung. In: Schmidt R.-B. (Hrsg.): Probleme der Unternehmungsverfassung, Tübingen 1971, S. 57-95

WILLERS H.-G. (1990): Familien- oder Fremdmanagement, Chancen für die konstruktive Nutzung dieser Spannungsfelder. In: GDI (Hrsg.) (1990), 1. Abschnitt, 7. Beitrag

WITTE E. (1973): Organisation für Innovationsentscheidungen. Das Promotoren-Modell. Göttingen 1973

WITTE E. (1978): Die Verfassung als Gegenstand betriebswirtschaftlicher Forschung. In: DBW, 38. Jg., Nr. 3, 1978, S. 331-340

WITTE E. (1981): Der Einfluss der Anteilseigner auf die Unternehmenspolitik. In: ZfB, 51. Jg., Nr. 8, 1981, S. 733-779

WITTMANN W. (1991): Marktwirtschaft für den Verwaltungsrat. In: Finanz und Wirtschaft, Nr. 20, 13.3.1991, S. 20

WÖHE G. (1981): Einführung in die Allgemeine Betriebswirtschaftslehre. 14. Aufl., München 1981

WOHLGEMUTH A.C. (1993): Die Nachfolgeregelung in der Familienunternehmung. In: Die Unternehmung, 47. Jg., Nr. 1, 1993, S. 107-115

WOHLMANN H. (1968): Die Treuepflicht des Aktionärs. Diss. Zürich 1968

WOLLNIK M. (1980): Einflussgrössen der Organisation. In: Grochla E. (Hrsg.): HWO, 2. Aufl., Stuttgart 1980, Sp. 592-613

WUFFLI P.A. (1988): Wertsteigerung oder Überleben als Institution? In: NZZ, 209. Jg., Nr. 268, 16.11.1988, S. 41

WUNDERER R. (1981): Führungsgrundsätze als Instrument der Unternehmens-/Betriebsverfassung. In: Bohr K./Drukarczyk J./Drumm H.-J./Scherrer G. (Hrsg.): Unternehmungsverfassung als Problem der Betriebswirtschaftslehre, Berlin 1981, S. 405-443

ZAUNER A. (1990): Beratung im Wandel. In: Kappler E./Laske S. (Hrsg.): Blickwechsel - Zur Dramatik und Dramaturgie von Nachfolgeprozessen im Familienbetrieb, Freiburg i.B. 1990, S. 221-237

ZIJL van N./LANG K./BURGER R./SUTTER H./BANTHIEN C. (1988): Projektmanagement. In: Schweizerische Volksbank (Hrsg.): Die Orientierung, Nr. 92, Bern 1988

ZUMBUSCH J. (1992): Sehr schnell verdrängt. In: WirtschaftsWoche, Nr. 26, 19.6.1992, S. 52-56

ZÜND A. ((1991): Ausbau der Publizität. In: Der Schweizer Treuhänder, Nr. 11, 1991, S. 552-555

Anhang:

FRAGEBOGEN

zum Forschungsprojekt (Dissertation)
'Die Gestaltung der Spitzenorganisation
in der grossen Familienunternehmung'

❖ ❖ ❖

Eine explorative Studie zur Praxis
der Spitzenorganisation in einer
Reihe ausgewählter Unternehmungen

INHALTSVERZEICHNIS

1 HINTERGRUND UND ZIEL DER UNTERSUCHUNG

Familienunternehmungen bilden das Rückgrat einer marktwirtschaftlichen Ordnung und spielen eine elementare Rolle für die Funktionsfähigkeit eines solchen Wirtschaftssystems. Dies gilt nach wie vor auch für die Schweiz. Vor dem Hintergrund einer sich rasch steigernden Dynamik und Komplexität der gesellschaftlichen und wirtschaftlichen Entwicklung stellt die Kontinuitätssicherung für jede Unternehmung eine gewaltige Herausforderung dar. Dabei werden viele Familienunternehmungen durch Nachfolgeprobleme zusätzlich strapaziert, sodass schätzungsweise nur jede zweite Familienunternehmung den ersten Generationenwechsel erfolgreich übersteht. Die zentralen Fragen der Führungsnachfolge und der Eigentumsübertragung stellen sich grössenunabhängig in jeder Familienunternehmung. Die wachsende Familienunternehmung befindet sich in ihrer Entwicklung jedoch im Spannungsfeld zwischen dem personenbezogenen Kleinbetrieb (weitgehende Einheit von Eigentum und Leitung) und der sich selbst tragenden Organisation der grossen 'Société Anonyme' (weitgehende Trennung von Eigentum und Leitung). Besonders deutlich zeigt sich dieser Konflikt bei schnell gewachsenen, grossen Familienunternehmungen, deren Führung stark auf die Person des Eigentümer-Unternehmers (im nachfolgenden Fragebogen 'Senior-Unternehmer' genannt) abgestellt ist bzw. war. Im Nachfolgefall lässt sich im Gegensatz zu kleineren Familienunternehmungen der bisherige Eigentümer-Unternehmer aufgrund der mit der Unternehmungsgrösse einhergehenden Steigerung der Anforderungen nur selten durch eine Person vollumfänglich ersetzen. Im Hinblick auf die nachfolgende(n) Generation(en) bedarf es vielmehr der kritischen Prüfung der vorhandenen Spitzenorganisation und notwendigenfalls der Schaffung spitzenorganisatorischer Voraussetzungen, die unter Berücksichtigung des Beziehungsverhältnisses zu den Familienaktionären den Übergang der Führung durch die starke Unternehmerpersönlichkeit zur Führung durch ein starkes und überwachtes Führungsgremium erlauben und damit zur Professionalisierung der betreffenden Unternehmung beitragen.

Dem Forschungsprojekt (Dissertation) 'Die Gestaltung der Spitzenorganisation in der grossen Familienunternehmung' liegt die These zugrunde, dass die Kontinuität einer grossen Familienunter-nehmung ohne den Einsatz einer effizienten Spitzenorganisation stark gefährdet ist. Es stellt sich die Frage nach der zweckmässigen Organisation der Spitzenorgane (Verwaltungsrat/Geschäftsleitung, Generalversammlung, Revisionsstelle und fakultative Organe). Mit der nachfolgenden Befragung werden folgende Ziele angestrebt:

- Erfassung und Beurteilung unterschiedlicher Ausgestaltungsformen der Spitzenorganisation,
- Erfassung und Beurteilung möglichst vieler Aspekte und Probleme der Spitzenorganisation sowie
- Erfassung und Beurteilung allfälliger Entwicklungstendenzen der Spitzenorganisation.

Es wird die Spitzenorganisation grosser Familienunternehmungen untersucht, die mindestens einen Generationenwechsel vollzogen haben oder zumindest im ersten Generationenwechsel stecken. Die Interviewpartner sind Personen, die mit den 'spitzenorganisatorischen Verhältnissen' der betreffenden Unternehmung engstens vertraut sind. Der folgende Fragenkatalog stellt den Leitfaden des Interviews dar.

Das Gelingen des empirischen Vorhabens ist zu einem grossen Teil abhängig von der Gesprächsbereitschaft des Interviewpartners (vgl. dazu die folgende 'Erklärung').

ERKLÄRUNG

gegenüber Herrn/Frau ....

von der Firma ....

Der unterzeichnete Veit Wagner, wohnhaft Breichtenstrasse 4 in 3074 Muri bei Bern, verpflichtet sich hiermit, alle Daten, Informationen und Erkenntnisse, die er im Zusammenhang mit seiner Umfrage zur Dissertation "Die Gestaltung der Spitzenorganisation in der grossen Familienunternehmung" (Universität Fribourg; Hauptreferent: Prof. Dr. Norbert Thom, Universität Bern) gewinnt, gegenüber Dritten vertraulich zu behandeln und die Auswertung im Rahmen der vorgenannten Dissertation anonym zu halten.

Diese Verpflichtung ist unabhängig davon, auf welche Art Herr V. Wagner zu den Informationen gelangt, sei es durch ihm überlassene Unterlagen, durch Fragebogen, Interview oder Aufnahmen auf einem Tonträger oder jede andere Art von Aufzeichnung. Tonbänder und andere Formen der Datenerfassung werden nach der Auswertung vernichtet.

Ort und Datum: Unterschrift:

3 ANGABEN ZUM INTERVIEW

Interviewpartner:

- Name: ....

- Alter: ....

- Beruf/Funktion: ....

Interview:

- Datum: ....

- Ort: ....

- Dauer: ....

- besondere Umstände: ....

4 ANGABEN ZUR UNTERNEHMUNG

- Firmenname: ....

- Hauptsitz: ....

- Branche: ....

- Beschäftigtenzahl: ....
  - davon in der Schweiz: ....
  - der Rest auf .... Länder verteilt
- Rechtsform/Gesellschaftsstruktur (Holding?, Stiftung?):

  ....

- Organisationsstruktur (Dezentralisierungsgrad?):

  ....

- Eigentumsverhältnisse (Kapital-, Stimmrechtsanteile; börsenkotiert?):

  ....

- Familiengeneration heute:..

  Positionen einzelner Familienaktionäre in der Unternehmung:

  ....

- Historische Entwicklung (Hauptetappen): ....

- Besonderheiten/Bemerkungen: ....

5 FRAGENKATALOG

Frage 1:

- Mit der Familienunternehmung verbindet sich oft ein Bild von typischen Merkmalen. *Welche dieser folgenden* ***Merkmale*** *treffen auch auf Ihre als 'gross' zu bezeichnende Familienunternehmung zu?* (Mehrfachnennungen):
  - ❒ dominante Unternehmerpersönlichkeit
  - ❒ kurze Entscheidungswege
  - ❒ überschaubare Verhältnisse
  - ❒ informelle, offene Kommunikationsstrukturen
  - ❒ Flexibilität in der Leistungserstellung
  - ❒ räumlich begrenzte Tätigkeit
  - ❒ begrenzte Finanzierungskraft
  - ❒ soziale Verantwortung gegenüber den Mitarbeitern
  - ❒ unbürokratisch
  - ❒ gutes Betriebsklima ('Betriebsfamilie')
  - ❒ weitere: ....
- *Sehen Sie wesentliche* ***Unterschiede*** *zwischen Ihrer grossen Familienunternehmung und einer Ihrer Ansicht nach typischen mittelständischen Unternehmung und wenn ja, welche?*

  ....

Bemerkungen: ....

Frage 2:

- Bisweilen wird die Meinung vertreten, Familienunternehmungen hätten im Vergleich zu Publikumsgesellschaften eine grössere Streubreite der Merkmalsausprägungen (sog. **'Amplitudengesetz'**). *Halten Sie folgende, auf die Familienunternehmung (generell) bezogene Feststellungen für tendenziell richtig (tr) oder für tendenziell falsch (tf)?:*

tr	tf	
❒	❒	Nachfolgeregelungen gelingen entweder hervorragend oder sehr mangelhaft
❒	❒	die Mitarbeiter sind entweder hoch motiviert oder frustriert
❒	❒	entweder wird mit veralteten Anlagen oder mit Hochtechnologie produziert
❒	❒	entweder wird besonders effizient oder besonders ertragsschwach gewirtschaftet (Kostenführerschaft versus Ausgabenfreude)
❒	❒	die Ausschüttungen an die Gesellschafter sind entweder bescheiden oder sehr hoch ('Melkkuh')
❒	❒	Fremdmanager sind entweder sehr stark oder sehr schwach
❒	❒	Fremdmanager sind entweder über- oder unterdurchschnittlich bezahlt
❒	❒	die Fluktuation an der Unternehmungsspitze ist entweder sehr hoch oder sehr klein
❒	❒	Familienunternehmungen sind im Aufschwung und in der Pionierphase tendenziell erfolgreicher und in der kritischen Phase des Abschwungs tendenziell gefährderter als Nicht-Familienunternehmungen

❐ ❐ Familienunternehmungen weisen oft ein Defizit an inhaltlichen Strategien und an externer Kontrolle auf

- *Worin sehen Sie wesentliche* ***Unterschiede*** *zwischen Ihrer grossen Familienunternehmung und einer typischen Publikumsunternehmung (wie beispielsweise Nestlé), wo liegen die Stärken und Schwächen?:*

....

- Bemerkungen: ....

Frage 3:

- *Worin sehen Sie die grössten* ***Chancen und Gefahren*** *für die Zukunft einer grossen Familienunternehmung (generell und speziell in Ihrem Fall)?:*

....

- *Wie verstehen und beurteilen Sie folgende Aussage: 'Die wachsende Familienunternehmung stösst irgendwann an eine Grenze, die zu überschreiten nur dann sinnvoll ist, wenn sich die Unternehmung von ihrer Familie emanzipiert - es entsteht die* ***Unternehmung an sich****'?:*

....

Bemerkungen: ....

Frage 4:

Im folgenden interessiert der Verlauf des letzten **Generationenwechsels** in Ihrer Unternehmung und die damit verbundenen wichtigsten Veränderungen.

- *Wie hat sich die* ***Führungsstruktur*** *verändert und wie verlief der Prozess der* ***Führungsnachfolge****?*

....

- *Wie hat sich die* ***Eigentumsstruktur*** *verändert und wie verlief der Prozess der* ***Eigentumsübertragung****?*

....

- *Welches sind Ihrer Ansicht nach die zentralen* ***Merkmale*** *des letzten Generationenwechsels in Ihrer Unternehmung (bspw. besondere Konflikte oder die Rolle des Unternehmers)?:*

....

Frage 5:

- *Seit dem 1.7.92 gilt in der Schweiz das* ***neue Aktienrecht****. Haben sich daraus für die Spitzenorganisation Ihrer Unternehmung irgendwelche Änderungen ergeben oder sind solche (in der zulässigen Übergangszeit) vorgesehen?:*

....

- *In welcher* ***Form*** *sind die Arbeits- und Verteilungsbeziehungen zwischen den Spitzenorganen (Generalversammlung, Verwaltungsrat, Revisionsstelle) in Ihrer Unternehmung geregelt (Statuten, Reglemente, Geschäftsordnungen, Stellenbeschreibungen, Organigramme, informelle Regelungen u.a.)?:*

  ....

Frage 6:

Führung und Überwachung können allgemein als die zwei zentralen Funktionsbereiche der Unternehmungsspitze angesehen werden. Grundsätzlich kann die strukturelle Einordnung dieser beiden Funktionsbereiche entweder in Form des *Vereinigungsmodells* (bspw. das amerikanische Boardsystem, das Führung und Überwachung in einem Spitzenorgan vereint) oder des *Trennungsmodells* (bspw. das deutsche Vorstands-/Aufsichtsratssystem, das gemäss dem Grundsatz der Unabhängigkeit der Überwachung die zwei Funktionen gesonderten Spitzenorganen zuweist) erfolgen. Das CH-Aktienrecht bzw. das Verwaltungsratssystem erlaubt unter Berücksichtigung der nicht delegierbaren Aufgaben Ausgestaltungen in beide Richtungen. (Vgl. Abb. 12)

- *In vielen kleinen und mittleren Familienunternehmungen ist eine Vereinigungsstruktur anzutreffen. Gelangt in Ihrer Unternehmung eine Vereinigungsstruktur (Führung und Überwachung werden vom Verwaltungsrat wahrgenommen) oder eine Trennungsstruktur (die Geschäftsführung wird vom Verwaltungsrat weitgehend delegiert) zur Anwendung?:*

  ❒ Vereinigungsstruktur
  ❒ Trennungsstruktur
  ❒ andere Struktur: ....

- *Verfügt Ihre Unternehmung über ein reines Fremdmanagement (keine Familienaktionäre in Führungspositionen) und wenn ja, seit wann?*

  ....

  Bemerkungen: ....

Frage 7:

- *Hat es vor der jetzigen von Ihnen in der letzten Frage angegebenen Struktur eine andere gegeben?*

  ❒ nein; gehe zur nächsten Frage
  ❒ ja

- *Wenn ja, seit wann besteht die jetzige Struktur bzw. welcher Anlass (oder Anlässe) führte zum Strukturwechsel? (mehrere Antworten möglich):*

  ❒ seit ...... Jahren
  ❒ seit folgender Unternehmungsgrösse: .... .Mitarbeiter
  ❒ seit dem Rückzug des Senior-Unternehmers aus dem Tagesgeschäft
  ❒ seit dem totalen Ausscheiden des Senior-Unternehmers aus der Unternehmung

- ❒ seit der letzten Eigentumsübertragung
- ❒ seit einer bestimmten Entwicklungsphase (bspw. starke Expansion, Internationalisierung, Reorganisation, Krise) der Unternehmung und wenn ja, welche?:

  ....
- ❒ seit Eintreten bestimmter Persönlichkeiten (bspw. Nachkommen aus der Familie, externe Manager) und wenn ja, welche?: ....
- ❒ seit dem Going Public
- ❒ andere Zeitpunkte oder Anlässe: ....

Bemerkungen: ....

Frage 8:

- *Besteht die Absicht, die jetzige Führungs- und Überwachungsstruktur in absehbarer Zeit zu **ändern**?:*
  - ❒ nein
  - ❒ ja
- *Wenn ja, welche Führungs-/Überwachungsstruktur wird angestrebt?:*
  - ❒ Vereinigungsstruktur
  - ❒ Trennungsstruktur
  - ❒ andere Struktur: ....
- *und auf welche Gründe ist der beabsichtigte Strukturwechsel zurückzuführen?* (mehrere Antworten möglich):
  - ❒ Unternehmenskrise
  - ❒ Nachfolgeprobleme/Generationenwechsel
  - ❒ Unternehmungsumfassende Reorganisation (Hauptziele der Reorganisation):

    ....
  - ❒ andere Gründe: ....
- *Wenn nein, welches sind die Gründe, die bestehende Struktur nicht zu ändern? (mehrere Antworten sind möglich):*
  - ❒ mit der jetzigen Struktur glaubt man die passende Lösung zu haben; eine Änderung stellt kein Thema dar
  - ❒ eine Strukturänderung wird zwar diskutiert, doch bestehen seitens des Senior-Unternehmers gewisse Vorbehalte/Widerstände
  - ❒ andere Gründe: ....

  Bemerkungen: ....

Frage 9:

- *Welche Person oder welche Personengruppe war bzw. ist die **'treibende Kraft'** für den vollzogenen bzw. beabsichtigten Strukturwechsel?* (mehrere Antworten möglich):
  - ❒ es gibt weder einen bereits vollzogenen noch einen beabsichtigten Strukturwechsel; gehen Sie zur nächsten Frage
  - ❒ der Senior-Unternehmer

❒ Familienaktionäre, die in der Unternehmung aktiv tätig sind (oder waren)
❒ Familienaktionäre, die in der Unternehmung nicht aktiv tätig sind (oder waren)
❒ Fremdmanager
❒ unternehmungsexterne Verwaltungsräte
❒ Publikumsaktionäre
❒ andere (bspw. Berater, Vertraute des Eigentümer-Unternehmers, Banken):

....

Bemerkungen: ....

Frage 10:

- *Welche* ***Vor- und Nachteile*** *einer Trennungsstruktur sehen Sie aus der Sicht der grossen Familienunternehmung?* (mehrere Antworten möglich):

Vorteile:
❒ klare funktionelle Abgrenzung
❒ Unabhängigkeit der Überwachung
❒ 'Entschärfung' des Nachfolgeproblems
❒ Machtausgleich an der Unternehmungsspitze
❒ andere: ....

Nachteile:
❒ eingeschränkter Handlungsspielraum
❒ erhöhter Verwaltungs- und Koordinationsaufwand
❒ andere: ....

Bemerkungen: ....

Frage 11:

- Im Gegensatz zu vielen Familienunternehmungen weisen Publikums-Aktiengesellschaften in der Regel eine Trennungsstruktur auf. *Erachten Sie unter dem Aspekt der Unternehmungskontinuität die Einführung - sofern nicht schon vorhanden - einer Trennungsstruktur für die grosse Familienunternehmung als sinnvoll oder gar notwendig?:*

❒ nein
❒ ja

Begründung: ....

Wenn ja, sollte die Trennung nicht nur strukturell, sondern auch ***personell*** *praktiziert werden?:*

❒ nein
❒ ja

Begründung: ....

Frage 12:

- Im neuen CH-Aktienrecht ist die Flexibilität in den Ausgestaltungsmöglichkeiten bezüglich der Organisation der Unternehmungsspitze grundsätzlich beibehalten worden. Die **Einheit des Aktienrechts** ist mit wenigen Ausnahmen ungebrochen, d.h. der Gesetzgeber schreibt auch für Grossunternehmungen keine zwingende Organisationsstruktur vor. *Plädieren Sie - auch im Falle Ihrer allfälligen Bevorzugung einer Trennungsstruktur für die grosse Familienunternehmung - für die Beibehaltung dieser Flexibilität oder befürworten Sie die Teilung des Aktienrechts bzw. die zwingende Einführung der Trennungsstruktur für alle Grossunternehmungen?:*

❐ Beibehaltung der Flexibilität für alle Unternehmungen
❐ zwingende Einführung einer Trennungsstruktur für alle Grossunternehmungen
❐ zwingende Einführung nur für Unternehmungen, die an einer Börse kotiert sind

Bemerkungen: ....

Fragen 13:

- Bei der **VR-Positionierung** geht es um die Frage, welchen Stellenwert der Verwaltungsrat einnehmen soll, d.h. es geht um die Klärung der grundsätzlichen Rolle des Verwaltungsrats. *Welchem im folgenden kurz charakterisierten **VR-Typ** würden Sie Ihren Verwaltungsrat tendenziell (die Grenzen zwischen den verschieden VR-Typen sind fliessend) zuordnen?* (bitte nur einen VR-Typ ankreuzen):

❐ *'VR-Typ 1'* ('Minimum-Verwaltungsrat'): beschränkt sich auf die hinreichende Erfüllung der gesetzlichen Vorschriften/wenn überhaupt Sitzungen stattfinden, dann höchst selten/ meist Zirkularbeschlüsse/wenn überhaupt Externe Einsitz nehmen, sind diese in der Minderheit

❐ *'VR-Typ 2'* ('Kontroll-Verwaltungsrat'): konzentriert sich auf die überwiegend vergangenheitsorientierte Überwachung und überlässt die strategische Führung weitgehend dem Management/tagt eher selten/auch Externe halten Einsitz

❐ *'VR-Typ 3'* ('Leitungs-Verwaltungsrat'): dem 'VR-Typ 2' entgegengesetzt, indem er die Überwachung vernachlässigt und sich zukunftsorientiert auf die Festlegung der Unternehmungspolitik und -strategie konzentriert/tagt oft aber unregelmässig/in der Mehrzahl unternehmungsinterne Mitglieder

❐ *'VR-Typ 4'* (Beratungs-Verwaltungsrat'): dieser Typ stellt gewissermassen die Synthese aus dem 'VR-Typ 2' und 'VR-Typ 3' dar, d.h. er beschränkt sich nicht auf die Überwachung, sondern ist in der strategischen Planung/Führung aktiv involviert und steht dem Management aufgrund seiner hohen fachlichen Qualifikation beratend zur Seite/qualifizierte Externe halten Einsitz/dieser VR-Typ tagt öfters und regelmässig.

❐ 'Mein' Verwaltungsrat kann unmöglich einem der obgenannten Typen zugeordnet werden. Er zeichnet sich durch folgende typische Merkmale aus:

....

Bemerkungen: ....

Frage 14:

- ***Seit wann*** *wird der von Ihnen in der letzten Frage angekreuzte VR-Typ praktiziert?* (mehrere Antworten möglich):

  ❒ seit ..... Jahren
  ❒ seit Einführung einer Trennungsstruktur
  ❒ seit Ausscheiden des Senior-Unternehmers aus der operativen Geschäftsführung
  ❒ bereits vor Ausscheiden des Senior-Unternehmers aus der operativen Geschäftsführung
  ❒ seit Ausscheiden des Senior-Unternehmers aus dem Verwaltungsrat
  ❒ bereits während des Einsitzes des Senior-Unternehmers im Verwaltungsrat
  ❒ seit der letzten Eigentumsübertragung
  ❒ seit einer bestimmten Entwicklungsphase (bspw. Überschreiten einer bestimmten Unternehmungsgrösse, Internationalisierung, Krise) und wenn ja, welche?

  ....

  ❒ seit Eintreten bestimmter Persönlichkeiten (Externe, Nachfolger aus der Familie) und wenn ja, welche?

  ....

  ❒ seit dem Going Public
  ❒ andere Zeitpunkte oder Anlässe: ....

  Bemerkungen: ....

Frage 15:

- *Im Falle, dass vor dem jetzigen VR-Typ ein anderer VR-Typ praktiziert wurde, um welchen VR-Typ handelte es sich und welcher Grund/Anlass führte zu einer* ***Neupositionierung****?*

  ❒ es wurde vorher kein anderer VR-Typ praktiziert; gehen Sie zur nächsten Frage
  ❒ beim vorherigen VR-Typ handelte es sich um
    ❒ 'VR-Typ 1' ('Minimum-Verwaltungsrat')
    ❒ 'VR-Typ 2' ('Kontroll-Verwaltungsrat')
    ❒ 'VR-Typ 3' ('Leitungs-Verwaltungsrat')
    ❒ 'VR-Typ 4' ('Beratungs-Verwaltungsrat')
    ❒ anderer VR-Typ: ....

  Gründe für Neupositionierung:

  ❒ Nachfolge/Generationenwechsel
  ❒ Grösse der Unternehmung
  ❒ neues Aktienrecht
  ❒ andere Gründe: ....

Bemerkungen: ....

Frage 16:

- *Besteht die Absicht, den derzeit praktizierten VR-Typ in absehbarer Zeit zu ändern?:*
  - ❒ nein
  - ❒ ja

    Wenn ja,

    - *welcher VR-Typ wird neu angestrebt?*
      - ❒ 'VR-Typ 1' ('Minimum-Verwaltungsrat')
      - ❒ 'VR-Typ 2' ('Kontroll-Verwaltungsrat')
      - ❒ 'VR-Typ 3' ('Leitungs-Verwaltungsrat')
      - ❒ 'VR-Typ 4' ('Beratungs-Verwaltungsrat')
      - ❒ *anderer VR-Typ:* ....
    - *welches sind die Gründe für die beabsichtigte Neupositionierung?* (mehrere Antworten möglich)
      - ❒ der jetzige Verwaltungsrat wird den Anforderungen der Zukunft nicht gerecht
      - ❒ Nachfolge/Sicherung der Unternehmungskontinuität
      - ❒ andere Gründe: ....
    - *auf wessen Initiative ist die beabsichtigte Neupositionierung zurückzuführen?* (mehrere Antworten möglich)
      - ❒ der Verwaltungsrat selbst (das Gremium)
      - ❒ einzelne Verwaltungsräte
      - ❒ der Senior-Unternehmer
      - ❒ die Familienaktionäre
      - ❒ andere: ....

    Wenn nein,

    - ❒ *warum soll keine Neuausrichtung des Verwaltungsrats vorgenommen werden?* (mehrere Antworten möglich):
    - ❒ der jetzige Verwaltungsrat wird den an ihn gestellten Anforderungen gerecht
    - ❒ Widerstand seitens des Senior-Unternehmers
    - ❒ Widerstand von Familienaktionären, die in der Unternehmung nicht aktiv tätig sind
    - ❒ diese Frage ist kein Thema und wird gar nicht diskutiert
    - ❒ andere Gründe: ....

    Bemerkungen: ....

Frage 17:

- *Sehen Sie einen speziellen* ***Zusammenhang*** *zwischen dem 'VR-Typ 4'('Beratungs-Verwaltungsrat') und der Kontinuitätssicherung der grossen Familienunternehmung?*
  - ❒ nein: ....
  - ❒ ja: ....

  Bemerkungen: ....

Frage 18:

- *Existiert ein schriftliches **Dokument**, das das Selbstverständnis und die Zielsetzung Ihres Verwaltungsrats klar umschreibt (zum Beispiel ein 'mission statement')?*

  ❒ nein

  ❒ ja

  Wenn ja, um was für ein Dokument handelt es sich dabei?

  ....

Frage 19:

- Im folgenden wird eine Reihe von VR-Aufgaben aufgezählt. *Bitte ergänzen Sie weitere **VR-Aufgaben**, die Sie für nennenswert halten, und beurteilen Sie die heutige Bedeutung der VR-Aufgaben in Ihrer Unternehmung sowie die zukünftige Bedeutung der VR-Aufgaben aus der Sicht der grossen Familienunternehmung.*

  (1 = sehr wichtig; 2 = wichtig; 3 = weniger wichtig; 4 = unwichtig)

VR-Aufgaben	heutige Bedeutung speziell in Ihrer Unternehmung	Zukünftige Bedeutung generell für die grosse Familienunternehmung
(Aus)wahl und Abberufung der Führungskräfte (Nachfolgeplanung auf Führungsebene), insbesondere auch Beurteilung von Nachfolgern aus der Familie		
Organisation der Geschäftsführung		
Festlegung der Unternehmungsphilosophie		
Förderung der Unternehmungskultur (Schaffung von 'shared values')		
Festlegung der Unternehmerpolitik		
Mitwirkung bei der Festlegung der Unternehmungsstrategie		
Durchsetzen einer strategischen Planung		
Überwachung der Strategierealisierung (Abweichungsanalysen und Massnahmen)		
Entwicklung von Informationssystemen für den Verwaltungsrat und die Ermittlung des Ist-Zustandes		
Entscheide über Finanzierung und Investitionsvorhaben (inkl. Akquisitionen, Kooperationen, Joint Ventures)		

Leistungsbeurteilung und Salarierung der Führungskräfte		
Krisenbewältigung		
Rekrutierung neuer VR-Mitglieder (Nachfolgeplanung auf VR-Ebene		
Organisation des Verwaltungsrates		
Pflege öffentlicher und institutioneller Beziehungen		
Beratung der Geschäftsleitung und Pflege der persönlichen Beziehungen		
Beratung der Aktionäre und Pflege der persönlichen Beziehungen		

- *weitere VR-Aufgaben und **zustimmungspflichtige Geschäfte**?:*

  ....

- *Speziell **Nachfolgeregelung**: Wie intensiv und in welcher Form befasst sich der Verwaltungsrat mit dem Nachfolgeproblem (VR-intern und auf Unternehmungsebene generell)?:*

  ....

  Bemerkungen: ....

Frage 20:

- *Bitte kreuzen Sie im folgenden nur diejenigen (kommunikativen) **Führungsinstrumente** an, die im Falle Ihrer Unternehmung schriftlich fixiert sind (bspw. in Leitbildern, Unternehmungs- und Führungsgrundsätzen oder in Strategiepapieren/-plänen):*

  ❒ Unternehmungskultur/ Corporate Identity
  ❒ Unternehmungsphilosophie
  ❒ Unternehmungspolitische Ziele/Generelle Unternehmungsziele
  ❒ Funktionsbereichspolitiken
  ❒ Unternehmungsstrategie
  ❒ Funktionsbereichs- und/oder Geschäftsfeldstrategien
  ❒ andere: ....

Frage 21:

- Im folgenden werden verschiedene **Strukturtypen** bezüglich der Aufteilung von Führung und Überwachung unterschieden (vgl. Abb. 6). *Welcher Strukturtyp trifft auf Ihre Unternehmung zu?* (Bitte nur einen Strukturtyp ankreuzen):
  - ❒ *Strukturtyp 1:* Verwaltungsrat plus Funktions-/Unternehmungsbereiche *(Vereinigungsmodell)*
  - ❒ *Strukturtyp 2:* Verwaltungsrat plus VR-Delegierte(r) plus Funktions-/Unternehmungsbereiche *(Trennungsmodell)*
  - ❒ *Strukturtyp 3:* Verwaltungsrat plus VR-Delegierte(r) plus Direktor(ium) plus Funktions-/Unternehmungsbereiche *(Trennungsmodell)*
  - ❒ *Strukturtyp 4:* Verwaltungsrat plus Direktor(ium) plus Funktions-/Unternehmungsbereiche *(Trennungsmodell)*
  - ❒ *anderer Strukturtyp:* ....

  Bemerkungen (evtl. Skizze/Organigramm):

  ....

Frage 22:

- Das Gesetz schreibt vor, dass der Verwaltungsrat mindestens aus einem Mitglied bestehen muss und dass der Verwaltungsrat in jedem Fall einen *Präsidenten* und einen *Sekretär* bezeichnen muss. *Aus welchen* ***Positionen*** *setzt sich darüber hinaus Ihr Verwaltungsrat zusammen?*

  (in Klammer bitte Anzahl Stelleninhaber angeben):
  - ❒ einfache Mitglieder ( )
  - ❒ Ehrenpräsident ( )
  - ❒ Vorsitzender ( )
  - ❒ Vizepräsident(en) ( )
  - ❒ Delegierte(r) ( )
  - ❒ Ausschu(e)ss(e), und wenn ja, was für welche?:

    ....
  - ❒ Spezielle Kommissionen (bspw. ein auf die Überwachungsfunktion konzentriertes und ausschliesslich mit Externen besetztes Audit Committee)?:

    ....
  - ❒ Informelle Ausschu(e)ss(e)

    ....( )

    ....( )
  - ❒ Weitere:

    ....( )

    ....( )

Der Gesamtverwaltungsrat setzt sich aus ..... Personen zusammen.

Frage 23:

- *Ist Ihr Verwaltungsrat* ***ressortiert****?*
  - ❐ nein; gehen Sie zur nächsten Frage
  - ❐ ganzressortiert (jedem VR-Mitglied wird ein Ressort zugewiesen)
  - ❐ teilressortiert (nur einzelnen VR-Mitgliedern wird ein Ressort zugewiesen)
- *Im Falle der Ressortierung: um welche Ressorts handelt es sich?:*

  ....

  Bemerkungen:

  ....

Frage 24:

- *Welche* ***(Stabs-)stellen*** *sind dem Verwaltungsrat direkt zugeordnet und wie setzen sich diese zusammen (in Klammer bitte Anzahl Mitarbeiter angeben)?:*
  - ❐ VR-Sekretariat (   ): ....

    ....
  - ❐ Interne Revision (   ): ....
  - ❐ Controlling (   ): ....

    speziell: ❐ Strategisches Controlling (   ): ....
  - ❐ Rechtsabteilung (   ): ....
  - ❐ Weitere: ....

  Bemerkungen: ....

Frage 25:

- *Welche Positionen bzw. Personen in Ihrem Verwaltungsrat sind Ihrer Meinung nach für die Funktionstüchtigkeit Ihres Verwaltungsrats besonders wichtig* ***(Schlüsselfiguren)*** *? Und warum (bspw. spezielle Aufgaben, Fähigkeiten, Wissen, Aktienanteil)?:*

  ....
- *Wie beurteilen Sie generell die Rolle eines* ***VR-Präsidenten*** *aus der Sicht einer grossen Familienunternehmung?:*
  - ❐ er soll der 'primus inter pares' sein
  - ❐ er soll 'Gleicher unter Gleichen' sein
  - ❐ er soll nach innen und aussen repräsentieren
  - ❐ er soll Bindeglied zum Management und zu den Aktionären sein
  - ❐ er soll vollamtlich tätig sein
  - ❐ er soll die VR-Abläufe koordinieren
  - ❐ er soll im Konfliktfall integrieren
  - ❐ er soll Antriebskraft für die strategische Diskussion sein
  - ❐ er soll nicht gleichzeitig VR-Delegierter sein
  - ❐ er soll spezielle Entscheidungskompetenzen haben

- ❐ er soll die 'VR-Kultur' (bspw. Selbstverständnis als der 'aktive' Verwaltungsrat) 'verkörpern'
- ❐ weitere: ....

- *Bestehen Unterschiede zwischen der von Ihnen gewünschten Rolle des VR-Präsidenten und den **tatsächlichen Verhältnissen** in Ihrem Verwaltungsrat und wenn ja, warum?*

....

Frage 26:

- *Wie oft finden pro Jahr VR-Sitzungen statt (**Sitzungsfrequenz**)?*

....

- *Finden die Sitzungen **regelmässig** (bspw. monatlich) oder ad hoc statt?*

....

- ***Wo** werden die Sitzungen abgehalten?*

....

- *Wie lange dauern die Sitzungen (**Sitzungsdauer**)?*

....

- *Wie hoch sind schätzungsweise die **Vor- und Nachbearbeitungszeiten**?*

....

- *Wie erfolgt die **Beschlussfassung** (bspw. Abstimmung, Konsensfindung, Alleinentscheid des Mehrheitsaktionärs) an den Sitzungen?*

....

- *Wie sieht der **Teilnehmerkreis** aus (zusätzlich zu den VR-Mitgliedern, also bspw. Familienmitglieder, GL-Mitglieder, Berater)?*

....

- *Welche weiteren (auch informellen) **VR-Aktivitäten** finden statt?*

....

- ***Wer** organisiert die VR-Aktivitäten?*

....

Frage 27:

- *Ist derzeit oder wurde in der Vergangenheit ein **Berater** damit beauftragt, das VR-Geschehen (v.a. Problemlösungs-, Entscheidungs- und Intergruppenprozesse sowie die Kommunikation innerhalb des VR-Gremiums und zwischen Verwaltungsrat* *und den Bezugsgruppen) zu analysieren und evtl. Verbesserungsvorschläge zu erarbeiten?*

....

- *Wie beurteilen Sie den Beizug eines solchen Beraters?*

....

Frage 28:

- Wie hoch ist das *Durchschnitts**alter*** in Ihrem Verwaltungsrat und gibt es eine *Alters**limite**?* ....
- Wie hoch ist die durchschnittliche ***Amtsdauer*** in Ihrem Verwaltungsrat und gibt es eine *maximale Amtsdauer?*..
- Wie sieht das ***Ausbildungsniveau*** der VR-Mitglieder aus (jeweils höchster Abschluss)?..
- Wie hoch ist die durchschnittliche *Anzahl* ***VR-Mandate*** der VR-Mitglieder?

....

- Wie setzt sich Ihr Verwaltungsrat nach der ***Nationalität*** zusammen?

....

- Wie setzt sich Ihr Verwaltungsrat nach ***Geschlecht*** zusammen?

....

- Halten im Verwaltungsrat spezielle ***Interessenvertreter*** (bspw. Banken, Arbeitnehmer, Eigentümer) Einsitz?...
- Welche Positionen sind von unternehmungs***internen*** Personen besetzt?

....

- Welche Positionen sind von unternehmungs***externen*** Personen besetzt?

....

- Welche Positionen sind von ***Familienaktionären*** besetzt?

....

- Welche Positionen sind von der gleichen Person besetzt *(**Personalunion**)?*

....

- Wieviele und welche VR-Mitglieder üben ihr Amt ***hauptberuflich*** aus?

....

- Wieviele der externen Verwaltungsräte sind hauptberuflich ***Führungskräfte*** in einer anderen Unternehmung? ....
- Bemerkungen: ....

Frage 29:

- *Welches sind Ihrer Meinung nach die wichtigsten* ***Auswahlkriterien*** *für ein VR-Mitglied aus der Sicht einer grossen Familienunternehmung?* (es sind mehrere Antworten möglich):(1 = sehr wichtig, 2 = wichtig, 3 = weniger wichtig, 4 = unwichtig)
  - ❒ Stellung als Aktionär
  - ❒ Fachwissen
  - ❒ jedes VR-Mitglied sollte über betriebswirtschaftliche Grundkenntnisse verfügen
  - ❒ Persönlichkeit
  - ❒ Führungsstärke
  - ❒ Beziehungen (in Wirtschaft, Gesellschaft oder Politik)
  - ❒ Führungserfahrung
  - ❒ VR-Erfahrung
  - ❒ Integrität
  - ❒ Vertrauenswürdigkeit
  - ❒ Anpassungsfähigkeit
  - ❒ 'persönliche Chemie' zu den Familienaktionären
  - ❒ Strategisches Denken
  - ❒ Abhängigkeit von Banken
  - ❒ 'Internationalität'; Sprachen
  - ❒ Zeitliche Verfügbarkeit
  - ❒ Teamfähigkeit
  - ❒ Weitere/andere: ....
    - *Bitte nennen Sie zusammenfassend die drei wichtigsten Auswahlkriterien für ein VR-Mitglied:* ....

  Bemerkungen: ....

Frage 30:

- *Wie und durch wen erfolgt in Ihrer Unternehmung die* ***Beschaffung*** *der internen und externen VR-Mitglieder?*

  ....

- *Wie beurteilen Sie die Rolle der* ***externen VR-Mitglieder****?*

  ....

Frage 31:

- Die systematische **Leistungsbeurteilung** und **Nachfolgeplanung** auf Stufe Geschäftsleitung stellt eine wichtige Aufgabe des Verwaltungsrats dar. *Findet in Ihrer Unternehmung auch auf Stufe Verwaltungsrat eine Leistungsbeurteilung und Nachfolgeplanung statt?*
  - ❒ sowohl Leistungsbeurteilung als auch Nachfolgeplanung
  - ❒ nur Leistungsbeurteilung
  - ❒ nur Nachfolgeplanung
  - ❒ keines von beiden

- Im Falle der Leistungsbeurteilung: *wie sieht das Beurteilungssystem aus (wer beurteilt, Leistungskriterien etc.)*

....

Bemerkungen: ....

Frage 32:

- *Wie werden die VR-Mitglieder in Ihrer Unternehmung* ***entschädigt****?* (mehrere Antworten möglich)
  - ❐ keine Entschädigung
  - ❐ Tantiemenregelung
  - ❐ feste Jahresentschädigung
  - ❐ Sitzungsgelder
  - ❐ Spesenerstattung
  - ❐ Sonderkonditionen (bspw. Einkaufsvergünstigungen)
  - ❐ andere: ....
- *Welches ist die* ***Bemessungsgrundlage*** *für die Entschädigungshöhe?*
  - ❐ persönliche Leistung
  - ❐ Stellung innerhalb des Gremiums
  - ❐ mögliche Haftung
  - ❐ Opportunitätskosten (entgangene Nutzen, der anderweitig erzielbar gewesen wäre, hätte die betreffende Person das VR-Mandat nicht übernommen)
  - ❐ wirtschaftliche Lage der Unternehmung
  - ❐ andere: ....
- Eine Umfrage der Schweizer Handels Zeitung (SHZ) im Herbst 1992 bei 73 börsengängigen Schweizer Unternehmungen hat für 1992 ein durchschnittliches VR-Honorar von 40'275.-- SFr. ergeben (vgl. SHZ, Nr. 47 vom 19.11.1992, S. 3). *Liegt das* ***durchschnittliche VR-Honorar*** *(das Mittel aller VR-Mitglieder) in Ihrer Unternehmung unter oder über diesem Betrag?*

  ....

- *Wie sieht das* ***Honorarverhältnis*** *zwischen einfachem VR-Mitglied, Ausschussmitglied und VR-Präsident aus?*

  ....

- *Wie beurteilen Sie generell die* ***zukünftige Entwicklung*** *der Entschädigungsform und -höhe?*

  ....

- *Welche zusätzlichen* ***(immateriellen) VR-Anreize*** *können Ihrer Meinung nach geschaffen werden, um die Attraktivität und die Leistungsfähigkeit des Verwaltungsrats zu erhöhen?*
  - ❐ Schaffung eines guten VR-Klimas
  - ❐ persönliche Kontaktpflege

- ❒ Weiterbildung
- ❒ weitere: ....

Bemerkungen: ....

Frage 33:

- *Welche der folgenden Weiterbildungsmassnahmen werden den VR-Mitgliedern in Ihrer Unternehmung angeboten?* (mehrere Antworten möglich)
  - ❒ Selbststudium von Unternehmensdokumenten und Sitzungsunterlagen
  - ❒ individuelle Einführungs-, Besuchs- oder Besichtigungsprogramme
  - ❒ Gespräche, Interviews oder vertiefte Auswertungen von Sitzungen
  - ❒ Teilnahme an externen Weiterbildungskursen (bspw. ZfU-VR-Seminar)
  - ❒ Vorträge, Referate, Präsentationen zur Einführung und Vorbereitung von schwierigen Traktanden
  - ❒ Besichtigungen und Besuche von wichtigen Einrichtungen, Geschäftsstellen und Tochtergesellschaften im In- und Ausland
  - ❒ Kundenbesuche oder Kontakte mit wichtigen Lieferanten
  - ❒ Messebesuche, Kongresse
  - ❒ PR-Veranstaltungen
  - ❒ Teilnahme an internen Managementtagungen oder Seminarien
  - ❒ Bildung von Arbeitsgruppen für spezielle Themen
  - ❒ weitere: ....
- *Wie beurteilen Sie den zukünftigen **Weiterbildungsbedarf** für Verwaltungsräte generell und speziell in Ihrer Unternehmung?:*

  ....

Frage 34:

- Die gute Informationsversorgung ist sicherlich eine der wichtigsten Voraussetzungen für das effiziente Arbeiten des Verwaltungsrats. *Es interessiert hier zunächst die allen Informationsversorgungsaktivitäten übergeordnete **Informationsphilosophie** des Verwaltungsrats. Welche der folgenden Punkte trifft auf Ihren Verwaltungsrat zu?:*
  - ❒ es herrscht ein *Vertrauensverhältnis* zwischen allen VR-Mitgliedern, das Ehrlichkeit und Offenheit in den Informationsbeziehungen voraussetzt und auch Raum für Kritik zulässt.
  - ❒ es herrscht eine *Lernatmosphäre*
  - ❒ es gilt die *Bedürfnisorientierung*, d.h. die Informationsbedürfnisse der VR-Mitglieder sind Massstab der nformationsversorgung
  - ❒ es gilt das *Bring- und Holprinzip*
  - ❒ besser informierte VR-Mitglieder tragen bereitwillig zur Angleichung des Informationsstandes unter allen VR-Mitgliedern bei *(Wissensdiffusion)*
  - ❒ die VR-Information ist kein 'Abbild der Machtsituation' (Informationsgefälle)

❐ weitere/andere Leitideen der VR-Information:

....

Bemerkungen: ....

Frage 35:

- Basierend auf den allgemeinen Zielen der Informationsphilosophie enthält die ***Informationspolitik*** Aussagen zum Informationsangebot, zu den Informationsrechten und -pflichten sowie zu den Informationsprozessen. *Welche der folgenden Punkte trifft auf Ihren Verwaltungsrat zu?:*
  - ❐ die VR-Mitglieder erhalten nebst vergangenheitsorientierten Informationen auch Informationen über die zukünftige Marschrichtung sowie Hintergrundinformationen
  - ❐ nebst mündlichen werden auch schriftliche Informationen geliefert, die übersichtlich dargestellt und verständlich geschrieben sind
  - ❐ die Informationen werden den VR-Mitgliedern rechtzeitig zur Verfügung gestellt (bspw. vor den VR-Sitzungen, vor der Öffentlichkeit)
  - ❐ es werden entscheidungsrelevante Informationen geliefert
  - ❐ es werden echte Alternativen dargestellt und Entscheidungskonsequenzen aufgezeigt
  - ❐ es werden klare Anträge gestellt
  - ❐ die Auskunfts- und Einsichtsrechte werden grosszügig gehandhabt (neues Aktienrecht!)
  - ❐ die VR-Mitglieder setzen sich aktiv für die VR-Information ein, d.h. sie stellen Fragen, studieren die Unterlagen, überprüfen die gelieferten Informationen auf Vollständigkeit und Verlässlichkeit und reagieren bei festgestellten Mängeln
  - ❐ weitere/andere informationspolitische Praktiken: ....

  Bemerkungen: ....

- *Worin liegen Ihrer Meinung nach generell und speziell in Ihrer Unternehmung die grössten Probleme einer anforderungsgerechten* ***Informationsversorgung*** *der VR-Mitglieder?:*

  ....

Frage 37:

- *Wie beurteilen Sie das Verhältnis bzw. den* ***Autonomiegrad*** *(das Ausmass der Unabhängigkeit) zwischen dem Verwaltungsrat und dem Management?*

  ....

- *Wie beurteilen Sie das Verhältnis bzw. den Autonomiegrad zwischen dem Verwaltungsrat und den Familienaktionären?*

  ....

- *Wie beurteilen Sie das Verhältnis bzw. den Autonomiegrad zwischen dem Management und den Familienaktionären?*

  ....

Frage 38:

- Die Generalversammlung hat von Gesetzes wegen eine Reihe unübertragbarer Befugnisse (Statutenänderungen, Wahl des Verwaltungsrats und der Revisionsstelle, Genehmigung der Jahresberichte und -rechnungen sowie die Beschlussfassung über die Gewinnverwendung, Entlastung des Verwaltungsrats). *Welche weiteren **Aufgaben** werden in Ihrer Unternehmung von der Generalversammlung wahrgenommen (zustimmungspflichtige Geschäfte)?:*

  ....

- *Wirken die **Familienaktionäre** an der Erfüllung der GV-Aufgaben aktiv mit oder werden die Arbeiten dem Verwaltungsrat überlassen und die Aktionäre beschränken sich auf das Leisten der erforderlichen Unterschriften? Und wie beurteilen Sie demnach die **Bedeutung** der Generalversammlung (Einfluss auf das Unternehmungsgeschehen, Aktivitätsniveau)?*

  ....

Frage 39:

- *Wie beurteilen Sie in Ihrer Unternehmung den Stellenwert der Generalversammlung **in den Augen der Familienaktionäre**?:* (voll ja = vj, eher ja = ej, absolut nein = an, eher nein = en)
  - ❒ die Generalversammlung als 'lästige Formalität'
  - ❒ ... als Ort zur Durchsetzung von Eigentümerinteressen (Dividenden!)
  - ❒ ... als Kommunikationszentrum für die Aktionäre
  - ❒ ... als Ort zur Stärkung des Zusammengehörigkeitsgefühls
  - ❒ ... als Ort der Begegnung mit dem Verwaltungsrat
  - ❒ ... als Ort an dem Identifikation, Verständnis und Interesse der Familie(n) für die Unternehmung gefördert wird
  - ❒ ... als Konfliktaustragungsort
  - ❒ ... als Forum des Vertrauens
  - ❒ andere/weitere: ....

- *Stellt die Sicherung der Unternehmungskontinuität ein **Ziel** dar, das von den Aktionären gleichsam getragen wird?:*

  ....

  Bemerkungen: ....

Frage 40:

- *Finden in Ihrer Unternehmung nebst der gesetzlich vorgeschriebenen **'ordentlichen'** Generalversammlung (alljährlich innert sechs Monaten seit Abschluss des Geschäftsjahres) auch weitere, sog. **'ausserordentliche'** Generalversammlungen statt und wenn ja, wieviele?:*

  ....

- *Wie hoch ist die (physische) **Aktionärspräsenz** bzw. wie setzt sich der Teilnehmerkreis an den Generalversammlungen zusammen?:*

  ....

- *Finden auch sog. **'Universalversammlungen'** (die Eigentümer oder Vertreter sämtlicher Aktien können, falls kein Widerspruch erhoben wird, eine Generalversammlung ohne Einhaltung der für die Einberufung vorgeschriebenen Formvorschriften abhalten) statt?:*

  ....

- ***Wer leitet** die Versammlungen?:*

  ....

- *Wie sieht der **Ablauf** einer Versammlung normalerweise aus?:*

  ....

Frage 41:

- *Finden nebst den ordentlichen Generalversammlungen auch **informelle GV-Aktivitäten** statt, die für unternehmungsrelevante Fragen von Bedeutung sind (indem bspw. zwecks Meinungsbildung Traktanden nachfolgender GV-Sitzungen vordiskutiert werden) und wenn ja, in welcher Form (bspw. lose Familientreffen oder organisierte Familienräte) und mit welchen Inhalten? Mit anderen Worten: wann, wo und wie findet die eigentliche **Willensbildung** der Familienaktionäre statt?*

  ....

- *Gibt es eine **'treibende Kraft'** für diese informellen GV-Aktivitäten und wenn ja, wer?*

  ....

- *Wie sieht der **Teilnehmerkreis** aus und wie sind die Beziehungen innerhalb dieser Gruppe?*

  ....

Frage 42:

- *Wie setzt sich der **Aktionärskreis** zusammen (Anzahl, Alter, Berufe etc.) und wie beurteilen Sie das **Verhältnis** (Ausmass der Identifikation mit der Unternehmung,*

Interesse am Schicksal der Unternehmung, persönlicher Einsatz, Bereitschaft zur Selbstbeschränkung etc.) der Aktionäre der Unternehmung gegenüber?

....

Frage 43:

- Das Problem der **'GV-Information'** entsteht meist erst dann, wenn in der Generalversammlung solche Aktionäre Einsitz halten, die in der Unternehmung nicht eine leitende Position einnehmen. *Wie erfolgt in Ihrem Falle die Versorgung der Familienaktionäre mit Informationen und welche konkreten Informationen werden ihnen zugestellt (Berichterstattung)?*

....

Frage 44:

- Das neue Aktienrecht schliesst die Laienrevision aus. *Welche Bedeutung wird der* ***Revisionsstelle*** *in Ihrer Unternehmung beigemessen? Ist die Revisionsstelle auf die Legalitätsprüfung beschränkt oder werden ihr weitere Aufgaben übertragen?*

....

- *Verfolgen Sie bezüglich der externen Revision eine bestimmte* ***Politik*** *(bspw. Zusammenarbeit mit mehreren Revisionsfirmen oder regelmässiger Wechsel der Revisionsfirma)?*

....

- Die Wahl der Revisionsstelle ist Aufgabe der Generalversammlung. *Setzen sich die Familienaktionäre tatsächlich mit der Revisionsstelle auseinander oder stützen sie sich ganz auf die Empfehlungen des Verwaltungsrats ab?*

....

- *Bestehen die Familienaktionäre auf der* ***Anwesenheit*** *des Revisors an der Generalversammlung* (nach neuem Aktienrecht, Art. 729c OR, muss der Revisor anwesend sein, sofern die Generalversammlung nicht durch einstimmigen Beschluss darauf verzichtet)?

....

- *Wie beurteilen Sie den zukünftigen* ***Stellenwert*** *der Revisionsstelle für die (grosse) Familienunternehmung?*

....

Frage 45:

- Verwaltungsrat, Generalversammlung und Revisionsstelle sind die obligatorischen Organe einer Unternehmung. *Verfügen Sie in Ihrer Unternehmung über ein zusätz-*

*liches **fakultatives Spitzenorgan** (bspw. Beirat) und wenn ja, welches sind seine Aufgaben und Kompetenzen?*

....

- *Was halten Sie von der Einrichtung eines **Experten-Beirats** (ein rein beratendes 'Know-how-Gremium' aus externen Fachexperten, bspw. für die Bereiche Technik und Technologie)?*

....

Frage 46:

- In den vergangenen Fragen wurden diverse spitzenorganisatorische Regelungen in Ihrer Unternehmung angesprochen. *Können Sie zwischen den formellen Regelungen zur Spitzenorganisation und den faktischen Verhältnissen **signifikante Abweichungen** erkennen (bspw. indem sich ein Aktionär über Kompetenzregelungen hinwegsetzt) und wenn ja, worin sehen Sie dafür Gründe?*

....

Frage 47:

- *Auf welche Art und Weise sollte Ihrer Meinung nach ein Eigentümer-Unternehmer, der 'seine' Unternehmung während Jahrzehnten geprägt und zu einer grossen, international tätigen Firmengruppe herangeführt hat, das **Nachfolgeproblem** angehen?*

....

Frage 48:

- Zur Sicherung der Unternehmungskontinuität spielen gerade in Familienunternehmungen nebst den führungsbezogenen besonders die eigentumsbezogenen Massnahmen eine wichtige Rolle. *Welche der folgenden **eigentumsbezogenen 'Perpetuierungsmassnahmen'** (Massnahmen, die auf die Erhaltung der Unabhängigkeit und die Sicherung der Unternehmungskontinuität ausgerichtet sind) gelangen in Ihrer Unternehmung zur Anwendung?:*

❒ Vinkulierung
❒ Stimmrechtsaktie
❒ Aktionärsbindungsvertrag
❒ Vorkaufsrechte an Aktien/Auflagen für die Veräusserung von Anteilen
❒ Beschränkungen auf Entnahmen
❒ Beschränkungen auf Vermögensbelastungen
❒ Regelungen der Erbfolge
❒ Leitlinien der Führungsnachfolge (Erbfolge ist nicht gleichzeitig Führungsnachfolge)
❒ weitere/andere: ....

Bemerkungen: ....

Frage 49:

- Eingangs sprachen wir über die grössten Chancen und Gefahren für die Zukunft der (grossen) Familienunternehmung. Es stellen sich abschliessend folgende Fragen:
  - *welches sind Ihrer Meinung nach die wichtigsten führungs- und eigentumsbezogenen* ***Massnahmen zur Sicherung der Unternehmungskontinuität*** *der (grossen) Familienunternehmung?*

    ....

  - *welches sind die wichtigsten* ***Ziele****, die bei der Gestaltung der Spitzenorganisation zu beachten sind bzw. worin äussert sich Ihrer Ansicht nach eine* ***leistungsfähige Spitzenorganisation****?:*

    ....

Frage 50:

- *Haben Sie Ihrerseits zum Thema 'Die Gestaltung der Spitzenorganisation in der grossen Familienunternehmung' irgendwelche abschliessenden Bemerkungen?:*

  ....

Printed by
CPI books GmbH, Leck

FSC
www.fsc.org
MIX
Papier | Fördert gute Waldnutzung
FSC® C083411

Kolibri 360 GmbH
Ferdinand-Jühlke-Straße 7
99095 Erfurt, Deutschland
produktsicherheit@kolibri360.de